Eustace Mullins

SANGUE E ORO
La storia del CFR

OMNIA VERITAS

Eustace Clarence Mullins
(1923-2010)

SANGUE E ORO
La storia del Council on Foreign Relations

1952

Blood and Gold – History of the Council on Foreign Relations

Tradotto in italiano e pubblicato da Omnia Veritas Limited

© Omnia Veritas Ltd - 2024

⊘MNIA VERITAS®

www.omnia-veritas.com

CAPITOLO 1

L e rivoluzioni non sono fatte dalla classe media. Sono fatte o dalla feccia di una nazione, cioè dai Lenin e dai Trotsky, o dall'oligarchia al vertice. In America stiamo assistendo a quest'ultima, ai membri di un'oligarchia che promuovono il loro ideale di governo collettivista. Gli immigrati che hanno ottenuto il controllo del nostro sistema monetario, della nostra industria pesante e della nostra forza lavoro sono l'oligarchia che sta creando la nuova società americana. È una società pianificata da Marx e Lenin, una società in cui la nostra religione e le nostre istituzioni politiche non hanno posto.

Il Council on Foreign Relations è quell'oligarchia. È il gruppo politico o Politburo dei gruppi marxisti negli Stati Uniti. Attraverso il sistema dei direttori interconnessi, lo stesso con cui hanno eliminato la concorrenza nel settore bancario e industriale, gli emissari e gli impiegati dei banchieri di Francoforte hanno preso il controllo dei settori dell'istruzione e della propaganda. I membri del Consiglio per le Relazioni Estere controllano una serie di organizzazioni politiche sussidiarie dedite alla propaganda marxista, la cui principale emanazione è l'Istituto per le Relazioni con il Pacifico.

L'indirizzo del Council on Foreign Relations per molti anni, 45 East 65th St., New York City, è anche l'indirizzo della Woodrow Wilson Foundation, di cui Alger Hiss è stato direttore, l'indirizzo dell'American Association for the League of Nations e l'indirizzo dell'American Association for the United Nations.

Dal Manuale del Consiglio per le Relazioni Estere del 1936, apprendiamo che

> "Il 30 maggio 1919, alcuni membri di spicco delle delegazioni alla Conferenza di pace di Parigi si incontrarono all'Hotel Majestic di Parigi per discutere la creazione di un gruppo internazionale che avrebbe consigliato i rispettivi governi sugli affari internazionali. Gli Stati Uniti erano rappresentati (in via non ufficiale, ovviamente)

dal Gen. Tasker H. Bliss della famiglia di banchieri e dal Col. Edward Mandel House. La Gran Bretagna era rappresentata in via non ufficiale da Lord Robert Cecil, Lionel Curtis, Lord Eustace Percy e Harold Temperley. In questa riunione si decise di chiamare l'organizzazione proposta "Istituto degli Affari Internazionali". In una riunione del 5 giugno 1919, i pianificatori decisero che sarebbe stato meglio avere organizzazioni separate che cooperassero tra loro. Di conseguenza, organizzarono il Council on Foreign Relations, con sede a New York, e un'organizzazione gemella, il Royal Institute of International Affairs, a Londra, noto anche come Chatham House Study Group, per fornire consulenza al governo britannico. Un'organizzazione sussidiaria, l'Institute of Pacific Relations, è stata creata per occuparsi esclusivamente degli affari dell'Estremo Oriente. Altre organizzazioni sono state create a Parigi e ad Amburgo: la sede di Amburgo è stata chiamata Institut für Auswartige Politik, mentre quella di Parigi è stata chiamata Centre d'Études de Politique Étrangère, al 13 di rue du Four, Parigi VI".

Uno dei fondatori del Council on Foreign Relations, il dottor James T. Shotwell, fu chiamato a sostituire il collega Alger Hiss alla presidenza del Carnegie Endowment for International Peace quando Hiss fu imprigionato per aver mentito sulla sua carriera di spia sovietica.

La principale filiale del Consiglio per le Relazioni Estere, l'Istituto per le Relazioni con il Pacifico, è stata recentemente oggetto di un'indagine su larga scala da parte della Sottocommissione per la Sicurezza Interna del Senato, guidata dal senatore Pat McCarran. Dopo mesi di indagini e dopo aver raccolto le testimonianze di decine di testimoni attendibili, la commissione ha pubblicato un rapporto di 226 pagine sulle sue conclusioni, secondo cui l'Istituto era un'organizzazione di facciata comunista dedita alla rivoluzione mondiale marxista. È stato dimostrato che l'Istituto è stato il fattore principale della resa della Cina al comunismo. Il senatore McCarran fu interrotto da un deciso e feroce attacco personale contro di lui sulle riviste gialle liberali, *The Nation* e *New Republic*, e dal contributo di ingenti somme al suo avversario nelle elezioni del Nevada da parte di Arthur Goldsmith di New York, capo della Anti-Defamation league del B'nai Brith. Per molti anni *la Nation* è stata sostenuta dal denaro di Maurice Wertheim, socio anziano della banca internazionale Hallgarten Co di New York, originaria di Francoforte, in Germania. I fondi della nuova repubblica provengono dalla fortuna del defunto Williard Straight, socio della JP Morgan Co. Suo figlio Michael Straight dirige la rivista. Michael Straight è membro del gruppo socialista della Royal Economic Society di Londra. Più avanti mostreremo il ruolo svolto dalla JP Morgan Co nel sostenere la rivoluzione mondiale del comunismo.

L'Istituto per le Relazioni con il Pacifico è stato creato secondo le regole dell'Internazionale Comunista. Anch'esso aveva un suo segretariato internazionale con filiali nei principali Paesi. In Russia, la sua sezione è diretta da A. S. Swandze. Il suo segretario generale. Edward C. Carter annota nel suo volume di biografie Who's Who in America del 1946 che è stato insignito della più alta decorazione russa, l'Ordine della Bandiera Rossa del Lavoro. Alger Hiss è un direttore dell'Istituto.

L'attuale potere del Council of on Foreign Relations è tale che non è stato menzionato nemmeno una volta durante le udienze sulla sua filiale, l'Institute of Pacific Relations. L'Istituto annovera tra i suoi membri e sostenitori finanziari. John D. Rockefeller, terzo, che porta avanti le tradizioni familiari di finanziamento dei gruppi comunisti e l'intellettuale di punta dell'Istituto è Philip C. Jessup, ora delegato alternativo alle Nazioni Unite del governo statunitense. Anche il noto compagno di viaggio Joseph Barnes è membro dell'Istituto. Barnes è stato recentemente rivelato come l'uomo che ha scritto l'opera letteraria da milioni di dollari del generale Eisenhower, redditizia ed evasiva, "Crusade in Europe", in cui i nomi dei principali aiutanti di Eisenhower a Londra, Rifkin, Schiff e Warburg, sono vistosamente assenti.

Nel 1919, a Parigi, il genio che guidava l'organizzazione del Council on Foreign Relations era il barone Edmond de Rothschild, membro anziano della famiglia Rothschild. All'epoca ottantenne, questa organizzazione fu il coronamento della vita del barone de Rothschild. I direttori. E i membri del Consiglio mostrano la sua influenza. Il Consiglio era raggruppato attorno ai soci della Kuhn, Loeb Co. di New York. Il principale agente di Rothschild negli Stati Uniti. Il Council on Foreign Relations Handbook del 1920 elenca i suoi funzionari come segue:

> ➢ Presidente onorario Elihu Root. Socio anziano dello studio Root, Winthrop e Stimson, avvocati della Kuhn, Loeb Co. Root si è guadagnato un posto nella Hall of Fame comunista grazie alla sua missione in Russia nel 1918 con 20 milioni di dollari in contanti per il governo leninista.
> ➢ Tesoriere Frank N Doubleday, presidente della Doubleday, Page publishers. Questa casa, uno dei principali agenti dell'internazionalismo, impiegò i figli dell'ambasciatore in

Gran Bretagna Walter Hines Page. Arthur W. Page fu editore della rivista "World's Work" e Frank C. Page divenne in seguito vicepresidente della International Telephone and Telegraph Corporation.

> Il presidente del comitato finanziario era Alexander Hemphill della banca Hemphill Noyes di Wall Street. Il comitato esecutivo era composto da Otto Kahn, socio della Kuhn, Loeb Co. Richard Washburn Child, che era stato assistente speciale di Frank Vanderlip (presidente della National City Bank) quando Vanderlip era consulente per le finanze di guerra del Tesoro degli Stati Uniti durante la Prima guerra mondiale. Child divenne in seguito editore della rivista Colliers e F. Kingsbury Curtis, avvocato di Wall Street.

Questi erano i funzionari della nuova impresa, che avrebbe dovuto consigliare il governo degli Stati Uniti sugli affari esteri da New York. Tuttavia, nel 1920 il Consiglio nominò un rappresentante a Washington, John Hays Hammond. Ex ingegnere capo della Casa Rothschild e all'epoca ingegnere consulente della Guggenheim Enterprises con uno stipendio di 600.000 dollari all'anno.

Il Manuale per gli anni '20 indicava chiaramente l'intento del Consiglio come segue:

"Lo scopo del Consiglio è quello di stimolare il pensiero internazionale negli Stati Uniti, di cooperare con le agenzie internazionali esistenti e di coordinare la loro influenza e le loro attività".

Il Consiglio ha avuto un tale successo nello stimolare la riflessione internazionale che gli Stati Uniti sono ora membri delle Nazioni Unite. Quali erano le agenzie internazionali che il Consiglio intendeva coordinare? È facile rispondere a questa domanda. Nel 1920, negli Stati Uniti operavano solo due agenzie politiche internazionali. Erano le organizzazioni sioniste mondiali e l'Internazionale Comunista.

Il credo dell'internazionalismo del Council on Foreign Relations è stato espresso al meglio dal suo precettore, Nikolai Lenin, dittatore della Russia comunista, che ha scritto nel decimo volume delle sue opere selezionate, a pagina 4, come tradotto da J. Feinberg:

"Esiste un solo e unico tipo di internazionalismo, che consiste nel lavorare con tutto il cuore per lo sviluppo del movimento rivoluzionario e della lotta rivoluzionaria nel proprio paese, e nel sostenere con la propaganda, la simpatia e l'aiuto materiale, tale e solo tale lotta e tale linea in ogni paese, senza eccezioni".

Membri influenti del Council on Foreign Relations come Alger Hiss, Edward C. Carter e Frederick V Field hanno soddisfatto la definizione di internazionalismo di Lenin. L'elenco dei membri del Consiglio del 1920 mostra come Kuhn Loeb fosse il nucleo dell'organizzazione. Oltre a Otto Kahn nel comitato esecutivo, altri soci del Consiglio erano Jacob Schiff, Mortimer Schiff e Paul Warburg. Tra i soci noti figurano Lewis Lichtenstein Strauss della Commissione statunitense per l'energia atomica, John M. Schiff, presidente dei Boy Scout d'America, e Benjamin Buttenwieser, assistente dell'Alto Commissario americano per la Germania.

La casa bancaria Speyer and Co di Francoforte è stata rappresentata da James Speyer, responsabile della filiale di New York, e da William F. Sands, ora responsabile della sezione storica della School for Foreign Service della Georgetown University di Washington.

I banchieri di Francoforte J e W Seligman Co sono stati rappresentati da Earle Bailie, che si è guadagnato la fama quando ha dato una tangente di 415.000 dollari a Juan Leguia, figlio del Presidente del Perù, per incoraggiare quella nazione ad accettare un prestito durante l'orgia degli anni Venti. Henry S. Bowers; Henry C. Breck della Società americana di diritto internazionale; Albert Strauss della Commissione per la pace; Frederick Strauss, mente della holding miliardaria Electric Bond and Share. Norman H. Davis, presidente del Consiglio fino alla sua improvvisa morte nel 1944; Broderick Haskell; Alex I. Henderson; e l'attuale rampollo della casa, Eustace Seligman, partner legale dei fratelli Dulles nello studio Sullivan and Cromwell di Wall Street.

La Casa bancaria di Lazar Frere è stata rappresentata nel Consiglio da Eugene Meyer, proprietario del *Washington Post* e della stazione radio WTOP, George Blumenthal, Frank Altschul e Thomas W. Childs, capo della Missione acquisti britannica negli Stati Uniti durante la Seconda guerra mondiale.

Lo studio legale Cravath and Henderson è succeduto a Root, Winthrop and Stimson come consulenti legali di Kuhn, Loeb Co quando Root e Henry L. Stimson si sono dedicati al servizio pubblico. Tra i soci di Cravath and Henderson nel Consiglio ci sono Paul Cravath, S. Parker Gilbert, Russell C. Leffingwell, Thomas K. Finletter, ora segretario dell'Aeronautica, John J. Mccloy, ex presidente della Banca Mondiale e ora Alto Commissario degli Stati Uniti in Germania, e Nicholas Kelley, che ha fatto parte del War Loan Staff del Tesoro degli Stati Uniti tra il 1918 e il 1920, responsabile dei prestiti ai governi stranieri, per un valore di circa 20 miliardi di dollari.

La casa bancaria internazionale Lehman Brothers è stata rappresentata nel Consiglio dal senatore Herbert Lehman, Arthur Lehman, Robert Lehman, Arthur Bunker, fratello di Ellsworth Bunker (presidente della National Sugar Co e attuale ambasciatore degli Stati Uniti in Italia) e Philip D. Wilson. La Lehman Corporation, la gigantesca holding dei Lehman, è rappresentata da Thomas A. Morgan, presidente del consiglio di amministrazione della Vickers, Dorsey Richardson della Peace Commission, Alexander Sachs, autoproclamatosi ideatore del progetto della bomba atomica, e John L. Simpson.

L'elenco dei membri del Consiglio, nel 1920, comprendeva membri della stessa cricca bancaria, come Leopold Frederick, ex Neuwirth, immigrato dalla Jugoslavia, che lavorava presso il Ministero delle Finanze dell'Austria-Ungheria fino a quando decise di prendere una nave veloce per l'America. Qui divenne tesoriere della società Baruch-Meyer, la Yukon Gold Co. e tesoriere della più grande società della famiglia Guggenheim, la American Smelting and Refining Co. Tipico membro della nuova oligarchia americana, fu anche direttore della National City Bank di New York.

Henry Morgenthau, marito di Babette Guggenheim. Un trasportatore ha affittato i bassifondi di Harlem, ha dato a Morgenthau il capitale per acquistare la Equitable Life Assurance Society con Jacob Schiff e Morgenthau è diventato direttore dei soci delle miniere d'oro Bamberger Del Mar e tesoriere del Comitato Nazionale Democratico. Diede abbastanza denaro a Woodrow Wilson per ricevere l'ambasciata degli Stati Uniti in Turchia, mentre i sionisti socialisti erano riuniti a Istanbul per il completamento dei loro piani per avviare la rivoluzione bolscevica in Russia.

Jacob Gould Sherman, ambasciatore in Germania dal 1924 al 1933. Oscar Strauss, della famiglia proprietaria della R. H. Macy Co. Strauss ha avuto una brillante carriera come funzionario pubblico nella tradizione democratica. Predecessore di Morgenthau come ambasciatore in Turchia, Strauss fu nominato capo della Commissione per l'immigrazione degli Stati Uniti nel 1910. Subito dopo la sua nomina, i funzionari dell'immigrazione cominciarono a lamentarsi del fatto che ogni volta che respingevano un immigrato per motivi di analfabetismo o di condizioni mentali, alcune organizzazioni, in particolare l'American Jewish Committee, si appellavano a Washington, dove veniva emesso l'ordine di ammettere l'immigrato respinto. Le proteste dei funzionari dell'immigrazione furono ignorate da Strauss. Quando questi immigrati cominciarono ad apparire sui giornali come i leader dei criminali di New York, la loro vicenda rischiò di diventare uno scandalo nazionale. Il presidente Wilson rimosse Oscar Strauss e lo sostituì con Oscar Nagel, che continuò a concedere l'ingresso a molti dei respinti. L'effetto a lungo termine della politica di Strauss fu dimostrato dalle audizioni sulla criminalità di Kefauver.

Abraham I. Elkus, ambasciatore in Turchia dal 1916 al 1919, fiduciario del fondo Baron de Hirsch, capitale di base del movimento sionista.

Frank A. Vanderlip, presidente della National City Bank.

Maurice Oudin, vicepresidente della International General Electric e direttore della National City Bank.

Edwin W. Price Jr. presidente della General Electric.

Così, l'esecutivo e i membri del Consiglio per le Relazioni Estere del 1920 dimostrano che è stato fondato dagli internazionalisti più determinati degli Stati Uniti, Kuhn, Loeb Co. gli interessi di Baruch, gli interessi di Guggenheim e i loro colleghi hanno composto il Consiglio, che avrebbe assunto il ruolo dominante nella politica estera degli Stati Uniti dopo il 1920. Attualmente è noto soprattutto come sponsor della politica estera bipartitica, che ha fatto naufragare il sistema bipartitico della vostra Repubblica e ha indotto il colonnello Robert McCormick a proporre il Partito Americano. Poiché sia il generale Eisenhower che Adlai Stevenson erano membri del CFR, il colonnello McCormick aveva ragione nell'affermare che erano d'accordo su tutte le questioni principali.

La CFR non tardò ad ottenere una sede adeguata alla sua importante missione. La favolosa casa di Charles Pratt, tesoriere della Standard Oil of New Jersey, al 45 East 65th St. di New York, fu donata al Consiglio dal figlio Harold Pratt.

L'elenco degli uomini che sono stati direttori del Consiglio dal 1920 dimostra che esso ha mantenuto la sua missione di organizzazione politica dei Rothschild. L'elenco completo è il seguente:

1- Paul Warburg, direttore dal 1921 alla sua morte nel 1932.

2- Otto Kahn, direttore dal 1921 al 1934.

3- Frank Altschul, di Lazard Freres, direttore dal 1934.

4- Stephen Duggan, fondatore dell'Institute for International Education, un gruppo misterioso. Duggan è stato direttore dal 1921. Suo figlio Laurence Duggan, importante negli ambienti comunisti, è morto misteriosamente a New York il giorno prima di essere interrogato a Washington.

5- Paul D. Cravath, direttore dal 1920 al 1932.

6- Isaiah Bowman, direttore dal 1921. Capo della sezione territoriale della Commissione per la pace nel 1919, Bowman è stato per molti anni presidente della John Hopkins University.

7- Philip C. Jessup, direttore dal 1934.

8- Hamilton Fish Armstrong, direttore dal 1928, capo pubblicista del Consiglio. Nel 1950 scrisse un libro che esaltava il rivoluzionario comunista Tito, dittatore della Jugoslavia, "Tito e Golia".

9- Norman H. Davis, direttore dal 1921 fino alla sua improvvisa morte nel 1944.

10- Allen W. Dulles, direttore dal 1927. Consulente legale della Commissione Americana per la Pace nel 1919, divenne capo della Divisione del Dipartimento di Stato per gli Affari del Vicino Oriente e nel 1926 si dimise per unirsi al fratello John Foster Dulles nello studio legale Sullivan and Cromwell. Uno dell'oligarchia con la passione per l'anonimato, i giornali metropolitani hanno l'ordine permanente di non menzionare il nome di Dulle. È vice direttore della Central Intelligence Agency e suo vero capo, nonché presidente del CFR. Direttore della J. Henry Schroder Co. la banca la cui filiale di Colonia ha gestito il conto personale di Hitler per tutti gli anni '30, Allen W. Dulles ha fatto parte dell'Office of Strategic Services per tutta la seconda guerra mondiale e ha conferito spesso con i leader commerciali tedeschi in Svizzera. Nel giugno del 1950, la CIA ha dichiarato di aver congedato due agenti perché sorpresi a trasmettere informazioni sulla forza delle truppe arabe al governo israeliano. La questione fu messa a tacere e solo i giornali di John S. Knight riportarono la notizia, probabilmente per una loro svista.

11- Russel C. Leffingwell, dello studio Cravath and Henderson, al Tesoro degli Stati Uniti durante l'Affaire Meyer e alla JP Morgan Co. dagli anni Venti.

12- Walter Lippmann, editorialista e propagandista del Consiglio.

L'elenco dei direttori del Consiglio mostra come Kuhn, Loeb abbia mantenuto uno stretto controllo del gruppo fin dalla sua nascita. Ha avuto successo in uno dei suoi obiettivi principali, l'imposizione di un decreto di silenzio ai membri della Commissione americana per negoziare la pace nel 1918. Da allora tutti loro hanno avuto carriere soddisfacenti nel settore bancario, dell'istruzione e del giornalismo, e sono stati particolarmente muti su ciò che hanno fatto a Parigi. Il Consiglio si è reso colpevole di una cospirazione criminale per nascondere la verità sul Trattato di Versailles e su come ha provocato la Seconda guerra mondiale. Se questa verità fosse stata comunicata al popolo americano, non saremmo mai stati traditi nella guerra per salvare il comunismo da Franklin D. Roosevelt.

Nel 1922, il CFR ha inaugurato il suo trimestrale, "Foreign Affairs", che è una lettura obbligatoria per gli studenti universitari di relazioni estere. Le pagine di "Foreign Affairs" sono state aperte alle opinioni dei membri di spicco dei leader comunisti della Russia, ma sono sempre state chiuse a qualsiasi critica dell'internazionalismo. Sfogliando un volume a caso di "Foreign Affairs", troviamo nel numero di luglio del 1932 un articolo, "La guerra in Estremo Oriente; una visione sovietica", di Karl Radek, capo della propaganda dell'Internazionale Comunista. Nel numero di luglio 1947 c'è un articolo di Eugene Varga, capo economista dell'Unione Sovietica. Tuttavia, cerchiamo invano articoli di storici americani che abbiano criticato gli internazionalisti, come i defunti Charles Beard, Harry Elmer Barnes o Charles Gallan Tansill.

Il CFR ha avuto pochi contatti con i comici isterici che costituiscono i livelli inferiori del Partito Comunista d'America. Il Consiglio è impegnato nella propaganda intellettuale e nella dettatura della politica estera degli Stati Uniti, mentre gli elementi inferiori agiscono come distrazione dal lavoro del Consiglio. L'attuale composizione del Consiglio comprende noti comunisti o simpatizzanti di comunisti come il traditore Alger Hiss, anch'egli in carcere, Frederick V. Field, Owen Lattimore, ora minacciato di essere perseguito per falsa testimonianza, Edward C. Carter dell'Institute of Pacific Relations, nonché il defunto Laurence Duggan, il defunto Harry Dexter White, anch'egli morto improvvisamente mentre veniva interrogato dalla Commissione per le attività antiamericane della Camera (assistente di Morgenthau al Tesoro degli Stati Uniti, fu implicato nella consegna delle targhe del Tesoro alla Russia), Philip C. Jessup, il generale Dwight Eisenhower, che detiene l'Ordine di Suvorov da parte di Stalin ed è l'unico straniero che abbia mai affiancato Stalin sulla tomba di Lenin durante la parata sportiva annuale, Lauchlin Currie, un importante agente comunista e assistente personale di Franklin D. Roosevelt, ora fuggito dal Paese, Corliss Lamont e Cord Meyer, Jr.

Dopo la seconda guerra mondiale, il Consiglio ampliò notevolmente il proprio lavoro. Lasciata la casa di città al 65 di^th St ad Alger Hiss e alla Fondazione Woodrow Wilson, l'esecutivo del Consiglio si trasferì in una sede elaborata e più conveniente al 1 East 68 di^th St, di fronte al Consolato russo. Con i suoi fondi illimitati, il Consiglio porta avanti progetti di propaganda a lungo raggio, mantiene un certo numero di vecchi parigini in comode sinecure, pubblica "Foreign Affairs" e si impegna in altri progetti di cui si può scoprire ben poco. Il denaro viene anticipato dalle banche internazionali a seconda delle necessità e il Consiglio non ha mai dovuto fare appello al pubblico per ottenere fondi.

Per assicurarsi che nelle università e negli uffici governativi non si sentano voci ostili, il Consiglio pubblica ogni anno un volume massiccio intitolato "Gli Stati Uniti negli affari mondiali", che fornisce la versione del Consiglio sugli sviluppi politici dell'anno. Un altro volume annuale è il "Manuale politico dell'anno", pubblicato dall'esecutivo del Consiglio, che viene fornito come volume di riferimento standard a tutte le associazioni di stampa, alle università e alle agenzie governative. Le pubblicazioni del CFR mantengono un monopolio unico nel campo dell'informazione internazionale.

Il critico newyorkese Emanuel Josephson ha recentemente pubblicato un attacco al Consiglio, intitolato "Rockefeller International", eccellente per le informazioni su quanto denaro la Fondazione Rockefeller ha speso per promuovere il comunismo in America. Josephson ignora le origini Kuhn e Loeb del Consiglio e sembra non sapere che i Rothschild e Jacob Schiff hanno fornito il denaro per l'impero Rockefeller. Forse Rockefeller sarà il nuovo capro espiatorio gentile per i mali del mondo, come lo fu JP Morgan dal 1900 al 1950.

Sono in debito con il signor Josephson per la storia di Murray I. Garfein, un membro di spicco del CFR. Pur essendo composto dai più dignitosi avvocati e banchieri criminali di Wall Street, il Consiglio ammise anche Murray I. Garfein, l'avvocato che organizzò il rilascio di Lucky Luciano dalla prigione con il governatore Thomas Dewey, in modo che Luciano potesse andare in Italia per dirigere da lì il traffico mondiale di droga. Dewey, invece, rimase qui. La droga e l'omosessualità sono stati i principali strumenti dell'Internazionale Comunista, a causa della presa che l'uno e l'altro vizio esercitano su chi ne fa uso. Claude Cockburn ha scritto dell'abile uso della droga a Berlino da parte dei comunisti durante la battaglia nazi-comunista per il potere nel 1933, mentre il mondo fatato del Dipartimento di Stato sotto Welles, Biddle e Acheson spiega molto bene l'atteggiamento molle di quell'agenzia nei confronti dell'aggressione sovietica.

Il CFR ha dato vita a una serie di associazioni determinate a distruggere la Repubblica americana. Alcune di queste alleanze psicopatiche sono l'Institute of International Education, l'Atlantic Union, Inc. il Committee on the Present Danger, la Woodrow Wilson Foundation, il Twentieth Century Fund, la World Peace Foundation e l'English-Speaking Union. L'ultima vittoria del Consiglio è la creazione della Fondazione Ford, con un fondo di 500 milioni di dollari per la promozione dell'internazionalismo come richiesto da Lenin. Paul Hoffman, della Studebaker Corporation diretta da Lehman, e Robert Hutchins, dell'Università di Chicago finanziata da Rockefeller, sono responsabili di questo fondo. La fortuna accumulata dal robusto patriota americano Henry Ford è stata consegnata a loro per finanziare tutto ciò che egli più disprezzava, le ambizioni dell'odiosa folla di immigrati che sono arrivati a frotte dai bassifondi del Mediterraneo e dai fetidi covi di topi dell'Europa centrale e orientale.

CAPITOLO 2

Il ramo di Amburgo del gruppo politico Rothschild, l'Institut für Auswartige Politik, fu affidato al dottor Albrecht Mendelssohn-Bartholdy, della delegazione tedesca alla Conferenza di Pace del 1919. Nel 1933, il governo nazista decise che il dottor Mendelssohn-Bartholdy avrebbe dovuto trovare un altro lavoro meno pericoloso. L'ambasciatore William Dodd, nel suo "Diario" pubblicato da Harcourt Brace, nel 1940, afferma,

> "18 novembre 1933: Il dottor Mendelssohn-Bartholdy, grande avvocato internazionale e professore all'Università di Amburgo, recentemente licenziato perché suo nonno era ebreo, pur essendo lui stesso cristiano, è venuto a trovarmi. Quando se n'è andato, ho dettato una lettera alla Carnegie Institution di New York, chiedendo uno stanziamento dell'importo del suo stipendio per due anni".

In questo modo Dodd diffonde l'utile propaganda secondo cui Mendelssohn-Bartholdy fu licenziato per antisemitismo, invece della verità, cioè che era a capo di una pericolosa organizzazione internazionale che costituiva una minaccia per la sicurezza interna della Germania. Hitler spiegò al popolo tedesco che la sua condizione era dovuta al crimine di Versailles. Come partecipante a quel crimine, Mendelssohn-Bartholdy doveva essere dimesso. Tuttavia, la Carnegie Institution, che dedica i suoi fondi allo spionaggio e alla rivoluzione, fu lieta di aiutare il buon dottore.

Il ramo francese è stato lasciato alla direzione del barone Edmond de Rothschild. È il gruppo britannico, il Royal Institute of International Affairs, che ci interessa in questa sede. La Casa Rothschild si associò apertamente al Royal Institute. Non solo i suoi maggiori investimenti comparivano regolarmente nell'elenco annuale dei sottoscrittori di società che donavano 400.000 dollari all'anno per il suo lavoro, ma N. M. Rothschild and Sons capeggiava l'elenco di tali sottoscrittori, uno dei rari casi in cui a questo venerabile nome era permesso di apparire al pubblico.

Con l'inaugurazione del Royal Institute of International Affairs e dei suoi affiliati, la Casa Rothschild ha fatto un grande passo avanti per portare a compimento il suo piano a lungo termine di dominio mondiale. Fino ad allora, la Casa aveva limitato la sua influenza agli affari monetari, utilizzando abilmente il denaro dietro le quinte della politica. Paul Emden scrive nella sua storia elogiativa "Jews of Britain", Sampson and Low, 1944, pagina 357, che

> "Alla Conferenza monetaria internazionale convocata dall'America a Bruxelles nel 1891, l'Inghilterra era rappresentata da Alfred de Rothschild. Con una mozione fortemente orientata contro il bimetallismo, egli divenne subito una figura centrale tra i delegati".

Non capitava spesso che un Rothschild apparisse in pubblico per ottenere i fini della Casa. La lotta contro il bimetallismo fu un tentativo disperato e riuscito di preservare il controllo dei sistemi monetari tenendo le nazioni legate al gold standard dell'emissione monetaria, che era un monopolio dei Rothschild. Questa lotta causò il panico del 1893 negli Stati Uniti e costrinse il Senato ad abbandonare il bimetallismo in questo Paese. La lotta continuò fino al 1896, quando dominò la campagna elettorale di quell'anno. Era l'ultima occasione per gli americani di eleggere un Presidente favorevole ai loro interessi. William Jennings Bryan fece una nobile campagna contro il barbaro culto del Vitello d'Oro, ma gli agenti di Rothschild lo sconfissero. Dal 1896 non c'è stato un solo candidato alla Presidenza degli Stati Uniti che non sia stato scelto dalla Casa di Rothschild.

La biografia in due volumi di Corti sulla famiglia Rothschild è un'opera di riferimento ammirevole, più interessante di molti romanzi d'avventura. Corti ci racconta come l'anziano commerciante di monete Mayer Amschel Rothschild si sia sentito in colpa di fronte all'Elettore di Hannover, finché non ha messo le mani sul denaro lasciato dall'Elettore d'Assia, l'oro pagato dall'Inghilterra per i mercenari dell'Assia che avrebbero combattuto contro i patrioti nella Rivoluzione americana del 1776. Da questo sordido baratto di assassini pagati nacque l'impulso della malvagia Casa Rothschild. Il vecchio Mayer Amschel prestò questo denaro a tassi usurari, che aumentò così rapidamente che in pochi anni fu finanziatore di corte dei re d'Europa. Aveva cinque figli. Salomon Mayer rimase nella casa di famiglia a Francoforte, in Germania, mentre i suoi fratelli emigrarono verso nuove opportunità. Mayer fondò una banca a Vienna, dove dominò il Congresso di Vienna nel 1815, Nathan Mayer andò a Londra, dove divenne presto il più importante dei furfanti di corte, Karl Mayer andò a Napoli e James Mayer andò a Parigi. Di James abbiamo una nota di Bray Hammond nel *Quaterly Journal of Economics* dell'agosto 1947, che cita una lettera di James de Rothschild a Nicholas Biddle della famiglia di Filadelfia, in cui si dice disposto ad anticipare altri sette milioni di franchi per sostenere la vacillante Seconda Banca degli Stati Uniti, che aveva quasi portato la giovane Repubblica a una guerra civile nel 1830, quando il presidente Andrew Jackson ritirò i fondi del governo da essa, dicendo: "Il posto più sicuro per il denaro del governo è nelle tasche del popolo".

Di grande interesse è la biografia del figlio di James, il barone Edmon de Rothschild, fondatore dei gruppi politici Rothschild trattati in queste pagine. "Baron Edmond de Rothschild", di David Druck, è stata stampata privatamente a New York nel 1928. La sua introduzione è scritta da Nathan Straus, della famiglia diplomatica proprietaria di Macy's a New York. Straus fu la mente dietro lo spaventoso flop del senatore Estes (Atlantic Union) Kefauver per la candidatura democratica alla presidenza.

> "Nel 1850, scrive Druck, il patrimonio di James de Rothschild aveva raggiunto i 600 milioni. Solo un uomo in Francia ne possedeva di più. Si trattava del Re, il cui patrimonio era di 800 milioni. Il patrimonio complessivo di tutti i banchieri francesi era inferiore di 150 milioni a quello di James de Rothschild. Questo naturalmente gli dava un potere incommensurabile, fino al punto di rovesciare i governi ogni volta che lo desiderava. È noto, ad esempio, che ha rovesciato il governo del primo ministro Thiers".

Si sa anche che tentò di rovesciare il governo americano del Presidente Jackson, ma in quel vecchio e tenace pioniere incontrò il suo avversario e si ritirò nelle sue stanze da conte a Parigi per tramare la guerra civile del 1860-1865. La guerra, per la Casa Rothschild, è diplomazia monetaria con altri mezzi.

Il Royal Institute of International Affairs ha come patrono Sua Maestà il Re d'Inghilterra. Tutti i primi ministri e i viceré delle colonie dal 1923 sono stati presidenti onorari dell'Istituto. La storia dell'Istituto, "Chatham House", di Stephen King-Hall, 1933, dice che

"Il Principe di Galles accettò gentilmente la carica di Visitatore. Questa nomina assicurava che l'Istituto non potesse mai essere pervertito a fini di partito o di propaganda".

Anche il suo gruppo gemello, il Council on Foreign Relations, è al di sopra della politica di partito e di parte. Gli affari dei banchieri internazionali sono al di sopra degli affari dei semplici cittadini e delle loro convinzioni politiche. King-Hall ci dice anche che

"Nel 1926, l'istituto ottenne una carta reale, che fu molto importante perché significava che in futuro non sarebbe stata concessa alcuna carta a nessun altro istituto per uno scopo simile".

Il monopolio della consulenza al governo sulla politica estera era importantissimo. Il caos sarebbe seguito, se ci fosse stato, ma la Casa di Rothschild diceva al numero 10 di Downing St quale doveva essere la politica estera. Il buon vecchio e scialacquatore Churchill è stato una buona copertura per loro.

Tra i fondatori del Royal Institute c'era il tenente colonnello R. W. Leonard, che nel 1923 ha donato la sua casa, Chatham House, al 10 di St. James Square, a Londra, che da allora è la sede dell'Istituto. È uno degli indirizzi più importanti del mondo. Leonard aveva sviluppato ferrovie e impianti elettrici in Canada per conto dei Rothschild. Altri fondatori del Royal Institute furono Sir Otto Beit, della famiglia bancaria Speyer, che fu direttore della British South Africa Co. e delle Rhodesia Railways dei Rothschild; P. A. Molteno, figlio del premier della Colonia del Capo; John W. Wheeler-Bennett, che divenne consigliere politico del generale Eisenhower a Londra nel 1944-1945 (British Who's Who 1950); il visconte Astor, presidente della Times Publishing Co, direttore della Barclay Bank e della Hambros Bank; Sir Julien Cahn e Sir Abe Bailey, principale rappresentante degli interessi dei Rothschild nel settore dell'oro e dei diamanti in Sudafrica. Le favolose ricchezze delle miniere del Witwatersrand hanno provocato la guerra boera, ci hanno dato Winston Churchill e hanno finanziato i gruppi di politica estera dei Rothschild in tutto il mondo.

Stephen King-Hall ci dice che Bailey donava 5000 sterline all'anno. Beit e Molteno furono grandi finanziatori, e il British Dominion e le colonie fondate dalla Carnegie Corporation di New York diedero 3000 dollari all'anno. Ma la più grande fonte di fondi fu la Fondazione Rockefeller, che donò 40.000 dollari all'anno per un periodo di anni.

Le donazioni delle aziende sottoscrittrici, che King Hall non suddivide, costituiscono il bilancio del Royal Institute, pari a 400.000 dollari all'anno. Nel 1936 l'Istituto elencava tra i sottoscrittori aziendali Nathan Mayer Rothschild sons e le sue filiali, tra cui la British South African Co, la Banca d'Inghilterra, l'agenzia di stampa Reuters, la Prudential Assurance Co, la Sun Insurance Office Ltd e la Vickers-Armstrong Ltd. Altri sottoscrittori sono le banche J. Henry Schroder Co., Lazard Freres Morgan Grenfell (JP Morgan), Erlangers Ltd e E. D. Sassoon Co. con le sue filiali, indicate come Chartered Bank of India, Australia e Cina, e la Banca Ottomana. L'elenco dei sottoscrittori rimane pressoché invariato di anno in anno.

L'osservatore attento non può fare a meno di chiedersi perché un'organizzazione con origini e scopi così nobili, e finanziata da case bancarie così irreprensibili, senta il bisogno di mantenere nel mistero le sue operazioni negli affari internazionali. Il Royal Institute dà poca o nessuna pubblicità alle sue riunioni, così come il suo gruppo gemello, il Council on Foreign Relations, e la sua principale filiale, l'Institute of Pacific Relations. Eppure ognuno di loro ha un'enorme influenza negli affari esteri.

King Hall scrive a pagina 85 di "Chatham House" che

> "Le conferenze dell'Istituto per le Relazioni con il Pacifico sono del tutto non ufficiali. Dal 1927, Chatham House ha inviato un gruppo britannico ad ogni conferenza dell'IPR. Nel 1931 il presidente era Archibald Rose, nel 1933 Sir Herbert Samuel".

Il tradimento della Cina era anche non ufficiale. Owen Lattimore si recò spesso in Inghilterra per parlare davanti al Royal Institute. Il 5 maggio 1936 parlò delle "relazioni russo-giapponesi" e il 12 marzo 1936 della "politica continentale del Giappone", che minacciava gli investimenti dei Rothschild in Cina. Il 9 ottobre 1936 il dottor Chaim Weizmann tenne una conferenza al Royal Institute sulla Palestina di oggi e il 30 marzo 1936 Maitre Rubinstein tenne una conferenza sul "Problema dei rifugiati", che stava causando una crisi economica in Gran Bretagna. Una minoranza emigrava dalla Germania e sbarcava in gran numero sulle coste dell'Inghilterra, che poteva, con tutta la buona volontà, assorbirne solo una percentuale.

Nel 1946, con tutta l'Asia direttamente sotto la pressione dell'impero sovietico e del suo programma di solidarietà emisferica, il Royal Institute ignorò il pericolo in Estremo Oriente. Nella sua pubblicazione

"The Pattern of Pacific Security, 1946, gli esperti del Royal Institute dichiararono che

> "Il gruppo considera remoto il pericolo di un movimento panasiatico che si opponga direttamente all'Occidente".

Questa propaganda, distribuita come politica di lavoro ai funzionari britannici all'estero, ha efficacemente cullato le loro paure sul comunismo in Asia. Nel 1952, la Gran Bretagna abbandonò tutti i suoi investimenti in Cina.

"Chatham House" definisce il Royal Institute come "un organismo non ufficiale e non politico fondato nel 1920 per incoraggiare e facilitare lo studio scientifico delle questioni internazionali".

Si tratta di un'affermazione più delicata di quella del suo gruppo gemello, il Council on Foreign Relations, che desiderava francamente stimolare il pensiero internazionale e coordinare le agenzie internazionali esistenti. King-Hall non si preoccupa di informarci che il Royal Institute ha un gruppo gemello in America.

Le simpatie del Royal Institute propendono per la Russia, e il motivo è riportato nella pubblicazione "International Trade" di A. J. Barnouw del 1943. A pagina 21, Barnouw ci informa che

> "L'Unione delle Repubbliche Socialiste Sovietiche è l'unica nazione potenzialmente ricca".

Non c'è da stupirsi che i Rothschild stiano abbandonando le democrazie occidentali.

CAPITOLO 3

Francoforte, in Germania, è la Roma della civiltà moderna. Da Francoforte sono nate le grandi banche internazionali che hanno diffuso la loro influenza in tutto il mondo. La Casa Rothschild e le sue filiali Kuhn, Loeb Co. di New York, Lazard Freres di New York, Londra e Parigi, e JP Morgan Co di New York, Londra e Parigi. Altre case bancarie internazionali originarie di Francoforte erano Hallgart Co, Ladenburg Thalmann, J. and W. Seligman e Speyer Brothers. Queste case bancarie e il loro controllo dell'approvvigionamento mondiale di oro hanno gradualmente sostituito la religione di Cristo con l'adorazione del vitello d'oro. La benignità del volto di Cristo scomparve e in sua vece si fece strada il bagliore della bestia cornuta della barbarie che diede inizio all'era delle guerre mondiali e dei massacri di massa di donne e bambini. L'Anticristo è tornato sulla Terra.

Le case bancarie di Francoforte hanno attraversato i due movimenti politici dominanti del 20th secolo, il comunismo mondiale e il sionismo mondiale. Ognuno di questi movimenti rivendica la democrazia come suo particolare attributo, ognuno di essi funziona sulla base del gold standard monetario e ognuno di essi sostiene il principio dell'internazionalismo. Per coloro che considerano il comunismo come il nemico dei banchieri può essere una sorpresa che l'economia marxista sia il più ortodosso dei sistemi contemporanei. Come scrisse Trotsky in "Storia della rivoluzione russa",

> "L'oro è l'unica base del denaro".

Nell'*Economic Journal* del marzo 1914, Israel Cohen scrisse un articolo, "Economic activity of modern jewry", che è il seguente,

> "Grazie alla loro dispersione nei vari paesi intorno al Mediterraneo e al sentimento di solidarietà razziale che li univa, essi disponevano di eccezionali possibilità di impegnarsi nel commercio internazionale. La finanza ebraica investì molto nella costruzione di

ferrovie nella seconda metà del 19th secolo, i Pereire nel nord della Francia, i Bischoffenheim in Belgio, i Bleichroder in Germania, il Barone di Hirsch in Turchia e la Kuhn Loeb Co. negli Stati Uniti, i Sassoon, i "Rothschild d'Oriente", crearono una rete di banche da Baghdad a Shanghai. Attualmente, il movimento dei metalli preziosi in tutto il mondo è diretto principalmente da banchieri ebrei, che determinano in larga misura il tasso di cambio tra un Paese e l'altro. Un'altra importante sfera di attività in cui gli ebrei sono rappresentati in numero crescente è quella delle professioni liberali e del servizio governativo".

Nelle borse del mondo si sente spesso dire che i Rothschild controllano l'oro, i Sassoon l'argento e i Guggenheim il rame. Questo detto è confermato dai volumi che elencano i direttori delle società che estraggono questi metalli.

I banchieri internazionali di Francoforte sono saliti al potere nello stesso periodo in cui è nata la Repubblica degli Stati Uniti. Ai prestiti concessi in Olanda, che finanziarono la Rivoluzione americana, si deve la disposizione della nostra Costituzione secondo cui tutti gli uomini nascono liberi e uguali. Questo fu un notevole passo avanti rispetto alle restrizioni imposte agli ebrei in Europa. L'edificio del Tesoro fu bruciato dagli inglesi nel 1812, per cui non è possibile rintracciare le origini dei prestiti a Washington, ma è lecito supporre che provenissero dalle stesse agenzie che finanziarono Robespierre e Mirabeau nella Rivoluzione francese. Entrambi questi rivoluzionari erano dichiarati sostenitori dei diritti degli ebrei. A quel tempo agli ebrei non era consentito prendere parte al governo o impegnarsi in imprese in cui avrebbero potuto trarre vantaggio dai cristiani. In America non hanno mai subito alcuna restrizione. Ciononostante, i nostri cittadini ebrei si sono sempre considerati una minoranza oppressa e hanno circa 350 organizzazioni negli Stati Uniti dedicate agli ebrei e come gruppo di pressione che non ha nulla in comune con gli altri cittadini. La maggior parte di queste organizzazioni è gestita come un racket redditizio dai loro imprenditori.

Nel 1837, August Belmont arrivò a New York come rappresentante ufficiale della Casa Rothschild. Nel 1861 rivelò il piano Rothschild di dividere l'America in due democrazie settimanali quando si rifiutò di prestare a Lincoln il denaro per la mobilitazione se non a un inaudito tasso di interesse a lungo termine del 25%. Il segretario al Tesoro di Lincoln, Salomon P. Chase, finanziò l'esercito dell'Unione emettendo biglietti verdi, ma le banche di New York si rifiutarono di onorarli con l'oro, provocando una crisi nel 1863. I Rothschild avevano un altro prezioso alleato nella persona di Nicholas Biddle. Il loro agente più prezioso, tuttavia, nel 1869 iniziò la sua carriera per i Rothschild senza rivelare i suoi finanziatori. Si trattava di JP Morgan. Gustavus Myers, nella sua "Storia delle grandi fortune americane" della Modern House, racconta come Junius P. Morgan della George Peabody and Co, abbia collaborato a tradimento con la Casa Rothschild a Londra durante tutta la guerra. Suo figlio, John Pierpont Morgan, guadagnò 30.000 dollari vendendo carabine difettose al governo degli Stati Uniti durante la Guerra Civile, un'impresa che indusse la Casa Rothschild a nominarlo suo agente nell'acquisizione di proprietà ferroviarie statunitensi. In seguito divenne il principale agente internazionale della Casa, che dopo il 1890 fu raramente menzionata. Le filiali della JP Morgan Co in Europa, la Drexel Morgan Co di Londra, la Morgan Harjes Co di Parigi, nonché la Drexel Co di Filadelfia e la JP Morgan di New York, si occupavano delle grandi transazioni internazionali, in precedenza monopolio della Casa Rothschild. Il motivo è ovvio. Morgan era una casa gentile. Non ha mai avuto un partner ebreo. Tutte le altre banche internazionali erano ebree. Per questo motivo, alla JP Morgan Co è stato permesso di occupare tutte le prime pagine della finanza internazionale.

Nel 1828 la Casa Rothschild nominò Samuel Bleichröder suo agente in Germania. Bleichröder divenne il consulente finanziario di Bismarck durante il consolidamento della Germania come nazione. Il suo titolo era quello di banchiere di Stato prussiano. Durante la guerra franco-prussiana del 1870, il barone Edmond de Rothschild fu il banchiere personale di Napoleone III di Francia e il suo dipendente Samuel Bleichröder fu il banchiere personale di Bismarck di Germania.

Alla morte di Bleichröder, il suo posto fu preso da Max Moritz Warburg, che aveva tre figli, Max, Paul Moritz e Felix Warburg. Felix e Paul emigrarono a New York, mentre Max rimase in Germania come banchiere del Kaiser. F. W. Wile, corrispondente da Berlino del London *Daily Mail*, nel 1914 pubblicò il suo libro "When around the Kaiser", in cui raccontava,

> "Ballin di Amburgo è in relazione con il Kaiser come lo erano i consiglieri di un'altra generazione con i loro sovrani e governi: Rothschild di Parigi con Napoleone III e Bleichröder di Berlino con l'imperatore Guglielmo I e Bismarck".

In realtà, Ballin era solo il prestanome di Max Warburg. Ballin era a capo della Hamburg-American Line e della German Lloyd's, entrambe compagnie di navigazione a vapore di cui Max Warburg deteneva il controllo. Max Warburg fu la guida del Kaiser durante la Prima guerra mondiale, ma non poté dichiararlo pubblicamente perché suo fratello Paul Warburg era a Washington come governatore del Federal Reserve Board. Pertanto, Albert Ballin fu pubblicizzato come primo ministro non ufficiale del Kaiser. Quando Max Warburg si presentò alla Conferenza di Versailles nel 1919 come capo della delegazione finanziaria tedesca, i giornali furono molto premurosi e non pubblicarono il fatto che il fratello di Max, Paul, dovesse rimanere a casa, perché non sarebbe mai stato opportuno avere un fratello che rappresentasse gli Alleati e un altro che rappresentasse la Germania.

Quando la M. M. Warburg Co di Amburgo e Amsterdam subentrò nella gestione delle proprietà dei Rothschild in Germania, iniziò ad acquistare proprietà ferroviarie negli Stati Uniti. *Newsweek* del 1° febbraio 1936 ha scritto

> "Abraham Kuhn e Solomon Loeb erano commercianti di merci generiche a Lafayette, Indiana, nel 1850. Come di consueto nelle regioni di recente insediamento, la maggior parte delle transazioni avveniva a credito. Ben presto scoprirono di essere dei banchieri e, dimenticando gradualmente la merce, si trasferirono a ovest. A Cincinnati ricevettero un notevole aiuto dalla Guerra Civile; nel 1867 fondarono la Kuhn, Loeb Co a New York, assumendo come socio un giovane tedesco, Jacob Schiff. Dopo dieci anni, Jacob Schiff era a capo della Kuhn Loeb, poiché Kuhn era morto e Loeb si era ritirato. Schiff aveva importanti conoscenze finanziarie in Europa. Sotto la sua guida, la società mise in contatto i capitali europei con l'industria americana, che allora ne aveva un gran bisogno. La Union Pacific aveva consumato molti fondi. La ferrovia non era riuscita a guadagnare. Il panico del 1893 aggiunse il tocco finale. Quel fallimento fu una manna per Kuhn, Loeb. Finanziando i piani di E. H. Harriman per una nuova Union Pacific, l'azienda si affermò come il principale finanziatore delle ferrovie americane".

Jacob Schiff, di Francoforte, aveva importanti conoscenze finanziarie, la Casa Rothschild e la M. M. Warburg Co. Accolse Paul e Felix Warburg come soci, e Kuhn, Loeb divenne il più grande proprietario di ferrovie negli Stati Uniti, controllando ancora il 53% del chilometraggio totale nel 1939, secondo un rapporto del TNEC. Newsweek osserva che Kuhn, Loeb ricevette un notevole aiuto dalla Guerra Civile e che il Panico del 1893 fu una manna per loro. La storia dei Rothschild e di Kuhn, Loeb è una storia di guerre e di panico. Senza la prospettiva di una guerra mondiale o di una grande depressione, Kuhn Loeb avrebbe chiuso i battenti. Il panico del 1893 ha imposto agli Stati Uniti un gold standard inflessibile e ha consegnato la Union Pacific nelle mani di E. H. Harriman e del suo padrone, Jacob Schiff. Come era stato possibile ottenere questo risultato? Semplicemente spostando cento milioni di dollari in oro da New York a Montreal in un momento critico della Borsa di New York, e poi Kuhn, Loeb hanno richiamato i loro prestiti in sospeso. I tassi di interesse sul denaro sono saliti al 25%, si è scatenato un terribile panico monetario e Jacob Schiff ha ottenuto ciò che voleva. Poi i cento milioni di dollari in oro furono riportati da Montreal e il mercato tornò normale.

Molti dei nostri ultimi arrivati hanno ricevuto un notevole aiuto dalla Guerra Civile, in particolare la famiglia Lehman. I tre fratelli Lehman vivevano ad Atlanta, in Georgia, allo scoppio della Guerra Civile. Si disposero strategicamente: uno rimase ad Atlanta, l'altro si trasferì a Montgomery, in Alabama, e il terzo andò a New York. Per tutta la durata della guerra, i due Lehman del Sud spedirono il cotone in Inghilterra, mentre il Lehman del Nord lo riscosse con le spedizioni d'oro che arrivavano a New York. Dopo la guerra, il Sud sembrava non essere redditizio, così tutti i Lehman andarono a New York. Con l'oro ricavato dalla guerra, aprirono la banca Lehman Brothers. Il rampollo della casa, Herbert Lehman, imparò che la guerra poteva essere una missione molto comoda. Durante la Prima guerra mondiale, prestò audacemente servizio a Washington come responsabile dei rifornimenti e vinse la Distinguished Service Medal per il suo valore nel firmare gli ordini di trasporto. Da allora è un membro di spicco della Legione Americana.

Il Panico del 1893 fu il segnale per il resto dei banchieri di Francoforte che avevano conquistato il controllo del sistema monetario americano e si precipitarono a trarne profitto. Lazard Freres, la casa di famiglia di Eugene Meyer, aprì il suo ufficio di New York nel 1893, all'apice del panico, specializzandosi nei movimenti internazionali dell'oro. J. and W. Seligman aprì il suo ufficio di New York nel 1894. Lo studio Seligman colse la sua grande opportunità nel 1898, quando la USS Maine saltò in aria nel porto dell'Avana, con grande sorpresa degli spagnoli. Theodore Roosevelt si precipitò a Cuba per guidare una carica che si concluse alla Casa Bianca e, quando il fumo si diradò, la casa di J. e W. Seligman possedeva le ferrovie e le piantagioni di zucchero di Cuba.

In quel periodo, un giovane uomo di nome Winston Churchill stava combattendo una guerra spietata contro i boeri in Sudafrica, che difendevano la loro patria contro gli Uitlander, l'orda di ebrei tedeschi che bramavano le ricche miniere di diamanti e oro del Witwatersrand. I servizi giornalistici internazionali si dedicarono a tessere le lodi di Roosevelt e Churchill, entrambi i quali, in qualsiasi sistema morale o legale di giustizia, sarebbero stati giustiziati come banditi. Con questa pubblicità, questi due aggressori iniziarono una carriera al servizio dei banchieri ebrei che durò tutta la vita. Questa è la sordida base della fama.

I servizi di informazione sono stati creati e controllati dai banchieri di Francoforte come necessità commerciale. Kent Cooper, sulla rivista *Life* del 13 novembre 1944, scrisse un articolo intitolato "Freedom of Information" (Libertà d'informazione) in cui diceva,

> "Prima e durante la Prima guerra mondiale, la grande agenzia di stampa tedesca Wolff era di proprietà della casa bancaria europea Rothschild, che aveva la sua sede centrale a Berlino. Un membro di spicco dell'azienda era anche il banchiere personale del Kaiser Guglielmo. Ciò che accadde in realtà nella Germania imperiale fu che il Kaiser usò Wolff per legare ed eccitare il suo popolo a tal punto da renderlo desideroso della Prima Guerra Mondiale. Vent'anni dopo, sotto Hitler, lo schema fu ripetuto ed enormemente amplificato dalla DNB, i successori di Wolff".

In qualità di stimato presidente dell'Associated Press, sembra impossibile che Kent Cooper abbia pubblicato pubblicamente una tale massa di errori. Secondo tutte le autorità, la Casa Rothschild non ha mai avuto una sede a Berlino. Il banchiere personale del Kaiser, di cui Cooper si rifiuta di fare il nome, era Max Warburg, che non è mai stato apertamente conosciuto come membro della società Rothschild. Ancora più importante, Cooper accusa l'agenzia Wolff proprio del crimine commesso dall'Associated Press, dal 1933 al 1941, quando l'Associated Press creò una febbre di guerra negli Stati Uniti con i suoi resoconti molto coloriti e spesso falsi sulle intenzioni politiche della Germania. Tutti i piani pubblicati del governo nazista, che furono scrupolosamente seguiti da Hitler, prevedevano una spinta verso est, il Drang Nach Osten contro la Russia previsto dalla loro scienza della Geopolitica. In quel momento, Cooper stava diffondendo la sua propaganda su *Life*, una pubblicazione di *Time*, Inc, finanziata da JP Morgan Co nel 1923 e gestita a basso costo per cinque anni, per il suo valore propagandistico.

Paul Emden, storico inglese e biografo ufficiale dell'ebraismo inglese, ha pubblicato la sua opera definitiva, "Jews of Britain", Sampson Low, Londra, 1944. A pagina 357 scrive di Reuter,

> "Julius Reuter, naturalizzato inglese, condusse la sua agenzia come un affare di famiglia fino al 1865, quando costituì la Reuter Telegraph Agency. Nel 1871 il Duca di Saxe-Coburg-Gotha gli aveva conferito il titolo ereditario di Barone; una concessione speciale della Regina Vittoria nel 1891 diede a lui e ai suoi discendenti il permesso di usarlo nel Regno Unito, e di conseguenza l'uomo che per nascita era Israel Beer divenne Barone Julius de Reuter. È naturale che nello sviluppo dei servizi di informazione in tutto il mondo gli ebrei abbiano avuto un ruolo fondamentale: in quanto finanzieri e commercianti avevano da tempo riconosciuto l'immenso valore di un'informazione tempestiva e affidabile. Il suo servizio di notizie sorprendentemente ben sviluppato, uno dei segreti del suo continuo successo in Borsa, permise a Nathan de Rothschild di portare al governo britannico le prime notizie di Waterloo. Ai Rothschild piaceva ricevere le notizie prima di chiunque altro. Una delle caratteristiche principali dei rapporti di Reuter è che nel 1865 erano in anticipo di due giorni sulla notizia epocale dell'assassinio di Abraham Lincoln. In Europa esistevano tre importanti agenzie telegrafiche: Reuters a Londra, Havas a Parigi e Wolff a Berlino. Havas era un ebreo francese e si suppone che Wolff fosse ebreo".

Sir Roderick Jones, capo della Reuters per molti anni, ha pubblicato la sua autobiografia, "A life in Reuters", Hodder and Stoughton, 1951. Racconta che Reuter nacque Israel Ben Josphat Beer, figlio del rabbino Samuel Beer di Cassel, in Germania, e che nel 1859 Reuter firmò un accordo con i suoi rivali, Wolff e Havas. Havas avrebbe avuto il Sud America, i tre si sarebbero divisi l'Europa e la Reuters avrebbe avuto il resto del mondo. Questo accordo, provvidenzialmente concluso poco prima dello scoppio della guerra civile americana, durò fino al 1914. Durante questo periodo, l'Associated Press in America era sotto il controllo di Jacob Schiff, la cui società Kuhn, Loeb gestiva tutte le emissioni azionarie per la Western Union Telegraph e aveva sempre tre soci nel suo consiglio di amministrazione. La Western Union controllava a sua volta l'Associated Press.

Sir Roderick si è formato sotto la guida di Louis Weinthal, che scrive a lungo di come la Casa Rothschild abbia finanziato Cecil Rhodes e il suo impero in "The Story of the Cape to Cairo Railway". Jones racconta in "A Life in Reuters" che

> "Verso la fine del 1895, i fuochi fumanti e inconsistenti del malcontento politico a Johannesburg furono alimentati dall'Unione Nazionale del Transvaal e dai proprietari delle miniere d'oro in una fiamma rivoluzionaria esteriormente presentabile. Fu istituito un Comitato per la Riforma degli Uitlanders, con un esecutivo interno composto da John Hays Hammond, Lionel Philipps (uno dei capi dell'impresa mineraria di oro e diamanti di Eckstein - la Corner House), George Farrar, capo della East Rand Property Mines, e il col. Frank Rhodes, fratello di Cecil Rhodes, primo ministro del Capo. Percy Fitzpatrick era il segretario. Il Comitato generale era composto da altri sessanta cittadini di spicco, tra cui Abe Bailey e Solly Joel".

John Hays Hammond era l'ingegnere minerario capo della Casa Rothschild. Paul Kruger, capo della Repubblica boera, lo condannò a morte per aver complottato il rovesciamento violento del governo e lo lasciò andare con il pagamento di una multa di 120.000 dollari. Divenne poi ingegnere capo della Guggenheim Properties a 600.000 dollari l'anno, e successivamente rappresentante a Washington del Council on Foreign Relations. Suo figlio. È un noto compagno di viaggio dei comunisti di New York.

Il denaro per il Consiglio e i suoi affiliati proveniva principalmente dai giacimenti d'oro e di diamanti del Sudafrica. Sir Abe Bailey, a nome del quale fu registrata la maggior parte degli interessi Rothschild nel Witwatersrand, era il principale Baker del Royal Institute of International Affairs.

Il modo in cui Sir Roderick è diventato capo della Reuters è di per sé un gioiello. Dopo aver servito fedelmente sotto i Weinthal, ci racconta che

> "Il 28 aprile 1915 il barone Herbert de Reuter, capo dell'agenzia, si sparò. La causa fu il fallimento della Reuters Bank, che era stata costruita dal barone Julius de Reuter per gestire segretamente le rimesse estere".

Poiché l'Inghilterra era allora in guerra con la Germania, si ritenne poco saggio nominare un altro ebreo tedesco a capo dell'agenzia, e così i direttori nominarono Sir Roderick Jones. Alla fine si dimise in circostanze che, a suo dire, non possono essere rese pubbliche. È molto probabile.

CAPITOLO 4

Il presidente degli Stati Uniti Woodrow Wilson, eletto due volte, è stato uno degli uomini più disamorati che abbiano mai occupato quella carica. Un arrogante dittatore di campus che non è mai stato in grado di trattare con uomini maturi. Raggiunse la stima nel mondo dell'istruzione e successivamente nel mondo della politica solo prostituendosi avidamente ai rappresentanti newyorkesi dei banchieri di Francoforte. Come presidente dell'Università di Princeton, Wilson attirò per la prima volta la loro attenzione con la sua guerra isterica alle confraternite. Gli studenti ritenevano di avere il diritto di scegliere i propri compagni, anche se questo significava escludere alcuni rampolli dei banchieri immigrati. Wilson andò su tutte le furie quando gli studenti si opposero ai suoi principi di "uguaglianza" e bandì le confraternite da Princeton, divieto che dura ancora oggi.

Frank Vanderlip, successore di James Stillman come presidente della National City Bank, racconta nella sua autobiografia "From Farmboy to Financier", che lui e Stillman invitarono Wilson al lancio nel 1910 per esaminarlo. Stillman, che si era vantato con Carter Barron di sapere chi aveva fatto saltare in aria la USS Maine, disse che Wilson sarebbe andato bene, ma che non era un grande uomo. Wilson continuò la sua campagna di soggezione nei confronti dei ricchi, finché non li convinse che era affidabile e che avrebbe anteposto i loro interessi ai diritti del popolo. Durante il panico del 1907, aveva dichiarato la sua fedeltà a loro quando aveva proclamato che avremmo dovuto affidare la nazione a un Consiglio di sette uomini guidati da JP Morgan, in modo da non avere più panico. Questo era vero. Se Morgan avesse potuto gestire il Paese come voleva per la Casa Rothschild, non avremmo mai più avuto un panico. Il fatto che Morgan e Schiff avessero provocato il panico del 1907 in un anno di buoni raccolti e di prosperità generale, al solo scopo di creare un clima nel mondo economico che permettesse loro di promulgare una legge di "riforma monetaria" che desse loro autorità perpetua sulla moneta e sul credito degli Stati Uniti, fu ignorato da Woodrow Wilson.

Nel 1911, Woodrow Wilson fu il primo educatore di spicco ad acclamare il piano Aldrich, scritto da Paul Warburg della Kuhn, Loeb Co e presentato nella piattaforma del Partito Repubblicano. Nel 1912, Woodrow Wilson fu eletto Presidente per firmare il Federal Reserve Act, l'edizione del Partito Democratico del piano Aldrich. Poiché l'opinione pubblica si opponeva al piano Aldrich come legge bancaria di Wall Street, Paul Warburg lo rielaborò in fretta e furia, presentandolo come Federal Reserve Act del Partito Democratico, e Wilson, ardente sostenitore del piano Aldrich repubblicano, divenne il candidato democratico alla presidenza e promulgò il Federal Reserve Act in legge.

Durante l'audizione al Senato della sottocommissione giudiziaria del 1914, il senatore Bristow chiese a Paul Warburg.

> "Ho capito che sabato ha detto di essere un repubblicano, ma quando il signor Roosevelt è diventato candidato, è diventato un simpatizzante del signor Wilson e lo ha sostenuto?".

Paul Warburg, Sì.

Senatore Bristow, mentre suo fratello Felix Warburg sosteneva Taft?

Paul Warburg: Sì".

Le elezioni presidenziali del 1912 offrono un bellissimo caso di laboratorio dei banchieri immigrati che operano nella democrazia americana. Sebbene il Presidente Taft fosse molto più popolare del freddo e cinico Wilson, Taft si era inimicato Kuhn, Loeb Co, Archie Butt. Aiutante alla Casa Bianca dei presidenti Theodore Roosevelt e Taft, descrive l'incidente a pagina 625 delle sue "Lettere", pubblicate da Doubleday Doran nel 1930, come segue

> "Proprio ora Schiff chiede al Presidente Taft di abrogare il Trattato del 1832 con la Russia e lo minaccia dell'ostilità degli ebrei se continuerà a rifiutarsi di aderire alle loro richieste. Lui e alcuni ebrei sono venuti alla Casa Bianca qualche sera fa e hanno praticamente detto al Presidente che se non avesse abrogato il trattato, l'intero popolo ebraico di questo Paese non solo si sarebbe opposto alla sua rielezione, ma avrebbe sostenuto il candidato democratico, chiunque fosse".

Questo incidente è descritto più diffusamente dal leader del B'nai Brith Simon Wolf nella sua autobiografia "I presidenti che ho conosciuto".

Wolf, che fu arrestato nel 1865 in relazione alla morte di Abraham Lincoln, conosceva personalmente tutti i presidenti da Lincoln a Wilson.

Per garantire l'elezione di Wilson, fu utilizzata la tecnica del divide et impera. Theodore Roosevelt, il favorito della J&W Seligman Co, fu trascinato dalla pensione per candidarsi come candidato progressista, dividendo il Partito Repubblicano. Alla fine, Taft ricevette sei voti elettorali. L'ombra della disapprovazione del B'nai Brith incombeva sul figlio Robert Taft alla convention repubblicana del 1952, quando Rifkin e Warburg riuscirono a ottenere la candidatura del generale Eisenhower.

Sebbene Wilson sia stato pubblicizzato come il candidato dell'uomo comune e siano state richieste banconote in dollari per le sue spese, "the road to the White House", Princeton University Press 1951 indica come principali finanziatori di Wilson Jacob Schiff, Henry Morgenthau senior, Samuel Untermeyer e Cleveland H. Dodge della National City Bank. Bernard Baruch gestì i fondi per Wilson e firmò una serie di assegni per un importo compreso tra 25.000 e 50.000 dollari, in quanto necessari durante la campagna del 1912. Tuttavia, non si trattava di denaro proprio. Era solo il responsabile del Wilson Trust Fund.

Secondo per importanza al Federal Reserve Act fu il chiarimento di Wilson sulla situazione messicana. La società Bleichröder di Berlino era stata uno dei primi e più importanti investitori in obbligazioni messicane e la Kuhn Loeb Co ne aveva ereditato la gestione. Il Messico sotto Porfirio Diaz era andato in bancarotta ed era necessaria una rivoluzione per finanziare il debito e ripristinare i dividendi delle obbligazioni Bleichröder. Di conseguenza, nel 1911 in Messico fu attuata la prima rivoluzione comunista di successo della storia. I proprietari di immobili furono massacrati e le loro terre furono date ai contadini. Tuttavia, i contadini avevano bisogno di muli e sementi. Non avendo denaro, ipotecarono le loro terre alle banche. Spesso al posto dei muli c'era la tequila, così la terra si concentrò rapidamente nelle mani di un numero di uomini ancora minore rispetto a prima della Rivoluzione. Questo era il comunismo. I contadini avevano meno di prima e lavoravano più duramente di prima del trionfo del marxismo. Kuhn, Loeb ricevettero i loro dividendi dal nuovo governo e Porfirio Diaz si ritirò a Parigi per vivere nel lusso. Paul Warburg, Jacob Schiff e Jerome Hanauer divennero direttori delle Ferrovie Nazionali del Messico. Eugene Meyer junior sviluppò grandi miniere di rame a

Chihuahua e J&W Selligman Co sviluppò servizi pubblici in quel paese. (Elenco dei direttori di New York City, 1912).

Tuttavia, Jacob Schiff, la mente dietro l'espansione della Standard Oil dei Rockefeller, era preoccupato per il futuro delle proprietà dei Rockefeller in Messico. Era necessario un intervento deciso da parte di Washington. Percy N. Furber, presidente della Oil Fields of Mexico Ltd, dichiarò a Carter Barron, il principale giornalista finanziario di New York, che

> "La rivoluzione messicana fu causata da H. Clay Peirce, che possedeva il 35% della Pierce-Waters Oil Co, di cui la Standard Oil deteneva il restante 65%. Pierce era uno scagnozzo riservato di Rockefeller. Voleva ottenere la mia proprietà".

Peirce chiese a Diaz di togliere la tassa sulle importazioni di petrolio per consentire alla Standard Oil di introdurre prodotti dagli Stati Uniti da vendere in Messico. Diaz si rifiutò e ne seguì la rivoluzione. Peirce mise i soldi per il successo della rivoluzione di Francisco Madero. Né Peirce né nessun altro si aspettava ciò che accadde in seguito. Madero fu giustiziato da Victoriano Huerta il 18 febbraio 1913. Huerta era la pedina degli interessi petroliferi britannici. Nel frattempo, la febbre rivoluzionaria si impadronì di tutto il Paese. Altri rivoluzionari, alcuni con e altri senza il sostegno dei petrolieri, scesero in campo. Nel nord del Messico, Carranza e Pancho Villa guidarono gli eserciti contro Huerta. Era una grande opportunità per i venditori di Cleveland H. Dodge, Remington Arms Co e Winchester Arms Co.

Il presidente Wilson aveva imposto un embargo sulle spedizioni di armi in Messico, creando così la possibilità di contrabbandarle a prezzi doppiamente elevati. Tuttavia, Dodge era troppo lento e il 12 febbraio 1914 ottenne che Wilson revocasse l'embargo e spedisse immediatamente armi per un valore di 1.000.000 di dollari a Carranza, da lui scelto come successore di Huerta. Fin dall'inizio, Wilson si era fermamente rifiutato di riconoscere l'amministrazione Huerta. Ma Dodge e altri che avevano grandi partecipazioni in Messico si stavano allarmando per l'ampiezza della marea rivoluzionaria e proposero di dare a Huerta il riconoscimento americano se avesse promesso di indire le elezioni. In questo modo i petrolieri avrebbero avuto la possibilità di comprare alcuni funzionari locali amichevoli, il che era tutto ciò che volevano. Un promemoria in tal senso fu trasmesso al colonnello House da Julius Krutschitt, presidente della Southern Pacific Railroad, e House lo portò a Wilson. Questo promemoria fu redatto da D. J. Haff, un avvocato di Kansas City, e fu approvato dallo studio Phelps Dodge prima di essere inviato a Washington, nonché da Greene Cananea Cooper (Guggenheim) e da E. L. Doheny della Mexican Oil Co. Haff fu quindi chiamato a conferire con Wilson e gli fu presentato da Dodge, la cui approvazione faceva sempre molta strada con il presidente. C'era una ragione impellente per cui a Huerta doveva essere negato il riconoscimento se si fosse rifiutato di prendere ordini da Washington, e lui si rifiutò. Il motivo era semplicemente che era stato violentemente insediato al posto di Madero della Standard Oil da Lord Cowdray, capo degli interessi petroliferi britannici in Messico, controllati dalla famiglia Samuel. Wilson, infatti, nella comunicazione a Sir Edward Grey, allora Ministro degli Esteri britannico, giurò che avrebbe spodestato Huerta, che il governo britannico e vari suoi satelliti avevano frettolosamente riconosciuto. Solo all'inizio del 1914 Wilson abbandonò la speranza di mettere Huerta sotto il controllo di Dodge e della National City Bank. Poi una serie di atti provocatori rivelarono la nuova tempra di Washington. Oltre alle ingenti spedizioni di armi all'avversario di Huertas, Carranza, ci fu l'incidente di Tampico. Alcuni marinai americani furono sbarcati a Tampico, apparentemente per rifornirsi di acqua e gas. Furono arrestati dalle truppe Huertas, ma a seguito di una violenta protesta da parte di Washington, furono rilasciati. A Washington ci fu un certo stupore. Poi Wilson insistette affinché Huerta facesse il saluto alla bandiera americana e chiedesse scusa. Huerta si rifiutò. Secondo il diritto internazionale, non c'era alcuna occasione per chiedere un saluto formale. Wilson ordinò con arroganza alla Marina di uscire per conto della Standard Oil e il 21 aprile 1914 le navi da guerra americane bombardarono Vera Cruz per impedire a una nave tedesca di sbarcare rifornimenti per Huerta. Ci furono perdite di vite civili e ingenti danni materiali. Il 25 luglio 1914, Huerta ammise che le probabilità erano troppo alte contro di lui e si rifugiò nei suoi conti bancari, tra l'altro a New York. Venustiano Carranza assunse l'incarico per conto della National City Bank. Al confine con gli Stati Uniti. Il generale Pershing, imparentato con Jules S. Bache della Borsa di New York, tenne a bada Pancho Villa mentre Carranza consolidava il suo potere.

Per il resoconto di cui sopra, devo soprattutto a "America's Sixty Families" di Ferdinand Lundberg, Vanguard Press, 1938, e alle memorie di Carter Baron su Wall Street. L'episodio potrebbe essere ripetuto decine di volte nel raccontare le numerose rivoluzioni del 20th secolo, ognuna delle quali è la prova storica della protezione da parte di J&W Seligman dei suoi investimenti miliardari nelle Public Utilities e nello zucchero in Sud America, bottino della guerra ispano-americana, e di Samuel Zemurray della Palestine Economic Cooperation che proteggeva i suoi interessi della United Fruit Co. in America Centrale. Questi episodi hanno creato la leggenda dell'"imperialismo del dollaro" degli Stati Uniti in Sud America. I nostri vicini latini dovrebbero essere informati che la maggior parte degli americani deplora l'arrogante sfruttamento del Sud America da parte di Zemurray, Seligman e Warburg.

Nessun presidente prima di Woodrow Wilson aveva mostrato una tale parzialità nei confronti della minoranza che aveva finanziato la sua campagna elettorale. Le nomine ufficiali di Woodrow Wilson durante le sue due amministrazioni si leggono come il Who's Who dell'ebraismo americano, con i nomi di Morgenthau, Warburg, Meyer, Baruch, Brandeis, Frankfurter, Strauss, Nagel, Goldenweiser e centinaia di altri. La storia del regno di Wilson è stata oscurata, e la luce sulle sue attività segrete, sulle cospirazioni del colonnello Edward Mandell House e di Sir William Wiseman della Kuhn, Loeb Co, e sulle losche operazioni degli immigrati senza radici a cui ha dato volentieri le più alte cariche del governo americano, viene fatta solo occasionalmente da un po' di biografia qui e da una pagina vagante di informazioni là. Una delle più oltraggiose violazioni del giuramento di Wilson è stata mantenuta nel più assoluto mistero per 26 anni, grazie alla collaborazione dei servizi giornalistici. Paul Emden, nella sua autorevole opera "Jews of Britain", afferma a pagina 310,

> "Nell'aprile del 1918, a seguito di una grossa speculazione sul cotone, si verificò una corsa a Bombay e fu prelevato il valore di 1.372.000 sterline. Solo l'America poteva aiutare, ma le sue vaste riserve d'argento dovevano essere conservate come copertura per la sua moneta cartacea in dollari. In questo spaventoso imbarazzo, Lord Reading (Rufus Isaacs) venne in soccorso. La sua potente influenza sul Presidente Wilson fece sì che il governo di Washington e i membri del Congresso di ogni partito si unissero nel tentativo di far fronte a questa situazione approvando una legge senza discussione o praticamente senza discussione, perché qualsiasi dibattito sull'argomento sarebbe stato grave. Il provvedimento è stato approvato in tempi quasi record. Divenne legge in pochissimi giorni e vasti milioni di once d'argento furono inviati attraverso l'oceano in India, semplicemente perché l'America si rese conto di quanto fosse necessario, in quel particolare momento, aiutare l'Impero britannico. Di questo non si seppe nulla. Anzi, non apparve nulla sui giornali. Alcuni giornali ne erano a conoscenza, ma non ne

hanno parlato. Per quanto ne so, ho fatto la prima dichiarazione pubblica al riguardo".

Molte domande sorgono spontanee di fronte a questa storia quasi incredibile. Gli Stati Uniti, nel bel mezzo della Grande Guerra, bloccano tutte le leggi per approvare un progetto di legge segreto che prevede l'invio di argento in India perché alcuni speculatori vi hanno causato una crisi monetaria. Nessun membro del Congresso osa discuterne o opporsi, nessun giornale si sente obbligato a riportare una storia così eccitante, e la figura chiave è un oscuro straniero di cui si dirà più avanti. Si vorrebbe parlare per qualche istante con il signor Emden, per chiarire questa pagina. Perché era indispensabile che la legge fosse approvata senza dibattito? Persino la nostra entrata in guerra fu discussa al Congresso. Chi erano gli speculatori che hanno causato la crisi di Bombay? E perché i problemi monetari dell'India dovrebbero avere una priorità assoluta e segreta su tutte le questioni in sospeso al Congresso degli Stati Uniti? Ma forse il signor Emden ci ha già detto troppo.

CAPITOLO 5

L e guerre sono fatte dagli uomini. Il 20th secolo è stato un tentativo vergognoso e quasi unanime da parte di storici ed economisti, guidati dai mascalzoni di Harvard e dell'Università di Chicago, di evitare tutte le personalità e i fatti nella contabilità della storia contemporanea. Questi furfanti hanno seguito la linea tracciata da Karl Marx, secondo cui tutti gli eventi devono essere riportati in astratto come convulsioni economiche delle masse. Mentre la storia di massa può essere trattata dal punto di vista economico, la storia individuale deve utilizzare il tempo, il luogo e l'associazione, ed è a questi fattori che gli storici della linea di partito marxista insegnano ad evitare. Così, i numerosi libri sulla Prima Guerra Mondiale, sulla Conferenza di Pace di Versailles o sulla Grande Depressione del 1929-1933 contengono in media un fatto ogni 10.000 parole. Il resto è un'elucubrazione totalmente priva di scopo sulle pressioni sociali, sui "misfatti dei capitalisti", in cui qualsiasi menzione dei banchieri di Francoforte è evidente per la sua assenza, e sulle "tensioni economiche del nostro tempo".

Queste sciocchezze vengono somministrate da incompetenti ai nostri studenti universitari per quattro anni. Non c'è da stupirsi che non leggano mai più un libro. Ciò che è veramente deplorevole è la diserzione quasi totale dei professori che hanno deliberatamente pervertito e spergiurato sulla stampa con questa pendenza, quando sono a conoscenza dei fatti. Sono pagati così poco che non si può certo dire che siano stati corrotti. La loro autodistruzione dura solo fino a quando qualcuno non ha il coraggio di dire la verità, e in effetti questo sembra essere il suo unico scopo, nascondere i fatti fino a quando i criminali non sono fuori dalla portata della punizione. Harvard, Columbia e Chicago combattono un'azione di retroguardia per proteggere i banchieri internazionali che hanno finanziato il nazismo e il comunismo per trarre profitto dalle guerre mondiali.

Una nazione tedesca giovane e fiduciosa, resa più sicura di sé da una facile vittoria su una Francia disunita nel 1870, sognava di conquistare l'Europa. Al fianco del Kaiser Williams, il suo banchiere personale Max Warburg incoraggiava questo sogno. Sotto il predecessore di Warburg, Samuel Bleichröder, la Germania aveva realizzato il sistema bancario più centralizzato del mondo, la Reichsbank, che nel 1910 era l'unica banca centrale in grado di finanziare una guerra su larga scala. Nel 1914, Paul Warburg, fratello di Max Warburg, aveva centralizzato la finanza americana nel Federal Reserve System, in modo che gli Stati Uniti fossero in grado di finanziare tutte le nazioni che componevano gli Alleati nella Prima Guerra Mondiale. Il compito principale di una banca centrale è la finanza di guerra.

Come nel 1939, la Germania del 1914 sognava una guerra lampo, una guerra lampo. Il Kaiser sapeva di avere la migliore macchina da guerra del mondo. Max Warburg gli assicurava di avere il miglior sistema bancario del mondo. Pensando in termini di un impero paneuropeo di cui l'Inghilterra era l'unico serio avversario, la Germania nel 1914, come nel 1939, non poteva immaginare la possibilità di un ingresso degli Stati Uniti contro di lei. Né economicamente né politicamente l'America era interessata a una Federazione paneuropea dominata dalla Germania. Ciò trova una prova decisiva nel "Segreto del Bosforo" di Henry Morgenthau, il resoconto delle sue esperienze in Turchia come ambasciatore degli Stati Uniti. Egli racconta la sua conversazione con l'ambasciatore tedesco, il barone Wangenheim, che nel 1915 gli disse volentieri, in quanto neutrale, che la Germania aveva puntato tutto su una guerra rapida. Se le prospettive di una rapida vittoria fossero svanite, la Germania avrebbe cercato un armistizio e si sarebbe armata in attesa di un'occasione migliore. Morgenthau menzionò la possibilità di una partecipazione americana contro la Germania. Wangenheim rimase sbalordito. "Perché", chiese, "l'America dovrebbe attaccare la Germania?".

"Per un principio morale", rispose Morgenthau, il re dei bassifondi di Harlem che ingrassava con i tributi dei poveri negri. Tuttavia, come sempre per i Morgenthau del mondo, erano in gioco considerazioni più pratiche. Nel 1915, il problema di rendere il mondo sicuro per la democrazia del comunismo e per la sua gemella, la democrazia del sionismo, era di primaria importanza.

Il cancelliere tedesco durante la Prima guerra mondiale era von Bethmann-Hollweg. Moritz Bethmann, suo antenato, era stato il principale finanziere di Francoforte all'epoca di Mayer Amschel Rothschild. I Bethmann e i Rothschild si erano sposati per dare vita al cancelliere tedesco. La Germania aveva l'oro, gli eserciti e una macchina da guerra industriale altamente produttiva. Le mancavano, però, alcuni prodotti chimici, alimentari e materie prime di vitale importanza. All'inizio della guerra, aveva solo sei mesi di scorte di prodotti come zucchero, carbone, tungsteno e nitrati. Vedendo che i loro piani non potevano essere portati a termine entro il dicembre 1916, lo Stato Maggiore tedesco consigliò al Kaiser di chiedere la pace. Nell'agosto 1916, Max Warburg, allora capo dei servizi segreti tedeschi, e il cancelliere von Bethmann-Hollweg non vollero saperne di chiedere la pace. L'America era dalla parte della Germania, dissero, e indicarono il lavoro di Jacob Schiff e James Speyer a New York per dimostrarlo. Con il suo aiuto, la Germania avrebbe potuto facilmente battere gli Alleati. Per quanto riguarda i rifornimenti necessari, centinaia di tonnellate di prodotti alimentari stavano arrivando dal Belgio. I risultati dell'operazione della Commissione di Herbert Hoover per il soccorso del Belgio, che avrebbe dovuto chiamarsi Commissione di Hoover per il soccorso della Germania. Senza i generi alimentari forniti dalla Commissione di Hoover, la Germania avrebbe dovuto chiedere l'armistizio nel 1916 e la guerra sarebbe finita in due anni invece che in quattro.

Un'infermiera inglese patriottica in Belgio, Edith Cavell, fu inorridita dal palese tradimento dell'operazione Hoover e cercò di informare il governo britannico, dando luogo a una delle più tristi tragedie della guerra. Erano stati scommessi miliardi di dollari sul proseguimento della guerra per altri due anni. La caduta della Germania nell'inverno del 1916 avrebbe significato per i Baruch, i Warburg e i Guggenheim, che avevano scommesso tutto sull'espansione della produzione bellica nell'estate del 1916, la perdita della maggior parte delle loro fortune. Franklin D. Roosevelt sarebbe stato incriminato per aver raddoppiato la quantità di ordini per la Marina, non autorizzati dallo stanziamento del Congresso per quel Dipartimento, e una carriera politica in erba sarebbe stata interrotta. Centinaia di uomini facevano fortuna contrabbandando carbone e zucchero in Germania. Lo zucchero, pagato dai contribuenti americani, veniva caricato segretamente di notte e spedito in Spagna sulle navi della Royal Spanish Line. Dalla Spagna andava in treno in Svizzera, apparentemente per la produzione di cioccolato, e dalla Svizzera entrava in Germania a 0,60 dollari la libbra.

Una sola donna minacciò questo grande tessuto di tradimenti e quella donna, l'infermiera Edith Cavell, fu giustiziata in tutta fretta per ordine dell'Alto Comando tedesco su comunicazione diretta di Max Warburg, capo dei servizi segreti tedeschi. L'esecuzione fu colta come un'eccellente opportunità per promuovere la guerra che lei stessa aveva minacciato. Non solo furono tagliate le informazioni sulla Commissione per il Soccorso del Belgio, ma i giornali americani titolarono l'atrocità per settimane. Era un metodo celestiale per eccitare il popolo americano alla febbre della guerra.

Max Warburg stava preparando Lenin e Trotsky per il loro viaggio a Mosca e per la rivoluzione bolscevica, che avrebbe messo la Russia fuori dalla guerra e lasciato la Germania a combattere su un solo fronte contro Francia e Inghilterra. Anche dopo che Wilson ebbe fatto entrare l'America in guerra, ci sarebbero voluti mesi prima che potesse mobilitare le sue armi e almeno un anno prima che potesse inviare un esercito oltreoceano. Tutto questo era noto negli uffici della M.M. Warburg Co ad Amburgo, negli uffici del Barone Alfred de Rothschild a Londra e negli uffici della Kuhn, Loeb Co a New York. L'industria pesante poteva avere la garanzia di altri due anni di guerra, e per questa garanzia Edith Cavell morì.

Mentre il popolo tedesco si accontentava di sopportare due anni di lenta fame e mentre gli eserciti di tutte le potenze erano bloccati nelle trincee della Francia, alcuni uomini intelligenti e spietati stavano organizzando l'entrata in guerra dell'America. Un'organizzazione di banchieri di Wall Street, guidata da Isaac Seligman di. J. And W Seligman Co. aveva formato nel 1906 un'organizzazione chiamata American Association for International Conciliation. Nel 1915 questa era nota come Lega Carnegie per imporre la pace. Guidata dall'avvocato di Kuhn, Loeb Elihu Root, la Lega era composta da Edward Filene, il milionario dei grandi magazzini di Boston che lasciò la sua fortuna come Fondo 20th per la promozione del comunismo, dal rabbino Stephen Wise, l'influenza sionista sul presidente Wilson, da John Hays Hammond, ingegnere dei Rothschild e dei Guggenheim, da Isaac Seligman Perry Belmont, figlio del rappresentante ufficiale americano della Casa Rothschild e da Jacob Schiff della Kuhn Loeb Co. Questo gruppo fu la genesi del Council on Foreign Relations. Nel 1916 i suoi membri usarono la loro influenza per dedicare le prime pagine dei quotidiani metropolitani americani e i servizi telematici all'uso esclusivo di propagandisti di guerra professionisti. La maggior parte della propaganda fu fornita da Cleveland H. Dodge, che organizzò il

Fondo per i sopravvissuti del Lusitania (il Lusitania era stato caricato con munizioni della Remington Arms Co, un'azienda che aveva fatto perdere le proprie tracce) e da Herbert Hoover, capo della Commissione per il soccorso del Belgio. La loro propaganda era sfacciatamente infantile. Tra le storie dei sottomarini tedeschi che mitragliavano i nuotatori inermi nell'acqua e i racconti degli Unni che facevano rimbalzare i bambini sulle baionette in Belgio, c'è poco da scegliere. Basti dire che Dodge e Hoover vinsero la Prima guerra mondiale per il sionismo. L'America si infiammò e quando Wilson chiese una dichiarazione di guerra contro la Germania, questa gli fu concessa da un Congresso in cui solo una manciata di Lafollette, Norris e Rankin si rifiutarono di infangare per sempre il loro nome.

Sir Roderick Jones, in "A Life in Reuters", ci offre a pagina 200 uno scorcio intimo della storia,

> "Cenammo nella sala privata del Windham club (il generale Jones Smuts, Sir Starr Jameson e Walter Hines Page, all'epoca ambasciatore americano in Gran Bretagna), quella in cui vent'anni dopo furono stabiliti i termini dell'abdicazione di re Edoardo VIII. Ci siamo soffermati sulla questione dell'entrata in guerra degli Stati Uniti, che la Gran Bretagna e la Francia aspettavano con tanta pazienza. Il dottor Page ci rivelò allora, sotto sigillo di segretezza, di aver ricevuto dal Presidente, quel pomeriggio, una comunicazione personale, in base alla quale poteva affermare che, finalmente, il dado era tratto. Di conseguenza, non fu senza emozione che si trovò in grado di assicurarci che gli Stati Uniti sarebbero stati in guerra con le Potenze Centrali entro una settimana da quella data. L'assicurazione dell'ambasciatore si è rivelata corretta fino ad oggi. Cenammo venerdì 30 marzo. Il 2 aprile, il Presidente Wilson chiese al Congresso di dichiarare lo Stato di guerra con la Germania. Il 6 aprile gli Stati Uniti erano in guerra".

Il generale Smuts, dei giacimenti di diamanti del Sudafrica, fu per tutta la vita un consapevole sostenitore dello Stato mondiale, così ardentemente desiderato dalla Casa Rothschild. Nell'ultimo anno della sua vita, disse al deputato George Holden Tinkham, lui stesso investitore nelle miniere d'oro sudafricane, che la sua vita era stata sprecata. Come altri servitori dei banchieri internazionali, in particolare il defunto Henry L. Stimson, Smuts andò incontro alla morte malato di colpa e con lo spettro di una terza guerra mondiale.

Sir Starr Jameson di questo gruppo di pranzo rappresentava gli interessi finanziari della Casa di Rothschild nel governo britannico, e lo stesso

Sir Roderick Jones era il capo del servizio informazioni di Rothschild. Questi erano gli uomini a cui Walter Hines Page riferì per la prima volta il suo successo nel tradire il suo popolo in guerra.

CAPITOLO 6

Durante la Prima guerra mondiale, un governo internazionale segreto composto dal colonnello Edward Mandel House, emissario personale di Woodrow Wilson, da Sir William Wiseman, socio di Kuhn, Loeb e quindi rappresentante del governo britannico come ufficiale di collegamento tra l'America e l'Inghilterra, e da Rufus Isaacs, Lord Reading, Lord Chief Justice d'Inghilterra e successivamente ambasciatore negli Stati Uniti dall'Inghilterra, operò al di sopra e al di là di tutte le procedure parlamentari riconosciute. Il colonnello House osserva nelle sue memorie che lui, Wisemen e Isaacs si consideravano liberi di aggirare i regolari canali governativi, tutto questo, ovviamente, nell'interesse di "vincere la guerra".

Il tenente colonnello Norman Thwaites, ex segretario privato dell'editore newyorkese Joseph Pulitzer, era a capo dei servizi segreti britannici negli Stati Uniti durante la prima guerra mondiale. Nelle sue memorie, "Velvet and Vinegar", Grayson and Grayson, Londra, 1932, scrive che,

> "Spesso negli anni 1917-1920, quando si dovevano prendere decisioni delicate, ho consultato Otto Khan, il cui giudizio calmo e la cui lungimiranza quasi straordinaria sulle tendenze politiche ed economiche si sono rivelati molto utili. Un altro uomo notevole con cui sono stato strettamente legato è Sir William Wiseman, che è stato consigliere per gli affari americani della delegazione britannica alla Conferenza di pace e ufficiale di collegamento tra i governi americano e britannico durante la guerra. Era più che altro il colonnello House di questo Paese nei suoi rapporti con Downing St. Wiseman e io eravamo, credo, una squadra utile quando, dal 1916 in poi, cercavamo di frenare le macchinazioni del nemico in America... Come socio della banca Kuhn Loeb Co. Permettetemi di ricordare che, a prescindere dagli interessi del capo ebreo della società Kuhn Loeb Co. di Kahn, i banchieri internazionali, che si diceva fosse decisamente filo-tedesco, e del defunto Mortimer

Schiff, che si pensava fosse sulla barricata in attesa del salto del gatto, Otto Kahn non commise alcun errore. Egli era decisamente e con tutto il cuore a favore dell'Alleanza e soprattutto a favore della Gran Bretagna. Sapeva che la parte in cui l'Inghilterra si schierava avrebbe vinto".

Gli uffici della Kuhn, Loeb Co, New York, devono essere stati teatro di terribili litigi, o almeno così si potrebbe pensare, a causa delle opinioni politiche ampiamente divergenti e inalterabilmente opposte dei suoi soci. Nel 1912, come abbiamo appreso dalle audizioni al Senato del 1914, Paul Warburg e Jacob Schiff sostenevano la campagna di Wilson, Felix Warburg sosteneva Taft e Otto Kahn era un accanito sostenitore di Theodore Roosevelt. Kuhn Loeb durante la Prima guerra mondiale presenta un quadro ancora più sorprendente. Jacob Schiff e Paul Warburg facevano di tutto per promuovere gli interessi della Germania. Nel 1915 e nel 1916, in qualità di governatore del Federal Reserve Board, Paul Warburg si rifiutò di permettere al Federal Reserve System di accettare sconti sulle munizioni da inviare in Gran Bretagna, decisione presa dal Federal Reserve Board il 2 aprile 1915. Otto Kahn e Sir William Wiseman erano i più devoti sostenitori della Corona britannica, mentre Felix Warburg era troppo preoccupato per il consolidamento dell'Organizzazione sionista americana per preoccuparsi di chi avesse vinto la guerra.

Eppure, in mezzo a questa tremenda partigianeria, gli affari della Kuhn Loeb Co. sono andati avanti come sempre. Nessuno dei soci si dimise. Anzi, non risulta che ci sia mai stata una vera differenza tra loro. Le varie nazioni e le cause politiche sostenute dai soci erano più che altro investimenti. Poteva esserci una rivalità amichevole tra Otto Kahn e Jacob Schiff su quale pulce ammaestrata, la Gran Bretagna o la Germania, avrebbe vinto la guerra, ma i profitti della Kuhn, Loeb Co. sarebbero stati più o meno gli stessi in entrambi i casi.

Nelle sue memorie, Lloyd George, primo ministro inglese in tempo di guerra, scrive che,

> "Sir William Wiseman era un giovane ufficiale legato alla nostra ambasciata a Washington, dove sviluppò una notevole abilità come diplomatico. Ma questa volta stava iniziando a svolgere un ruolo considerevole nell'appianare le relazioni con il governo americano".

Sir Cecil Spring-Rice, ambasciatore britannico negli Stati Uniti durante i primi anni di guerra, fu un critico costante e accurato della Kuhn Loeb Co. In "The letters. Of friendships of Sir Cecil Spring-Rice", Constable,

1929, come citato da Charles Callan Tansill in "America Goes to War", Little, Brown, 1938, troviamo che l'ambasciatore Spring-Rice espresse il suo profondo rammarico per il fatto che Lord Reading, Rufus Isaacs, fosse stato scelto per dirigere la missione finanziaria britannica negli Stati Uniti nel 1915. Perché "diffidava nettamente degli ebrei" e perché "sarebbe stato necessario salvare la Gran Bretagna suo malgrado". A pagina 122 del libro di Tansill troviamo che,

> "Il 23 novembre 1916, il colonnello House gli scrisse che Kuhn Loeb stava valutando la possibilità di concedere ad alcune città tedesche un prestito simile a quello concesso alle città francesi. Il giorno seguente, il Presidente inviò una lettera affrettata al colonnello in cui gli chiedeva di "trasmettere a Kuhn, Loeb Co attraverso il signor Schiff, che sarebbe sicuro della mia amicizia personale, l'intimazione che le nostre relazioni con la Germania sono ora in uno stato molto insoddisfacente e dubbio, e che sarebbe molto poco saggio in questo momento rischiare un prestito"".

Il Presidente Wilson in questo caso agisce come informatore del banchiere internazionale Schiff. Ritiene che il prestito non sia un buon rischio. Questo è l'unico fattore che Wilson o Schiff prendono in considerazione.

Tra le lettere di Spring-Rice, citate anche da Tansill, c'è una lettera a Sir Valentine Chirol, del 3 novembre 1914, che recita come segue,

> "Paul Warburg, quasi parente di Kuhn, Loeb Co. e Schiff, fratello del noto Max Warburg di Amburgo, è un membro del Consiglio della Federal Reserve o meglio IL membro. Egli controlla in particolare la politica finanziaria dello Stato yemenita e Page e Blacket hanno dovuto negoziare soprattutto con lui. Naturalmente, era esattamente come negoziare con la Germania. Tutto ciò che veniva detto era di proprietà tedesca. Il risultato fu che gli accordi presi furono ritenuti a vantaggio delle banche tedesche e le banche cristiane ne furono gelose e irritate".

Tansill cita anche una lettera scritta da Spring-Rice al ministro degli Esteri britannico Sir Edward Grey, il 25 agosto 1914. La questione in discussione era l'audace tentativo di trasferire la linea americana di Amburgo sotto la bandiera degli Stati Uniti, una proposta che sembrava logica al suo principale azionista, Max Warburg. I suoi fratelli Paul e Felix, a New York, potevano occuparsi degli affari mentre la Germania era in guerra con l'Inghilterra. Spring Rice dice,

"Non è un affare molto piacevole. L'azienda è in particolare un affare del governo tedesco... L'imperatore stesso è un grande azionista, così come la grande casa bancaria Kuhn Loeb di New York. Un membro di quella casa è stato appena nominato ad una posizione di grande responsabilità, anche se appena naturalizzato. È collegato in affari con il Segretario del Tesoro, che è il genero del Presidente".

Si trattava di Paul Warburg del Federal Reserve Board, naturalizzato nel 1912 per poter gestire la politica monetaria da Washington. Il genero del presidente, William G. McAdoo, era un vecchio uomo di Kuhn Loeb, essendo stato scelto da loro come primo presidente della Hudson Manhattan Railroad nel 1904, per la quale avevano lanciato l'intera emissione di obbligazioni.

I commenti dell'ambasciatore Spring-Rice su Kuhn Loeb Co provocarono costernazione e amarezza nel Ministero degli Esteri britannico. Nel 1917, Rufus Isaacs, Lord Reading, guidò un'altra missione di acquisto britannica negli Stati Uniti. Spring-Rice fu messo da parte con freddezza. Isaacs e Wiseman gestirono tutto direttamente con il colonnello House e ben presto la scure cadde; Isaacs, arrivato a Washington nel settembre 1917, sostituì ufficialmente Spring-Rice nel gennaio 1918 come ambasciatore britannico negli Stati Uniti. Un mese dopo, Sir Cecil Spring-Rice morì improvvisamente e inaspettatamente a Ottawa, in Canada, mentre tornava in Gran Bretagna. Se fosse vissuto, avrebbe potuto raccontare alcune storie interessanti su Isaacs e Wiseman.

Nella biografia di Harold Nicolson del socio di JP Morgan "Dwight Morrow", Harcourt, Brace, 1935, troviamo che Lord Reading fu inviato a New York nel 1915 per una missione finanziaria "e molte discussioni ebbero luogo tra lui e i soci di Morgan nel suo appartamento al Biltmore Hotel". Sfortunatamente, non ci è dato di conoscere le citazioni di tali discussioni. Isaacs, Lord Reading, era una di quelle figure ombrose e influenti che hanno dominato la politica inglese nel 20th secolo. Alcuni tentativi di una sua biografia sono stati fatti in queste pagine da "All These Things" del neozelandese A. N. Field, dalla copia regalo del libro di Field presentata alla Biblioteca del Congresso da H. L. Mencken.

"Il fratello di Rufus Isaacs era l'amministratore delegato della Marconi Wireless Ltd. Isaacs era allora procuratore generale sotto Asquith. Subito dopo l'inchiesta su Marconi, Isaacs fu nominato Lord Chief Justice ed elevato al rango di Lord Reading. Il 25 gennaio 1910, Godfrey Isaacs era stato nominato amministratore delegato della Marconi Co. Il dottor Ellies Powell, redattore del *Financial News di Londra*, si era spinto a congetturare: "Isaacs non ha avuto alcuna esperienza nel settore wireless". Mentre L. J. Maxse, redattore della *National Review*, scrisse che "non c'è nulla nella sua carriera alquanto travagliata che suggerisca la sua idoneità a una posizione così alta e responsabile; non è facile scoprire imprese di successo a cui sia stato precedentemente associato".

Godfrey Isaacs promosse la British Broadcasting Company nel 1922, frutto delle sue manipolazioni di Marconi. Gli altri protagonisti dell'affare Marconi furono Lloyd George, Sir Herbert Samuel della famiglia che dirige la Samuel Montague Co, finanziata da Lord Swaythling, il cui cugino Sir Edwin Montague, quando era Segretario di Stato per l'India, diede origine al piano per dare all'India un governo democratico. E Sir Matthew Nathan. L'accordo per la vendita delle imprese cooperanti, American Marconi Ltd e Canadian Marconi Ltd negli Stati Uniti, fu stipulato tra Paul Warburg e Godfrey Isaacs nel marzo 1912. Warburg, il cui studio Kuhn, Loeb si occupava di tutte le emissioni azionarie della Western Union Telegraph, divenne l'agente americano di Isaacs. Harry Isaacs e Lloyd George erano profondamente coinvolti. Nell'ottobre 1912 scoppiò lo scandalo. Il dottor Ellies Powell, editore del *London Financial News*, il 4 marzo 1917 tenne un discorso alla Queen's Hall di Londra su alcuni aspetti dell'affare Marconi.

"All'inizio della guerra, molte migliaia di riservisti tedeschi poterono tornare in Germania, anche se la nostra flotta avrebbe potuto fermarli. Individui, aziende e società tedesche continuarono a commerciare solo con nomi britannici, riscuotendo i loro debiti e senza dubbio finanziando il militarismo tedesco. Nel momento stesso in cui i tedeschi distruggevano le nostre proprietà con le bombe Zeppelin, noi in realtà pagavamo loro dei soldi invece di prendere le loro aziende come parziale risarcimento per i danni subiti. Nel gennaio del 1915 arrivò quella decisione scellerata di Lord Reading e della Corte d'Appello, secondo la quale la Kaiser and Little Wilhelm Ltd. era una buona azienda britannica, in grado di citare in giudizio i sudditi del Re nei tribunali del Re stesso. Trascorsero diciotto mesi prima che quella mostruosa sentenza potesse essere annullata dalla Camera dei Lord. Qualche influenza in agguato impedì l'approvazione immediata di una legge per rimediare all'errore di Lord Reading e dei suoi colleghi. La cosiddetta "British Company", composta da componenti tedeschi, fu lasciata in osceno trionfo per diciotto mesi. Solo nel 1916, due anni dopo lo scoppio della guerra, fu data la facoltà di liquidare l'azienda nemica. L'attività ininterrotta della piovra metallica di Francoforte in questo Paese non è un caso. Il defunto governo ci ha ingannato con vani discorsi sull'"eliminazione" dell'elemento tedesco dalla Merton's, una delle aziende associate alla piovra metallica di Francoforte. Oscar Legendbach è stato sostituito da Oscar Lang e Heinrich Schwartz è scomparso per lasciare il posto a Harry Ferdinand Stanton, lo stesso uomo sotto altro nome! Permettetemi di analizzare un caso scabroso che ha scatenato l'indignazione e la rabbia dell'opinione pubblica. Mi riferisco all'impudente sopravvivenza delle banche tedesche. Siamo in guerra da quasi tre anni, eppure le loro porte sono ancora aperte. Hanno inviato grandi quantità di lingotti in Germania dopo l'inizio della guerra... (Powell critica poi l'episodio di Marconi). L'impresa Marconi è il cervello della guerra. Attraverso di essa viaggiano da e per tutte le miriadi di mandati dal centro di Whitehall a ogni parte della nostra interminabile linea di battaglia. Se Bernstorff aveva una radio segreta a Washington, pensate che non ci sia una radio segreta in Inghilterra? Se nello sfondo di Marconi possiamo scorgere un'influenza tedesca o dei segreti in grado di essere usati come mezzi di pressione tedesca su qualsiasi figura della vita pubblica inglese, siamo in presenza di qualcosa che può essere fonte del più grave pericolo. Vi dico anche che durante la grande scommessa del 1912, non meno di 50.000 azioni americane della Marconi sono andate a Jacob Schiff, l'intrallazzatore filo-tedesco negli Stati Uniti, che ha fatto di tutto per portare la pace alle condizioni tedesche. Con Schiff in questo affare era coinvolto un certo Simon Siegman. Ho detto, deliberatamente e con piena consapevolezza della mia responsabilità, che un decimo degli affari di Marconi fu rivelato alla falsa commissione che si riunì nel 1913 per indagare. In ogni caso, si osservi una caratteristica del quadro: l'esistenza di un fondo comune di 250.000 azioni americane Marconi da cui i partecipanti a questa enorme scommessa attinsero le cifre necessarie per il completamento della transazione. Schiff e Siegman, dall'altra parte dell'Atlantico, effettuarono le loro consegne da quel fondo. Da questa parte, il fondo fornì le azioni trattate dall'allora procuratore generale di Sua Maestà Isaacs, l'attuale Lord Chief Justice. Durante l'intero periodo delle trattative tra il governo e Marconi, immense transazioni di azioni Marconi furono condotte da un certo Ernest Cameron di 4 Panton St. Notate che vi ho dato un nome e un indirizzo. Cameron tiene una modesta Accademia di produzione vocale. Alla fine di aprile del 1912, aveva oltre 800 azioni Marconi inglesi aperte presso vari broker. Al primo sentore che ci fosse della politica sullo sfondo, l'enorme conto di Cameron fu rilevato al costo di 60.000 sterline da Godfrey Isaacs, fratello dell'allora Procuratore Generale. Nessuna delle transazioni di Cameron fu rivelata al comitato Marconi... Il lavoro delle transazioni si svolse attraverso la Solomon and Co. Il socio anziano della Solomon and Co era un austriaco naturalizzato di nome Breisach. Coloro che erano disposti a favorire i piani di pace di Speyer e Schiff lo scorso dicembre 1917, non hanno perso la loro maliziosa propensione".

Questo era il background di base dell'uomo che sostituì Sir Cecil Spring-Rice come ambasciatore negli Stati Uniti. Un ultimo onore rimaneva per Isaacs, la carica di Viceré dell'India. Durante la sua presenza in America, nessun giornale riportò il nome della famiglia di Lord Reading. Si trattava di una cronaca imparziale, di quella libertà di informazione che le Nazioni Unite di Rothschild desiderano dare al mondo intero.

Come prima firma per poter consegnare l'America a N. M. Rothschild, Sons of London, Woodrow Wilson istituì un Consiglio di Difesa Nazionale composto da sette uomini. Solo tre di loro, sorprendentemente, erano ebrei. Si trattava di Bernard Baruch, Julius Rosenwald, il multimilionario capo della Sears Roebuck, che istituì la Rosenwald Foundation per promuovere l'agitazione razziale negli Stati Uniti, e il radicale Samuel Gompers, che tanto fece per consegnare il lavoratore americano nelle mani di dittatoriali leader sindacali comunisti ebrei.

Poiché non fummo attaccati da nessuno, il Consiglio di Difesa Nazionale non durò a lungo. La maggior parte delle sue funzioni furono incorporate nel War Industries Board, che aveva potere assoluto sull'industria pesante americana. Bernard Baruch fu nominato da Woodrow Wilson capo del War Industries Board. Nella sua recente biografia di Bernard Baruch, William L. White racconta che Baruch aveva donato 50.000 dollari alla campagna elettorale di Wilson del 1916. Era logico che Wilson gli affidasse l'industria pesante americana. Era un buon affare e Baruch aveva la reputazione di fare affari.

Carter Field, nella sua biografia "Bernard Baruch, Park Bench Statesman", McGraw Hill 1944, racconta che Samuel Untermeyer, avvocato dei Guggenheim, venne a chiedere a Baruch la sua parcella per ottenere Tacoma Smelting e Selby Smelting e Lad per American Smelting and Refining da Darius Ogden Mills. Un milione, disse Baruch, e lo ottenne. Lui, Jacob Schiff, il senatore Nelson Aldrich e

John D. Rockefeller Jr. si associarono per formare la Continental Rubber Corp. che in seguito divenne la Intercontinental Rubber Corp. Field afferma che Baruch e Eugene Meyer Jr. nel 1915 pubblicizzarono un'offerta di 400.000 azioni della Alaska Juneau Gold Mining Co. in cui si affermava che "tutte le azioni che non verranno prese tramite sottoscrizione pubblica saranno prese da E. Meyer Jr. e B. Baruch". Questa proficua partnership ottenne uno status ufficiale durante la Prima guerra mondiale, quando Wilson affidò a Baruch il War Industries Board e a Eugene Meyer Jr la War Finance Corporation, che erogò prestiti per 700 milioni di dollari. Con Paul Warburg già governatore del Federal Reserve Board, Wilson completò il trio che di fatto governò l'America durante la Prima guerra mondiale. Poiché tutti e tre erano ebrei, è difficile capire come si possa sostenere che gli ebrei fossero discriminati in America. Dall'elenco delle nomine di Wilson, tuttavia, si potrebbe facilmente affermare che i nativi americani erano discriminati. Erano idonei come carne da cannone in Francia, ma non c'era posto per loro a Washington. Wilson riempì gli uffici governativi con la sua tribù, i Lehman, i Frankfurter, gli Strauss e i Baruch.

Carter Field racconta che il personale del War Industries Board sotto Baruch divenne una famiglia felice, che ha tenuto riunioni annuali nel corso degli anni. Costituì il nucleo dell'entourage personale di Baruch, da cui attingeva ogni volta che doveva mandare qualcuno a Washington. Il Governo ha pagato per la creazione di uno staff personale estremamente fedele a Baruch. Eugene Meyer fece la stessa cosa con il suo staff della War Finance Corporation, che lo accompagnò nel Federal Farm Loan Board e poi nella Reconstruction Finance Corporation.

La sua opinione personale, dice Field, è che "Baruch sarebbe stato tremendamente importante nell'amministrazione Hughes se Hughes fosse stato eletto nelle elezioni ravvicinate del 1916, sia nella conduzione della guerra che nella realizzazione della pace". Field non ci dice quanto Baruch abbia contribuito alla campagna di Hughes. Baruch dimostrò che i soci di Kuhn Loeb non erano gli unici a saper sostenere entrambe le parti.

Sulla considerazione di Wilson per Baruch, Carter Field dice: "Per prima cosa, Wilson non solo ammirava Baruch, ma lo amava". La signora Wilson fa questa specifica dichiarazione nelle sue memorie. Si trattava di una generosa considerazione della signora Wilson nei confronti di un rivale". Sul potere non ufficiale di Baruch nella prima amministrazione Wilson, Field dice: "Sotto questo curioso mantello di anonimato Baruch esercitò un tipo di potere politico molto insolito in quei primi giorni di Wilson. Fu coltivato dalla maggior parte dei luogotenenti di Wilson, che scoprirono rapidamente che egli poteva fare per loro più di quanto essi potessero fare rivolgendosi direttamente a Wilson. Naturalmente, non c'era pubblicità per tutto questo".

Certamente no. I servizi giornalistici non hanno mai mostrato alcuna volontà di dire alla gente chi era alla guida del Paese. Tuttavia, Carter Field deve essere un uomo molto ingenuo per pensare che questo sia un tipo di potere politico insolito. La sua ammirazione per Baruch lo porta a credere che lo speculatore di Wall Street abbia avuto l'idea di mettere uno stupido tirapiedi per eseguire i suoi ordini in modo democratico. Field dovrebbe leggere la Bibbia e scoprire che gli ebrei lo fanno da quando hanno impiccato Haman per essersi opposto a loro.

Carter Field ci dice anche che "Baruch approvò infine l'idea di una Commissione per i risarcimenti per il Comitato americano per negoziare la pace dopo l'armistizio". È certamente utile sapere chi ne fu responsabile, dal momento che diversi storici, non ultimo Herbert Hoover, hanno fermamente attribuito alla Commissione per i risarcimenti la colpa principale della Seconda guerra mondiale.

Baruch iniziò come umile "lavatore" a Wall Street, fluttuando i prezzi dei titoli su e giù per i grandi operatori comprando e vendendo alla borsa di Londra, che apriva quattro ore prima rispetto alla borsa di New York. Per fare questo da New York, Baruch dovette alzarsi all'una di notte per anni. Ci sono ancora newyorkesi che ricordano di averlo visto strisciare al lavoro mentre rientravano da una serata gay. Poiché la Borsa di New York apriva al prezzo di chiusura della Borsa di Londra, a Barack bastava vendere o comprare qualche azione a Londra per cambiare il prezzo di New York in base a quello che volevano i suoi datori di lavoro. Dopo alcuni anni di lavoro, collaborò con Jacob Schiff, i Warburg e i Guggenheim fino a raggiungere le loro dimensioni.

Durante le audizioni della commissione Knee nel 1934, Baruch fornì le cifre del suo reddito del 1916, pari a 2.301.028,03 dollari, su cui pagò tasse per 261.169,91 dollari. Questa è l'ultima imposta che si sa che ha pagato. Da allora, una banca in Olanda e una in Francia hanno gestito le sue immense transazioni in valuta estera, e i loro guadagni non sono soggetti all'imposta sul reddito negli Stati Uniti. Altri banchieri internazionali operano nello stesso modo. Baruch ha avuto alcuni anni buoni, dal 1916, in particolare il 1923, l'anno dell'inflazione del marco in Germania. Baruch ora esprime il suo orrore per l'inflazione, ma non ha motivo di rimpiangere quella.

Nel 1934 Baruch testimoniò anche che "ho portato avanti durante la guerra tre grandi investimenti, Alaska-Juneau Gold Mining Co, Atolia Mining Co e Texas Gulf Sulphur". L'Atolia Mining era all'epoca il più grande produttore di tungsteno al mondo, e Baruch disse virtuosamente alla commissione che il governo non aveva mai comprato un grammo di tungsteno. Nessuno dei corrispondenti che hanno riportato le audizioni si è preoccupato di dire ai lettori che il tungsteno è il metallo chiave utilizzato nella produzione dell'acciaio. Per ogni tonnellata di acciaio o di prodotti siderurgici acquistati dal governo durante la Prima Guerra Mondiale, Baruch ottenne la sua parte attraverso Atolia. Anche lo zolfo è una sostanza chimica fondamentale per l'industria pesante. In qualità di capo del Consiglio per le Industrie belliche, Baruch poteva assicurarsi che le sue aziende venissero privilegiate. Per quanto riguarda la società di estrazione dell'oro, è noto da tempo che l'oro è un metallo chiave nelle guerre. Il suo socio, Eugene Meyer, era a capo della War Finance Corporation, quindi Baruch era ben coperto su questo investimento.

"Joe Tumulty and the Wilson Era" di un certo Blum, pubblicato da Houghton Mifflin nel 1951, è un tentativo di biografia del segretario di Wilson, Tumulty. Blum menziona che i repubblicani al Congresso accusarono McAdoo, R. W. Bolling, che era cognato di Wilson, e Bernard Baruch di aver tratto profitto nelle transazioni di borsa grazie alla loro conoscenza interna dei piani del governo. Non si riuscì a trovare nessuno che avesse il coraggio di testimoniare e le accuse non vennero formulate. Carter Field cita il divertente episodio del 1916, riportato anche in un profilo di Baruch sul *New Yorker*. Il 12 dicembre 1916, il cancelliere von Bethman-Hollweg trasmise una proposta di pace all'Inghilterra, e il 19th Lloyd George disse che non ci sarebbero stati negoziati di pace per quanto riguardava l'Inghilterra. Con queste informazioni confortanti, i prezzi salirono alla Borsa di New York. Ciononostante, Baruch vendeva allo scoperto l'acciaio statunitense, giocando milioni di dollari sulla base dell'intuizione che l'acciaio sarebbe sceso. Naturalmente, non aveva informazioni interne. Il 21 dicembre[st] , Woodrow Wilson indirizzò una nota a tutti i belligeranti offrendosi come mediatore per i colloqui di pace. La stampa di tutto il mondo attribuì a questo calo stabile il significato di una pace imminente.

L'acciaio subì un tremendo crollo e Baruch realizzò un profitto di 750.000 dollari in un solo giorno. Secondo i suoi biografi, il suo profitto totale per l'operazione di tre giorni fu di 1.000.000 di dollari. Carter Field attribuisce la colpa del lavoro sporco di questo episodio a Jacob Schiff e Otto Khan. Dopo tutto, loro sono morti e Baruch è ancora vivo.

I metodi di Bernard Baruch di gestire le industrie nazionali con le maniere forti provocarono un'ampia protesta. All'epoca non possedeva il Congresso e la Commissione speciale della Camera fu formata per indagare su di lui. Baruch si descrisse a loro come uno speculatore e disse,

> "Probabilmente ho avuto più potere di qualsiasi altro uomo durante la guerra; senza dubbio è vero".

Della sua ascesa al potere con Woodrow Wilson, disse,

> Ho chiesto un colloquio con il Presidente. Gli spiegai con la massima serietà possibile che ero profondamente preoccupato per la necessità di mobilitare le industrie del Paese. Il Presidente mi ascoltò con molta attenzione e gentilezza, come fa sempre, e subito dopo, alcuni mesi dopo, la mia attenzione fu portata su questo Consiglio di Difesa Nazionale.

> **Signor Graham**: Il Presidente ha espresso qualche opinione sull'opportunità di adottare lo schema da lei proposto?

> **Baruch**: Credo di aver parlato soprattutto io.

> **Signor Graham**: L'ha impressionato con la sua convinzione che saremmo entrati in guerra?

> **Baruch**: Probabilmente sì.

> **Signor Graham**: Questa era la sua opinione all'epoca?

> **Baruch**: Pensavo che saremmo entrati in guerra. Pensavo che la guerra sarebbe arrivata molto prima che arrivasse.

> **Signor Jeffries**: Quindi il sistema che avete adottato non ha mantenuto alla Lukens Steel and Iron Co, la quantità di profitti che avevano le aziende a bassa produzione?

> **Baruch**: No, ma abbiamo tolto l'80% agli altri.

> **Signor Jeffries**: La legge l'ha fatto, non è vero?

> **Baruch**: È stato il governo a farlo.

Signor Graham: cosa intendeva con l'uso della parola "noi"?

Baruch: È stato il governo. Mi scusi, ma intendevo dire noi, il Congresso.

Mr. Graham: Intende dire che il Congresso ha approvato una legge che lo riguarda?

Baruch: Sì, signore.

Signor Graham: Lei ha avuto a che fare con questo?

Baruch: Niente di niente.

Signor Graham: Allora non userei la parola "noi" se fossi in lei".

Sebbene il Comitato Graham abbia inflitto un duro rimprovero a Baruch, non si poteva fare molto con lui o con il suo socio Eugene Mayer, Jr.

La cricca di Baruch del War Industries Board era costruita attorno a quella cricca di ebrei di Wall Street che lo spingevano a diventare il loro leader, il suo assistente personale, e da quel momento in poi il suo uomo di pubblicità personale fu Herbert Bayard Swope, editore esecutivo del *New York World*, che era stato uno dei migliori giornali del Paese. Ora è il *World-Telegram*. Tra gli uomini che Swope fece diventare famosi e fortunati grazie al *New York World*, c'erano Charles Michelson, autore del discorso del defunto Franklin Roosevelt, ed Elliott Thurnston, capo delle pubbliche relazioni del Federal Reserve Board. Allo stesso tempo, era corrispondente da Washington per il World. Il secondo assistente di Baruch fu Clarence Dillon, che, secondo Who's Who in American Jewry, era nato a Victoria, in Texas, figlio di Samuel Lapowitz. La Dillon's International Banking House di Dillon, Reed divenne l'agente principale per le misteriose operazioni di Baruch. Con Baruch nel War Industries Board c'erano anche Isador Lubin, capo delle statistiche di produzione, che oggi è una figura importante nel forum di diplomatici comunisti noto come Nazioni Unite; Leo Wolman, assistente capo delle statistiche di produzione, Edwin F. Gay, presidente di Pianificazione e Statistiche, in seguito presidente dello Schiff's *New York Post*, una figura importante nel Consiglio per le Relazioni Estere; e Harrison Williams, la facciata milionaria per le partecipazioni di Baruch nei servizi pubblici. Nel War Industries Board vanno menzionati anche James Inglis, poi capo della Security Exchange Commission, e il generale Hugh Johnson, poi capo della National Recovery Administration sotto Roosevelt. Baruch lavorò anche a stretto contatto con Felix Frankfurter, l'ebreo viennese che fu presidente del War Labor Policies Board e che rappresentò l'Organizzazione Sionista Mondiale alla Conferenza di Pace del 1918-1919. Frankfurter era un altro di quegli stranieri che arrivarono in Francia solo a massacro finito, ma dovevano amare la guerra, perché si assicurarono che ce ne sarebbe stata un'altra. Frankfurter non era idoneo a prestare servizio nella Seconda guerra mondiale perché faceva parte della Corte Suprema. Non sono riuscito a trovare il nome di un solo sionista importante che sia stato ucciso o anche solo spaventato in una delle due guerre mondiali.

Jacob Schiff era stato insignito di una decorazione dal Mikado del Giappone per i suoi servizi nel 1905 nel finanziamento della guerra giapponese contro la Russia, quando l'oro prelevato dal Tesoro degli Stati Uniti da Theodore Roosevelt per pagare JP Morgan per il Canale di Panama fu spedito attraverso il Paese e inviato da San Francisco al Giappone. L'articolo del *Quarterly Journal of Economic* che descrive questa transazione non ci dice come Schiff sia entrato in gioco, ma sarebbe stato difficile per chiunque combattere una guerra nel 1905 senza rivolgersi alla Kuhn Loeb Co.

Poiché la funzione principale della JP Morgan Co. è stata quella di tenere il nome di Rothschild fuori dalle cronache finanziarie, l'azienda Morgan è diventata il capro espiatorio degli intrighi della Prima Guerra Mondiale. Da allora, i comunisti hanno utilizzato la figura tronfia di Morgan come simbolo del capitalista guerrafondaio. Naturalmente, tutti i capitalisti e la propaganda comunista sono gentili. La Kuhn, Loeb Co. non è mai stata attaccata nelle pubblicazioni comuniste, sebbene dal 1920 sia molto più importante nella finanza internazionale rispetto alla JP Morgan Co,

> "La nostra azienda non è mai stata neutrale. Fin dall'inizio abbiamo fatto tutto il possibile per contribuire alla causa degli Alleati". Almeno la casa Morgan era libera da quelle sconcertanti variazioni di lealtà politica che caratterizzavano la casa sorella Kuhn, Loeb Co, che, oltre a giocare da entrambe le parti durante la Prima guerra mondiale, finanziava allo stesso tempo la rivoluzione in Russia e la controrivoluzione in Polonia. Nicolson racconta che Morrow era il principale agente di rifornimento di Pershing ed era costantemente con lui in Francia, così come un altro socio di Morgan, Martin Egan, che prima della prima guerra mondiale aveva avuto una misteriosa carriera nelle Filippine con l'agente dei servizi segreti britannici Sir Willmot Lewis e che era salito improvvisamente alla ribalta della

finanza mondiale. Egan divenne uno dei primi direttori della Time, Inc.

Durante le audizioni al Senato del 1914, il senatore Bristow aveva chiesto a Paul Warburg,

> Quanti di questi soci (della Kuhn, Loeb Co.) sono cittadini americani? O sono tutti cittadini americani?
>
> **Warburg**: Sono tutti cittadini americani, tranne il signor Kahn. È un suddito britannico.
>
> **Senatore Bristow**: Un tempo era candidato al Parlamento, vero?
>
> **Warburg**: Se ne parlava. Era stato suggerito e lui lo aveva in mente".

Sarebbe interessante sapere perché gli inglesi sono stati privati della brillantezza parlamentare di Otto Kahn. Per qualche motivo, decise di non partecipare al dibattito pubblico. Paul Warburg menzionò in queste udienze che la M. M. Warburg Co. di Amburgo era stata fondata nel 1796, e di sé disse,

> "Sono andato in Inghilterra, dove sono rimasto per due anni, prima nella società bancaria e di sconti Samuel Montague Co. Poi sono andato in Francia, dove ho lavorato in una banca francese.
>
> **Senatore Bristow**: Quale banca francese era?
>
> **Warburg**: È la Banca russa per il commercio estero che ha un'agenzia a Parigi".

Forse fu lì che strinse i contatti che gli permisero di far partire Trotsky da New York nel 1916 con una cospicua borsa e la sua benedizione.

Mentre Paul Warburg era governatore del Federal Reserve Board, suo fratello Max Warburg era capo dei servizi segreti tedeschi e banchiere personale del Kaiser. Sir William Wiseman era ufficiale di collegamento tra i governi britannico e americano. Otto Kahn svolgeva un ruolo non ufficiale di consigliere politico ed economico dei funzionari britannici a Washington e altri soci della Kuhn, Loeb Co. e i loro dipendenti erano impegnati nella capitale nazionale in altri affari. Guardando l'elenco, si è portati a ipotizzare come avremmo potuto combattere la Prima guerra mondiale senza la Kuhn, Loeb Co. La risposta è che non solo sarebbe stato impossibile combattere la guerra, ma che se non fosse stato per le intelligenze internazionali capaci, tale guerra non sarebbe potuta iniziare.

Oltre ai soci già citati, la Kuhn, Loeb Co. era rappresentata a Washington durante la Prima guerra mondiale anche dal socio Jerome Hanauer, che era stato nominato Assistente del Segretario del Tesoro con l'incarico di occuparsi dei Liberty Loans. Direttore della Hudson Manhattan Railroad, Hanauer era anche direttore delle Ferrovie nazionali del Messico, della Westinghouse International Corp e di decine di altre grandi imprese. Suo genero, il socio di Kuhn, Loeb Lewis Liechtenstein Strauss, fu segretario privato di Herbert Hoover, mentre Hoover era a capo dell'Amministrazione alimentare degli Stati Uniti durante la guerra, e fu la mente del ritorno di Hoover alla rispettabilità dopo una spaventosa carriera all'estero che è stata mirabilmente documentata da diversi biografi.

Lo studio Cravath and Henderson era stato per alcuni anni consulente legale della Kuhn, Loeb Co. Paul Cravath e Paul Warburg andarono in missione speciale in Inghilterra nel 1917, mentre i due uomini più abili di Cravath, S. Parker Gilbert e Russell C. Leffingwell, si precipitarono a Washington per diventare sottosegretari al Tesoro con l'incarico di occuparsi dei War Bonds. Il loro lavoro sarà descritto nel Rapporto della Camera di Eugene Meyer. Dopo la guerra, sia Gilbert che Leffingwell tornarono da Cravath e Henderson e furono promossi a soci della JPMorgan Company. Entrambi erano importanti nel Council on Foreign Relations. Anche Nicholas Kelley, socio di Cravath and Henderson, era al Tesoro durante la guerra e si occupava dei prestiti ai governi stranieri.

Con Felix Warburg impegnato in consultazioni con il giudice Brandeis sul futuro della Palestina, gli uffici di Kuhn Loeb devono essere stati vuoti per la maggior parte della guerra, con l'eccezione di Jacob Schiff e di suo figlio Mortimer, impegnati a organizzare prestiti alla Germania e ad assicurarsi che Lenin e Trotsky avessero fondi sufficienti per portare a termine una rivoluzione decente. Senza dubbio i redditi dei soci di Kuhn, Loeb hanno risentito di questa dedizione alla vittoria della guerra. Certamente il loro contributo allo sforzo bellico non è mai stato sufficientemente riconosciuto, ma ciò è dovuto più alla modestia che a qualsiasi altra ragione. Non esiste una sola biografia di questi uomini così schivi. Le informazioni sulle loro attività provengono quasi esclusivamente da volumi aridi come Who's Who in American Jewry e il New York City Directory of Directors.

Herbert Lehman si precipitò a Washington per offrire i suoi servizi quando gli Stati Uniti entrarono in guerra. Fu subito assegnato come colonnello allo Stato Maggiore dell'esercito. Tuttavia, non poteva essere destinato al fronte. Le sue capacità amministrative richiedevano che gli venisse assegnato un lavoro d'ufficio, e divenne capo della divisione Acquisti, Magazzini e Traffico delle Forze di Spedizione Americane, dove il suo coraggio deciso gli valse la Distinguished Service Medal da parte di una Repubblica riconoscente. Era a Washington quando l'AEF salpò per la Francia ed era presente al loro ritorno. Questo è stato un eroismo di alto livello. Il suo assistente era Sylvan. Stroock, il più grande produttore di feltro del mondo e noto filantropo delle organizzazioni ebraiche. Non fu colpa di Stroock se alcuni di questi enti di beneficenza si rivelarono fronti comunisti. Stroock si descrive nel Who's Who in American Jewry come se avesse ricevuto il grado civile di colonnello, qualunque cosa sia.

Warburg è stato trattato più a lungo in "The Federal Reserve"[1] , ma nessuno studio sulla Prima Guerra Mondiale sarebbe completo senza la documentazione governativa sulle attività di Eugene Meyer come capo della War Finance Corporation. Ora proprietario del *Washington Post*, giornale giallo e liberale che ancora versa lacrime per la persecuzione di Alger Hiss, Meyer è anche il maggiore azionista della Allied chemical and Dye Corp. una delle quattro grandi imprese chimiche che controllano il commercio attraverso direttori interconnessi, in particolare con l'impresa controllata da Warburg, la I.G. Farben. *Fortune Magazine,* in un articolo sulla Allied Chemical and Dye, afferma che l'azienda non ha mai dovuto mettere in vendita le proprie azioni al pubblico, tanto è grande la richiesta da parte degli operatori esperti di Wall Street. *Fortune* ci dice anche che 93 milioni di dollari dei suoi 143 milioni di dollari di capitale sono in titoli di Stato. Si tratta di un'informazione molto interessante alla luce delle seguenti citazioni tratte dal rapporto della Camera n. 1635, 68th Congresso, seconda sessione, 2 marzo 1925, "Preparazione e distruzione dei titoli di Stato", presentato da Louis McFadden, presidente della Commissione bancaria e valutaria della Camera e presidente del Comitato ristretto per indagare sulla distruzione dei titoli di Stato,

"Al 1° luglio 1924 sono stati rimborsati titoli duplicati per un totale di 2314 coppie e cedole duplicate per un totale di 4698 coppie con tagli da 50 a 10.000 dollari. Alcuni di questi duplicati sono dovuti a errori e altri a frodi". L'accusa di Eugene Meyer di essere a capo di un'agenzia che ha commesso frodi per un valore di 10.000 dollari per ogni pezzo di carta stampato è davvero grave. Meyer, che possiede l'emittente televisiva WTOP di Washington, potrebbe presentare un interessante giallo sui duplicati dei titoli. A pagina 6, l'accusa è più diretta.

"Queste transazioni del Tesoro prima del 30 giugno 1920, compresi gli accordi per l'acquisto e la vendita eseguiti dalla War Finance Corporation, erano in gran parte dirette dall'amministratore delegato

---

[1] Si veda *I segreti della Federal Reserve,* Omnia Veritas Ltd, www.omnia-veritas.com.

della War Finance Corporation, e gli accordi con il Tesoro erano fatti principalmente da lui con i segretari aggiunti del Tesoro. I libri contabili dimostrano che la base del prezzo pagato dal governo per oltre 1.894 milioni di dollari di obbligazioni, acquistate dal Tesoro attraverso la War Finance Corporation, non era il prezzo di mercato, non era il costo dell'obbligazione più gli interessi e gli elementi che hanno portato all'accordo non sono stati rivelati dalla corrispondenza. L'amministratore delegato della War Finance Corporation, Eugene Meyer Jr, ha dichiarato che lui e l'Assistente del Segretario del Tesoro avevano concordato il prezzo e che si trattava semplicemente di una cifra arbitraria stabilita da un Assistente del Segretario del Tesoro per il bounce così acquistato dalla War Finance Corporation. Durante il periodo di queste transazioni e fino a una data abbastanza recente, l'amministratore delegato della War Finance Corporation, Eugene Meyer, Jr, a titolo privato manteneva un ufficio al n. 14 di Wall Street, a New York City, e attraverso la War Finance Corporation, vendette circa 70 milioni di dollari di obbligazioni al governo e acquistò anche attraverso la War Finance Corporation circa 10 milioni di dollari di obbligazioni e approvò le fatture per la maggior parte, se non tutte, di queste obbligazioni nella sua veste ufficiale di amministratore delegato della War Finance Corporation. Quando queste transazioni appena menzionate furono rese note alla commissione in un'udienza pubblica, l'amministratore delegato si presentò davanti alla commissione e dichiarò che mentre i libri contabili della War Finance Corporation rivelavano il fatto che le commissioni erano state pagate su queste transazioni, esse erano state a loro volta pagate ai broker, selezionati dall'amministratore delegato, che eseguivano gli ordini emessi dalla sua società di intermediazione, e ha ammesso, dopo questa rivelazione alla commissione, che l'amministratore delegato aveva assunto lo studio Ernst and Ernst, commercialisti, per controllare i libri contabili della War Finance Corporations, i quali, al termine dell'esame di questi libri, hanno riferito alla commissione che tutti i soldi ricevuti dalla società di intermediazione dell'amministratore delegato erano stati contabilizzati. Mentre, contemporaneamente all'esame effettuato dalla commissione, i contabili pubblici certificati di cui sopra stavano svolgendo il loro esame notturno, la vostra commissione ha scoperto che erano state apportate delle modifiche ai libri contabili relativi a queste transazioni e, quando la cosa è stata portata all'attenzione del tesoriere della War Finance Corporation, questi ha ammesso alla commissione che erano state apportate delle modifiche. La commissione non è stata in grado di stabilire in che misura i libri contabili siano stati alterati durante questo processo. Dopo il giugno 1921, circa 10 miliardi di dollari di titoli sono stati distrutti".

Così, Eugene Meyer assunse uno studio di commercialisti Ernst ed Ernst, che di notte modificavano i registri per coprire le malefatte di Meyer, mentre la Commissione della Camera indagava durante il giorno. I membri del Congresso avrebbero dovuto sapere che controllare i Meyer e gli Ernst era un lavoro di 24 ore al giorno.

Per piccole frazioni delle somme abusate da Eugene Meyer durante il suo incarico di amministratore delegato della War Finance Corporation, alcuni uomini sono stati pubblicamente disonorati, destituiti dall'incarico, privati dei loro beni e condannati a lunghe pene detentive. La flagranza di un uomo che ricopre una carica pubblica che compra e vende a se stesso, nella sua attività privata, 80 milioni di dollari in titoli di Stato non è mai stata eguagliata nelle cronache della corruzione nel mondo. Tentare di calunniare un uomo del genere sarebbe un'impresa ardua. Se si scoprisse che il Segretario all'Agricoltura sta giocando 80 milioni di dollari o 8 milioni di dollari o 800.000 dollari alla borsa merci sul futuro del grano o del cotone, quale sarebbe il risultato? Sarebbe uno scandalo che farebbe cadere persino l'amministrazione di un Harry Truman che sembra essere fedele solo a ladri e traditori. Eppure Eugene Meyer l'ha fatto e con quella stessa moralità è diventato uno dei più influenti editori di giornali del Paese. Il *Washington Post*, giornale giallo e liberale, non ha ancora scoperto un comunista a Washington. Eugene Meyer fu rimproverato per la sua cattiva gestione dei fondi pubblici solo sette anni dopo, e solo perché la sua avidità di potere lo portò a sconvolgere il governo con un complotto per impadronirsi del Federal Farm Loan Board. Alcuni membri del Congresso provenienti da distretti agricoli, conoscendo i suoi precedenti, temevano giustamente che avrebbe messo in pericolo l'economia agricola del Paese se avesse ottenuto questa posizione. Tuttavia, ottenne ciò che voleva e Coolidge affidò gli agricoltori americani nelle sue mani. Da allora, milioni di agricoltori sono stati mandati in bancarotta e cacciati dalle loro terre per lavorare nelle fabbriche. È stato perché Meyer e i Warburg volevano quella manodopera agricola a basso costo per le loro fabbriche chimiche?

Di fronte a queste prove pubblicate di una corruzione insuperabile, di cui la stampa pubblica non ha mai dato notizia, il presidente Coolidge nominò Eugene Meyer presidente del Federal Farm Loan Board, il presidente Hoover lo nominò presidente del Board of Governors del

Federal Reserve Board, Franklin Roosevelt lo mantenne nella Reconstruction Finance Corporation e nel 1946 fu nominato primo presidente della Banca Mondiale. Ecco una ricetta di successo degna dell'attenzione di tutti i giovani americani, una carriera di servizio pubblico lunga 30 anni durante i quali Eugene Meyer è diventato uno dei 10 uomini più potenti del mondo.

Segue il riassunto della Relazione della Camera n. 1635, pagina 14:

"Invece di acquistare direttamente le obbligazioni, il Tesoro impiegò a tale scopo la War Finance Corporation, e invece di consegnare prontamente al Tesoro le obbligazioni acquistate, la War Finance Corporation accumulò grandi quantità di obbligazioni, le tenne e ne riscosse dal Tesoro quasi 28 milioni di interessi. E sebbene il Ways and Means Committee, nel redigere la legge sui prestiti per la libertà, avesse modificato la fatturazione del Tesoro per impedirgli di vendere i titoli al di sotto del valore nominale, la War Finance Corporation ha svolto un'ampia attività di compravendita di questi titoli sul mercato a prezzi inferiori al costo, vendendo la stessa emissione di titoli nello stesso giorno a diversi dollari in meno al 100 per cento rispetto a quelli venduti al Tesoro, e inoltre li ha spesso venduti al Tesoro a un prezzo superiore a quello che i titoli erano costati. Eugene Meyer Jr., amministratore delegato della War Finance Corporation, e i signori Russell C. Leffingwell e S. Parker Gilbert, segretari aggiunti del Tesoro, si accordarono sul prezzo che il governo pagò per oltre 1 miliardo e 894 milioni di dollari di obbligazioni acquistate dalla War Finance Corporation, la cui base non era il prezzo di mercato, non era il costo dell'obbligazione e non era stata rivelata dalla corrispondenza. Il signor Meyer ha dichiarato che lui e il signor Leffingwell avevano concordato il prezzo e che si trattava semplicemente di una cifra arbitraria stabilita dal signor Leffingwell (per quanto riguarda le obbligazioni acquistate dalla War Finance Corporation prima del 30 giugno[th] 1920, 99%). L'amministratore delegato della War Finance Corporation, a titolo privato, aveva un ufficio al n. 14 di Wall Street, a New York, vendette circa 70 milioni di dollari in obbligazioni al Governo e acquistò attraverso la War Finance Corporation circa 10 milioni di dollari in obbligazioni e approvò le relative fatture a titolo ufficiale".

Il Rapporto del Comitato del Presidente MacFadden è ovviamente antisemita, poiché espone Eugene Meyer, il rampollo della casa bancaria internazionale Lazard Freres, principale agente francese della Casa Rothschild. La biografia attuale ci dice che Eugene Meyer Senior giunse negli Stati Uniti dalla Francia alla fine del XIX secolo e creò un ufficio a New York per la Lazard Freres, nel quale Eugene Meyer Jr. fu impiegato fino al 1901, quando creò l'ormai famoso ufficio, Eugene Meyer Jr. Company, al n. 14 di Wall Street, a New York. Il rappresentante MacFadden e altri membri del Congresso parteciparono alle audizioni del Senato sull'idoneità di Eugene Meyer a diventare governatore del Federal Reserve Board nel 1931 e fornirono una testimonianza molto più dannosa, che appare in "The Federal Reserve", ma la corruzione non è una squalifica per una carica pubblica in una democrazia. Il Presidente Hoover lo nominò comunque. Hoover e Meyer avevano sostanzialmente lo stesso background per quanto riguarda la gestione del denaro altrui. La stampa nazionale, attenta agli introiti pubblicitari della Allied Chemical and Dye Corporation e delle sue affiliate, mantenne un discreto silenzio sui problemi personali di Eugene Meyer nel 1931, che assunse la direzione del Federal Reserve Board, debitamente confermato dal Senato. La decenza nelle cariche pubbliche non esisteva più nella nostra capitale. Gli scandali rivelati nel 1950 non sono iniziati nel 1950, ma nell'elusione di ogni sforzo per mettere uomini onesti al governo dal 1900 a oggi.

CAPITOLO 7

A causa della centralizzazione del denaro e delle banche americane nel Federal Reserve System, a causa della centralizzazione delle notizie nei servizi telematici e a causa della centralizzazione dell'industria pesante in enormi corporazioni interconnesse che potevano essere manovrate per obiettivi internazionali dai banchieri di Francoforte che gestivano le loro emissioni azionarie, il popolo americano fu ingannato nel combattere la Prima Guerra Mondiale. Si trattava di una guerra che non li riguardava direttamente, una guerra che non rappresentava una minaccia concepibile per il loro sistema politico o economico, e una guerra che non ha mai causato la morte di un americano in battaglia sul suolo americano. L'agitazione isterica di cui furono responsabili Herbert Hoover e Cleveland H. Dodge portò il popolo americano alla frenesia contro una nazione che non aveva mai alzato la mano contro di noi, una nazione che aveva fornito una grande percentuale dell'elemento più stabile e produttivo della nostra popolazione, i contadini del cuore agricolo del nostro Middle West. I tedeschi, che erano stati i primi a colonizzare i territori indiani, si trovarono ora a essere oggetto di odio e sospetto nelle zone in cui erano stati i primi coloni bianchi.

A posteriori, la Prima Guerra Mondiale sembra essere stata uno dei capitoli più ridicoli della nostra storia. Di certo ha guadagnato all'America il disprezzo di tutte le nazioni europee. Quella guerra fu gestita come una partita di football di un college statale, e non fu un caso che un professore universitario miope fu messo alla presidenza per arbitrare la partita. Mentre Kuhn, Loeb. Co. e Eugene Meyer and Co. si accaparravano i risparmi del popolo americano per i titoli di guerra e i prestiti per la libertà, che potevano essere definiti Warburg Bonds e Meyer Loans, altri immigrati accumulavano fortune nella corsa all'oro per rifornire le forze armate. Bernard Baruch, a capo del Comitato per la fissazione dei prezzi di guerra, decise il prezzo da fissare per il tungsteno della Atolia Mining Co. di cui Bernard Baruch era il principale azionista.

Oltre a essere un'impresa redditizia, l'industria pesante trovò nella Prima Guerra Mondiale un'occasione insuperabile per perfezionare e consolidare gli accordi internazionali. Per tutta la durata della guerra, gli industriali tedeschi si incontrarono con industriali francesi, inglesi e americani, in Svezia, Svizzera e America. Gli uomini d'affari francesi si recarono nella Ruhr, i banchieri tedeschi in Francia e più della metà degli speculatori di Francoforte emigrarono in Inghilterra durante la guerra. Come ha osservato ironicamente uno storico, "solo i soldati erano in guerra".

Per quattro anni la Germania ricevette carbone attraverso il Belgio, zucchero attraverso la Svizzera e prodotti chimici attraverso la Svezia, mentre la Francia ricevette acciaio dalla Germania e l'Inghilterra rifinanziò l'industria tedesca. Gran parte di questo materiale venne alla luce solo nel 1932, quando la maggior parte dei Paesi del mondo era stata mandata in bancarotta dagli intrighi per il gold standard che portarono al crollo del 1929-1933, e la Russia assisteva al triste fallimento del Primo Piano Quinquennale. Nessuna delle nazioni occidentali aveva denaro da spendere per gli armamenti e la Russia era a malapena in grado di provvedere alle necessità di vita dei suoi commissari. Una febbre per il disarmo travolse il mondo. I movimenti pacifisti occuparono le energie di quei pazzi nervosi che in seguito furono smascherati come comunisti. La letteratura pacifista fu pubblicata in molte lingue. Gli scandali della Prima guerra mondiale furono tirati fuori da decine di giornalisti desiderosi e ambiziosi, la maggior parte dei quali si guadagnò da vivere scrivendo propaganda di guerra dopo il 1936. Il disarmo era la linea di partito del Partito Comunista, del Council On Foreign Relations e di altri gruppi finanziati dai banchieri internazionali.

L'influenza di questi libri e dell'opinione pubblica può essere giudicata dal fatto che nel 1935, quando l'ultimo di essi sconvolse i semplici contribuenti, il mondo era già ben avviato in un programma di riarmo. Ciononostante, questi libri contengono fatti utili. A causa del background comunista della maggior parte dei loro autori, l'identità razziale dei criminali di guerra viene accuratamente ignorata. Tuttavia, Paul Emden, nel suo libro "Ebrei di Gran Bretagna", ci dice a pagina 232 che

"Il primo importante capitale della Royal Dutch Shell Corporation fu fornito da Samuel Bleichroder. La Asiatic Petroleum Co. fu sottoscritta in parti uguali dalla Royal Dutch Shell e dai Rothschild. Il visconte Bearsted (Walter H. Samuel) succedette al padre come presidente della Shell Trading and Transport Co, in cui rappresentava quaranta filiali. Fu anche direttore della Alliance Assurance Co. con il barone Antony de Rothschild".

La famiglia Samuel, ci dice Emden, ha mantenuto il controllo totale di Shell, il secondo fondo petrolifero più grande del mondo, che la stampa mondiale ha sempre indicato come controllato dal defunto Sir Henri Deterding, che lo gestiva per conto della famiglia Samuel. I Samuels sono passati inosservati all'opinione pubblica, pur essendo la seconda famiglia più potente d'Inghilterra nel XX secolo, superata solo dai Rothschild. Churchill è stato a lungo uno dei preferiti dei Samuels. Quando era Primo Ammiraglio della Flotta nel 1915, passò la Marina britannica dal carbone al petrolio.

Emden cita anche Lord Melchett, Sir Alfred Mond e Lord Reading nella formazione delle Imperial Chemical Industries of Great Britain, una delle Big Four che controllano l'industria chimica mondiale. Le altre sono Allied Chemical and Dye di Meyer, I.G. Farben di Warburg e Dupont. Due guerre mondiali hanno avuto un effetto minimo sulle strette relazioni, sui direttivi interconnessi e sugli accordi commerciali di queste quattro società e delle loro miriadi di filiali. Senza dubbio sopravviveranno alla Terza Guerra Mondiale con stima e considerazione reciproca. L'Imperial Chemical ha unito la Brunner Mond Chemical Co. con la Nobel Industries, il trust internazionale degli esplosivi, nel 1915. Poiché ciò avvenne nel bel mezzo della guerra, fu necessaria una delle prove più sorprendenti e documentate di cooperazione commerciale internazionale tra belligeranti. L'Hamburger Fremdenblatt, il 15 maggio 1915, pubblicizzò uno scambio di azioni della Nobel Ltd d'Inghilterra con azioni della Nobel Co. di Amburgo. 1.500.000 sterline furono pagate dagli azionisti inglesi per lo scambio di azioni, che riguardava 1.800.000 azioni. L'annuncio, come citato in "Iron, Blood, and Profits" di George Seldes Harpers, 1934, afferma che

"Annuncio di scambio di azioni ordinarie della Nobel Dynamite Trust Ltd di Londra con azioni della Dynamit Aktiengesellschaft, già Alfred Nobel Co. di Amburgo. Questo accordo sarà retroattivo al 1° gennaio 1914".

Il libro di Seldes descrive anche la formazione, nel 1916, del Cartello Harvey Armorplate, con Leon Levy come maggiore azionista e direttore; gli altri erano la Deutsche Bank di Berlino, Edouard Saladin di Francia e il Barone Oppenheim di Colonia, un altro esempio di amicizia internazionale nel bel mezzo dello spargimento di sangue. Seldes critica anche altri aspetti della conduzione del massacro a scopo di lucro. A pagina 88 osserva che,

> "la voce inquietante che Foch, Haig, Pershing, il principe ereditario Guglielmo e altri quartieri generali erano elencati su mappe e note scambiate dai nemici durante la guerra. I generali muoiono a letto".

La cecoslovacca Skoda, la francese Schneider Creusot, l'inglese Vickers e la tedesca Loewe's furono le aziende europee di munizioni che collaborarono con reciproca soddisfazione durante la Prima Guerra Mondiale. Schneider Creusot era controllata dalla Banca di Francia, che a sua volta era controllata dalla famiglia de Wendel e dalla Casa Rothschild. Nel 1914 Schneider Creusot provocò un allarme generale in tutta Europa quando acquistò l'azienda russa di munizioni Putiloff di San Pietroburgo. L'amministratore fiduciario delle obbligazioni in questione era la Royal Exchange Assurance Ltd di Londra, una delle più antiche compagnie assicurative dei Rothschild, di cui Thatcher Brown, della Brown Brothers Harriman, partner del Segretario alla Difesa Robert A. Lovett e dell'Amministratore per la Mutua Sicurezza W. Averell Harriman, è stato per molti anni amministratore.

Richard Lewinsohn, nella sua eccellente biografia "Zaharoff, the Mystery Man of Europe", Lippincott, 1929, afferma che,

> "Nel consiglio di amministrazione della Nickel Co. Zaharoff sedeva accanto ai rappresentanti della Casa Rothschild".

Zaharoff era il miglior venditore per le Big Four del mondo delle munizioni. Non aveva nulla a che fare con la loro finanza e poco con la loro organizzazione. Era il più grande guerrafondaio del mondo ed era pagato milioni dai Rothschild come venditore della Vickers e delle sue filiali. Divenne il capro espiatorio per il furore del disarmo e ricevette una grande quantità di pubblicità gratuita, che senza dubbio aumentò il suo valore per i suoi datori di lavoro. È difficile trovare qualcuno dei dipendenti dei Rothschild che sia mai stato danneggiato dalla pubblicazione di scandali su di loro.

Richard Lewinsohn, nel suo libro retrospettivo "The Profits of War" (I profitti della guerra), E. P. Dutton, 1937, afferma che i Rothschild raggiunsero l'influenza internazionale principalmente grazie ai profitti delle guerre napoleoniche, un punto chiarito dal lavoro di Corti ma non espresso in modo così netto. Lewinsohn dice anche,

> "Sotto Metternich, l'Austria, dopo una lunga esitazione, accettò finalmente di accettare la direzione finanziaria della Casa Rothschild".

Come altri imperi che hanno accettato la direzione finanziaria dei Rothschild, l'Impero austro-ungarico ha cessato di esistere. Metternich fu il primo importante statista europeo a soccombere all'attrazione del denaro dei Rothschild, uno di una lunga lista che ora include Wilson, Churchill e Roosevelt.

"The Secret International", un opuscolo definitivo pubblicato dalla Union for Democratic Control, Londra, 1934, afferma che Vickers nel 1807 acquistò la Naval Construction and Armament Co. e la Maxim Nordenfeldt Guns and Ammunitions Co. Questa combinazione, allora nota come Vickers Sons and Maxim, rifornì entrambe le parti durante la guerra russo-giapponese del 1905. In seguito si unirono con la S. Loewe Co. il più grande produttore di munizioni in Germania, e Loewe divenne direttore di Vickers. Il controllo dei Rothschild su Vickers è rivelato dall'intreccio tra i direttori di Vickers e quelli di altre imprese Rothschild. Sir Herbert Lawrence, direttore di Vickers nel 1934, era anche direttore della Bank of Rumania Ltd, del Sun Assurance Office Ltd, della Sun Life Assurance Co. e della Ottoman Bank (controllata da Sassoon) di cui Sir Herbert era presidente del comitato di Londra. Sun Life è stata una delle prime iniziative dei Rothschild nel settore assicurativo e ha ancora due Rothschild nel consiglio di amministrazione della sua società di Baltimora. Anche la Banca di Romania è da tempo affiliata alla N. M. Rothschild Sons di Londra. Un altro direttore di Vickers era Sir Otto Niemeyer, direttore della Banca d'Inghilterra e della Banca Anglo-Iraniana (Sassoon). La Banca d'Inghilterra, di cui Alfred de Rothschild fu direttore per trentadue anni, è sinonimo di Casa Rothschild. Un terzo direttore era Sir Vincent Caillard, presidente del Consiglio del debito ottomano ed esperto finanziario dell'Estremo Oriente. Fu uno dei protagonisti delle trattative tra Theodor Herzl, leader sionista, e il Sultano di Turchia per il finanziamento del debito pubblico turco in cambio di uno Stato sionista in Palestina. (*Theodor Herzl*, di Jacob DeHaas). Tuttavia, la guerra mondiale arrivò prima che i negoziati fossero conclusi e i sionisti attesero la Dichiarazione Balfour.

Tra i banchieri internazionali che decisero di lasciare l'eterna Germania feudale all'inizio della guerra c'era anche il barone Edgar Speyer della casa bancaria Speyer Brothers di Francoforte. Edgar Speyer si recò a New York nel 1915, tornò attraverso l'Atlantico in Gran Bretagna, dove imparò che il suo accento marcato non lo avrebbe danneggiato negli ambienti più agiati della Gran Bretagna, e si stabilì a Londra dopo il 1916. A New York, in quel periodo, suo fratello James Speyer aveva nel suo ufficio il figlio del conte Bernstorff, ambasciatore tedesco negli Stati Uniti. Speyer e Schiff erano i due più instancabili filotedeschi di New York.

Anche il barone Bruno von Schroder si stabilì in Inghilterra, in quanto luogo più sicuro della Germania, durante la guerra. La sua casa di famiglia J. Henry Schroder Co. aprì uffici a Londra e a New York. Mantenne la sua filiale tedesca come J. Stein Bankhaus di Colonia, che divenne banchiere personale di Adolf Hitler dopo che questi divenne dittatore della Germania. La Casa di Schroder, una delle quattro più importanti società bancarie internazionali, fino agli ultimi anni è sfuggita completamente all'attenzione. James Stewart Martin ha scritto molto sulla sua influenza e su uno dei suoi direttori, Allen W. Dulles, oggi a capo della Central Intelligence Agency e del Council On Foreign Relations.

La rivista Fortune del marzo 1945 ci dà un'idea di come gli elementi internazionali si muovevano, cogliendo ogni opportunità offerta loro dalla guerra. "L'affaire Dreyfus", ristampato integralmente, come segue:

> "Nel 1938 la Borsa di Londra ha stabilito la regola secondo cui i dividendi e i rendiconti degli utili devono essere presentati contemporaneamente. Questa regola è stata palesemente violata dalla britannica Celanese, fratello da 60 milioni di dollari dell'americana Celanese, produttrice di filati sintetici e di prodotti chimici importantissimi. Lo scorso 1° dicembre, i suoi amministratori hanno annunciato un dividendo del 15% sulle azioni ordinarie, il primo pagato sulle azioni ordinarie. Il titolo, che era salito costantemente, è salito ancora di più. Poi, l'11 dicembre, la società ha pubblicato una dichiarazione dei profitti che mostrava che gli utili del 1944 erano solo una frazione di questo dividendo, che proveniva in gran parte da riserve fiscali disponibili a seguito di un aggiustamento fiscale con il governo britannico. Il titolo è crollato bruscamente. Il clamore degli investitori angosciati fu tale che il venerabile Comitato di Borsa si sentì costretto a emettere un

rimprovero pubblico senza precedenti. Al culmine dell'*affaire Dreyfus*, il vecchio Henry Dreyfus, cofondatore della società, morì nella sua casa di Londra. Originario della Svizzera, era venuto in Inghilterra nel 1916 su invito del governo britannico per supervisionare la produzione di acetato di cellulosa non infiammabile per le ali degli aerei. Rimase e organizzò la British Celanese, che nel 1924 produsse il primo filato sintetico di successo. Più o meno nello stesso periodo il fratello Camille Dreyfus guidò l'organizzazione dell'American Celanese Corporation".

La famiglia Dreyfus, con l'aiuto del governo britannico, divenne una delle tre grandi aziende dell'industria internazionale del rayon, le altre due erano Dupont e Bemberg. Nel *Who's Who in American Jewry*, Camille Dreyfus si identifica come presidente della American Celanese, ora Celanese Corporation of America, e direttore della Canadian Celanese Corporation.

La famiglia Bemberg si stabilì in Argentina, dove Otto Bemberg morì lasciando un'immensa fortuna. Alla fine Peron si fece strada con le tasse di successione e una campagna diffusa contro di lui, in particolare nelle pubblicazioni Luce, *Time* e *Life*, lo indusse a vietarle in Argentina. Il caso Bemberg non fu ripreso da Luce. È solo che tutto d'un tratto ha preso violentemente in antipatia il governo di Peron. La loro influenza continuò attraverso il dottor Gainza Paz, direttore del giornale *La Prensa* di Buenos Aires. Alla fine Peron fu costretto a chiudere il giornale, per porre fine alle diatribe contro di lui, e la stampa americana, se ancora si può definire tale, si mise in lutto. Il dottor Paz è ora impegnato in un redditizio tour di conferenze negli Stati Uniti.

CAPITOLO 8

M entre i banchieri internazionali rafforzavano le loro partecipazioni nelle industrie pesanti di molti Paesi durante la guerra del 1914-1918, consolidavano anche l'influenza delle due nuove filosofie di governo, il comunismo internazionale e il sionismo internazionale, che avevano promosso come risposta al XX secolo. L'una e l'altra sarebbero state utili ai loro interessi, poiché entrambe erano votate alla sovversione di tutti i governi nazionali esistenti nel mondo.

Di conseguenza, gli agenti del comunismo e gli agenti del sionismo, che spesso erano le stesse persone, non presero parte alla Prima guerra mondiale per quanto riguarda gli interessi nazionali dei belligeranti. Viaggiarono liberamente avanti e indietro, tra e attraverso le nazioni in guerra, intenti nei loro piani a lungo raggio per il potere mondiale. L'Organizzazione Sionista Mondiale, in particolare, presumeva da tempo l'avvicinarsi di una guerra mondiale, come testimonia l'articolo "When Prophets Speak", di Litman Rosenthal, American Jewish News, 19 settembre 1919. Rosenthal descrive un episodio avvenuto al Sesto Congresso Sionista nell'agosto del 1903, durante il quale Max Nordau, secondo in comando del movimento sionista, disse a Rosenthal,

> "Herzl sa che siamo di fronte a un tremendo sconvolgimento del mondo intero. Presto sarà convocato un qualche congresso mondiale e l'Inghilterra continuerà l'opera iniziata con la sua generosa offerta al Sesto Congresso; lasciate che vi dica le seguenti parole come se vi mostrassi i pioli di una scala che porta sempre più in alto; Herzl, il Sesto Congresso Sionista, la futura guerra mondiale, la conferenza di pace in cui con l'aiuto dell'Inghilterra sarà creata una futura Palestina".

La profezia di Nordau si realizzò esattamente come egli l'aveva predetta, ma non fu così straordinaria, perché era del tutto prevedibile per lo stratega politico. Per molti osservatori che viaggiarono in Europa dal 1885 al 1914 era evidente che le enormi pressioni create dalla Rivoluzione Industriale potevano essere scaricate solo da un conflitto mondiale, così come le pressioni del 1952 possono essere scaricate solo dall'inevitabile Terza Guerra Mondiale. All'inizio del secolo, i popoli europei traevano pochi benefici dai grandi passi avanti della tecnologia, perché i loro sistemi monetari, ancora strangolati dal gold standard, monopolio della Casa Rothschild, non riuscivano a trovare un modo per distribuire i beni prodotti in massa alla popolazione. Di conseguenza, l'industria pesante dovette dedicarsi alla produzione di beni bellici, perché potevano essere distribuiti da un'economia di guerra. In "The Federal Reserve" ho riportato un articolo del Quarterly Journal of Economics che dimostra che l'Europa era pronta per un conflitto continentale già nel 1887. Il fatto che si sia dovuto rimandare al 1914, quando il Federal Reserve System fu in grado di finanziare gli Alleati, non fece che peggiorare la situazione.

Inoltre, alla Conferenza di pace del 1919, i popoli delle nazioni belligeranti, stremati dalla guerra e demoralizzati, non volevano altro che la pace. Volevano una pace impossibile, mentre i sionisti erano presenti in massa con una serie di richieste specifiche per i diritti degli ebrei nei Paesi europei e per la creazione di un focolare nazionale ebraico in Palestina. Volevano qualcosa che era impossibile ottenere, e l'hanno ottenuto.

Israel Cohen, nel suo libro definitivo, "Il progresso del sionismo", pubblicato nel fatidico 1929, ci fornisce i due obiettivi del movimento sionista, che egli sostiene essere antico quanto il popolo ebraico. In primo luogo, il sionismo doveva impedire l'assimilazione degli ebrei a qualsiasi altro popolo, mantenendo l'identità nazionale positiva della nazione ebraica fino all'ottenimento di un proprio Paese; il secondo obiettivo era la creazione di uno Stato nazionale ebraico. La posizione anti-assimilazione è anche parte del programma ufficiale comunista e si basa sull'idea che la prima fedeltà dell'ebreo è verso l'ebraismo mondiale, mentre la seconda è verso la nazione in cui risiede al momento. Si tratta di una definizione importante, perché Cohen definisce spergiuri il defunto giudice Brandeis e l'attuale giudice Felix Frankfurter della Corte Suprema degli Stati Uniti. Entrambi erano importanti leader sionisti quando hanno prestato giuramento; anzi, entrambi erano sionisti di professione. Eppure entrambi giurarono di attenersi e sostenere le leggi degli Stati Uniti senza alcuna riserva mentale. Brandeis afferma ripetutamente nei suoi scritti e discorsi che nulla è più importante del sionismo per gli ebrei. Ciò significava che le leggi e i costumi degli Stati Uniti passavano in secondo piano rispetto al futuro di Israele.

Ci sono molte prove che dimostrano che il sionismo fu la forza che fece pressione per far entrare gli Stati Uniti nella Prima Guerra Mondiale. I leader sionisti americani fecero un patto con l'Inghilterra: in cambio della dichiarazione Balfour, che istituiva un focolare nazionale ebraico in Palestina, l'America sarebbe entrata in guerra. L'Inghilterra fu lieta di fare questo patto, perché aveva difficoltà a vincere la guerra, soprattutto a causa del numero di Speyer, Schroder e tedeschi minori in Inghilterra che mantenevano contatti quotidiani con la loro patria.

Nel 1919, l'Organizzazione Sionista d'America pubblicò un libro intitolato "Il Congresso di Guerra Americano e il Sionismo", contenente la schietta e positiva posizione a favore del movimento sionista di molti dei nostri più alti funzionari governativi, incluse le dichiarazioni di sessantuno Senatori e duecentotrentanove Rappresentanti, per un totale di trecento uomini che votarono a favore della guerra con la Germania nel 1917. Ognuno di questi trecento membri del vostro Congresso di guerra ha espresso il suo estremo interesse personale e la sua ammirazione per il movimento sionista mondiale. Questo libro da solo incrimina i sionisti per il nostro coinvolgimento nel sanguinoso conflitto del 1914-1918, ma ci sono molte altre prove provenienti dagli stessi leader sionisti. Il portavoce più importante dell'Organizzazione sionista americana per molti anni fu il rabbino Stephen Wise, amico personale dei presidenti Woodrow Wilson e Franklin Roosevelt. Nella sua autobiografia, "Challenging Years", Putnams 1949, pagina 186, scrive che,

> "Rafforzate dalla sconfinata generosità del barone Edmond de Rothschild, le colonie palestinesi si svilupparono. Il nostro governo, grazie al Presidente Wilson e al Segretario della Marina Josephus Daniels, rese possibile assicurare denaro e cibo agli ebrei in Palestina, permettendo persino l'uso di navi da guerra a tale scopo".

Questo era abbastanza logico. Perché non dovremmo usare le nostre navi da guerra per inviare rifornimenti in Palestina, anche se ne abbiamo bisogno per la guerra? Non si può fare a meno di chiedersi perché Josephus Daniels non sia stato nominato Presidente. Il suo assistente Segretario della Marina in questa operazione fu Franklin Roosevelt, che raccolse i frutti di questi aiuti alla Palestina in quattro elezioni presidenziali.

Il rabbino Wise racconta che Wilson gli indirizzò una lettera il 31 agosto 1918, in cui diceva,

> "Accolgo con piacere l'opportunità di esprimere la soddisfazione che ho provato per i progressi del movimento sionista negli Stati Uniti e nei Paesi alleati".

La formulazione è importante. Wilson cita i Paesi alleati perché, come rivela Frank E. Manuel nel suo "Realities of American-Palestine Relations", la Germania si stava contendendo il sostegno dei sionisti con diverse offerte. Perdendo i sionisti, perse la guerra.

Nell'"Ottava Crociata", si racconta che nel 1916 i sionisti trasferirono segretamente la loro sede da Berlino a Londra, rinunciando ai tedeschi. Rudolf Steiner, un importante emissario del movimento, fece la spola tra Londra e Berlino durante tutta la guerra, nonostante le disposizioni della polizia. Il professor Otto Warburg, cugino della famiglia di banchieri, era diventato presidente dell'Organizzazione Sionista Mondiale nel 1911, quando ancora sembrava che la Germania potesse realizzare il suo impero paneuropeo. Non appena fu evidente agli internazionali che la Germania non avrebbe potuto rifornirsi durante una guerra prolungata, i sionisti iniziarono a spostarsi a Londra. Sotto Warburg, Colonia era stata per un certo periodo il quartier generale del movimento. Jessie Sampter, nella "Guida al sionismo", a pagina 80, dice di Jacobson, uno dei direttori,

> "Quando vide che Colonia non poteva più essere il centro della politica sionista, Jacobson se ne andò e si recò a Copenaghen, dove in un Paese neutrale avrebbe potuto essere concretamente utile ai sionisti trasmettendo informazioni e fondi".

Ignorando i milioni di uomini chiusi in una morsa mortale sui fronti di battaglia dell'Europa, i sionisti si muovevano dentro e fuori le capitali assediate, assecondando la loro brama di potere. Anche se non parteciparono ai combattimenti, i sionisti vinsero la pace, il che dovrebbe essere una lezione per tutti i guerrieri.

Nel 1914, i Comitati di azione interna sionisti si erano diffusi in tutto il mondo. Uno dei fondatori del movimento, il dottor Schmarya Levin di Berlino, venne a risiedere negli Stati Uniti durante la guerra, dove istruì Louis Brandeis nella fede. Brandeis istruì poi Woodrow Wilson, che ricambiò nominando il suo maestro giudice della Corte Suprema.

Il rabbino Wise, a pagina 186 di "Challenging Years", dice,

"Avevo avuto modo di fornire al Presidente Wilson, ancor prima del suo insediamento, un quadro piuttosto completo del sionismo. Fin dall'inizio della sua amministrazione, Brandeis ed io sapevamo che in Woodrow Wilson avevamo e avremmo sempre avuto un comprensivo simpatizzante del programma e degli scopi sionisti. Brandeis, soprattutto dopo aver assunto la guida del Comitato provvisorio sionista, insieme a me e ad altri, cercò di discutere i problemi sionisti con il Presidente. In tutto questo, abbiamo ricevuto un aiuto caloroso e incoraggiante dal Col. House, amico intimo del Presidente e suo Segretario di Stato non ufficiale. House non solo fece della nostra causa l'oggetto della sua particolare attenzione, ma servì da ufficiale di collegamento tra l'Amministrazione Wilson e il movimento sionista".

Wise ci ha regalato un vero paragrafo di storia. Finalmente troviamo qualcosa in cui Woodrow Wilson credeva davvero, il sionismo, e scopriamo il vero ruolo dell'onnipresente Col. House, l'ufficiale di collegamento tra Wilson e l'Organizzazione Sionista Mondiale.

La maggior parte della classe pubblica britannica salì sul carro dei sionisti durante la guerra, e quelli che non lo fecero furono rapidamente dimenticati dal pubblico, perché i loro nomi e le loro foto non apparvero più sui giornali, oppure, se erano troppo influenti per essere eliminati con il trattamento del silenzio, morirono improvvisamente, come il defunto ambasciatore negli Stati Uniti, Sir Cecil Spring-Rice.

Il Ministro degli Esteri Arthur Balfour era uno dei sionisti più accaniti d'Inghilterra. Si sarebbe potuto pensare che fosse il nuovo cristianesimo, a giudicare dal numero delle sue apparizioni sulle piattaforme sioniste e dal fervore del suo zelo. Finalmente pubblicò un libro dei suoi discorsi sionisti, "Great Britain and Palestine", anche se in realtà la Palestina avrebbe dovuto essere al primo posto nel titolo, come lo era per lui. Il 12 luglio 1920, in un discorso tenuto in occasione di una manifestazione pubblica della Federazione sionista inglese, il cui presidente era Lord Alfred de Rothschild, Balfour dichiarò,

"Da tempo sono un sionista convinto".

È stato esattamente come se il nostro attuale Segretario di Stato, Dean Acheson, si fosse alzato e avesse detto pubblicamente: "Da molto tempo sono un sionista convinto", come in effetti potrebbe essere, dato che è stato segretario privato del giudice Louis Brandeis nel 1921-1922, quando Brandeis era a capo dell'Organizzazione sionista d'America. I sionisti sanno come muoversi negli affari esteri. Balfour fece anche un discorso "Dieci anni dopo", tenuto davanti ai funzionari della Banca Anglo-Palestinese all'Hotel Cecil di Londra il 10 novembre 1927, in cui disse,

"È vero che sono uno dei più vecchi sionisti britannici".

Si tratta di un'affermazione molto grave, poiché il sionismo, come il comunismo, richiede una fedeltà assoluta. I membri dell'uno o dell'altro movimento non possono essere fedeli alla nazione in cui sono nati o risiedono. Eppure un uomo del genere è a capo degli Affari Esteri di un grande Impero. Nelle mani dei sionisti, è facile capire perché la Gran Bretagna, nel giro di pochi anni, abbia perso gran parte dell'impero che aveva costruito nel corso di secoli.

Le prove perniciose dell'influenza sionista negli Stati Uniti sono evidenti, e molte prove della colpa dei sionisti nel coinvolgerci nella Prima Guerra Mondiale sono disponibili nella biografia "Brandeis, A Free Man's Life", di Alpheus T. Mason, Viking Press, 1946. Mason, professore all'Università di Princeton, racconta che il padre di Brandeis era un immigrato che nel 1848 portò con sé una lettera di presentazione dei Rothschild, che esaminavano i possibili investimenti in America; che divenne ricco vendendo grano a entrambe le parti durante la Guerra Civile, quando aveva stabilito la sua attività nella zona di confine di Louisville, nel Kentucky; e che suo figlio poté permettersi una costosa istruzione ad Harvard.

Mason cita la *rivista Truth*, diretta da George R. Conroy a Boston, dal numero 165 di dicembre 1912, come segue,

> "Il signor Schiff è a capo della grande banca privata Kuhn, Loeb, che rappresenta gli interessi dei Rothschild su questa sponda dell'Atlantico. È stato descritto come uno stratega finanziario ed è stato per anni il ministro finanziario della grande potenza impersonale nota come Standard Oil. È stato a fianco degli Harriman, dei Gould e dei Rockefeller in tutte le loro imprese ferroviarie ed è diventato il potere dominante nel mondo ferroviario e finanziario americano. Brandeis, per la sua grande abilità come avvocato e per altre ragioni che appariranno in seguito, fu scelto da Schiff come strumento attraverso il quale Schiff sperava di realizzare le sue ambizioni nel New England. Il suo compito era quello di portare avanti un'agitazione che avrebbe minato la fiducia del pubblico nel sistema di New Haven e provocato una depressione del prezzo dei suoi titoli, costringendoli così ad essere acquistati sul mercato dai demolitori. La lotta del New England è semplicemente

parte di un movimento mondiale. È la lotta secolare per la superiorità tra ebrei e gentili. Schiff è noto al suo popolo come "Principe in Israele". Ha donato milioni di dollari a enti di beneficenza ebraici e, tenendo sempre a mente il proverbio yiddish 'Chi ha i soldi ha l'autorità', si adopera per il progresso della sua razza lungo le linee finanziarie, fiducioso che alla fine essa controllerà il mondo".

Dell'adozione opportunistica del sionismo da parte di Brandeis, dopo la sua rifilatura nel suo desiderio di riconoscimento pubblico nella cospirazione di New Haven, Mason dice,

"Fu solo dopo la visita di DeHass a South Yarbrough, nell'agosto del 1912, che l'interesse di Brandeis per il sionismo fu pienamente risvegliato. I due si stavano consultando su richiesta di William G. McAdoo in merito ai fondi per la campagna democratica. DeHass fece qualche accenno a Louis Dembitz come "nobile ebreo", sionista di spicco e zio e omonimo di Brandeis, e poi si lanciò nell'argomento a lui più caro, il sionismo. Raccontò la storia della sua nascita britannica e dell'influenza che era stato in grado di esercitare sul senatore Henry Cabot Lodge. Il fatto che un oscuro ebreo nato a Londra potesse conquistare la simpatia del rigido senatore stuzzicò la curiosità di Brandeis. Nel 1912 Brandeis fece un tour attraverso il Paese parlando a favore del sionismo".

È interessante che il tema del sionismo sia emerso in relazione al problema della raccolta di fondi per la campagna di Wilson del 1912, e che Samuel Untermeyer, leader sionista di spicco, sia stato uno dei maggiori finanziatori del fondo di Wilson. In ogni caso, il dado era tratto. I sionisti avevano bisogno di Brandeis per dare al movimento una certa rispettabilità in America. Sebbene fosse considerato una persona pericolosa dai politici democratici per la sua disponibilità a sposare cause antisociali, aveva raggiunto il rispetto della popolazione ebraica americana grazie ai suoi ingenti guadagni derivanti dalla pratica del diritto societario. La sua adesione al sionismo rappresentò la svolta per le sue fortune in America. Gli ebrei musulmani l'avevano considerato solo come un movimento che, a causa dei suoi piani radicali e della natura di ricerca di pubblicità dei suoi aderenti itineranti, avrebbe avuto più probabilità di causare antisemitismo che di aiutare gli ebrei, che erano prosperi e felici in America. Tuttavia, Brandeis colse il sionismo come la possibilità di ottenere il potere politico che gli era stato negato dalla stabile società del New England. La sua leadership dominante costrinse gradualmente al movimento sionista, contro il loro giudizio, la maggioranza degli ebrei americani.

Sebbene Brandeis non abbia potuto partecipare all'Undicesimo Congresso Sionista Mondiale tenutosi a Vienna, inviò un messaggio che sollecitava l'immigrazione ebraica in Palestina in attesa dell'appoggio del governo americano. Questo messaggio e i suoi tour lo portarono a essere eletto presidente dell'Organizzazione sionista provvisoria d'America, poi Organizzazione sionista d'America. Mason cita una lettera scritta da Brandeis al fratello Alfred il 15 aprile 1915.

"Gli affari sionisti sono le cose veramente importanti della vita ora".

In quel periodo era stato preso in considerazione per la Corte Suprema, grazie a Samuel Untermyer. Il figlio dell'amante di Wilson era stato coinvolto in una truffa per appropriazione indebita e, dopo alcune trattative, Untermeyer mise a disposizione i 150.000 dollari necessari, con l'intesa che Brandeis avrebbe ottenuto il prossimo posto vacante alla Corte. Poiché Rufus Isaacs era Lord Chief Justice d'Inghilterra, Wilson avrebbe dimostrato loro che eravamo democratici come gli inglesi. Questa nomina significava che l'Organizzazione sionista americana sarebbe diventata rispettabile.

A pagina 448, Mason scrive che,

"Nel maggio del 1915, Brandeis venne a sapere che Rufus Isaacs e Sir Herbert Samuel stavano prendendo in considerazione il sionismo e che Lloyd George e Balfour erano decisamente favorevoli".

Dal momento che Lloy George avrebbe favorito qualsiasi cosa favorita da Isaacs, pena la perdita delle sue azioni Marconi, non è sorprendente che abbia favorito il sionismo. Balfour, ovviamente, come Franklin Roosevelt, basò la sua intera carriera politica su una fanatica adesione al sionismo.

Mason cita una lettera di Brandeis ad Abram I. Elkus, ambasciatore degli Stati Uniti in Turchia, del dicembre 1916 (pagina 452).

"Il sionismo sta prendendo posto nella considerazione pubblica ed è uno dei problemi che la guerra probabilmente risolverà per noi".

Il piano sionista si basava sul coinvolgimento dell'America nella guerra.

Nella stessa pagina, Mason cita una lettera del Col. House al rabbino Wise del 7 febbraio 1917.

"Spero che il sogno che abbiamo possa presto diventare realtà".

Questo avveniva poche settimane prima che Wilson dichiarasse guerra alla Germania.

Mason racconta che il 28 gennaio 1916 Wilson nominò Brandeis giudice della Corte Suprema. Questa nomina, conferita a un avvocato opportunista che non aveva mai guardato con sospetto a qualsiasi metodo per promuovere le sue fortune politiche e finanziarie, aveva un solo scopo, l'istituzione di un solido movimento sionista in America. La cosa suscitò sgomento in tutta la nazione tra gli avvocati gentili, perché si prevedeva giustamente l'inizio della fine di uno dei pesi e contrappesi del nostro governo, come affermato da Thomas Jefferson. Fu un colpo mortale alla nostra Costituzione e al nostro sistema legale. Ciò che Wilson aveva iniziato, Franklin Roosevelt lo completò, tanto che quando Truman arrivò a nominare alla Corte Suprema i suoi mediocri scribacchini di partito, Tom Clark e Fred Vinson, al pubblico non importava più nulla.

Brandeis, scrive Mason, non era considerato un buon cittadino dalla comunità imprenditoriale. Era noto come agitatore e sionista di professione, né la sua considerevole fortuna era servita a renderlo degno di rispetto nel New England, dove il denaro non era ancora tutto. Di conseguenza, furono mosse molte critiche a Wilson per aver scelto un uomo indegno per una carica molto dignitosa. La stampa gialla liberale, che aveva appena preso voce, scattò come un gatto affamato in difesa di Brandeis. Sia Frances Perkins che Walter Lippmann iniziarono la loro carriera in questa incursione. Riempirono le colonne della New Republic del 18 marzo 1916 con la loro adorazione sciropposa del milionario Brandeis. Fu un'occasione d'oro per molti sostenitori del sionismo per dichiararsi e per iniziare una lunga e prospera carriera con una pubblicità favorevole.

Il Senato si trovò in una posizione molto scomoda a causa del tradimento di Wilson. Quell'organo era ancora in grado di manifestare un senso di responsabilità pubblica, e così la nomina fu discussa per alcuni mesi. Approvare la nomina significava che i senatori si sarebbero guadagnati l'avversione di tutte le persone perbene del Paese, ma le persone perbene non fanno vincere le elezioni. La paura ha avuto la meglio. Se si fossero rifiutati, ogni senatore che avesse negato la nomina avrebbe dovuto affrontare la virulenza concentrata della popolazione ebraica alle prossime elezioni, e si sa che nella politica americana "l'inferno non ha furia come l'ebreo disprezzato". Inoltre, ciò significava l'automatica alienazione di quella che viene scherzosamente definita la stampa pubblica, e così, il 5 giugno 1916, il Senato approvò la nomina di Brandeis.

Lo stesso giorno Wilson scrisse a Henry Morgenthau Sr., come riportato da Mason,

> "Sono sollevato e felice per la conferma del Senato. Non ho mai firmato una commissione con tanta soddisfazione come ho firmato la sua".

Durante il dibattito al Senato sulla sua nomina, Brandeis girò il Paese per parlare di sionismo, rafforzando così il sostegno alla sua candidatura alla Corte Suprema.

Mason afferma che l'unico ebreo a cui era stato precedentemente offerto un posto alla Corte Suprema era Judah P. Benjamin. Il presidente Fillmore offrì la nomina a Benjamin, che rifiutò perché già impegnato dai Rothschild a fare il tesoriere della Confederazione durante l'imminente guerra civile.

"Alla notizia della sua conferma", dice Mason a pagina 452, "Brandeis si dimise da presidente dell'Organizzazione Sionista Provvisoria, ma questo ritiro fu molto più apparente che reale... Si dimise dalla sua appartenenza alla Lega Economica Nazionale e da tutti i suoi legami con la facoltà di legge di Harvard. Il suo interesse più recente - il sionismo - continuava... I sionisti venivano a trovarlo singolarmente e in gruppo da tutto il mondo. La posta quotidiana gli portava notizie dalla Palestina, rapporti e ancora rapporti. Tenne la mano del capitano sulla barra del sionismo americano e sostenne calorosamente il gruppo Mack-Brandeis, guidato dal giudice Julian Mack e da Robert Szold, quando strapparono la leadership alla cricca di Lipsky".

Il segretario legale di Mack all'epoca era un giovane di nome Max Lowenthal, a capo della missione interna sionista alla Casa Bianca durante l'occupazione Truman.

A pagina 595, Mason identifica nuovamente Brandeis come leader del movimento sionista durante gli anni in cui fu giudice della Corte Suprema degli Stati Uniti. Mason dice,

"Brandeis era ormai l'anziano statista del sionismo in America".

Mason osserva a pagina 452 che,

"L'entrata in guerra dell'America sembrò confermare le ragioni del sionismo nelle menti dei suoi leader".

Con l'America consegnata come richiesto, la Gran Bretagna andò avanti con i piani per un focolare nazionale ebraico in Palestina, ignorando il fatto che questo avrebbe sicuramente distrutto l'influenza britannica nel Vicino Oriente, come ha fatto. Mason dice,

"Il 25 aprile 1917, James de Rothschild comunicò da Londra che i piani prevedevano una Palestina ebraica sotto la protezione britannica".

Brandeis aveva invitato Arthur Balfour a un pranzo alla Casa Bianca nel maggio del 1915. "Lei è uno degli americani che avrei voluto incontrare", disse Balfour a Brandeis. La Casa Bianca in quel periodo era il quartier generale ufficiale del movimento sionista in America, con House, Wilson, Wise e Brandeis che entravano e uscivano nei giorni frenetici della Dichiarazione Balfour. Brandeis inviò una lettera a Louis de Rothschild,

"Ho avuto un colloquio soddisfacente con il signor Balfour e anche con il nostro Presidente. Questo non è destinato alla pubblicazione".

Mason ci dice poi che Brandeis pranzò a Washington a metà settembre con Lord Northcliffe e Rufus Isaacs Lord Reading, "con cui senza dubbio parlò di sionismo".

Mason ricorda che Norman Hapgood scrisse a Brandeis da Londra il 10 gennaio 1917,

"Hoover è l'uomo più interessante che conosca. Vi piacerà la sua esperienza nella diplomazia e nella finanza".

Più tardi, Mason ci dice che,

"Alla fine di gennaio, Hoover era negli Stati Uniti per chiedere fondi per aiutare il Belgio affamato e all'inizio di febbraio parlò con il giudice Brandeis. Brandeis organizzò una conferenza con il senatore Bristow e il segretario McAdoo che portò alla nomina di Hoover ad amministratore alimentare degli Stati Uniti".

Per quanto riguarda la posizione di Brandeis sul sionismo e il problema della sua mitica fedeltà agli Stati Uniti, disponiamo di un ampio materiale, un libro dei suoi discorsi, pubblicato dalla Zionist Organization of America, "Brandeis on Zionism".

Parlando del "Problema ebraico", nel giugno del 1915, come riportato nel suo libro, Brandeis disse davanti al Consiglio orientale dei rabbini della Riforma,

> "Organizzatevi, organizzatevi, organizzatevi, fino a quando ogni ebreo in America dovrà alzarsi e contare con noi".

A pagina 74 di questo libro, Brandeis scrive che "la democrazia è un concetto sionista". Stranamente, Lenin e Marx consideravano la democrazia un attributo peculiare del comunismo. Tuttavia, Brandeis chiarisce la sua idea con le frasi successive: "Anche il socialismo è un obiettivo sionista".

A pagina 75, Brandeis afferma: "Il movimento sionista è essenzialmente democratico": Solo gli ebrei devono fare domanda.

Brandeis ci ricorda a pagina 80 che "il sionismo non è nato dalla guerra. Era vitale e attivo anche prima".

Alla vigilia della sua nomina alla Corte Suprema, il 2 gennaio 1916, Brandeis disse ai Cavalieri del Club Zion di Chicago,

> "Non c'è cosa che dovrebbe essere più interessante per un ebreo di oggi degli eventi del sionismo. Il vostro rispetto per voi stessi, il vostro dovere vi impone di unirvi a un'organizzazione sionista".

Il 7 luglio 1916, dopo la sua conferma da parte del Senato, il giudice Brandeis disse alla Federazione dei sionisti americani a Filadelfia,

> "Il nostro lavoro può essere portato a termine solo se riconosciamo e rispettiamo la base fondamentale del sionismo, la democrazia del popolo ebraico. Su di loro ricade il dovere di diffondere il movimento sionista".

L'attività di Brandeis in qualsiasi momento durante i molti anni del suo mandato alla Corte Suprema era motivo sufficiente per la sua rimozione dall'incarico, se in America ci fosse stata una forza abbastanza forte da opporsi al sionismo. Questo si può dire anche del suo successore nel sionismo e nella Corte Suprema, il giudice Felix Frankfurter. I Frankfurter sottolineano l'importanza di essere su entrambi i fronti, perché mentre il buon giudice si è seduto augusto sul banco degli imputati, suo fratello Otto è stato un criminale abituale, che ha risieduto per alcuni anni come ospite dello Stato dell'Iowa nella prigione di Stato di Anamosa. Dopo la laurea, Otto è stato ritenuto sufficientemente preparato per il servizio governativo ed è stato prontamente nominato per un importante incarico a Parigi nell'Amministrazione per la Cooperazione Economica, sotto la guida del tirapiedi del senatore Lehman, Paul Hoffman.

La Dichiarazione Balfour, frutto di molti anni di intrighi internazionali, chiedeva la creazione di un focolare nazionale ebraico in Palestina con la protezione ufficiale della Gran Bretagna. Molto di più fu promesso ai sionisti dietro le quinte, ma la Gran Bretagna non fu in grado di mantenere queste promesse non scritte, facendo sì che i sionisti le attribuissero un punteggio per il suo fallimento per tutti gli anni Trenta. Nella "Guida al sionismo" di Sampter, alle pagine 85-86, è riportato che

> "La formulazione della Dichiarazione Balfour proveniva dal Ministero degli Esteri britannico, ma il testo era stato rivisto negli uffici dei sionisti sia in America che in Inghilterra. La Dichiarazione Balfour fu fatta nella forma in cui i sionisti la desideravano".

Per il resoconto più accurato di questa storia di corruzione internazionale sullo sfondo di una guerra mondiale, devo rivolgermi a "The Realities of American-Palestine Relations". Di Frank E. Manuel, Public Affairs Press, 1949. A pagina 116, Manuel dice,

> "L'interesse di Wilson per il sionismo fu lentamente alimentato da Louis Brandeis, uno degli uomini che gli furono più vicini nei primi anni dell'Amministrazione e che divenne la figura chiave del futuro intervento americano in Palestina".

A pagina 117,

> "Brandeis non era un uomo da mezze misure. Gli affari sionisti sono le cose veramente importanti della vita", scrisse al fratello Alfred il 25 aprile 1915. Mise da parte le argomentazioni sulla doppia fedeltà e proclamò categoricamente che la fedeltà all'America richiedeva che ogni ebreo americano diventasse sionista".

Si trattava di un processo di ragionamento degno di essere sancito dalla Corte Suprema. La fedeltà all'America richiedeva che i suoi cittadini abbracciassero una filosofia aliena, che aveva la precedenza sugli ideali americani. È un peccato che la maggior parte delle lettere più violente di Brandeis, che predicavano il sionismo, siano state ritirate e distrutte.

A pagina 136, Manuel ci dice che,

> "Gli ebrei di Salonicco ebbero un ruolo nella rivolta dei Giovani Turchi e il ministro delle Finanze Djavid era ebreo di razza ma maomettano di religione".

Così l'ebreo considera un altro ebreo ancora ebreo anche se ha abbracciato una religione diversa. Se un cristiano si riferisse a un ebreo come a un ebreo dopo essere diventato maomettano o qualsiasi altra religione sia necessario adottare per farsi strada nel mondo, si tratterebbe di antisemitismo di rango.

A pagina 154, parlando della Prima Guerra Mondiale, Manuel dice,

> "Il Dipartimento di Stato americano iniziò a utilizzare gli oltraggi contro gli ebrei in un'offensiva di guerra psicologica. All'inizio l'obiettivo era limitato, concentrandosi sul morale degli ebrei in Austria e Germania. A questo scopo suggerirono discretamente alla Gran Bretagna di comunicare i fatti delle atrocità in Palestina agli ebrei delle Potenze Centrali attraverso gli ebrei di Paesi neutrali come la Svizzera".

Manuel ha notato che il nostro Dipartimento di Stato per molti anni ha seguito una politica nettamente anti-palestinese, ma sotto Wilson tutto questo è stato cambiato. Non è necessario aggiungere all'osservazione di Manuel il fatto che il Dipartimento di Stato, fino all'infelice avvento di Wilson la più rispettata tra le agenzie governative, si è ben presto inselvatichito e si è riempito di varie specie di radicali nati all'estero, un processo che è culminato nella sua sistematica riorganizzazione come cellula comunista sotto Roosevelt dal 1933 al 1945.

A pagina 160, Manuel ci dice che,

> "Durante gli anni 1916 e 1917, i membri del Gabinetto di Guerra britannico, rappresentati dal loro Direttore per gli Affari del Vicino Oriente, Sir Mark Sykes, e i sionisti inglesi, raggruppati intorno al Dr. Chaim Weizmann, un emigrato dalla Russia allora docente di Chimica all'Università di Manchester. Durante la guerra, i sionisti americani raggruppati intorno a Brandeis furono tenuti al corrente dei progressi dei colloqui di Londra tra i sionisti e il gabinetto di guerra britannico. Accettarono la leadership de facto di Weizmann nei negoziati, anche se non aveva uno status ufficiale nell'esecutivo

dell'Organizzazione Sionista Mondiale. Prima del 1917, questo sostegno americano conferiva a Weizmann un grande valore agli occhi degli inglesi che speravano nella partecipazione degli Stati Uniti alla guerra; anche dopo l'ingresso dell'America, lo sviluppo dell'entusiasmo negli Stati Uniti per la guerra europea era ancora una delle principali preoccupazioni dei leader britannici. Lloyd George, che all'epoca era Primo Ministro, testimoniò davanti alla Royal Commission nel 1937 che stimolare lo sforzo bellico degli ebrei americani fu uno dei motivi principali che, durante un periodo straziante della guerra europea, spinse i membri del gabinetto a votare per la Dichiarazione Balfour. T. E. Lawrence si riferisce alla Dichiarazione Balfour come al pagamento del sostegno degli ebrei americani e dei rivoluzionari russi".

Paul Emden ha sottolineato che il potere di Weizmann nel sionismo derivava dal suo sostegno da parte di Mond e Melchett della Imperial Chemical, per i quali aveva sviluppato un gas velenoso altamente redditizio.

Manuel cita anche il rabbino Wise che afferma che nel giugno 1917 il presidente Wilson gli disse che gli ebrei e gli armeni erano due nazioni destinate a rinascere dopo la guerra. Questa dichiarazione è anche stampata in forma leggermente diversa nel numero del 5 maggio 1920 del Bollettino Sionista:

"In un incontro tenutosi domenica 2 maggio a New York, il rabbino Stephen Wise ha raccontato che poco prima dell'entrata in guerra degli Stati Uniti, il presidente Wilson gli disse che due terre non sarebbero mai dovute tornare all'Apache maomettana, l'Armenia cristiana e la Palestina ebraica".

L'Armenia cristiana è attualmente uno Stato altamente industrializzato della Russia atea, ma la Palestina ebraica, siamo felici di riferirlo, è più ebraica che mai.

A pagina 166, Manuel ci dice che,

"Durante il suo viaggio negli Stati Uniti nel maggio 1917, Balfour aveva discusso con Brandeis del sionismo e delle sue prospettive. In uno dei suoi colloqui privati con Wilson, Balfour informò il Presidente, a titolo "personale" e non ufficiale, di trattati segreti tra gli Alleati riguardanti la Palestina. Il 15 maggio Brandeis comunicò a Louis de Rothschild a Londra di aver avuto un colloquio soddisfacente con Balfour e con il Presidente, ma che la notizia non era destinata alla pubblicazione. Qualsiasi discussione su una

Palestina ebraica fu organizzata direttamente tra i membri del gruppo di Brandeis e il Presidente, o attraverso l'intermediazione del Col. House, all'insaputa del Segretario di Stato Lansing. Non era insolito che Wilson formulasse la politica internazionale senza consultare il suo Segretario di Stato".

Questo è stato un precedente seguito con impegno dal sostituto di Wilson, Franklin Roosevelt. È stato sottolineato che il Segretario di Stato di Roosevelt, Hull, spesso non sapeva quale fosse la nostra politica su una certa questione finché non leggeva il Washington Post di Eugene Meyer, che riceveva sempre da Roosevelt le notizie in anteprima sulla politica estera. Trattati con tale ignominia, i membri rispettabili del Dipartimento di Stato se ne andarono e lasciarono il posto a Roosevelt e ai suoi protetti comunisti, Currie, Lattimore e Hiss.

"The Realities of American-Palestine Relations" include uno degli aspetti estremamente coinvolgenti della storia che gli storici marxisti di partito preferiscono ignorare. A pagina 170 si legge che,

"Edelman venne a sapere che i sionisti avevano persino cercato di contrattare con il Vaticano, offrendo di usare l'influenza finanziaria e politica ebraica per organizzare una rappresentanza vaticana alla Conferenza di Pace in cambio del sostegno cattolico al programma sionista. Il 13 febbraio 1918, i servizi segreti britannici prepararono un Memorandum sugli atteggiamenti dei governi nemici nei confronti del sionismo, che descriveva lo Schema Karasso, un'offerta competitiva da parte dei turchi su istigazione tedesca per concedere alcuni diritti autonomi agli ebrei della Palestina. Il memorandum concludeva che la politica sionista britannica aveva ancora un netto vantaggio sui tentativi turchi e tedeschi di corteggiare gli ebrei del mondo".

Come devono aver riso gli ebrei nel vedere le grandi nazioni d'Oriente e d'Occidente accorrere con proposte per conquistare il loro favore. Dopo secoli di vita nei ghetti, questo deve essere stato un balsamo di Gilead per lo spirito ebraico ferito.

A pagina 168 Manuel ci dice che,

All'inizio dell'anno House aveva scritto estasiato al rabbino Wise: "Spero che il sogno che abbiamo possa presto diventare realtà". Per gli amici sionisti del Presidente, il Col. House aveva sempre un atteggiamento piacevole".

Il movimento sindacale è salito al potere nelle democrazie contemporaneamente all'ascesa del comunismo e del sionismo. Dubinsky prese centinaia di migliaia di dollari dai lavoratori indifesi dei sindacati dell'abbigliamento e li inviò in Palestina. Arthur Creech Jones, sottosegretario di Stato britannico, ha scritto in "British Labor and Zionism",

> "Per molti anni sono stato strettamente legato al movimento sionista in Gran Bretagna".

CAPITOLO 9

Come i profeti del sionismo, anche gli esponenti del comunismo hanno atteso per molti anni una guerra mondiale come occasione per prendere il potere in molti Paesi. Per decenni è stata predicata la dialettica marxista secondo la quale un conflitto universale sarebbe stato il segnale per i lavoratori del mondo di rifiutarsi di combattersi a vicenda, di gettare le armi e di rivoltarsi contro gli oppressori capitalisti. Nel 1914, tuttavia, nel momento cruciale, i lavoratori del mondo erano ancora influenzati da concetti antiquati come razza e nazionalità, e il comunista decise di scavare nei sistemi educativi di tutti i Paesi per sradicare queste credenze eretiche. Nel frattempo, la Prima Guerra Mondiale fu un'ottima occasione per mettere in pratica alcune delle loro idee di controllo totalitario dello Stato sulla popolazione. Le tecniche di razionamento e gli altri metodi di polizia diretti da Bernard Baruch in America e da Max Warburg in Germania fornirono un buon addestramento per la burocrazia del futuro Stato socialista mondiale.

I cambiamenti politici sono costosi. A volte costano in vite umane, altre volte solo in proprietà, ma sempre in denaro. Pertanto, è sempre stato compito dei signori del denaro anticipare e controllare i movimenti politici che hanno un potenziale successo. L'investimento in un nuovo movimento politico è sia un'assicurazione sulle proprietà attuali sia una speculazione per acquisirne altre. In "La Federal Reserve" ho descritto il modo in cui il movimento riformista degli Stati Uniti è stato comprato e corrotto nei primi anni del XX secolo.

Poiché il comunismo era un alleato dei principi della finanza e della proprietà, i principi più progressisti divennero i principali raccoglitori di fondi per il nuovo movimento, e di questi principi i signori della Casa Rothschild guidarono tutti gli altri. Il compito di fornire capitali agli agitatori comunisti toccò alla società Kuhn, Loeb Co. Ltd. di New York, e la M. M. Warburg Co. di Amburgo, in Germania.

Un partito che attacca i banchieri può essere usato da un banchiere per subordinare e controllare i suoi rivali e, in effetti, questo è ciò che i Rothschild fecero con il comunismo. Nonostante le sue farneticazioni, Hitler non apportò alcun cambiamento al sistema bancario tedesco dal 1933 al 1945.

Alla sua nascita, il Partito Comunista era un gruppo di discussione serale di operai francesi a Parigi, un club simile ai Juntos iniziati in questo Paese da Benjamin Franklin, e in tutto e per tutto tipico dei razionalisti illuminati e auto-interrogativi del XVIII secolo. In questo gruppo entrò il figlio amareggiato e ripudiato di un banchiere di Frankfort, Karl Marx. Marx era disgustato dal capitalismo, dall'ebraismo, dalla moglie e dalla società in generale. In effetti, nessuno ha ancora scoperto qualcosa che gli piacesse. Questo psicopatico scontento trovò nel gruppo degli operai francesi un'occasione per diffondere il suo malcontento e, mettendoli l'uno contro l'altro, divenne presto il leader delle discussioni operaie. La tecnica del divide et impera aveva avuto il suo primo successo comunista.

Una seconda tecnica marxista fu presto invocata a Parigi: lo sfogo di invettive amare e isteriche contro chiunque criticasse il leader. Si trattava di uno sviluppo della convinzione paranoica di Marx che le retrovie dovessero essere assicurate, che Lenin invocò concludendo la guerra con la Germania nel 1917 non appena i bolscevichi presero il potere.

Marx fu presto raggiunto a Parigi da una vecchia conoscenza, il figlio mai domo di un industriale tedesco, Friedrich Engels. Antropologo indolente e rivoluzionario ideologico, Engels aveva compiuto studi prolungati sulla storia della famiglia come gruppo sociale. Aveva stabilito che la famiglia doveva essere abolita, cosa che incuriosì Marx, perché ciò significava che lo Stato avrebbe potuto assumere il controllo completo sul bambino. Nel 1848, Marx ed Engels pubblicarono il Manifesto comunista, un programma in dieci punti. Il punto due di questo programma, una pesante imposta graduata sul reddito, fu firmato nella legge degli Stati Uniti dal presidente Woodrow Wilson, che firmò anche, il 23 dicembre 1913, il Federal Reserve Act, che realizzava il punto cinque del Manifesto comunista, chiedendo una banca di Stato centralizzata. Gli altri punti furono messi in atto da Franklin Roosevelt negli anni '30, camuffati sotto le sue misure per la "sicurezza sociale".

Il movimento comunista fu largamente ignorato in Europa per molti anni, tranne che dai disadattati sociali della frangia lunatica, fino al Primo Congresso Sionista di Basilea, in Svizzera, il 29 agosto 1897. Duecentosei delegati giunsero da tutto il mondo per ascoltare Theodor Herzl esporre il suo programma. Nel giro di pochi mesi da questo incontro, i comunisti iniziarono un frenetico programma di espansione, con abbondanza di fondi. Sebbene il marxismo si occupasse principalmente dei problemi del moderno Stato industriale, fu la Russia, il membro meno industrializzato della comunità europea, a diventare il suo obiettivo principale. Questo perché la Russia aveva la più grande popolazione ebraica del mondo e le agitazioni storiche di questa minoranza sono sempre state un terreno fertile per qualsiasi movimento rivoluzionario. Inoltre, i Warburg e i Rothschild avevano riversato capitali in Russia nell'ultima metà del XIX secolo, finanziando la costruzione di ferrovie e fabbriche, e all'inizio del secolo la Russia era una colonia economica controllata dai banchieri di Frankfort. I suoi giacimenti petroliferi erano divisi tra i Nobel e i Rothschild, Kalonymous Wolf Wissotsky era conosciuto come il re del tè russo e il barone Guinzburg, patrono di Litvinoff, aveva ottenuto il monopolio dello zucchero. L'aristocrazia russa era ben consapevole che il suo dominio era minacciato dall'ascesa di una nuova aristocrazia fiduciaria, ma non aveva una risposta alla domanda "Dove va la Russia?".

Il comunismo è un governo fiduciario. Questo aspetto dell'attuale sistema politico russo è stato taciuto dai nostri economisti, perché negli Stati Uniti si è verificato uno sviluppo parallelo. In Russia c'è un Gold Trust, un Steel Trust, ecc. e i capi di questi trust sono i veri poteri del governo sovietico. I problemi della pubblica amministrazione sono gestiti da funzionari pubblici designati, che hanno un'autorità diretta sui cittadini russi, ma solo un'autorità costituzionale sui trust. Tale autorità costituzionale, come gli americani hanno imparato con dolore, è un lusso da invocare solo a piacere di chi ha il potere.

Sul ruolo svolto dalla Kuhn, Loeb Co. nella Rivoluzione comunista in Russia, esiste una notevole documentazione. Un rapporto del servizio segreto navale degli Stati Uniti del 12 dicembre 1918 identificava Paul Warburg come uno che aveva gestito grandi somme di denaro per Lenin e Trotsky.

Cholly Knickerbocker, editorialista di società diffuso in molti giornali, ha scritto nella sua rubrica del 3 febbraio 1949, apparsa sulla catena Hearst,

"Oggi si stima che anche il nipote di Jacob Schiff, John Schiff, membro di spicco della società newyorkese, abbia investito circa 20 milioni di dollari per il trionfo finale del bolscevismo in Russia".

Questo nipote del finanziatore della Rivoluzione russa è ora presidente dei Boy Scout d'America, che recentemente è stato criticato per le sue infiltrazioni comuniste.

Un altro membro di Kuhn, Loeb, Otto Kahn, nato a Mannheim, in Germania, prima di arrivare negli Stati Uniti ha lavorato con la Deutsch Bank di Berlino e con la Speyer Brothers di Londra ed è diventato socio di Kuhn, Loeb nel 1897. Oggi in Russia è considerato con una particolare venerazione. Nessuno è mai riuscito a scoprire quale o quali Paesi potrebbero, se lo volessero, rivendicarlo come cittadino. Il giornalista Hannen Swaffer ha scritto sul *London Daily Herald* del 2 aprile 1934,

"Conoscevo Otto Kahn, il multimilionario, da molti anni. Lo conoscevo quando era un tedesco patriottico. Lo conoscevo quando era un patriota britannico. Lo conoscevo quando era un americano patriottico. Naturalmente, quando ha voluto entrare nella Camera dei Comuni, si è iscritto al partito 'patriottico'".

Il diplomatico inglese Lord D'Abernon scrisse nelle sue "Memorie" che il cognato di Kahn, Herr Felix Deutsch, era a capo della German Electric Trust, A.E.G., che aveva finanziato il rivoluzionario bolscevico Krassin e a cui Walter Rathenau era stato associato prima del suo assassinio. Dopo l'inflazione del marco del 1923, l'A.E.G. passò nelle mani di Bernard Baruch, la cui International General Electric Corporation, sotto Gerard Swope, continuò a controllare l'A.E.G. per tutto il regime hitleriano. Lord D'Abernon ha anche affermato che la casa di Otto Kahn era un luogo di incontro per gli agenti bolscevichi.

Il giornale francese *Figaro*, nel numero di giugno del 1931, descrive il magnifico trattamento riservato alla signora Otto Kahn quando visitò la Russia in quel mese. La signora è stata acclamata come una regnante in visita, le truppe dell'Armata Rossa si sono schierate lungo la strada al suo ingresso a Mosca e i più alti funzionari del governo sovietico hanno fatto a gara per renderle onore. Le è stata offerta una grande cena diplomatica e diversi brillanti ricevimenti diplomatici hanno animato la solitamente noiosa stagione sociale di Mosca. In questo modo è stato dato all'Europa l'avviso che anche il comunismo aveva la sua aristocrazia internazionale, i cui membri rivendicavano per sé le grazie e le arie dei signori e delle signore che avevano assassinato.

In occasione della successiva visita della signora Otto Kahn in Russia, il 23 luglio 1935 il *London Star* scriveva,

> "Dopo la sua visita in Russia, qualche anno fa, un giornale francese ha ipotizzato un sinistro significato politico. La verità è che la signora Kahn è interessata alla Russia, e quando va a Leningrado viene ufficialmente accolta dal grande Stalin in persona".

Il col. Ely Garrison, nel suo libro "Roosevelt, Wilson, and the Federal Reserve Act", afferma che Max Warburg incontrò il ministro russo Protopopoff a Stoccolma nel febbraio del 1917 per completare i piani per la rivoluzione. Per qualche motivo che non rivela, Leon Trotsky nega che Kuhn, Loeb, Co. abbiano avuto a che fare con la Rivoluzione russa. Questa affermazione, che appare nella "Storia della Rivoluzione russa" di Trotsky, è una diretta contraddizione con molti giornali e periodici che hanno riportato i fatti, tra cui il *New York Times* che, nel numero del 24 marzo 1917, ha presentato in prima pagina un articolo sulla riunione di massa degli Amici della Libertà russa tenutasi la sera precedente alla Carnegie Hall di New York. La riunione era stata indetta per celebrare la rivoluzione in Russia ed era presieduta dal rabbino Wise, che si divideva equamente tra sionismo e comunismo. È stato un evento tumultuoso e gioioso, durante il quale è stato difficile mantenere l'ordine. L'oratore principale è stato George Kennan, che ha raccontato al pubblico eccitato di aver distribuito tonnellate di letteratura comunista agli ufficiali russi prigionieri dei giapponesi nel 1905. "Quella letteratura", ha detto, "fu pagata grazie alla generosità di un uomo che voi tutti conoscete e amate, Jacob Schiff". Kennan ha poi letto un telegramma di Jacob Schiff, inviato da White Sulphur Springs, in West Virginia, dove Schiff stava prendendo l'acqua in un costoso resort. Il telegramma esprimeva la gioia del signor Schiff per il verificarsi dell'evento per il quale avevano lottato a lungo, e si rammaricava sinceramente di non poter essere presente con loro.

L'uomo sulla prima pagina del *New York Times*, George Kennan, sarebbe morto prima che il suo omonimo, protetto e nipote fosse nominato ambasciatore degli Stati Uniti in Russia. *Who's Who in America*, 1922-23, elenca George Kennan come direttore dell'ufficio della Western Union a Cincinnati durante la Guerra Civile, si recò in Siberia come esploratore e ingegnere telegrafico nel 1965, fu sovrintendente alla costruzione della linea telegrafica russo-americana dal 1866 al 1868, direttore dell'ufficio di Washington dell'Associated Press dal 1877 al 1886, indagò sul sistema di esilio russo in Siberia dal 1885 al 1886, coprì la guerra russo-giapponese per l'Outlook Magazine nel 1905, fu autore di "E. H. Harriman's Far Press". H. Harriman's Far Eastern Relations" e di una biografia in due volumi di E. H. Harriman.

Harriman era il prestanome di Jacob Schiff per l'acquisizione da parte di Kuhn, Loeb della ferrovia Union Pacific e di altre proprietà. Come già detto, Kuhn, Loeb controllava la Western Union, che a sua volta controllava l'Associated Press. Ciò che George Kennan non ha inserito nel *Who's Who* è il fatto che era stato l'agente personale di Jacob Schiff in Russia dal 1885 al 1916, dopo aver dimostrato la sua fedeltà a Kuhn, Loeb nell'ufficio di Washington dell'Associated Press. Compì numerosi viaggi in Russia per conto di Schiff, gestì ingenti somme di denaro che consegnò ai gruppi rivoluzionari in Russia a seconda delle necessità, e si fece persino registrare dal *New York Times* come emissario di Schiff in una missione comunista.

Suo nipote, George Kennan, era ben visto in Russia e non c'è da stupirsi che la notizia della sua nomina sia stata riportata da un titolo del Washington D.C. Evening Star del 26 dicembre 1951: "La Russia approva la nomina di Kennan ad ambasciatore".

La storia interna del Partito Comunista Internazionale dall'anno del Congresso Sionista, 1897, all'anno del loro successo in Russia, 1917, è la storia del potere del denaro di corrompere e rovesciare i governi popolari. Per quanto feudale, lo Zar di Russia era profondamente amato dai suoi sudditi, e i comunisti lo assassinarono brutalmente subito dopo la presa del potere, perché sapevano che finché fosse rimasto in vita, la loro cospirazione rivoluzionaria avrebbe avuto poche possibilità di mantenere la vittoria.

Nel 1905, i comunisti hanno quasi portato a termine la loro rivoluzione in Russia. Il fallimento fu dovuto al fatto che non si erano preparati al potere, piuttosto che all'opposizione concertata del governo dello zar. L'influenza del denaro tedesco in Russia aveva diviso il Paese in modo tale che lo Zar non aveva mai governato dopo il 1900. Egli deteneva il potere in un mezzo mondo di intrighi di corte a San Pietroburgo, che aveva poca attinenza con ciò che accadeva nel resto del Paese. I demolitori, lasciati a loro stessi, furono in grado di costruire lo sfondo per la Rivoluzione d'Ottobre, e uno di questi sabotatori fu Maxim Litvinoff. Il secondo apparve in quei giorni gloriosi della coalizione russo-americana, quando i sionisti e i comunisti di tutto il mondo avevano tutto ciò che volevano dal popolo americano, ma non erano ancora soddisfatti. I ragazzi americani venivano massacrati su campi di battaglia lontani per far avanzare i sogni imperialisti di Joseph Stalin e la visione dell'impero mondiale che ossessionava Chaim Weizmann, ma, finché la Repubblica americana fosse rimasta un'entità politica, Stalin e Weizmann sarebbero stati scontenti.

Litvinoff, racconta Pope, era nato Meer Wallach, figlio di Moses Wallach e Anna Perlo. Nel 1881 suo padre fu messo in prigione per aver cospirato con elementi stranieri ostili alla Russia. Sebbene Pope non li identifichi, possiamo immaginare quali fossero questi elementi stranieri. Le incipienti tendenze rivoluzionarie del giovane Wallach furono incoraggiate dal re dello zucchero russo, il barone Guinzburg, che lo nominò direttore di una delle sue fabbriche e poi lo inviò in Gran Bretagna. Qui, Wallach fu presentato a Lenin al British Museum da un certo Blumenfeld.

Pope ci dice che le armi per la rivoluzione del 1905 furono fornite dalla Schroeder Co. di Germania. Wallach, ora Litvinoff, aveva sposato Ivy Low, nipote dei giornalisti inglesi Sir Sidney e Sir Morris Low.

Un'altra figura misteriosa agli albori del comunismo mondiale fu quella di Ashberg. Il *London Evening Star* del 6 settembre 1948 descrive quest'uomo come segue,

> "Recentemente il signor Ashberg ha partecipato a un incontro segreto in Svizzera con funzionari del governo elvetico. Gli ambienti diplomatici descrivono il signor Ashberg come il banchiere sovietico che anticipò grandi somme a Lenin e Trotsky nel 1917. Al momento della rivoluzione, Ashberg diede a Trotsky del denaro dalla Nya Banken di Stoccolma per equipaggiare la prima unità dell'Armata Rossa".

Ashberg è stato uno dei quattro o cinque uomini di punta del governo sovietico, anche se il suo nome non è apparso sulla stampa mondiale una dozzina di volte negli ultimi trent'anni. L'ultima occasione in cui il suo nome è stato tenuto lontano dalla stampa riguarda il suo tentativo di ottenere un permesso di viaggio nella zona statunitense della Germania nel 1950. Neanche l'Assistente dell'Alto Commissario Benjamin Buttenweiser della Kuhn, Loeb Co. osò rilasciare un tale permesso, e Ashberg dovette accontentarsi di inviare i suoi emissari nella nostra zona.

L'antefatto della Rivoluzione russa del 1917 si legge come un romanzo a buon mercato. I banchieri Ashberg, Warburg e Schiff, di solito gli uomini più cauti con i loro investimenti, per anni hanno distribuito fondi a gentaglia indistinta che vagava per l'Europa con il vago sogno di fondare uno Stato comunista in Russia. Spesso, per un caso fortuito, Lenin e Trotsky non venivano imprigionati per anni in un paese o nell'altro, ma, se ciò fosse accaduto, i banchieri li avrebbero cancellati e avrebbero preso qualcun altro, perché ce n'erano molti come loro in Europa. Si potevano trovare sul lungomare di qualsiasi grande porto marittimo o nei bassifondi di qualsiasi città industriale.

Almeno una volta, un alto funzionario del governo salvò Trotsky dalla prigione. Nel 1916, Trotsky, nato Lev Bronstein, fu messo in prigione a Halifax, in Nuova Scozia, per istigazione alla sommossa. Stava andando a New York per un'ultima conferenza con Warburg e Schiff prima di ripartire per l'Europa con il contingente di capelloni dell'East Side che avrebbe dovuto costituire il Parlamento della nuova Russia. Tra New York e Londra vennero scambiati telegrammi frenetici e la pietosa creazione di Rufus Isaacs, il Primo Ministro Lloyd George, inviò un ordine esecutivo diretto alle autorità di Halifax, ordinando loro di rilasciare Trotsky e di rimetterlo in viaggio. Non è eccessivo dire che quest'ordine cambiò la fisionomia politica del mondo come lo conosciamo. Trotsky addestrò e guidò le truppe dell'Armata Rossa le cui armi, in un momento critico, resero possibile la presa dei Ministeri nella Rivoluzione d'Ottobre.

Questa sorprendente collaborazione di importanti funzionari segnò il lento progresso dei rivoluzionari senza casa attraverso l'Europa in guerra verso il loro obiettivo. Vernadsky, nella sua "Life of Lenin, the Red Dictator", Yale University Press, 1931, pagina 140,

> Nell'autunno del 1915 il socialdemocratico russo tedesco Parvus (Israel Lazarevitch), che in passato era stato attivo nella Rivoluzione del 1905, annunciò nel giornale da lui pubblicato a Berlino "La Campana" la sua missione "di fungere da collegamento intellettuale tra i tedeschi armati e il proletariato rivoluzionario russo".

A pagina 151, Vernadsky afferma che,

> "Durante la guerra Helphand Parvus si occupava di rifornire le armate tedesche in grandi quantità, e quindi notevoli quantità di denaro passavano per le sue mani".

A pagina 155, Vernardsky ci dice che,

> "Un vagone ferroviario in cui si trovavano Lenin, Mertov e altri esuli fu agganciato al treno in partenza dalla Svizzera per la Germania l'8 aprile 1917. Il 13 aprile Lenin si imbarcò sul piroscafo che partiva

da Sassnotz per la Svezia. Il viaggio attraverso la Germania durò
quindi almeno quattro giorni".

Grazie ai suoi alti contatti con le autorità militari, a Parvus fu affidato
il delicato compito di gestire l'autorizzazione militare per l'auto di
Lenin attraverso la Germania in guerra. Quando Lenin raggiunse la
Russia, il governo Kerensky lo proclamò subito fuorilegge ed egli si
nascose. Mentre il Governo Provvisorio si muoveva a tentoni, Lenin
rimase latitante e perfezionò i suoi piani per la Rivoluzione d'Ottobre.
Nel settembre del 1917 pubblicò l'articolo "La minaccia della
catastrofe", in cui illustrava i suoi piani per la creazione di uno Stato
totalitario. Questo articolo radunò i radicali intorno a lui. Trotsky arrivò
con i soldi di Ashberg per equipaggiare l'Armata Rossa, Stalin assicurò
il sostegno dell'ebraismo russo, che aveva organizzato durante gli anni
in cui Lenin e Trotsky avevano vagato per l'Europa, e il palcoscenico
era pronto per la banda di uomini più spregiudicata della storia
moderna.

La Rivoluzione d'Ottobre in Russia fu una presa di potere caratterizzata
da pochi scontri o spargimenti di sangue. Trotsky racconta che quel
giorno pochi tram smisero di circolare. Un gruppo di uomini che
sapevano cosa fare occupò la Banca di Stato, il Ministero della
Propaganda, l'Agenzia telefonica e l'Agenzia telegrafica; era tutto ciò
che andava fatto.

Fu dopo che la Rivoluzione d'Ottobre fu consumata che iniziò lo
spargimento di sangue. Lenin, Trotsky e Stalin erano determinati a
mantenere il potere e lo fecero sterminando chiunque potesse fare
concorrenza. Dopo aver spazzato via tutti i loro potenziali avversari,
iniziarono ad affrontarsi l'un l'altro, un processo cruento che si
concluse con Stalin come unico sopravvissuto della Rivoluzione
d'Ottobre.

L'evento più sordido nel programma di omicidio di massa pianificato
fu la cooperazione dei pari ebrei d'Inghilterra con il brutale massacro
dello Zar, di sua moglie e delle sue piccole figlie, a Ekaterinburg.
Nessuno dei rivoluzionari si sentiva sicuro finché lo Zar era vivo. Lenin
era ben consapevole della venerazione che i contadini russi provavano
per il "Piccolo Padre di tutte le Russie". Molti diplomatici in America e
in Inghilterra conoscevano le intenzioni di Lenin e cercarono di salvare
lo zar e la sua famiglia, ma incontrarono un muro di pietra nei loro
governi. Il deputato statunitense Louis T. MacFadden, Wickham Steed,
redattore del *London Times*, e Sir George Buchanan, ambasciatore

britannico in Russia, sono tra coloro che ci hanno lasciato le testimonianze dei loro tentativi di salvare lo Zar e di come sono stati ostacolati.

Al primo manifestarsi dei rivoluzionari, il 23 marzo 1917 il primo ministro Lloyd George invitò lo zar e la sua famiglia a chiedere asilo in Gran Bretagna. Lo zar era un cugino della famiglia reale britannica. La storia di come Lloyd George fu costretto a revocare l'invito su pressione di Sir Herbert Samuel e Rufus Isaacs Lord Reading è raccontata nel libro della figlia di Buchanan, "Dislocation of an Empire", e confermata dal libro di Kerensky "Murder of the Romanov", del 1935. La famiglia reale britannica non poté protestare e attese in silenzio che i cugini fossero massacrati dai rivoluzionari. In cento anni di dinastia Rothschild, la Gran Bretagna aveva fatto molta strada.

In un'intervista speciale rilasciata a un giornalista del *New York Times* il 19 marzo 1917, l'importante avvocato sionista Louis Marshall salutò la Rivoluzione russa come il più grande evento mondiale dopo la Rivoluzione francese. Seguì la celebrazione del rabbino Wise, di George Kennan e degli altri amici della libertà russa alla Carnegie Hall.

Il 2 aprile 1917 il presidente Woodrow Wilson salutò i rivoluzionari al Congresso con questa dichiarazione,

> "Ecco un partner adatto per una lega d'onore".

Tuttavia, la sua ammirazione a bocca aperta per i leader terroristi della Russia non era condivisa dal paese in generale, e Kuhn e Loeb dovettero aspettare sedici anni per l'elezione di Franklin Roosevelt prima di poter ottenere il riconoscimento ufficiale degli Stati Uniti per il loro figlio dai capelli chiari, la Russia comunista.

Wilson salutò anche la Rivoluzione russa come un trionfo della libertà. Come abbia potuto fare questa affermazione su un evento in cui una nazione ha perso il suo governo nazionale ed è stata consegnata alla tirannia spietata di una minoranza aliena è difficile da capire, dal momento che era ben consapevole dei fatti.

Uno degli episodi più singolari della storia americana è venuto inavvertitamente alla luce, ed è stato prontamente richiuso, nelle audizioni del Congresso sui bond russi, 1919, Biblioteca del Congresso, elenco HJ 8714.U5. Queste audizioni contengono il resoconto finanziario delle spese sostenute da Woodrow Wilson per i 100.000.000 di dollari votati dal Congresso di guerra come Fondo speciale di guerra.

La dichiarazione, rilasciata dal suo segretario, Joseph Tumulty, è stata anche registrata nel Congressional Record del 2 settembre 1919. Gli importi sono espressi in cifre tonde e contengono voci per un totale di venti milioni di dollari spesi in Russia dalla missione speciale di Elihu Root nel 1918.

Questa missione fu una delle pagine buie della nostra storia. I leninisti avevano sperperato i loro fondi e avevano bisogno di dollari per stabilizzare il loro governo. A chi potevano rivolgersi se non al loro potente amico alla Casa Bianca, Woodrow Wilson? Egli inviò subito Elihu Root, consulente legale di Kuhn Loeb ed ex Segretario di Stato, con 20 milioni di dollari del suo Fondo speciale di guerra per i leninisti. Anche se a Washington ci fu qualche mugugno per il fatto che i soldi dei contribuenti dovessero essere dati al rivoluzionario più famoso del mondo, si trattava di una procedura democratica. Il Congresso aveva votato a Wilson il denaro da spendere come meglio credeva, e cosa c'era di più importante della Rivoluzione russa?

Un altro signore a cui non è mai stato dato sufficiente credito per il suo sostegno al governo leninista nel momento cruciale è il defunto col. Raymond Robins, capo della missione della Croce Rossa in Russia nel 1917 e nel 1918. Sotto Henry P. Davison, socio della J.P. Morgan Co. la Croce Rossa raccolse 370 milioni di dollari in contanti durante la Prima Guerra Mondiale. Robins era in Russia con milioni di quel denaro quando Lenin ne aveva bisogno, come mirabilmente documentato da Ferdinand Lundberg in "America's Sixty Families" e da Kahn e Seghers in "The Great Conspiracy Against Russia", 1946.

Lenin, Trotsky e Stalin sapevano come raggiungere il potere con le bombe e con le idee. Hanno usato con successo entrambi nei lunghi anni della loro marcia verso la vittoria, ma la rivoluzione prima o poi doveva finire e Stalin era l'unico abbastanza stabile per il lavoro amministrativo. L'intellettuale isterico Trotsky e il nevrotico chiacchierone Lenin furono poco utili dopo che la polvere si depositò in Russia. Stalin sfruttò le ambizioni militari di Trotsky per costruire l'Armata Rossa e le doti di oratore di Lenin servirono a presentare alcuni dei punti più importanti ai primi congressi sovietici, ma quando queste cose furono fatte, si vide che era Stalin a dare gli ordini ai Soviet. Non passò molto tempo prima che Stalin decidesse che Lenin sarebbe stato più utile alla Russia da morto. Trotsky accusa direttamente Stalin di aver avvelenato lentamente Lenin fino alla morte, e non c'è motivo di dubitarne. I comunisti sono noti da anni per l'uso di droghe e veleni per raggiungere i loro scopi, in particolare nel caso del cardinale Mindszenty. Ad ogni modo, Lenin misteriosamente appassì e morì, e Trotsky vide la scrittura sul muro e fuggì sul Mar Nero. Il suo terrore era così grande che non osò tornare per il funerale di Lenin, e agli occhi dei leader sovietici questo significava che il suo potere era finito.

Tuttavia, non ci si poteva sbarazzare di Trotsky così facilmente. Era stato uno dei Tre Grandi e controllava l'Armata Rossa. Stalin aveva il Soviet saldamente in suo potere e sventò i piccoli intrighi di Trotsky uno dopo l'altro, finché Trotsky si arrese e fuggì sull'isola di Prinkipo, dove ricevette la notifica del suo esilio dalla Russia. Iniziò così quello strano viaggio da un continente all'altro che si concluse nel 1940 in Messico con un'ascia nel cranio. Sempre ben finanziato, Trotsky viaggiava con un seguito consistente, suscitando grandi polemiche ovunque approdasse. Il suo breve soggiorno in Norvegia, che gli offrì rifugio nel 1937, ebbe il suo effetto sulla storia, poiché il Ministro della Giustizia norvegese, se meritava questo termine, era Trygve Lie. Stalin espresse il suo disappunto per il fatto che Trotsky fosse ospitato così vicino alla Russia e Lie, che era stato identificato da Trotsky come un ex membro dell'Internazionale Comunista, espulse prontamente il rivoluzionario senza casa. Lie fu infine ricompensato per questa buona azione con l'assegnazione della carica di Segretario generale delle Nazioni Unite.

In Europa, i leader diplomatici e politici che conoscevano i retroscena dei comunisti si sono indignati non poco. Molti di loro non tardarono a prendere posizione e a esprimere i loro sentimenti, e tra questi il più esplicito fu il senatore M. Gaudin de Villaine, che il 13 maggio 1919 parlò al Senato francese come segue,

> "La Rivoluzione russa e la Grande Guerra del 1914-1918 sono solo fasi della suprema mobilitazione delle potenze cosmopolite del denaro, e questa suprema crociata dell'oro contro i cristiani non è altro che la furiosa aspirazione degli ebrei al dominio del mondo. È l'Alta Banca Ebraica che ha fomentato in Russia la Rivoluzione preparata dai Kerensky e infine perpetuata dai Lenin, dai Trotsky e dai Sobelsohn, come ieri il colpo di Stato comunista in Ungheria, perché il bolscevismo non è altro che un rivolgimento talmudico. La Rivoluzione russa è stata una Rivoluzione ebraica, sostenuta dalla Germania, culla del moderno ebraismo universale, e i bolscevichi, i carnefici della sanguinosa agonia russa, sono tutti, più o meno, della razza di Giuda. Le riviste meno sospettabili di antisemitismo hanno riconosciuto questo fatto. Grazie alla combinazione di Grande

Capitale e bolscevismo, il giudaismo si sta preparando a conquistare il mondo - questa è la previsione di una rivista tedesca, la *Deutsche Tagezeitung,* che scrive: "Con la possibile eccezione di Lenin, il bolscevismo è diretto da ebrei". In qualsiasi paese si trovi, la rivoluzione ha rafforzato l'influenza ebraica. Gli ebrei stanno sfruttando con abile vigore l'anarchia bolscevica. Quando la Russia rivoluzionaria capitolò alla Germania, quest'ultima le fece consegnare l'oro russo. Perché dopo l'armistizio non abbiamo preso le stesse precauzioni? In vista delle minacce spartachiste, l'oro delle banche tedesche fu raccolto a Francoforte. Sempre le stesse misteriose influenze! Francoforte! Questo è il Sacro Ghetto, dove esiste ancora la vecchia e lebbrosa baracca con l'insegna dello Scudo Rosso! (Rothschild)"

I giornali francesi riportarono che al termine di questo discorso il Senato francese si sciolse in un tremendo tumulto, una tale mischia che tutti i disordini della guerra non erano riusciti a provocare in quell'organo legislativo. Il discorso fu ignorato dai servizi giornalistici internazionali e non fu conosciuto né in Inghilterra né in America. Questo fu l'ultimo discorso pubblico degno di nota del senatore Villaine.

I documenti ufficiali del Senato degli Stati Uniti provano le dichiarazioni del senatore Villaine. U.S. Senate Document 62, 66th Congress, 1st session, presenta centinaia di pagine di testimonianze di testimoni americani della Rivoluzione russa che vanno oltre il discorso del senatore. Americani indignati e coraggiosi non hanno esitato a mettere la propria vita nelle loro mani testimoniando le reali forze all'opera in Russia. Il Rev. Charles A. Simons, ministro della Chiesa Episcopale Metodista di Pietrogrado dal febbraio 1907 al 6 ottobre 1918, testimoniò il 12 febbraio 1919 davanti alla Commissione Giudiziaria del Senato,

"C'erano centinaia di agitatori che seguivano le tracce di Trotsky-Bronstein, arrivati dal Lower East Side di New York. Alcuni di noi rimasero colpiti dal forte elemento yiddish in questa cosa fin dall'inizio, e divenne presto evidente che più della metà degli agitatori di questo movimento socialista bolscevico erano yiddish".

SENATORE NELSON: Ebrei?

SIMONS: Erano ebrei, ebrei apostati. Non voglio dire nulla contro gli ebrei in quanto tali. Non sono in sintonia con il movimento antisemita, non lo sono mai stato e non mi aspetto di esserlo. Ma sono fermamente convinto che questa cosa sia yiddish e che una delle sue basi si trovi nell'East Side di New York.

SENATORE NELSON: Trotsky venne da New York durante quell'estate, non è vero?

SIMONS: L'ha fatto. Nel dicembre 1918, sotto la presidenza di un uomo di nome Apfelbaum (Zinoviev), su 388 membri, solo dieci erano veri russi, con l'eccezione forse di un uomo che è un negro d'America, che si fa chiamare professor Gordon, e 265 del governo della Comune del Nord che siede nel Vecchio Istituto Smolny provenivano dal Lower East Side di New York, 265 di loro. Vorrei ricordare che quando i bolscevichi sono saliti al potere, in tutta Pietrogrado c'è stata subito una predominanza di proclami in yiddish, grandi manifesti e tutto in yiddish. Era evidente che quella sarebbe stata una delle grandi lingue della Russia e i veri russi, ovviamente, non l'hanno presa bene".

William Chapin Huntingdon, addetto commerciale dell'ambasciata statunitense a Pietrogrado, ha testimoniato che,

"I leader del movimento, direi, sono per circa due terzi ebrei russi. I bolscevichi sono internazionalisti e non erano interessati ai particolari ideali nazionali della Russia".

Non tutti i funzionari americani presenti in Russia durante la Rivoluzione testimoniarono volontariamente alle audizioni del Senato. Coloro che mantennero un discreto silenzio rimasero al Dipartimento di Stato e divennero amministratori molto favoriti e importanti, oltre ad essere ammessi al Council on Foreign Relations. Tra questi Norman Armour, segretario dell'Ambasciata americana a Pietrogrado dal 1917 al 1918, che fu nominato ambasciatore in Spagna, e Dewit C. Poole, incaricato d'affari in Russia dal 1917 al 1919, che dal 1941 al 1945 fu nominato capo della sezione nazionalità straniere dell'Office of Strategic Services e capo della divisione degli affari russi del Dipartimento di Stato. È stato presidente del comitato consultivo della School of Public Affairs di Princeton e, nella primavera del 1945, è stato nominato membro della missione top-secret in Germania. Membro dell'Institute of Pacific Relations e del Council On Foreign Relations, è editore della Bobbs-Merrill Publishing Co.

L'audizione al Senato del 1919 conteneva centinaia di pagine di materiale sensazionale, che avrebbe dovuto avere la più ampia pubblicità a causa del pericolo per la nostra religione e per la nostra

Repubblica. Eppure la stampa li ha messi a tacere. C'è qualche motivo per dubitare di chi controlla quella stampa?

All'inizio di queste audizioni al Senato, il presidente Woodrow Wilson, temendo che si facesse luce sul ruolo cruciale da lui svolto nel successo dei bolscevichi, ebbe un attacco di isteria e telefonò a Baruch dicendo che intendeva far sospendere le audizioni. Baruch, da sempre la spina dorsale del debole nervoso che ora viene consacrato come un grande uomo, avvertì Wilson di non fare nulla del genere. Convinse Wilson che un'azione del genere avrebbe solo attirato l'attenzione sulle audizioni, che avrebbero ricevuto il trattamento del silenzio, e così è stato, con un tale successo che ci sono solo due posti in questo Paese dove si possono trovare.

La rivista *Asia*, nel suo numero di marzo 1920, ha commentato che,

> "In tutte le istituzioni bolsceviche i capi sono ebrei. Il commissario sovietico per l'istruzione elementare, Grunberg, parla a malapena il russo. Gli ebrei hanno successo in tutto e ottengono i loro scopi. Sanno come comandare e ottenere una completa sottomissione. Ma sono orgogliosi e sprezzanti nei confronti di tutti, il che eccita il popolo contro di loro. Attualmente tra gli ebrei c'è un grande fervore religioso nazionale. Credono che stia arrivando il tempo promesso del dominio degli eletti di Dio sulla terra. Hanno collegato l'ebraismo a una rivoluzione universale. Vedono nella diffusione della rivoluzione il compimento delle Scritture: Anche se facessi la fine di tutte le nazioni in cui ti ho disperso, non farò la fine di te".

L'*American Hebrew*, nel numero del 10 settembre 1920, riportava un editoriale che era un avvertimento e una minaccia per l'America, come segue,

> "L'ebreo ha sviluppato il capitalismo con il suo strumento di lavoro, il sistema bancario. Uno dei fenomeni impressionanti di questo tempo impressionante è la rivolta dell'ebreo contro il Frankenstein che la sua stessa mente ha concepito e modellato. Quel risultato, il rovesciamento della Russia, destinato a figurare nella storia come l'esito oscuro della Prima guerra mondiale, fu in gran parte il frutto del pensiero ebraico, del malcontento ebraico, dello sforzo ebraico di ricostruzione. Il rapido emergere della Rivoluzione russa dalla fase distruttiva e il suo ingresso nella fase costruttiva sono un'espressione evidente del genio costruttivo del malcontento ebraico. Ciò che l'idealismo ebraico e il malcontento ebraico hanno contribuito a realizzare con tanta forza in Russia, le stesse qualità

storiche della mente e del cuore ebraico tendono a promuoverle in altri Paesi. L'America, come la Russia degli zar, sommergerà l'ebreo con l'amaro e infondato rimprovero di essere un distruttore, mettendolo così nella posizione di nemico inconciliabile? Oppure l'America si avvarrà del genio ebraico come si avvale del genio peculiare di ogni altra razza? Questa è la domanda a cui il popolo americano deve rispondere".

Sì, *ebreo americano*, questa è la domanda a cui il popolo americano deve rispondere. Accetteremo il terrorismo del vostro stato di polizia o difenderemo l'eredità della libertà e il nostro feroce orgoglio per la libertà dell'individuo che è la caratteristica della nostra razza?

Il giornale russo *On To Moscow*, nel suo numero di settembre 1919, ha pubblicato un articolo in cui si afferma che,

> "Non bisogna dimenticare che il popolo ebraico, che per secoli è stato oppresso da re e zar, è il vero proletariato, la vera internazionale che non ha patria".

Per ulteriori informazioni sulla Rivoluzione russa, ci rivolgiamo al *Bollettino sionista*, pubblicazione ufficiale dell'Organizzazione sionista mondiale. Il 1° ottobre 1919, il *Bollettino sionista* riportava che,

> "Meir Grossman, membro del Comitato Centrale Sionista e dell'Assemblea Nazionale Ebraica in Ucraina, ha dichiarato che la maggioranza del popolo ebraico era dietro ai sionisti. Le masse ebraiche sostenevano fermamente l'Organizzazione sionista". Alla fine del 1918 le elezioni in Ucraina portarono a tali successi ebraici che l'amministrazione degli organi centrali autonomi dovette passare ai sionisti. I Comitati ebraici, quindi, hanno ottenuto una grande vittoria. Non dobbiamo preoccuparci del futuro dell'organizzazione sionista in Russia e in Ucraina. Essa ha superato la dittatura e il dominio della violenza degli zar; troverà nuovi modi e mezzi per continuare a lavorare per la Palestina. Le gesta eroiche dei comunisti ebrei saranno registrate nella storia del popolo ebraico".

I comunisti ebrei dichiaravano apertamente di lavorare per la Palestina. Durante la glorificazione di Marx, il leader ideologico del sionismo politico, il dottor Nathaniel Syrkin, è rimasto sconosciuto agli studenti gentili. Syrkin, i cui scritti sul sionismo socialista e sul socialismo nazionalista all'inizio del secolo hanno fornito gran parte della struttura di governo adottata dalla Russia nel 1918, dalla Germania nel 1933 e da Israele nel 1950, ha pubblicato la sua opera definitiva, "Saggi sul sionismo socialista", nel 1898. L'introduzione a quest'opera affermava che,

> "Per Syrkin, socialismo e sionismo erano due aspetti della stessa cosa: il nazionalismo ebraico".

La storia del XX secolo conferma questa affermazione. A pagina 15, Syrkin lancia un monito a coloro che si oppongono al prossimo Stato mondiale,

> "Almeno una parte della famosa affermazione di Ludwig Berne, secondo cui gli antisemiti saranno in futuro candidati all'ospizio o al manicomio, si è realizzata".

Questo fu l'impulso della scienza psichiatrica ebraica, che analizzò gli oppositori del sionismo come nevrotici senza speranza che dovevano essere confinati per la loro stessa sicurezza. Allo stesso tempo, le loro critiche alla nuova forza mondiale potevano essere ignorate, perché l'autore era fuori di testa. Agli oppositori del sionismo che non ottenevano una stanza in manicomio poteva essere impedito di guadagnarsi da vivere e venivano mandati all'ospizio. Questo sarà il destino dei patrioti di tutto il mondo, finché la nuova potenza mondiale non sarà abbastanza forte da giustiziarli apertamente.

I "Saggi sul sionismo socialista" sono molto espliciti sul ruolo che l'ebreo deve svolgere nel XX secolo. Syrkin dice,

> "L'ebreo deve diventare l'avanguardia del socialismo. Il socialismo dell'ebreo deve diventare veramente un socialismo ebraico... Il sionismo è una creatura del lavoro dell'ebreo e non è in contraddizione con la lotta di classe. Il sionismo deve necessariamente fondersi con il socialismo. Fondendosi con il socialismo, il sionismo può essere elevato a grande passione nazionale".

Queste istruzioni, che sono state eseguite, spiegano Brandeis e Frankfurter in America, Trotsky e Apfelbaum in Russia, Samuel e Isaacs in Inghilterra.

Un ultimo toccante passaggio di Syrkin, il padre del sionismo socialista. A pagina 15 dei *Saggi*, egli afferma,

> "L'antisemitismo aiuta gli ebrei a mantenere la loro solidarietà nazionale".

Per molti anni la solidarietà è stata una parola chiave del movimento comunista mondiale.

CAPITOLO 10

L a rivoluzione comunista in Russia ha materialmente beneficiato un gruppo più di ogni altro, i membri della minoranza ebraica. La Rivoluzione d'aprile fu un tentativo convulso e di breve durata di tenere insieme il governo vacillante dello zar e Trotsky ha ragione quando la descrive nella sua "Storia della rivoluzione russa" come una vera e propria rivoluzione. La Rivoluzione d'Ottobre, invece, che seguì la Rivoluzione d'Aprile, fu un vero e proprio rovesciamento dedicato alla presa violenta del potere da parte di un gruppo determinato e coeso. Non si può negare che quel gruppo fosse ebreo.

Il *Chicago Jewish Forum* dell'autunno 1946 contiene un articolo di Edward W. Jelenks,

"Riconoscendo l'antisemitismo come la più feroce e pericolosa delle esplosioni scioviniste, i leader sovietici non attesero molto dopo la loro ascesa al potere per mettere in pratica le loro idee sul libero sviluppo delle minoranze. Il 15 novembre 1917, una settimana dopo la Rivoluzione d'Ottobre, la Dichiarazione dei Diritti dei Popoli della Russia fu emessa a nome della Repubblica Russa dal Consiglio dei Commissari del Popolo con le firme di V. Ulyanov (Lenin) e J. Djugashvili (Stalin), che la firmò in qualità di Commissario del Popolo per le Nazionalità. Agli uomini dell'Armata Rossa fu presto insegnato a considerare l'antisemitismo come un simbolo della controrivoluzione e a estirpare dai propri ranghi i colpevoli di questa forma di reazione. Il Commissariato di guerra mantenne una sezione speciale per la propaganda anti-pogrom. Lenin e Stalin non si accontentarono della dichiarazione formale della loro politica e ampliarono la loro azione con uno statuto speciale; Decreto del Consiglio dei Commissari del Popolo sul radicamento del movimento antisemita: "Il Consiglio dei Commissari del Popolo dichiara che il movimento antisemita e i pogrom contro gli ebrei sono fatali per gli interessi delle rivoluzioni operaie e contadine e invita il popolo lavoratore della Russia socialista a combattere questo male con tutti i mezzi a sua disposizione. Il Consiglio dei

Commissari del Popolo incarica tutti i deputati del Soviet di prendere misure intransigenti, per strappare il movimento antisemita dalle radici. I pogromisti e gli istigatori di pogrom devono essere messi al di fuori della legge". Presidente dei commissari del popolo V. Ulyanov (Lenin), 9 agosto 1918".

Quest'ordine è anche ristampato integralmente nel numero di settembre 1941 di *Jewish Voice*, un periodico pubblicato dall'Associazione Nazionale dei Comunisti Ebrei di New York. I leader sovietici, che non esitavano a uccidere milioni di persone quando faceva loro comodo, erano particolarmente preoccupati che non venisse fatto del male a un solo ebreo nella Russia democratica. Il numero di luglio-agosto 1941 di *Jewish Voice* contiene un editoriale intitolato "L'anticomunismo è antisemitismo", che sembra essere il caso.

Jewish Voice del giugno 1941 contiene un articolo, "The Renaissance of the Jews in the Soviet Union", dell'economista sovietico L. Singer, ristampato dal trimestrale yiddish sovietico Forepost, pubblicato nel Birobidjan, lo Stato ebraico autonomo della Russia. Il testo è il seguente,

> "Nei settori industriali avanzati, come la metallurgia, gli ebrei erano rari. La grande Rivoluzione socialista ha portato un cambiamento totale in questo senso. Le statistiche del primo censimento sovietico, nel 1926, mostravano che tra il popolo ebraico erano già avvenute vaste trasformazioni. La realizzazione del primo piano quinquennale staliniano trasforma sostanzialmente la composizione sociale della popolazione ebraica. Il numero degli operai metallurgici raddoppia e quello degli operai chimici triplica. Più della metà dei lavoratori ebrei in Unione Sovietica sono classificati come specialisti altamente qualificati o qualificati".

La seconda parte dell'articolo di Singer è apparsa nel numero di luglio-agosto 1941 di *Jewish Voice*,

> "La cultura ebraica sovietica sta crescendo in forma nazionale e in contenuto socialista. L'intellighenzia ebraica dell'Unione Sovietica è intimamente associata allo sviluppo della vita culturale. Solo durante lo scorso Piano quinquennale il numero di scuole primarie e secondarie ebraiche è aumentato del 30%. Come risultato dell'applicazione della politica nazionale leninista-stalinista, la ricostruzione sociale della popolazione ebraica è stata completata dal secondo Piano quinquennale".

Così, da una pubblicazione ufficiale comunista, apprendiamo che la politica leninista-stalinista aveva come obiettivo la ricostruzione sociale della popolazione ebraica. Questo era splendido per gli ebrei, ma che dire del resto della popolazione russa? Ci sono poche informazioni sulla loro ricostruzione.

Lo studioso Avrahm Yarmolinsky, la principale autorità americana in materia di Russia, pubblicò nel 1928 "The Jews and Other Minor Nationalities" (Gli ebrei e le altre nazionalità minori), Vanguard Press, uno dei volumi della serie Studies of Soviet Russia, curata da Jerome Davis dell'Università di Yale, nata dal desiderio di Kuhn e Loeb di spiegare al popolo americano la nuova democrazia russa. La prima frase di Yarmolinsky è sorprendente:

> "La Rivoluzione francese ha proclamato la libertà, l'uguaglianza, la fraternità di tutti gli uomini; la Rivoluzione russa ha proclamato la libertà, l'uguaglianza, la fraternità di tutti i popoli, cioè dei popoli guidati dagli operai e dai contadini. Finché le nazioni dell'Unione Sovietica saranno fedeli al nuovo ordine sociale, saranno libere di realizzare le loro potenzialità distinte... Durante l'ultimo mezzo secolo della sua esistenza, l'amministrazione di San Pietroburgo ha perseguito una politica ristretta, coercitiva e illiberale che era destinata a provocare un profondo malcontento tra gli elementi non russi della popolazione, in particolare tra quelli intenzionati a mantenere una propria vita di gruppo distinta".

Così, Yarmolinsky ci dice che gli elementi non russi della popolazione erano quelli che erano scontenti e fomentavano la rivoluzione. A pagina 3 afferma che,

> "L'idea di uno Stato sovranazionale non riuscì ad attecchire in Russia (sotto gli zar). Il nazionalismo aggressivo e intollerante dell'amministrazione aumentò e sotto gli ultimi due Romanov fu eretto a sistema".

Il nazionalismo è stato il crimine del governo zarista. La dialettica comunista ha sempre condannato il nazionalismo e promosso lo Stato sovranazionale. A pagina 17, Yarmolinsky dice,

> "Fu soprattutto la partecipazione degli ebrei al traffico di liquori, sia nelle città che nei villaggi, a portare su di loro l'accusa di rovinare i contadini".

A pagina 32, ci dice che,

"Nel 1906 i sionisti russi decisero di integrare il lavoro per la restaurazione dell'ebraismo in Palestina con una lotta per i diritti nazionali nella Dispersione. Nel 1897, l'anno del 1st Congresso sionista, una dozzina di persone, in rappresentanza dei gruppi sparsi di propaganda e dei sindacati, si riunirono segretamente in una stanza a Wilno e fondarono l'Unione Generale dei Lavoratori Ebrei, il Bund di Russia, Polonia e Lituania, comunemente chiamato Bund".

Dalla biografia di Pope su Litvinoff, apprendiamo che questo Bund era la principale agenzia rivoluzionaria nella Russia zarista.

Yarmolinsky osserva a pagina 39 che,

Il 23 agosto 1915, il governo zarista emise un ordine in cui si leggeva: "In considerazione del fatto che la maggior parte degli ebrei è sospettata di partecipare allo spionaggio". Abbiamo sottolineato che i servizi giornalistici internazionali sono stati fondati da ebrei e che il rapporto tra le professioni del giornalismo, dello spionaggio e della propaganda è così stretto da essere sinonimo".

A pagina 48, Yarmolinsky parla della Rivoluzione,

"Quando il regime autocratico cadde, il colpo risuonò nelle orecchie degli ebrei come se tutte le campane della libertà stessero suonando. Con un tratto di penna il Governo Provvisorio abolì tutta la complessa rete di leggi contro gli ebrei".

Come lamenta Trotsky, tuttavia, il governo provvisorio non era abbastanza forte per attuare questi cambiamenti e, nel vuoto creato dall'esitazione di Kerensky, lui e Lenin presero il potere. I loro anni di arcigni intrighi nelle capitali europee e le loro esperienze di rivoluzionari senza patria avevano enfatizzato le loro tendenze alla distruzione, tendenze che erano necessarie per portare al capovolgimento della struttura sociale russa. Ciò che Lenin e Trotsky realizzarono non fu solo la sconfitta, ma l'annientamento di un'intera classe dirigente in un piano di omicidio di massa a lungo raggio. Un evento analogo negli Stati Uniti sarebbe l'esecuzione di tutti i funzionari aziendali e governativi e degli insegnanti delle città e delle contee della nostra nazione. Questo era l'identico programma messo in atto dai comunisti in Spagna durante la guerra civile degli anni Trenta.

Yarmolinsky osserva a pagina 67 che,

"Ciò che è letale per il commerciante ebreo è lo sviluppo delle cooperative di consumatori e produttori. Già prima della guerra stavano sottraendo affari al commerciante privato".

Questo è di particolare interesse per gli americani, perché alcuni interessi stanno conducendo una guerra non dichiarata contro le cooperative di consumatori e produttori in questo Paese. Sui giornali sono apparsi annunci a tutta pagina che sollecitano l'abolizione o l'aumento della tassazione delle cooperative. Poiché gli ebrei aumentano rapidamente il loro numero nel nostro commercio al dettaglio, è evidente che le cooperative sono la loro unica vera concorrenza.

A pagina 79, Yarmolinsky scrive che,

"La legge del 1847 permetteva a tutti gli ebrei di entrare nella classe agricola. Più di 10.000 famiglie si registrarono come desiderose di insediarsi nella terra, ma a causa della resistenza dei kahal, solo duecento famiglie si trasferirono".

Il governo zarista cercò di risolvere pacificamente il problema ebraico, ma i kahal, gli anziani ebrei, non glielo permisero.

La scena russa contemporanea è descritta da Yarmolinskij a pagina 105,

"I soviet ebraici esistono ovunque ci sia un gruppo ebraico considerevole. Nei soviet ebraici praticamente tutte le transazioni, sia orali che scritte, sono in yiddish. È la lingua delle sedute, di tutti gli strumenti e della corrispondenza. In alcuni casi, i soviet usano lo yiddish nelle loro comunicazioni, tanto che i comitati esecutivi di alcuni soviet regionali non ebraici devono mantenere un dipartimento speciale per gestire gli affari ebraici. La scorsa primavera erano in corso progetti per l'istituzione a Kiev di corsi per la formazione di impiegati per i Soviet ebraici. Esistono anche alcuni tribunali (36 in Ucraina e 5 in Russia Bianca) in cui gli affari sono condotti interamente in yiddish. I matrimoni, le nascite e i decessi possono essere registrati in yiddish presso l'Ufficio governativo dei registri. Un'iscrizione in yiddish compare per la prima volta nella storia sullo stemma di uno Stato, precisamente su quello della Repubblica della Russia Bianca. Lo yiddish è anche, naturalmente, la lingua in cui i bambini ebrei ricevono la loro istruzione scolastica, ed è anche utilizzato in un certo numero di case in cui i bambini ebrei sono assistiti".

A pagina 110, Yarmolinsky racconta della predominanza degli ebrei nel Partito,

"Il dominio comunista tra gli ebrei, come altrove, è il dominio di una minoranza ben organizzata e intenzionale. I membri della razza che appartengono al Partito sono sempre più numerosi. Il 1° ottobre 1926, il Partito Comunista dell'Unione Sovietica contava oltre 47.000 iscritti e candidati ebrei. I rispettivi membri dell'Unione della Gioventù Comunista, una sorta di organizzazione bolscevica di boy scout, erano 100.000 nel dicembre 1926 e 125.000 il 1° luglio 1927".

A pagina 111, tornando agli eventi della rivoluzione, apprendiamo che,

"Allo scoppio della rivoluzione bolscevica esistevano gruppi di comunisti ebrei attivi nella Grande Russia, soprattutto a Mosca e a Leningrado. Il 7 marzo 1918 apparve a Leningrado il primo numero del primo giornale comunista yiddish. Pochi mesi dopo cambiò il luogo di pubblicazione a Mosca e il titolo, *Der Wahrheit*, nel meno letterario *Der Emes*, con il quale è apparso da allora".

A pagina 112,

"Alla fine della guerra civile, le sezioni ebraiche del Partito Comunista, dove avevano trovato posto gli ex bundisti, erano in possesso esclusivo del campo. I comunisti ebrei erano forse più intolleranti dei loro compagni gentili. L'ala sinistra del Poale-Zion, nota come Partito Comunista Ebraico e che aderisce ai principi della Terza Internazionale, è autorizzata a lavorare alla luce del sole".

A pagina 124, Yarmolinsky afferma,

"Bisogna ricordare che le scuole yiddish sono parte integrante del sistema educativo sovietico e sono interamente sostenute dallo Stato. C'è un ufficio centrale ebraico presso il Commissariato dell'Istruzione e istruttori ebrei negli uffici locali. La più grande collezione di libri ebraici si trova nella Biblioteca centrale ebraica di Stato di Kiev, che porta il nome di Morris Winchewsky, il poeta e pubblicista russo-americano padre della letteratura socialista in yiddish. Il decimo anniversario della rivoluzione è stato segnato dall'apertura a Odessa di un Museo statale della cultura ebraica, intitolato al "nonno" Mendele Mocher Sforim. La sezione ebraica dell'Istituto di Cultura Russa Bianca è stata istituita nel 1925 e ha già creato diverse commissioni d'inchiesta su questioni di importanza letteraria, storica e linguistica. È iniziato il lavoro su un dizionario accademico di yiddish. Un lavoro simile è in corso sotto gli auspici della cattedra di cultura ebraica dell'Accademia ucraina delle scienze di Kiev. Nel 1925 sono stati pubblicati in Unione Sovietica quasi tanti titoli in yiddish quanti in tutti gli altri Paesi messi insieme. Nel 1927 il numero raggiunse i 294. Nel 1927 c'erano sei quotidiani yiddish in Unione Sovietica e non mancavano i periodici. Uno dei diversi settimanali yiddish viene pubblicato dal Commissariato centrale del Partito Comunista dell'Ucraina. I mensili yiddish includono una rivista educativa e una rivista generale, il *Mondo Rosso*, pubblicata dal Comitato di Stato ucraino per le pubblicazioni. Man mano che la cultura ebraica si rafforza, le arti sono destinate ad affermarsi".

Hollywood ha dimostrato che agli americani, Yarmolinsky fa un'affermazione interessante a pagina 130.

"Lo smottamento sociale fu molto meno distruttivo per la letteratura ebraica di quanto lo fosse per quella russa, poiché gli autori yiddish avevano sempre scritto non per la classe media condannata, ma per la gente comune".

La frase "la classe media condannata" è particolarmente illuminante. È uno di quei rari casi in cui i desideri dei comunisti vengono messi a nudo. Essi mirano a eliminare completamente la classe media intelligente e a creare una società a due classi, una classe di masse di operai e contadini che conducono un'esistenza da schiavi e una piccola classe di governanti, un'élite che si autoperpetua. A pagina 130, Yarmolinsky dice,

"L'assimilazione è disapprovata da tutte le parti. I comunisti stanno lavorando, come dichiarato altrove, per il consolidamento della nazionalità ebraica. Il programma di assimilazione è decisamente respinto dalla politica ufficiale del Partito Comunista".

Ciò è in perfetto accordo con uno dei due principi del movimento sionista che, secondo Israel Cohen, è votato a prevenire l'assimilazione e a creare uno Stato ebraico. A pagina 136, Yarmolinsky afferma che,

"In una conferenza delle sezioni comuniste ebraiche è stata proposta una risoluzione che indicava la possibilità di assimilazione per i comunisti al di fuori dei principali centri ebraici. La risoluzione è stata contestata in quanto si trattava di una mossa priva di tatto e che avrebbe offeso il popolo. La Repubblica sovietica ebraica prevista dai comunisti ortodossi differisce fondamentalmente dalla politica di Herzl a Sion. Nel suo ambito locale, essa offrirebbe agli ebrei

russi una base per una piena vita nazionale. La Repubblica ebraica
è una questione che riguarda il futuro. A meno che tutti i segni non
falliscano, il futuro vedrà l'ascesa di una cultura ebraica distinta sul
suolo russo".

La pagina 136 prosegue,

"Nel febbraio del 1928 è apparso un periodico rabbinico in ebraico
sotto l'impronta di una ditta comunista di Mosca. È forse troppo
presto per giudicare i risultati della Rivoluzione russa, ma sembra
che il suo effetto principale sul popolo ebraico sia stato quello di
liberarlo non solo come individuo, ma come gruppo con le
potenzialità di una nazione".

Un'ulteriore selezione dell'immensa quantità di prove riguardanti gli
enormi benefici diretti e a lungo termine che gli ebrei trassero dalla
Rivoluzione russa ci porta al Bollettino sionista. Nel numero del 17
marzo 1920 si trova il seguente articolo,

"La Weiner Morgenzeitung ha ricevuto il primo numero del giornale
ebraico Naschy Slowo, pubblicato ad Harbin, in Siberia, dalla
democrazia ebraica. Il governo comunista è stato democratizzato
dall'aprile 1919 e contiene un gran numero di sionisti nel suo
consiglio. Le notizie sulle sofferenze degli ebrei fuggiti in Siberia
sembrano esagerate, poiché la maggior parte di loro ha trovato un
mezzo di sostentamento. Esiste una Lega di Cultura Yiddish della
Siberia, con sedi in tutti i capoluoghi, che è molto attiva. Ci sono
state frequenti comunicazioni tra gli ebrei della Siberia e l'America,
dove molti di loro intendono stabilirsi".

Nel numero del 24 marzo 1920 si legge che,

"Una relazione sulla letteratura ebraica in Russia sotto il regime
bolscevico è stata letta dal signor Efroikin alla conferenza degli
alfabetizzatori ebrei tenutasi recentemente a Vilna, in Polonia. È
stato letto un elenco di pubblicazioni ebraiche, concludendo con
l'annuncio che la società di Pietrogrado Mefizeh Haskalah sta
preparando per la stampa una serie di opere di economia in yiddish,
e la società Oze una serie di opere mediche. Più importante di tutte,
tuttavia, è il progetto di un'Enciclopedia yiddish, per la quale il
Commissariato per l'Educazione Popolare sta fornendo due milioni
di rubli".

Lo scopo di queste scuole yiddish e dei libri di medicina ed enciclopedia
yiddish era quello di eliminare gradualmente i russi dalle professioni e

chiudere tutte le università tranne quelle yiddish, arrivando alla classe dirigente interamente ebraica di funzionari e professionisti che è insita nell'idea dello Stato mondiale socialista sionista di Syrkin.

Hamilton Fish Armstrong, direttore del Council On Foreign Relations, scrive a pagina 240 del suo elogio del rivoluzionario comunista Tito, "Tito and Goliath", Macmillan, 1951, che,

> "Nel primo gabinetto ungherese dominato dai comunisti c'erano così tanti ebrei che si diceva che l'uno o i due cosiddetti membri cristiani fossero stati inclusi per assicurarsi che ci fosse qualcuno a controfirmare i decreti di esecuzione il sabato".

Armstrong ha ragione quando dice "cosiddetti cristiani", perché nessun vero cristiano sarebbe coinvolto con i sanguinari assassini di massa del comunismo ebraico.

CAPITOLO 11

A causa dei numerosi e sorprendenti parallelismi tra le tecniche di governo sviluppate dall'amministrazione di Franklin Roosevelt e il programma delineato dal Manifesto comunista del 1848, il Manifesto sarà discusso nel capitolo dedicato a Roosevelt. Un esame delle opere di Lenin è più pertinente allo studio della Rivoluzione russa, poiché la Rivoluzione d'Ottobre fu la Rivoluzione leninista. Nell'edizione del 1935 di "Stato e Rivoluzione", pubblicata in inglese a Mosca, e scritta da Lenin nel 1918, egli cita a lungo "L'origine della famiglia" di Friedrich Engels. A pagina 16, cita Engels come segue,

> "Rispetto all'antica organizzazione gentilizia, la principale caratteristica distintiva dello Stato è la divisione dei sudditi dello Stato in base al territorio. Questa divisione ci sembra naturale, ma è costata una lotta prolungata contro l'antica forma di società gentile".

Lenin e Marx sottolinearono più volte l'importanza di distruggere la società gentile, basata sulla famiglia. Eliminando i legami familiari, i comunisti speravano di creare uno Stato di sudditi totalmente obbedienti, la cui unica lealtà sarebbe stata verso i governanti. Consideravano i genitori come una necessità fisica per far nascere il bambino, ma pretendevano che lo Stato lo possedesse non appena fosse stato svezzato.

Questo sviluppo in Russia è stato accelerato dall'attacco comunista alla religione. È un peccato che gli oppositori del comunismo nei Paesi di lingua inglese non abbiano ritenuto opportuno utilizzare la posizione esplicita di Lenin sulla religione nella loro battaglia. Un volume delle sue dichiarazioni sulla religione fu pubblicato dalla International Publishers di New York, la casa editrice ufficiale del Partito Comunista d'America, nel 1933, anno in cui il partito uscì allo scoperto in seguito all'elezione di Roosevelt. Segue la prima frase dell'Introduzione alla "Religione" di Lenin,

"L'ateismo è una parte naturale e inseparabile del marxismo, della teoria e della pratica del socialismo scientifico. Engels e Marx erano d'accordo: 'Tutti gli enti religiosi, senza eccezione, devono essere trattati dallo Stato come associazioni private'".

Ciò significava che le chiese non sarebbero più state esentate dalle tasse e avrebbero dovuto mostrare un profitto per sopravvivere in uno Stato comunista. Era il colpo di grazia alle concessioni che lo Stato aveva concesso agli enti religiosi. L'introduzione continua:

"Dagli scritti di Lenin emergono i quattro principi più importanti: 1. L'ateismo è parte integrante del marxismo. Di conseguenza, un partito marxista con coscienza di classe deve portare avanti il suo lavoro a favore dell'ateismo. 2. La richiesta di una completa separazione tra la Chiesa e lo Stato e tra la Chiesa e la scuola deve essere avanzata. Nota: questo è uno dei punti costanti di agitazione portati avanti da Eleanor Roosevelt nella sua rubrica quotidiana "La mia giornata". È soddisfatta delle Nazioni Unite atee, di cui è delegata, perché operano senza alcuna influenza o guida religiosa. 3. La conquista del proletariato si ottiene principalmente occupandosi dei suoi interessi economici e politici quotidiani; di conseguenza, la propaganda a favore dell'ateismo deve nascere dalla difesa di questi interessi e deve essere attentamente correlata ad essi. (Nota. Nella recente controversia sull'opportunità che il governo fornisca il trasporto dei bambini alle scuole parrocchiali, Eleanor Roosevelt nella sua rubrica ha attaccato la proposta sostenendo che essa comportava un ingiustificato onere fiscale per i cittadini i cui figli non frequentavano le scuole parrocchiali. Le sue argomentazioni seguivano da vicino la linea ufficiale marxista-leninista. Tuttavia, non attacca l'imposta sul reddito marxista come un onere ingiustificato per i cittadini). 4. L'emancipazione finale delle masse lavoratrici dalla religione avverrà solo dopo la rivoluzione proletaria, solo in una società comunista. Questo però non è un motivo per rimandare la propaganda per l'ateismo. Al contrario, ne sottolinea l'urgenza in subordinazione alle esigenze generali della lotta di classe dei lavoratori".

Questo libro cita anche il Programma del Partito Comunista del marzo 1919, commentando che nella battaglia tra la Chiesa e lo Stato per le menti degli uomini, i lavoratori hanno ottenuto e avanzato senza rivoluzione.

"Per quanto riguarda la religione, il Partito Comunista dell'Unione Sovietica non si limita alla già decretata separazione tra Stato e

Chiesa e tra scuola e Chiesa, cioè alle misure sostenute nei programmi della democrazia borghese, dove la materia non è mai stata attuata in modo coerente a causa dei diversi e reali legami che legano il capitalismo alla proprietà religiosa. Il Partito Comunista dell'Unione Sovietica è guidato dalla convinzione che solo la pianificazione consapevole e deliberata di tutte le attività sociali ed economiche delle masse farà scomparire i pregiudizi religiosi".

L'unico pregiudizio religioso in Russia era contro gli ebrei, e si trattava soprattutto di un risentimento economico per il dominio ebraico sull'industria dei liquori, sul commercio all'ingrosso e su altre grandi industrie. Tra i contadini c'era un certo sospetto sui riti misteriosi dell'ebraismo e sullo strano abbigliamento e comportamento degli ebrei ortodossi, che facevano circolare storie di riti di sangue e di omicidi rituali di bambini cristiani durante le loro orge religiose.

Il libro di Lenin, "Religione", a pagina 28, cita il Programma comunista del VI Congresso mondiale,

"Uno dei compiti più importanti della rivoluzione culturale che riguarda le grandi masse è quello di combattere sistematicamente e senza riserve la religione, l'oppio del popolo. Il governo proletario deve ritirare ogni sostegno statale alla chiesa, che è l'agenzia della precedente classe dominante; deve impedire ogni interferenza della chiesa negli affari educativi organizzati dallo Stato e reprimere spietatamente l'attività controrivoluzionaria delle organizzazioni ecclesiastiche. Allo stesso tempo, lo Stato proletario, pur concedendo la libertà di culto e abolendo la posizione privata della religione precedentemente dominante, porta avanti la propaganda antireligiosa con tutti i mezzi a sua disposizione e ricostruisce l'intera opera educativa sulla base del materialismo scientifico".

La religione un tempo dominante, il cristianesimo, era il vero obiettivo del Partito Comunista Ebraico. A pagina 7 di questo volume, troviamo una nota editoriale sull'affermazione di Marx secondo cui "la religione è l'oppio dei popoli", come segue,

"Questo aforisma è stato utilizzato da Marx nella sua critica alla Filosofia del diritto di Hegel. Dopo la Rivoluzione d'Ottobre fu inciso sulle pareti dell'ex Municipio di Mosca, di fronte al famoso santuario della Vergine Madre iberica. Questo santuario è stato ora rimosso".

Eppure l'agente della famiglia Straus, Bardsley Ruml, tesoriere di Macy's, racconta in *Fortune Magazine*, marzo 1945, pagina 180, della sua visita in Russia nel 1936 che

"A Kazan, fuori dal percorso turistico, il signor Ruml ha concluso che, dalle splendide condizioni di una chiesa bizantina e del suo sacerdote, il Cremlino non intende ignorare le possibilità politiche dell'ortodossia orientale".

Dal momento che pochi americani hanno il permesso di viaggiare in Russia come desiderano, dobbiamo accettare la conclusione del signor Ruml che tutto va bene per la religione in Russia con qualche riserva sulla fonte.

A pagina 14 della "Religione" di Lenin, troviamo che

"Il marxismo è materialismo. Come tale si oppone implacabilmente alla religione, come lo era il materialismo degli Enciclopedisti del 18th secolo... La lotta contro la religione non deve essere limitata o ridotta a una predicazione astratta e ideologica".

A pagina 18,

"Il marxista deve essere un materialista, cioè un nemico della religione".

A pagina 17,

"Se un sacerdote viene a collaborare con noi nel nostro lavoro - se svolge coscienziosamente il lavoro di partito e non si oppone al programma del partito - possiamo accettarlo nelle file della socialdemocrazia".

A pagina 20,

"La nostra frazione ha agito correttamente quando ha dichiarato dal tribunale della Duma che la religione è l'oppio del popolo, e in questo modo ha creato un precedente che dovrebbe servire come base per tutti i discorsi pronunciati dalla frazione socialdemocratica russa nella Duma dei Cento Neri, che dovevano essere fatti con onore".

A pagina 32 e 33, Lenin fa una dichiarazione che è stata seguita dagli intellettuali di sinistra di New York per molti anni,

"Confidiamo che la rivista che desidera essere l'organo del materialismo militante fornisca al nostro pubblico di lettori recensioni della letteratura atea e in quale relazione determinati libri sono generalmente adatti".

Altrove mostreremo come ciò sia stato fatto dalle recensioni dei libri del *New York Times* e del *New York Herald Tribune* negli ultimi trent'anni. Il comunista americano non deve andare al *Daily Worker* per scoprire quali libri sono raccomandati dal partito. Deve solo andare alla Saturday Review of Literature o alle recensioni dei giornali sopra citati.

Le opinioni morali e religiose di Lenin trovano la loro massima espressione a pagina 48, in un discorso pronunciato al terzo congresso russo della Lega dei giovani comunisti il 2 ottobre 1920.

"Noi neghiamo ogni morale tratta da concezioni sovrumane o non di classe. Per noi la morale è subordinata agli interessi della lotta di classe proletaria".

Questa affermazione compare ripetutamente nella letteratura comunista. Viene inculcata ai giovani comunisti e spiega le attività sessuali di spie comuniste ebree come Judith Coplon.

Lenin è un esponente forte e costante della democrazia. In "Stato e rivoluzione", a pagina 86, afferma che,

"La democrazia per la grande maggioranza del popolo significa soppressione con la forza, cioè l'esclusione dalla democrazia degli sfruttatori e degli oppressori del popolo - questo è il cambiamento che la democrazia subisce durante la transizione dal capitalismo al comunismo".

Lenin e i Warburg intendono la democrazia per tutti, tranne che per coloro che si oppongono al governo di e per Kuhn, Loeb Co. Tali oppositori sono colpevoli di opprimere il popolo e, naturalmente, sono colpevoli di antisemitismo.

A pagina 96, Lenin scrive,

"La democrazia è di grande importanza per la classe operaia nella sua lotta per la libertà contro i capitalisti. Democrazia significa uguaglianza".

Lo stesso vale per gli scritti di James Paul Warburg.

Nel settembre del 1917, Lenin pubblicò un articolo, "La minaccia della catastrofe", ristampato in *Selected Works*, volume X, tradotto da J. Fineberg, a pagina 185, Lenin delinea i suoi piani per la presa del potere finanziario. Questi piani sono stati seguiti dal governo laburista inglese e dal socialismo trumpiano del dopoguerra americano, sulla scia del socialismo roosveltiano degli anni Trenta. Lenin chiede

> "1. Nazionalizzazione delle banche. La proprietà del capitale che viene manipolato dalle banche non viene persa o cambiata quando le banche vengono nazionalizzate e fuse in un'unica banca di Stato, in modo che sia possibile raggiungere uno stadio in cui lo Stato sappia dove e come, da dove e in quale momento fluiscono milioni e miliardi. Solo il controllo sulle operazioni bancarie, a condizione che vengano fuse in un'unica banca di Stato, consentirà, insieme ad altre misure facilmente attuabili, l'effettiva riscossione dell'imposta sul reddito senza occultamento di proprietà e redditi. Per la prima volta lo Stato sarebbe in grado di controllare tutte le operazioni monetarie, di controllarle e di regolare la vita economica. Infine, di ottenere milioni e miliardi per le grandi operazioni statali, senza pagare ai signori capitalisti commissioni altissime per i loro servizi. Ciò faciliterebbe la nazionalizzazione dei sindacati, l'abolizione dei segreti commerciali, la nazionalizzazione del settore assicurativo, il controllo e l'organizzazione obbligatoria del lavoro in sindacati e la regolamentazione dei consumi. La nazionalizzazione delle banche renderebbe obbligatoria per legge la circolazione degli assegni per tutti i ricchi e introdurrebbe la confisca delle proprietà per l'occultamento dei redditi. I cinque punti del programma desiderato sono quindi la nazionalizzazione delle banche, la nazionalizzazione dei sindacati, l'abolizione dei segreti commerciali, l'obbligo del lavoro di unirsi ai sindacati e l'organizzazione obbligatoria della popolazione in associazioni di consumatori".

Il programma di Lenin è la pagina più importante di tutta la letteratura comunista per coloro che sono interessati a preservare la Repubblica americana. Ecco il dettame interno, il programma che l'ANR di Roosevelt e la Pianificazione politico-economica di Moses Sieff in Inghilterra hanno tentato di imporre ai cittadini anglosassoni. Questi cinque punti abbracciano tutti i segmenti della popolazione e danno il controllo assoluto su tutti gli elementi della società. Il governo laburista inglese ha dimostrato che la proprietà del capitale non è influenzata dalla nazionalizzazione delle banche, quando ha nazionalizzato la Banca d'Inghilterra. Gli azionisti continuarono a ricevere i loro dividendi e, soprattutto, l'elenco degli azionisti rimase segreto.

Il significato storico di questo articolo è il seguente: Con la pubblicazione di questa singola dichiarazione, "La minaccia della catastrofe", Lenin assunse la guida dei bolscevichi. Il suo annuncio di una disperata determinazione a prendere e mantenere il potere assoluto radunò attorno a Lenin gli scontenti della Rivoluzione d'aprile. Per la Rivoluzione d'Ottobre, Trotsky fornì le armi, per gentile concessione di Ashberg, e Stalin assicurò a Lenin il sostegno dell'ebraismo russo. Vernadsky, nella sua *Vita di Lenin*, sottolinea che fino alla Rivoluzione russa e all'avvento del Governo provvisorio, Lenin non aveva mai raggiunto la coscienza pubblica. Tra gli stessi rivoluzionari, egli non era che uno dei tanti opportunisti nervosi e impazienti in cui il respiro era sostenuto interamente dalla brama di potere sui propri simili. Fu l'esitazione del governo Kerensky a creare il clima necessario per i fanatici assassini del Partito e a rendere possibile la presa del governo. E in questo momento, qual era l'atteggiamento del presidente Woodrow Wilson? Vernadsky lo cita a pagina 211. Il Presidente fece una dichiarazione pubblica in cui disse,

> "L'intero cuore del popolo degli Stati Uniti è con il popolo russo nel suo tentativo di liberarsi per sempre dal governo autocratico e di diventare padrone della propria vita".

Questa è l'affermazione più cinica della nostra letteratura politica. Woodrow Wilson sapeva che il governo nativo della Russia stava per essere rovesciato da una minoranza aliena, e sapeva che i fondi per quella rivoluzione provenivano dalla stessa banca dell'oro che gli aveva fornito i soldi per la sua campagna elettorale. L'anno successivo, Wilson inviò a Lenin 20 milioni di dollari dal Fondo speciale di guerra che il Congresso gli aveva concesso per portare avanti la guerra contro la Germania. Come il suo sostituto, Franklin Roosevelt, Wilson non perse mai l'occasione di affermare pubblicamente la sua fede e la sua ammirazione per il regime più feroce della storia moderna, la dittatura totalitaria della Russia bolscevica.

Lenin stesso fornisce la spiegazione della sua vittoria. Nel volume X delle sue *Opere scelte*, tradotte da J. Fineberg, a pagina 284, scrive,

> "Abbiamo ottenuto la vittoria in Russia, e l'abbiamo ottenuta così facilmente, perché abbiamo preparato la nostra vittoria durante la guerra imperialista".

Mentre Paul Warburg e il Federal Reserve Board facevano dichiaratamente del loro meglio per impedire la stabilità monetaria negli Stati Uniti, Lenin scriveva, a pagina 324 del volume X,

> "Se riusciremo a stabilizzare il rublo per un lungo periodo, e poi in modo permanente, avremo vinto".

La stabilità monetaria è il banco di prova di tutti i governi. La rovina della maggior parte dei governi rivoluzionari, compreso l'esempio classico della Rivoluzione francese, è stata la temuta inflazione del denaro fino a renderlo un utile mezzo di scambio. I cervelli bancari di Lenin, tuttavia, riuscirono a guidare il governo comunista oltre le insidie del denaro.

Mosca stessa continuò a essere un campo armato per molti mesi dopo la Rivoluzione d'Ottobre. Nella *Vita comunista* ufficiale *di Lenin*, di Kerzhentsev, a pagina 244, viene raccontata la storia di come il grande dittatore e sua sorella furono fermati da banditi e la loro limousine fu loro sottratta in un viale principale di Mosca nel gennaio 1919. Come simbolo della loro liberazione dallo zarismo, i bolscevichi avevano decretato che i poliziotti non dovevano indossare uniformi. Di conseguenza, chiunque poteva puntare una pistola contro un passante e la folla lo avrebbe considerato un poliziotto. Ora, naturalmente, la polizia comunista indossa uniformi come le altre nazioni.

Nell'aprile del 1918, Lenin pubblica un volume che mostra la nuova democrazia in azione. "I soviet al lavoro", è tradotto da Anna Louis Strong, nota in passato come una delle innocue comuniste agrarie cinesi. Alle pagine 24 e 25, Lenin scrive che,

> "Dobbiamo rafforzare la Banca del Popolo come passo verso la nazionalizzazione di tutte le banche come centri di contabilità sociale. Siamo indietro nella riscossione delle imposte sulla ricchezza e sul reddito, che deve essere organizzata meglio. Per diventare più forti, dobbiamo sostituire i contributi richiesti alla borghesia (proprietà requisite) con imposte sul patrimonio e sul reddito raccolte in modo costante e regolare. Il ritardo nell'introduzione del servizio obbligatorio del lavoro è un'altra prova del fatto che il problema più urgente è proprio il lavoro di organizzazione preparatoria che, da un lato, è necessario per preparare la campagna di 'accerchiamento del capitale' e di 'costrizione alla sua resa'".

Nel giro di pochi mesi, il governo leninista si era reso conto che un governo non può esistere a lungo con le ricchezze sottratte a una classe di cittadini. Circondare il capitale e costringerlo ad arrendersi è una terminologia appropriata per il più grande furto di massa della storia moderna, i primi giorni del regime bolscevico, quando i leader comunisti cacciarono o uccisero i proprietari di immobili e si impadronirono dei palazzi e delle proprietà per se stessi, sempre in nome dello Stato, ovviamente. Così il gruppetto di fanatici che si autodefiniva "dittatura del proletariato" sguazzava nel lusso che aveva invidiato per tanto tempo senza poterlo ottenere in una società stabile.

Woodrow Wilson, nel suo messaggio annuale al Congresso dell'8 gennaio 1918, incluse diversi paragrafi in cui assicurava ai bolscevichi la "grande simpatia degli Stati Uniti per la Russia" e prometteva coraggiosamente al popolo russo un'assistenza attiva nella sua lotta per la "libertà". E non si trattava di una promessa vana, perché nel giro di sei mesi inviò Elihu Root a Mosca con 20 milioni di dollari di capitali disperatamente necessari per il governo rivoluzionario. Chi in America se ne accorse? Il nostro popolo era profondamente coinvolto nella Prima Guerra Mondiale che, come hanno sottolineato sia Lenin che Trotsky, era il momento d'oro per i movimenti rivoluzionari di tutto il mondo.

CAPITOLO 12

L a Conferenza di pace di Parigi del 1918-1919 portò alla formazione del Consiglio per le relazioni estere, all'organizzazione della Società delle Nazioni e alla Seconda guerra mondiale. I partecipanti alla conferenza, o meglio, i cospiratori, resero inevitabile la Seconda Guerra Mondiale con le loro riparazioni punitive contro la Germania, che di fatto alienarono il popolo tedesco dal Concerto d'Europa, e con la ridistribuzione arbitraria delle minoranze nei Paesi esplosivi dell'Europa centrale. Versailles fu un'efficace cospirazione contro la pace. La creazione della Cecoslovacchia, il corridoio polacco e i privilegi speciali concessi ad alcune minoranze, in particolare agli ebrei, furono fattori che resero impossibile una pace duratura. Alcuni corrispondenti e delegati lasciarono la Conferenza di pace disgustati, dichiarando che "la Conferenza di Parigi non significa pace, significa guerra".

I fatti della Conferenza di pace di Parigi sono sfuggenti. Molti dei delegati scrissero le loro memorie di quell'evento, e sarebbe difficile trovare libri più noiosi o più deludenti. Di uno dei più importanti incontri della storia del mondo, non troviamo alcun resoconto delle discussioni, se non nei termini più vaghi, da parte dei partecipanti. Le poche pagine che seguono sono la sintesi di sessanta libri su questa Conferenza.

I rappresentanti di molti popoli, dei conquistatori e dei vinti, sono arrivati alla Conferenza di Versailles pieni di speranza per il futuro. Se ne sono andati con il cuore pieno di timori. Tutti i piccoli popoli volevano la pace, ma scoprirono che tutti i grandi interessi erano in attesa di una nuova guerra. Questo era il clima dei lavori, e in mezzo a questo esame di coscienza e a questo sguardo sul futuro oscuro, solo un gruppo aveva tutto da guadagnare e niente da perdere. Si trattava del popolo ebraico.

Il dottor E.J. Dillon, uno dei nostri storici più intransigenti, pubblicò la sua ultima opera, "The Inside Story of the Peace Conference", nel 1920. Il suo editore era Harpers. Ora Harpers è controllato dal Council On Foreign Relations. Il presidente di Harpers è Cass Canfield, il caporedattore è John Fischer, Henry J. Fisher fa parte del comitato esecutivo, Frederick Lewis Allen è editore di *Harper's Monthly* e George L. Harrison della Federal Reserve Bank di New York è direttore di Harpers. Tutti questi uomini sono membri di spicco del Council On Foreign Relations. Non c'è bisogno di dire che oggi Harpers non pubblica il dottor Dillon o chiunque abbia lo stesso coraggio.

A pagina 12 di "The Inside Story of the Peace Conference", il dottor Dillon scrive che,

> "Di tutte le collettività i cui interessi sono stati promossi alla Conferenza, gli ebrei hanno avuto gli esponenti più intraprendenti e certamente più influenti. C'erano ebrei dalla Polonia, dalla Palestina, dalla Russia, dall'Ucraina, dalla Romania, dalla Francia, dalla Gran Bretagna, dall'Olanda e dal Belgio; ma il contingente più numeroso e brillante fu inviato dagli Stati Uniti".

A pagina 496-497, il dottor Dillon ci dice che

> "Un numero considerevole di delegati riteneva che le vere influenze dei popoli anglosassoni fossero semitiche. Mettendo a confronto la proposta del Presidente sull'ineguaglianza religiosa e, in particolare, lo strano motivo addotto, con le misure di protezione delle minoranze che egli impose successivamente agli Stati minori e che avevano come obiettivo quello di soddisfare gli elementi ebraici dell'Europa orientale, essi conclusero che la sequenza di espedienti elaborati e applicati in questa direzione erano ispirati dagli ebrei, riuniti a Parigi allo scopo di realizzare il loro programma accuratamente studiato, che riuscirono a far eseguire in modo sostanziale. La formula in cui questa politica è stata inserita dai membri della Conferenza, i cui Paesi erano interessati e che la consideravano fatale per la pace dell'Europa, era la seguente: "D'ora in poi il mondo sarà governato dagli anglosassoni, che a loro volta sono influenzati dai loro elementi ebraici".

> "I promotori delle clausole di minoranza hanno mostrato una mancanza di riserbo e di moderazione. Quello che i delegati orientali hanno detto è stato brevemente questo:

> "Nei nostri Paesi la marea si stava rapidamente spostando a favore degli ebrei. Tutti i governi dell'Europa orientale che avevano fatto

loro un torto stavano pronunciando il loro mea culpa e avevano promesso solennemente di voltare pagina. Anzi, l'avevano già voltata. Noi, ad esempio, abbiamo modificato la nostra legislazione per soddisfare e anticipare i bisogni pressanti degli ebrei. La Polonia e la Romania emanarono leggi che stabilivano l'assoluta uguaglianza tra gli ebrei e i loro cittadini. Gli ebrei immigrati dalla Russia ricevettero pieni diritti di cittadinanza e poterono ricoprire qualsiasi carica nello Stato. La fervida preghiera dell'Europa orientale era che i membri ebrei delle rispettive comunità fossero gradualmente assimilati ai nativi e diventassero cittadini patriottici come loro. Ma nell'impeto del trionfo gli ebrei non si accontentarono dell'uguaglianza, ma pretesero l'ineguaglianza a scapito delle razze di cui stavano godendo l'ospitalità. Dovevano avere gli stessi diritti dei russi, dei polacchi e degli altri popoli tra cui vivevano, ma dovevano avere anche molto di più. La loro autonomia religiosa era posta sotto la protezione della Società delle Nazioni, che non è altro che un altro nome per le Potenze che si sono riservate il governo del mondo.

Il metodo consiste nell'obbligare ciascuno degli Stati minori a concedere a ciascuna minoranza gli stessi diritti di cui gode la maggioranza, e anche alcuni privilegi superiori. Lo strumento che impone questi obblighi è un trattato formale con le Grandi Potenze, che Polonia, Romania e altri piccoli Stati sono stati chiamati a firmare. La seconda clausola del trattato polacco stabilisce che ogni individuo che risiede abitualmente in Polonia il 1° agosto 1914 diventa immediatamente cittadino. Il 1° agosto 1914, numerosi agenti e spie tedeschi e austriaci, molti dei quali ebrei, risiedevano abitualmente in Polonia. Inoltre, gli elementi ebraici stranieri immigrati dalla Russia si erano definitivamente schierati con i nemici della Polonia. Ora, mettere nelle mani di questi nemici armi costituzionali era già un sacrificio e un rischio. Gli ebrei di Vilna hanno recentemente votato solidamente contro l'incorporazione della città in Polonia. Saranno trattati come fedeli cittadini polacchi?".

Così il presidente Wilson, che ha parlato in modo così eloquente e sincero dei diritti delle piccole nazioni, ha costretto queste ultime ad accettare nel loro seno rivoluzionari alieni, agitatori e agenti di spionaggio che non potevano diventare cittadini decenti di nessun Paese. Gli ebrei in particolare, anche quando i loro ospiti desideravano onestamente accettarli come cittadini a pieno titolo e assimilati, non avevano alcuna intenzione di diventarlo. La loro filosofia religiosa e politica, il sionismo socialista, vietava loro espressamente di assimilarsi in qualsiasi Paese. Eppure questo aspetto del problema ebraico fu ignorato a Versailles. Il dottor Dillon cita un discorso di M. Bratianu, premier della Romania, alla Conferenza,

"La Romania ha conferito a 800.000 ebrei i pieni diritti di cittadinanza rohmaniana. Se, tuttavia, gli ebrei devono ora essere collocati in una categoria speciale, tenuti separati dai loro concittadini con istituzioni autonome, con il mantenimento del dialetto tedesco-yiddish, che mantiene vivo lo spirito teutonico anti-rumeno, e dall'essere autorizzati a considerare lo Stato roumeno come un tribunale inferiore, dal quale ci si può sempre appellare a un organismo straniero - i governi delle grandi potenze - tutto ciò è calcolato per rendere l'assimilazione degli ebrei di lingua tedesca-yiddish ai loro concittadini roumani una pura impossibilità. La maggioranza e la minoranza sono sistematicamente e definitivamente allontanate".

Dillon dice che

"Il Presidente Wilson replicò a lungo a Bratianu, affermando che le Grandi Potenze si stavano rendendo responsabili della tranquillità permanente degli Stati più piccoli. Il trattamento delle minoranze, se non equo e premuroso, potrebbe produrre i più gravi problemi e persino far precipitare le guerre".

Nel discorso di Wilson era implicita la minaccia che se gli Stati più piccoli avessero permesso di torcere un capello a un ebreo, le Grandi Potenze avrebbero dichiarato guerra a quello Stato. Ecco almeno una spiegazione del perché gli Stati Uniti entrarono in guerra con la Germania nel 1941.

Tuttavia, il futuro del sionismo non era l'unica preoccupazione di Woodrow Wilson a Parigi. Aveva anche un intenso e ardente desiderio di precipitarsi a Mosca per estendere le sue congratulazioni al dittatore rosso Nikolai Lenin. Il suo discorso di apertura alla Conferenza di pace dichiarò che

"C'è inoltre una voce che invoca queste definizioni di principi e di scopi che, mi sembra, è più emozionante e più convincente di tutte le voci commoventi di cui è piena l'aria agitata del mondo. È la voce del popolo russo. Negli Stati Uniti ci sono uomini di grande tempra che simpatizzano con il bolscevismo perché sembra offrire all'individuo quel regime di opportunità che essi desiderano realizzare".

Questo discorso, citato nell'apologia comunista "The Great Conspiracy Against Russia", di Michael Seghers e Albert Kahn, Steinberg Press, 1946, è la spiegazione dell'attuale consacrazione di Woodrow Wilson come l'Abramo Lincoln del comunismo. Questo discorso fu un avvertimento ufficiale a tutte le nazioni d'Europa che il governo degli Stati Uniti simpatizzava per il comunismo, e fu un via libera a tutti gli agitatori comunisti nei Paesi balcanici.

La memoria di Woodrow Wilson è tenuta viva dagli elementi più sovversivi d'America. Isaiah Bowman, capo della sezione territoriale della Conferenza di Pace e fondatore del Council on Foreign Relations, è stato nominato presidente della Johns Hopkins University e vi ha istituito la Woodrow Wilson School of Foreign Affairs. A capo di questa scuola mise il più instancabile agente comunista d'America, Owen Lattimore. La Johns Hopkins ha anche laureato e inviato nel mondo uno degli americani più disprezzati dai tempi di Benedict Arnold, lo spergiuro e traditore Alger Hiss.

Nella biblioteca del Congresso, gli ammiratori comunisti di Woodrow Wilson hanno fatto allestire una delle sale più grandi e più elaborate dell'edificio per i suoi documenti, un sancta sanctorum in cui i cittadini creduloni possono guardare ma non entrare. Per quanto riguarda la visione dei documenti di Wilson, questa è vietata. Se la sua corrispondenza con Jacob Schiff o Rufus Isaacs venisse alla luce, cadrebbe un dio.

Molte delle nostre università, come quella della Virginia, quando hanno istituito scuole di relazioni estere, le hanno intitolate al finanziere bolscevico Woodrow Wilson. La memoria dei presidenti che avevano contribuito a costruire l'America, Washington, Jefferson, Adams, Jackson e Lincoln, è stata messa da parte per onorare un mezzo uomo servile che ha fatto tanto per promuovere la causa del comunismo mondiale.

Nei resoconti dei discorsi di Woodrow Wilson a Versailles, cerchiamo invano qualsiasi riferimento alla nazione che gli aveva conferito i suoi più alti onori. Non ha mai menzionato o mostrato preoccupazione per il futuro del popolo americano mentre si trovava a Parigi. Circondato da Baruchs, Warburgs e Frankfurters, ha espresso il suo profondo interesse per il sionismo e il comunismo mondiale, ma non ha mai manifestato alcun interesse per la Repubblica americana.

Appena arrivato a Parigi, il Presidente Wilson inviò come suo inviato personale a Lenin l'addetto del Dipartimento di Stato William C. Bullitt, con la sua più calorosa espressione di stima personale nei confronti del dittatore rosso. Questo viaggio si rivelò uno degli episodi più strani della nostra storia diplomatica. Bullitt si recò a Mosca, ebbe il suo colloquio con Lenin, che fu, come sempre, lieto di ascoltare il suo ammiratore Woodrow Wilson, e tornò a Parigi. Poi Wilson si rifiutò di vederlo. Questo fatto provocò le più sfrenate speculazioni tra gli organi di stampa di Parigi, ma nessuno di loro riuscì a trovare una spiegazione al gesto di Wilson. Anni dopo, apprendiamo dal Col. House cosa era successo.

Il col. House, che spesso aveva tolto il piede a Wilson, rimase inorridito quando scoprì che Wilson aveva inviato un inviato personale a Lenin. House era in quel momento immerso nei piani per la Società delle Nazioni, di cui Wilson era destinato a diventare il simbolo e l'annunciatore principale. Ciò significava che Wilson doveva rinunciare al suo interesse più appassionato, il comunismo, per evitare che lui e, indirettamente, la Società delle Nazioni venissero identificati come marxisti nella mente di molti popoli. Con un tale sogno in gioco, Wilson pose fine, a malincuore, alla sua più volte espressa ammirazione per i leader sovietici e, mentre il mondo attendeva di vedere come avrebbe accolto Bullitt al suo ritorno da Mosca, Wilson decise di non ammetterlo. Come sempre, Wilson fece la cosa sbagliata. Sarebbe stato molto meno dannoso per lui se avesse fatto una mossa più sensata, ma questa azione inspiegabile, che arrivava subito dopo il discorso filocomunista di Wilson alla Conferenza, era un'inversione di politica così completa da suscitare le voci più selvagge. Si disse che Wilson avesse stretto un patto segreto con Lenin e che lo avesse poi segretamente abrogato, che Lenin si fosse rifiutato di vedere Bullitt perché Wilson non aveva ricevuto più fondi e che Bullitt e Lenin avessero stretto un accordo di cui Wilson si era rifiutato di far parte. Nessuna di queste ipotesi era vera e nessuna era necessaria. Se Wilson avesse avuto il minimo senso delle pubbliche relazioni, questo passo falso non sarebbe mai avvenuto. Da quando il primo proprietario era stato assassinato in Russia nella primavera del 1917, il Presidente Woodrow Wilson aveva pronunciato un discorso dopo l'altro proclamando la sua simpatia e ammirazione per gli assassini che, nei meandri della sua mente, erano in qualche modo collegati alla sua concezione di "libertà". Non poteva certo aspettarsi di ribaltare un sentimento così antico e pubblicamente noto senza suscitare una grande curiosità.

Poca ammirazione, tuttavia, fu sprecata per Woodrow Wilson dai suoi colleghi del Consiglio Supremo, Orlando d'Italia, Clemenceau di Francia e Lloyd George d'Inghilterra. Lo conoscevano per quello che era e si dilettavano a umiliarlo. In particolare Clemenceau, la Tigre di Francia, vedeva in Wilson un oggetto di disgusto. In "L'ottava crociata", a pagina 183, leggiamo che

> "Clemenceau non nascondeva il suo disprezzo per il Presidente Wilson. Alla Conferenza di pace lo trattò con studiata insolenza, arrivando ad addormentarsi mentre il Presidente parlava e, svegliatosi alla fine del discorso, ignorava del tutto la dichiarazione di Wilson, limitandosi a ribadire ciò che lui stesso aveva detto prima del pronunciamento del Presidente, per poi riprendere il sonno".

Wilson si meritò il disprezzo dei suoi confratelli perché era il più servile nei confronti dei sionisti. Sebbene tutti avessero i loro segretari ebrei di giorno e di notte, Clemenceau con il suo Georges Mandel, Orlando con il suo Barone Sonnino e Lloyd George con il suo Sir Philip Sassoon, Wilson era sempre circondato da un gruppo di sionisti chiacchieroni, come Louis Marshall, il giudice Brandeis o Felix Frankfurter, e nessuna coda di maiale oliata proveniente dai ghetti del Vicino Oriente era troppo unta per rifiutare un'udienza al Presidente mentre si trovava a Parigi.

Nella sua autobiografia "Anni impegnativi", a pagina 196, il rabbino Wise racconta che

> "Durante la Conferenza di Pace di Parigi del 1919 l'influenza di Wilson per il bene di Sion si fece sentire nel comportamento del Segretario di Stato Lansing. Quando il dottor Weizmann, presidente dell'Organizzazione sionista mondiale, apparve davanti ai delegati della Conferenza di pace per fare la sua classica presentazione del caso sionista, Lansing, amico collaudato della causa sionista, presiedeva la sessione".

John Foster Dulles, il cui primo assaggio di intrighi internazionali risale alla Conferenza di pace dell'Aia del 1907, era presente alla Conferenza di pace di Parigi come segretario dello zio, Robert Lansing, amico collaudato della causa sionista. Thomas Lamont, socio anziano della J.P. Morgan Co. nella sua autobiografia stampata privatamente "across World Frontiers" ha scritto che

> "Tutti noi facevamo grande affidamento su John Foster Dulles".

Suo fratello Allen Dulles era presente come consulente legale della delegazione americana. I fratelli Dulles appresero allora che il sionismo era la Cosa imminente.

Lo staff dell'American Committee to Negotiate Peace è stato un brutto scherzo per il popolo americano. Frank E. Manuel, nel suo "Realtà delle relazioni americano-palestinesi", scrive a pagina 206,

> "Nell'autunno del 1918, mentre la delegazione americana alla Conferenza di Pace stava riunendo il suo personale, i sionisti americani condussero un'accurata campagna preliminare per 'predisporre' i membri della delegazione al programma sionista. Oltre a predisporre i membri del Comitato americano a negoziare la pace, i sionisti si associarono alle aspirazioni di tutte le nazionalità soggette che chiedevano a gran voce l'indipendenza".

Woodrow Wilson aveva come consulente finanziario personale Norman H. Davis, della J. and W. Seligman Co. Come rappresentanti finanziari speciali del Tesoro degli Stati Uniti, aveva Albert Strauss di J. and W. Seligman e Thomas Lamont di J.P. Morgan Co. Il Col. Edward Mandel House era presente con il suo staff personale, composto da Arthur Frazier, Gordon Auchincloss e Whitney H. Shepardson. Auchincloss era un avvocato di Wall Street. Shepardson dedicò il resto della sua vita al Council on Foreign Relations. Quando Lansing tornò negli Stati Uniti il 5 maggio 1919, la presidenza della delegazione statunitense fu assunta da Frank Polk, il cui partner legale, John W. Davis, allora ambasciatore in Inghilterra, venne ad aiutare alla Conferenza. Davis, Polk, Gardiner e Reed erano gli avvocati della J.P. Morgan Co. Era presente l'illustre diplomatico americano Henry White. White è descritto dal suo biografo, Allan Nevins, come un amico di lunga data della famiglia Rothschild. Altri rappresentanti americani erano il generale Tasker H. Bliss, Joseph Grew, un nipote di J.P. Morgan, il prof. Archibald Coolidge, Philip Patchin, allora Assistente Segretario di Stato, ora direttore della Standard Oil of California, il figlio di Carter Glass, il Maggiore Powell Glass, Sidney E. Mezes, cognato del Col. House e Presidente dell'alma mater di Baruch, il City College di New York, William C. Bullitt, il dottor Isaiah Bowman, il capitano Simon Reisler, il capitano James Steinberg, il capitano William Bachman, il tenente W.G. Weichman, il tenente J.R. Rosengarten, il tenente E.E. Wolff, il tenente J.J. Kaths, Hyman Goldstein, A. Schach, Edith C. Strauss e l'impiegato Louis Rosenthal. Si tratta della delegazione americana a Parigi, secondo l'elenco ufficiale del Dipartimento di Stato consegnato al Senato per la rendicontazione delle spese.

Anche il corpo dei giornalisti americani fu scelto con cura per la loro devozione a determinati ideali. Il loro presidente, eletto all'unanimità, era Herbert Bayard Swope del New York World, il giornale preferito da Baruch, che aveva la delegazione più numerosa; gli altri erano Charles M. Lincoln, Samuel S. McClure, Ralph Pulitzer e Louis Seibold. David Lawrence rappresentava il giornale di Schiff, il New York Post. Lawrence è ora editore di US. News and World Report. L'agitatore negro William E.B. Dubois era presente in rappresentanza di Crisis. Abraham Cahan rappresentava il Jewish Daily Forward e Lewis Gannett il Survey.

La delegazione tedesca, sebbene proveniente da un Paese nemico, conteneva elementi amichevoli. Il suo capo era Mathias Erzberger, il deputato tedesco che aveva aiutato Lenin ad attraversare la Germania nel 1917, e l'americano trovò in Erzberger un vecchio amico. Thomas Lamont scrive in "Across World Frontiers" a pagina 138 che

> "La delegazione tedesca comprendeva due banchieri tedeschi della ditta Warburg che mi è capitato di conoscere leggermente e con i quali sono stato felice di parlare in modo informale, perché sembravano sforzarsi seriamente di offrire un compromesso sulle riparazioni che potesse essere accettabile per gli Alleati".

I banchieri internazionali parlano sempre in modo "informale". Guerre e panico vengono sempre pianificati in piccole riunioni di uomini influenti in cui si parla casualmente, in modo ufficioso, senza prendere appunti. I due banchieri non nominati della società Warburg erano il suo capo Max Warburg e il suo assistente Carl J. Melchor. Lamont portò a Max i saluti dei suoi fratelli Paul e Felix Warburg della Kuhn, Loeb di New York, che non poterono essere presenti perché alcuni critici avrebbero potuto commentare il fatto che una sola famiglia rappresentava sia gli Alleati che le Potenze Centrali al tavolo della pace.

Il principale autore delle clausole di riparazione del Trattato di pace, che oggi sono considerate una delle due cause della Seconda guerra mondiale, era un uomo che aveva molto da guadagnare dal riarmo mondiale, Bernard Baruch. La bozza delle clausole economiche del Trattato di pace con la Germania fu presentata alla Commissione Esteri del Senato nell'estate del 1919 dal suo autore, l'onorevole (con il grado di ministro) Bernard Baruch. Baruch testimoniò davanti alla Commissione Graham che

> "Ero consigliere economico della missione di pace.
>
> GRAHAM: Si è spesso consigliato con il Presidente mentre era lì?
>
> BARUCH: Ogni volta che mi ha chiesto un consiglio, gliel'ho dato. Avevo a che fare con le clausole di riparazione. Ero il commissario americano responsabile di quella che chiamavano la sezione economica. Ero un membro del Consiglio economico supremo, responsabile delle materie prime.
>
> GRAHAM: Si è seduto in consiglio con i signori che stavano negoziando il trattato?
>
> Sì, signore, a volte.
>
> GRAHAM: Tutti tranne gli incontri a cui hanno partecipato i Cinque?
>
> E spesso anche quelli".

Si tratta di un'affermazione interessante, perché il dottor Dillon racconta in "The inside story of the Peace Conference" che

> "Il Consiglio dei cinque era un organo superlativamente segreto. Alle sue riunioni non erano ammessi segretari e non venivano registrati i verbali dei funzionari. Le comunicazioni non venivano mai diffuse alla stampa. Quando sorgevano malintesi su ciò che era stato detto o fatto, era il traduttore ufficiale, M. Paul Mantoux - uno dei più brillanti rappresentanti dell'ebraismo alla Conferenza - che era solito decidere, essendo la sua memoria ritenuta superlativamente tenace. In questo modo ha raggiunto la distinzione di essere l'unica testimonianza disponibile di ciò che accadde durante lo storico Concilio. È stato il destinatario ed è ora l'unico depositario di tutti i segreti di cui i plenipotenziari erano così gelosi, per evitare che un giorno venissero usati per qualche scopo dubbio. È stato affermato che, essendo un uomo di metodo e lungimirante, M. Mantoux ha messo tutto per iscritto per proprio conto. Si dubitava che affari di tale portata, che coinvolgevano i destini del mondo, dovessero essere gestiti in modo così segreto e poco commerciale".

Il futuro di due miliardi di persone è stato deciso in occasione del più importante raduno della storia, e quella riunione è stata condotta come una banda di ladri che pianifica una rapina in banca. In senso lato, si trattava solo di questo. Uomini disperati e determinati stavano cospirando su come trarre il massimo profitto dall'ulteriore massacro della popolazione in eccesso del XX secolo. Dillon sottolinea anche che

> "Mai come durante la Conferenza di Pace, la veridicità politica è stata a livelli minimi. Era caratteristico del sistema che due cittadini americani, entrambi ebrei, fossero impiegati per leggere i cablogrammi che arrivavano dagli Stati Uniti ai giornali francesi. L'obiettivo era la soppressione di quei messaggi che tendevano a mettere in dubbio l'utile convinzione che il popolo della grande Repubblica americana fosse saldamente al fianco del Presidente. Solo dopo diversi mesi l'opinione pubblica francese si rese conto dell'esistenza di una forte corrente di opinione americana altamente critica nei confronti della politica del signor Wilson".

Il Presidente Wilson ha sabotato le sue possibilità di far adottare al Congresso l'abortita proposta della Società delle Nazioni, a causa del modo in cui ha abbandonato gli affari del popolo americano ed è salpato per l'Europa per favorire gli interessi dei sionisti e dei comunisti a Parigi. L'eterogeneo equipaggio della delegazione americana, scelto per la sua adesione a uno Stato mondiale? Non servì a placare l'opposizione americana a Wilson. In effetti, i membri del Congresso in quel momento, pienamente consapevoli del pericolo per la propria reputazione se la verità sulla guerra fosse venuta a galla, erano in rivolta contro Wilson. I suoi membri non persero occasione per criticare la mancanza di notizie da Parigi e le enormi spese quotidiane degli allegri Andrews della delegazione americana, mentre mese dopo mese passavano senza risultati concreti. Il New York Times del 4 luglio 1919 riportava la descrizione di un'allegra festa a base di champagne all'Hotel Crillon, mentre gli americani attendevano notizie sulla pace. Il New York Times del 29 agosto 1919 affermava che il Presidente Wilson implorava denaro per la delegazione americana, dicendo che 1.500.000 dollari per le loro spese erano davvero molto moderati. Inizialmente aveva chiesto 5.000.000 di dollari per pagare i piaceri dei suoi aderenti sionisti a Parigi, ma il Senato lo ignorò. Furono spesi 105.000 dollari per inviare un misterioso Comitato nei Balcani, e fu ampiamente riportato che questo Comitato, i cui risultati erano avvolti nel segreto, stava valutando la possibilità di incoraggiare i movimenti comunisti in Europa centrale.

Il senatore Norris fu uno dei critici più espliciti delle stravaganti richieste di Wilson per i delegati americani. Norris fece notare che avevano affittato l'intero Hotel Crillon, con 280 stanze, 201 domestici e 156 garzoni assegnati a prendere e trasportare i regali agitatori sionisti. Una flotta di settanta limousine era a disposizione di House e dei suoi collaboratori.

Carter Field, nella sua biografia di Baruch, nota a pagina 186,

> "Quasi ogni pomeriggio Baruch aveva una piacevole seduta al Crillon con tre o quattro dei suoi vecchi amici del War Industries Board".

La vita a Parigi deve essere stata deliziosa. Il sangue, il sudore e le lacrime della guerra sono stati dimenticati non appena sono arrivati i Baruchs e i Frankfurters.

I popoli dell'Europa centrale erano allarmati dai comitati americani che circolavano tra loro, e lo erano ancora di più dall'atteggiamento apertamente filocomunista del Consiglio Supremo della Conferenza. Il dottor Dillon scrive in "The Inside Story of the Peace Conference" che

> "L'israelita Bela Kuhn, che sta portando l'Ungheria alla distruzione, è stato rincuorato dal messaggio indulgente del Consiglio Supremo. La gente non capisce perché, se la Conferenza crede, come è stato affermato, che Bela Kuhn sia il più grande flagello dell'umanità degli ultimi tempi, abbia ordinato alle truppe rumene, quando si sono avvicinate a Budapest allo scopo di rovesciarlo in quella roccaforte, di fermarsi prima e di ritirarsi poi. L'indizio del mistero è stato finalmente trovato in un accordo segreto tra Kuhn e un certo gruppo finanziario".

> "Un autorevole organo di stampa francese ha scritto: I nomi dei nuovi Commissari del popolo non ci dicono nulla, perché i loro portatori sono sconosciuti. Ma i finali dei loro nomi ci dicono che la maggior parte di loro, come quelli del governo precedente, sono di origine ebraica. Mai, dall'inaugurazione del comunismo ufficiale, Budapest ha meritato di più l'appellativo di Budapest. Questo è un ulteriore tratto in comune con i soviet russi".

Quando il breve governo comunista di Bela Kuhn fu rovesciato dall'ammiraglio Horthy, orde di ebrei fuggirono dall'Ungheria per sfuggire alla giustizia e furono accolti dai loro correligionari in America. L'ebrea ungherese Anna Rosenberg è ora vice-segretario alla Difesa.

I tre architetti delle clausole di riparazione che causarono la seconda guerra mondiale furono M. Klotz, ministro delle Finanze francese, Bernard Baruch degli Stati Uniti e Max Warburg della Germania. M. Klotz ottenne una facile vittoria nella politica francese gridando a tutta la Francia, per tutta la durata della guerra, che la Germania avrebbe dovuto pagare ogni franco del costo della difesa della Francia. Si può solo concludere che i discorsi di Hitler, tradotti in inglese dal Royal Institute of International Affairs, erano incredibilmente blandi. È degno di nota il fatto che Hitler, pur informando il popolo tedesco che gli ebrei erano responsabili delle clausole di riparazione, non abbia mai nominato quegli ebrei, e Max Warburg rimase in Germania fino al 1941, quando si imbarcò con calma per New York City.

Anche la Commissione per le riparazioni, che negli anni Venti costituì un comodo posto per gli incompetenti della famiglia J.P. Morgan, ha avvolto le sue operazioni nel mistero. Lo scrittore francese Andre Tardieu denuncia nel suo libro "La verità sul trattato" che nessuno è riuscito a sapere quale cifra sia stata pagata dalla Germania, e oggi non c'è nessuna cifra disponibile tra le migliaia di pagine di studi economici sulle riparazioni e sul sistema di indebitamento risultante dalla guerra. Il Trattato di Versailles prevedeva che la Germania pagasse entro il 1° maggio 1921 venti miliardi di marchi d'oro, ma questa somma era impossibile per l'economia distrutta della Germania e non fu mai presa sul serio da nessuno alla Conferenza, tranne che da M. Klotz, che la propose. La Commissione per le riparazioni prevedeva trenta rate annuali e fu la pressione per questi pagamenti a costringere la Germania a rivolgersi alla Kuhn. Loeb Co. Otto Kahn testimoniò davanti alla Commissione del Senato sulle obbligazioni estere nel 1933 che all'epoca Kuhn, Loeb deteneva 600 milioni di dollari di crediti tedeschi a breve termine.

Lenin, nel volume X delle sue opere scelte, tradotte da J. Finberg, dice a pagina 325,

> "Con il Trattato di pace di Versailles i Paesi capitalisti hanno creato un sistema finanziario che essi stessi non comprendono".

Per Paesi capitalisti, Lenin non intendeva certo Baruch, Klotz e Warburg, i quali capivano cosa avevano creato. Lenin intendeva i semplici contribuenti dei Paesi capitalisti, che avrebbero pagato i debiti e poi sarebbero andati a farsi massacrare nella creazione di altro debito.

Herbert Hoover, in "The Problems of Lasting Peace", afferma che alla Germania fu chiesto di pagare riparazioni per quaranta miliardi di dollari. Ciò che effettivamente pagò fu solo una frazione di questa somma, il cui importo esatto è noto solo negli uffici della Kuhn, Loeb Co. Quando Hitler si impadronì del governo della Germania, tutti i documenti tedeschi relativi alle riparazioni scomparvero misteriosamente. Gli sconvolgimenti governativi hanno i loro scopi.

Hoover criticò anche la deliberata alienazione del popolo tedesco, facendo firmare al governo democratico che aveva sostituito il Kaiser una clausola di colpa di guerra che proclamava che l'intero popolo tedesco era responsabile della guerra. Nessuno è ancora riuscito a suggerire un metodo soddisfacente per far sì che un popolo non combatta una guerra. I giovani hanno la possibilità di scegliere tra la denuncia pubblica e l'imprigionamento, o un lungo viaggio in una nave bestiame verso le fosse di macellazione. Pochi adolescenti candidati al massacro hanno la sfacciataggine dei giovani ebrei britannici, che a migliaia durante la Prima guerra mondiale si rifiutarono di entrare nell'esercito, atteggiamento incoraggiato dai loro rabbini e dalle pubblicazioni ebraiche.

Nel suo libro Hoover deplora il blocco della Germania, protrattosi per cinque mesi dopo la firma dell'armistizio dell'11 novembre 1918 fino alla fine di marzo del 1919. Questo atto insensibile, uno dei peggiori crimini di guerra della storia, causò direttamente la morte per fame di duecentomila bambini tedeschi in quel periodo e la malnutrizione rese permanentemente storpi milioni di altri. Questa eccessiva brutalità, che non sarebbe stata tollerata da nessun elemento decente nei Paesi alleati, fu il risultato di ordini segreti impartiti all'Ammiragliato britannico dal Consiglio privato del Re d'Inghilterra, composto da Sir Herbert Samuel, Rufus Isaacs Lord Reading e Lord Alfred de Rothschild. Gli ordini che continuavano il blocco furono controfirmati dall'allora Segretario alla Guerra per la Gran Bretagna, Winston Churchill, ex Primo Lord dell'Ammiragliato.

CAPITOLO 13

L'ebraismo mondiale ha pianificato per secoli una Società delle Nazioni che li avrebbe uniti nella loro dispersione nelle nazioni del mondo. La Conferenza di pace di Versailles ha segnato il culmine di cento anni di negoziati di questo tipo in Europa. Quel secolo di intrighi fu inaugurato dal Congresso di Vienna, descritto da Max J. Kohler in "Jewish Rights at the Congress of Vienna 1814-1815, and at Aix-La-Chapelle 1818", American Jewish Committee, 1918. A pagina 2, Kohler scrive,

> "Le condizioni che si presentavano all'Europa al Congresso di Vienna erano, sotto importanti aspetti, simili a quelle che probabilmente si presenteranno alla Conferenza di pace che si riunirà alla fine dell'attuale guerra. Le guerre napoleoniche, come quella in cui la civiltà è ora coinvolta, videro un miglioramento materiale della condizione civile e politica degli ebrei. È merito dei più grandi statisti riuniti a Vienna aver adottato una risoluzione che impedisce ai singoli Stati tedeschi di limitare i diritti degli ebrei".

> "La Rivoluzione francese, seguendo consapevolmente in gran parte il nostro precedente americano, aveva emancipato gli ebrei in Francia e in Olanda, e la sua influenza in Italia, Germania e Austria era stata fortemente favorevole all'abolizione delle disabilità ebraiche. Karl von Dalberg, principe primate della Confederazione del Reno, il 28 dicembre 1811 aveva alleggerito notevolmente gli handicap degli ebrei a Francoforte, concedendo loro diritti più ampi in cambio di ingenti pagamenti in denaro e obbligazioni, anche se il suo editto fu ripudiato dalla municipalità nel 1814. Gli ebrei di Francoforte furono rappresentati ufficialmente al Congresso da Jacob Baruch e GGG. Uffenheim. Il principe Hardenberg e Wilhelm von Humboldt furono i principali sostenitori dei diritti degli ebrei al Congresso e Metternich aiutò i loro sforzi. Naturalmente, in via non ufficiale, molte altre comunità e leader ebraici erano attivi al Congresso nella causa dell'emancipazione ebraica, in particolare individui come i Rothschild e gli Arnstein, e le famiglie Herz ed

Eskeles di Vienna. Non bisogna nemmeno trascurare il brillante gruppo di leader del Salon dell'epoca, Fanny von Arnstein, Cecilie von Eskeles, Madame Pereyra e Madame Herz di Vienna, e Dorothea Mendelssohn von Schlegel, con cui molti dei partecipanti erano in rapporti intimi. Quasi tutto il lavoro fu svolto in conferenze di quattro o cinque grandi potenze, mentre la grande maggioranza degli inviati non fu mai ammessa ad alcuna sessione formale". Siamo nel 1814, non nel 1919, ma il meccanismo è lo stesso.

A pagina 19, Kohler ci dice che

"I festeggiamenti sociali più importanti durante il Congresso sono stati quelli organizzati dalla baronessa Fanny von Arnstein, moglie del ricco banchiere Nathan von Arnstein, della ditta Arnstein ed Eskeles, e da sua sorella Madame Eskeles. Erano le figlie di Daniel Itzig e tutti gli importanti uomini di Stato del Congresso erano di tanto in tanto loro ospiti. Altri brillanti salotti ebraici dell'epoca erano quelli di Madame Pereyra, Ephraim e Levy. Naturalmente, tutta questa influenza sociale aveva un peso notevole sulle deliberazioni del Congresso".

Kohler scrive a pagina 48 che

"I Rothschild divennero un potente fattore per ottenere l'aiuto di Metternich a favore degli ebrei".

Dal diario di Friedrich von Gentz, Tagebucher, vol. 2, cita quanto segue:

"6 novembre 1817. Ha lavorato a un importante memoriale a favore degli ebrei in Austria. 9 novembre 1817. Visita di Moritz Bethmann di Francoforte, che deteneva alcune delle obbligazioni date dagli ebrei di Francoforte all'arciduca Karl von Dalberg, come pagamento per la concessione dei diritti civili. La sua azienda era una delle più importanti case bancarie dell'epoca. 10 dicembre 1819. Sono venuti Salmon e Karl von Rothschild da Francoforte e, la sera successiva, Baruch".

Il 14 marzo 1821, von Gentz riferì che Rothschild era con lui e disse di aver cenato il 16 marzo 1821 a casa di Eskeles, dove era presente Rothschild. Il 1° maggio 1822,

"Baruch e Rothschild mi eccitano con un resoconto della deplorevole questione ebraica di Francoforte. 23 novembre 1825, conferisce con il barone Rothschild riguardo alle questioni ebraiche romane".

Il libro di Kohler avrebbe potuto essere scritto sulla Conferenza di pace di Versailles. Bisognava cambiare solo le date.

Sapendo che gli ebrei erano un punto dolente in ogni comunità europea, Woodrow Wilson lanciò la potenziale vendetta delle Grandi Potenze. In "The Stakes of the War", di Lothrop Stoddard e Glenn Frank, Century, 1918, troviamo che

> "In Polonia non esisteva una classe media perché il commercio al dettaglio era controllato dagli ebrei. In Romania, sia i contadini che i nobili erano così parsimoniosi che, se non ci fossero state le restrizioni, si temeva che gli ebrei avrebbero presto posseduto l'intero Paese. Gli ebrei sono solo il cinque per cento della popolazione, ma controllano il commercio al dettaglio della Romania e il traffico di liquori, e di solito sono i supervisori delle proprietà dei nobili, che sono proprietari assenti".

Il fatto terribile è che i sostenitori dei diritti degli ebrei erano di solito i terroristi e i rivoluzionari più spietati. Nella Southwest Review, della Southern Methodist University, del luglio 1950, Shelby T. Mosloy scrive che

> "Robespierre e Mirabeau erano ardenti sostenitori dei diritti degli ebrei".

Si trattava di due dei più grandi assassini di massa della storia. I massacri della Rivoluzione francese si sono ripetuti in Russia nel 1917, in Ungheria nel 1919 e in Spagna nel 1936. Woodrow Wilson era in buona compagnia quando difese i terroristi e i rapinatori di banche del regime bolscevico.

Lloyd George scrive nelle sue "Memorie della Conferenza di Pace", Yale, 1939, vol. 2, pagina 725, che

> "I tedeschi erano consapevoli del fatto che gli ebrei di Russia esercitavano una notevole influenza nei circoli bolscevichi. Il movimento sionista era eccezionalmente forte in Russia e in America".

Frank E. Manuel, in "The Realities of American-Palestine Relations" ci dice a pagina 206 che

> "I portavoce pro-sionisti a Parigi erano numerosi e influenti: il rabbino Stephen Wise, la signora Joseph Fels, moglie del produttore di sapone e socialista, Bernard Flexner, Jacob DeHaas, Felix

Frankfurter, Howard Gans, Benjamin Cohen, il giudice Julian Mack, il giudice Brandeis e Horace Kallen. Nel 1919, a Parigi, l'equilibrio del potere mondiale si spostò oltre Atlantico. Con Wilson alla presidenza della Conferenza di pace, gli ebrei americani assunsero il primato. Quando il Presidente Wilson, durante il suo tour pre-conferenza in Inghilterra, ricevette la libertà della città di Londra, il rabbino Wise era nel suo entourage. Il Presidente lo presentò a Balfour e il giorno dopo fu invitato a un pranzo a Downing Street con il britannico Lord Walter Rothschild".

A pagina 252, Manuel ci dice che

"Il professor Frankfurter aveva assunto la guida attiva della delegazione sionista americana alla Conferenza di Pace, sotto il controllo a distanza del giudice Brandeis. Conosceva molti dei professori americani della Commissione per la pace e partecipò alla stesura di una serie di progetti non sionisti alla Conferenza, come l'Ufficio Internazionale del Lavoro. Accettò la soluzione sionista con implicita fiducia nel suo esito".

Sebbene tutto andasse bene per il sionismo, non tutti i partecipanti alla Conferenza erano così soddisfatti della piega che avevano preso gli eventi. Il New York Times del 22 maggio 1919 riportava la notizia delle dimissioni dei membri della Commissione americana e citava il corrispondente da Parigi della Westminster Gazette come segue:

"Ogni giorno che passa, l'avversione che alcuni membri della Commissione americana provano per il Trattato di pace si trasforma in aperta opposizione. Un membro ha detto: 'Il trattato non significa pace. Significa guerra". Il corrispondente ha aggiunto di essere molto preoccupato per le prove di un mutato sentimento negli ambienti americani nei confronti del Presidente Wilson".

Gli unici che alla Conferenza erano certi della vittoria erano i sionisti. Mason scrive nella sua vita di Brandeis che

"A Parigi, nel giugno del 1919, Brandeis conferì con il presidente Wilson, il colonnello House, Lord Balfour, il gabinetto francese, l'ambasciatore italiano, Louis Marshall e il barone Edmond de Rothschild. Il 25 giugno Brandeis partì per la Palestina".

A pagina 529, Mason ci dice che

"Brandeis stesso acquisì la conoscenza di alcune complessità internazionali durante le estati del 1919 e del 1920, quando si recò all'estero per missioni sioniste, facendo brevi soggiorni a Londra e a Parigi".

Il Bollettino Sionista del 26 agosto 1919 riportava che

"Sotto gli auspici della Federazione sionista inglese, il 21 agosto si è tenuto un grande raduno alla Finsbury Town Hall per dare il benvenuto all'onorevole Louis D. Brandeis della Corte Suprema degli Stati Uniti. Il Dr. Weizmann ha presieduto, e tra i presenti c'erano Felix Frankfurter e i signori Ussishkin, Rosoff e Isaac Goldenberg della Russia. Weizmann ha detto che si erano riuniti per incontrare un uomo che negli ultimi quattro o cinque anni si era dedicato alla costruzione del movimento sionista. Non ha proposto di parlare di Brandeis il Grande Magistrato. Erano lì per accogliere Brandeis l'ebreo e il sionista. Da una piccola organizzazione sionista in America aveva costruito la struttura attuale. Con l'ingresso di Brandeis nel sionismo, era iniziata una nuova era nell'ebraismo americano. In nessun Paese la conquista della comunità da parte del sionismo è stata così completa come in America. Il dottor Schmarya Levin ha dato il benvenuto a Brandeis a nome dell'Esecutivo interno. Boris Goldberg ha dato il benvenuto al giudice Brandeis a nome dell'ebraismo russo".

L'uso della fase "la conquista della comunità da parte del sionismo" non è casuale. Il Bollettino Sionista riportava il 2 settembre 1919 che

"Il 26 agosto, all'Hotel Ritz, l'esecutivo dell'Organizzazione Sionista Mondiale ha organizzato una cena in onore dell'onorevole giudice Louis D. Brandeis, prima del suo ritorno in America. Il Dr. Weizmann ha affermato che non è ancora possibile apprezzare l'importanza dell'opera compiuta da Brandeis, che spetta agli storici futuri valutare. Il Prof. Frankfurter, nel proporre il brindisi al Governo di Sua Maestà, ha ricordato i mesi di duro lavoro in cui lui e gli altri delegati ebrei sono stati impegnati a Parigi. Spesso parlavano in lingue diverse, ma erano tutti animati da un unico sentimento: il benessere di Israele e il bene di Sion. Sia i Britannici che gli Ebrei dipendevano da una comprensione comune e da una fede comune nella realizzazione delle loro antiche speranze e nel raggiungimento di glorie ancora più alte. (Applausi dal pubblico)".

È interessante apprendere che il giudice Frankfurter è animato da un unico sentimento, il benessere di Israele e il bene di Sion. Per questo Roosevelt lo nominò alla Corte Suprema.

Il 4 maggio si è tenuta una riunione della Società sionista di Shanghai durante la quale è stata approvata una risoluzione che esprime profonda gioia per il trionfo dell'ideale sionista alla Conferenza di pace di Parigi. I relatori erano i signori N.E.B. Ezra e Goerge Sokolsky. Si tratta di Sokolsky, l'editorialista politico, poi collaboratore di Borodin e di altri leader comunisti in Cina. In seguito divenne membro dell'Istituto per le Relazioni con il Pacifico.

A pagina 31 dell'Annuario ebraico di diritto internazionale del 1948, troviamo un'altra diplomazia sionista, come segue,

"I trattati segreti, che non potevano essere sconosciuti agli ebrei americani di spicco, avevano eliminato quasi tutto l'Impero turco. Non ci si poteva aspettare che la promessa di trasformare la Palestina in uno Stato ebraico potesse conquistare l'influenza decisiva dell'ebraismo americano. Si è detto che gli ebrei assimilati difficilmente avrebbero potuto essere interessati ai pronunciamenti pro-sionisti. Ma il leader ebraico più influente, il giudice Brandeis, fidato consigliere del presidente Wilson, era un ardente sionista e presidente dell'Organizzazione sionista d'America. Inoltre, gli ebrei non sionisti furono molto colpiti dal fatto che, per la prima volta nella storia, una delle grandi potenze aveva proclamato apertamente una politica pro-ebraica".

La creazione della Lega delle Nazioni è stato uno di quegli eventi misteriosi portati avanti da persone misteriose. A.W. Smith, nella sua biografia "Mr. House of Texas", racconta che il Col. House scrisse la prima bozza del Patto della Lega il 16 luglio 1918 e la consegnò immediatamente a Herbert Bayard Swope per l'approvazione.

Walter Lippmann, in Who's Who in American Jewry, dice che era un capitano del servizio di intelligence americano collegato alla Conferenza. E che era segretario di un'organizzazione incaricata da House di preparare i dati per la Commissione americana, compreso il Patto della Lega.

I sionisti hanno tenuto conferenze mondiali per ventidue anni e la Società delle Nazioni è stata creata su misura per le loro peculiari qualità internazionali. Jessie Sampter, a pagina 21 di "Guida al sionismo", afferma che

"La Società delle Nazioni è una vecchia idea ebraica".

Avrahm Yaxmolinsky, a pagina 48 di "Gli ebrei sotto i sovietici". Ci dà la sorprendente notizia che

> "Gli ebrei guardavano alla Rivoluzione russa come a un trampolino di lancio verso un Congresso mondiale, che avrebbe creato un organismo permanente in grado di chiedere all'Intesa un mandato sulla Palestina".

Questa fu un'ulteriore prova dell'investimento ebraico nel futuro, noto come Rivoluzione russa del 1917.

Jewish Comment, pubblicato dal World Jewish Congress di New York, dice nel numero del 27 agosto 1943,

> "Il Congresso ebraico americano si riunì dopo l'armistizio dal 15 al 18 dicembre 1918. Arrivata a Parigi per l'ultima Conferenza di pace, la delegazione ebraica americana ha collaborato con l'ebraismo europeo e con l'ebraismo palestinese e canadese per costituire il Comitato della delegazione ebraica. Gli sforzi della delegazione ebraica alla Conferenza di pace furono coronati da un grande successo. Al termine delle conferenze di pace, il Comitato non si sciolse, ma continuò per sedici anni a vigilare sull'attuazione dei diritti degli ebrei in Europa. Il Comitato fu attivo in numerose conferenze internazionali di organizzazioni raggruppate intorno alla Società delle Nazioni".

Il presidente del Comitato di delegazione ebraica a Parigi era il milionario avvocato sionista Louis Marshall, che aveva salutato la Rivoluzione russa come il più grande evento mondiale dopo la Rivoluzione francese. Il Comitato fu infine incorporato nella Lega contro la guerra e il fascismo sotto la guida del socio legale di Marshall, Samuel Untermeyer, e divenne il centro dei gruppi radicali filocomunisti negli Stati Uniti. Il consulente legale del Comitato a Parigi era Benjamin Cohen, uno dei fondatori delle attuali Nazioni Unite. Non va confuso con il noto Benjamin Cohen, avvocato dei gangster della Florida.

Il rabbino Wise, a pagina 196 di "Anni impegnativi", commenta che

> "La nostra battaglia non si è conclusa con il cerimoniale di Versailles. Ogni conquista morale ottenuta a Parigi è stata scrupolosamente salvaguardata in tutte le successive riunioni delle potenze. Noi sionisti trovammo nel successore di Landing, Bainbridge Colby, un sostenitore altrettanto comprensivo della causa sostenuta dal suo Capo".

La Società delle Nazioni in funzione si rivelò un'altra di quelle sacrosante riunioni di cui l'Europa era periodicamente affetta fin dal Congresso di Vienna. Era composta da gentiluomini ben vestiti che non avevano mezzi di sostentamento visibili, che si godevano la vita e che non avevano ambizioni riconoscibili. Sedevano e parlavano tra loro per ore, avevano un occhio di riguardo per una caviglia ben tornita sui viali di Ginevra, ed erano i tipici uomini da rimessa, figli prediletti che le famiglie mandavano via con un'indennità perché non avevano alcuna utilità prevedibile nella tenuta o negli affari. A volte sono conosciuti come diplomatici. Per quanto riguarda gli affari della Lega, "non ci sono affari". Un corrispondente ha scritto disgustato al suo giornale dopo settimane passate a bere caffè a Ginevra.

Il Bollettino sionista del 17 marzo 1920 riportava che

> "Nel corso di una conferenza sulla Lega delle Nazioni alla Società Sionista dell'Università di Cambridge, l'11th ist. S. Landman ha affermato che è nell'interesse dei sionisti che la Lega sia un organismo forte. Ha anche osservato: "Il popolo ebraico ha un'occasione particolare per congratularsi oggi con il filosofo del Palazzo di Praga. Masaryk è uno dei pochi politici in Europa che ha colto il significato dell'idea sionista".

All'inizio della sua vita, il "filosofo del Palazzo di Praga" decise di schierarsi con gli ebrei. Il biografo di Masaryk racconta che nel 1899, da giovane e oscuro avvocato, difese un certo Hillel in un caso di omicidio rituale di una ragazza cristiana, un caso che scosse l'Europa centrale. Masaryk riuscì a far assolvere Hillel e si stupì di essere famoso in tutto il mondo. Non tardò a dare seguito al suo vantaggio e divenne presto noto come il principale esponente europeo dei diritti degli ebrei. La sua ricompensa fu straordinaria.

Gli ebrei erano abituati da tempo a fare dei loro alleati tra i gentili i capi di Stato, ma nel caso di Masaryk fu fatta una dispensa speciale. Non esisteva uno Stato per lui, e quindi ne fu ritagliato uno nell'Europa centrale per la sua guida.

La Cecoslovacchia doveva essere l'antidoto all'eccessivo nazionalismo che, secondo i sionisti, era la maledizione dell'Europa. Cechi, slavi, ebrei, tedeschi, tutte le componenti razziali più esplosive dell'Europa centrale, furono stipati in un piccolo Stato circondato dalle Grandi Potenze. Si fece di tutto per rendere facile il cammino della nuova nazione. La Società delle Nazioni la considerò un animale speciale e i banchieri internazionali si impegnarono a fondo per renderla finanziariamente sicura. Paul Einzig afferma in "Finanza e politica" che

> "Il fatto che la Cecoslovacchia sia riuscita a stabilizzare la sua moneta già nel 1922 è stato in gran parte dovuto ai prestiti raccolti a Londra e a New York".

In "The Federal Reserve" ho sottolineato che la Lega era interessata soprattutto a ripristinare il gold standard e a istituire banche centrali in ogni paese. I suoi negoziati politici non ebbero mai alcuna importanza. Il suo valore principale risiedeva nel precedente del governo mondiale e nella formazione della burocrazia del futuro Stato socialista mondiale.

Per l'ammiratore di Lenin, Woodrow Wilson, era una conclusione scontata che gli Stati Uniti sarebbero diventati partner della Russia nella Società delle Nazioni. Essendo di recente immigrazione e di origine incerta, Wilson ignorava un capitolo della storia noto come Rivoluzione Americana, combattuta da robusti individualisti per liberarsi dalle tasse straniere. La Lega delle Nazioni, naturalmente, avrebbe imposto ai suoi membri tasse per i suoi progetti lontani e vaghi, come lo sviluppo della Palestina; sfortunatamente, l'unico Paese che disponeva di denaro, gli Stati Uniti, non vi aderì, e la Lega non fu mai in grado di fare molto.

La proposta di Wilson di aderire alla Società delle Nazioni incontrò un'opposizione quasi unanime a Washington e poi in tutti gli Stati Uniti. La rapida disillusione seguita all'armistizio, la sensazione diffusa che fossimo stati ingannati in guerra e la crescente antipatia per il cinico Wilson, nonché la nostra riluttanza a rinunciare alla nostra nazione, eressero un muro di pietra davanti a Wilson e ai suoi amici internazionali. La sponsorizzazione ebraica della Lega suscitò congetture sul suo vero scopo e il nostro Congresso fece sapere di non essere convinto della necessità di un nostro coinvolgimento in un simile progetto.

Woodrow Wilson, ancora scosso dagli sberleffi del leader europeo e dagli scherni dei popoli di Francia e Inghilterra, fece un ultimo sforzo per esercitare la sua volontà sul popolo americano. Fece un tour attraverso il Paese, parlando ovunque del suo progetto, la Società delle Nazioni. Era il punto cruciale della sua carriera politica, e quando vide il popolo allontanarsi silenziosamente da lui, città dopo città, la sua ragione vacillò. Il colpo di grazia gli cadde addosso a San Francisco. Gli irlandesi avevano sempre avuto in antipatia Wilson, e lì erano pronti ad affrontarlo. Non era in grado di completare una frase. Ogni volta che apriva bocca, gli irlandesi lo fischiavano e lo deridevano e lui, nauseato, lasciò la banchina e prese il treno per Salt Lake City, dove avrebbe dovuto parlare. Non fece mai quel discorso, né parlò mai più in pubblico. Un giornalista disse che dopo San Francisco, Wilson sarebbe uscito per incontrare la gente radunata lungo i binari in una piccola città, avrebbe ballato una piccola giga, avrebbe sorriso stupidamente e sarebbe stato condotto di nuovo dai suoi aiutanti. I giornalisti veterani, che lo avevano osservato per anni, registrarono che non era in sé. Altri commentarono crudelmente che aveva perso un ingranaggio. In ogni caso, si sparse la voce che aveva avuto un esaurimento nervoso ed egli tornò a Washington per mettersi a letto, un uomo distrutto.

Nella capitale della nazione, circondato da Baruchs, Warburgs e Strauss durante i due mandati alla Casa Bianca, Wilson era arrivato a considerarsi un principe onnipotente. Ora, per la prima volta, si rendeva conto che ciò che era stato fatto durante la sua presidenza era stato realizzato solo grazie al potere sovrano dell'oro internazionale. Non aveva alcuna influenza politica, né il suo popolo aveva alcun affetto per lui. L'illusione di se stesso, accuratamente coltivata, andò in frantumi, e così si chiuse dietro a tende tirate nella sua camera da letto, mentre il colonnello House continuava a fare il Presidente degli Stati Uniti. Non ci furono grandi cambiamenti nell'amministrazione degli affari nazionali.

La sconfitta della proposta della Società delle Nazioni da parte del Senato aprì le cateratte dell'invettiva della stampa gialla liberale che continua ancora oggi. Anche dopo che gli Stati Uniti furono rinchiusi al sicuro nelle Nazioni Unite, i sionisti socialisti non persero occasione per vilipendere la memoria di quei senatori che li avevano battuti venticinque anni prima. The News Republic e The Nation ringhiano e sputano come gatti dei bassifondi su un bidone della spazzatura ogni volta che hanno occasione di ricordare i nomi di Norris, Lafollette e Lodge.

Un professore universitario ansioso di fare carriera potrebbe sempre sfornare un altro libro sui terribili effetti della sconfitta della proposta della Società delle Nazioni. In qualche modo perverso, si decise di considerarla la causa, e l'unica causa, della Seconda guerra mondiale. La Società delle Nazioni, sostenevano gli idioti capelloni del City College, avrebbe potuto essere abbastanza forte da fermare Hitler e Mussolini senza una guerra se gli Stati Uniti ne avessero fatto parte. Avremmo potuto entrare in guerra con loro per evitare la guerra, come stiamo facendo per le Nazioni Unite in Corea. Poiché abbiamo già dimostrato che la Seconda guerra mondiale è stata resa inevitabile dalla politica di risarcimento e dalla ridistribuzione delle minoranze in Europa, lasciamo i cervelloni dell'Università alle loro autoillusioni.

L'ultima di queste calunnie sui morti è un libro intitolato "Woodrow Wilson e il grande tradimento", scritto da Thomas A. Bailey e pubblicato da Macmillan nel 1945. L'ho letto con interesse, pensando che fosse un resoconto di come Woodrow Wilson avesse finanziato il governo comunista negli anni della sua formazione. Tuttavia, si è rivelato essere una ripetizione del solito folclore secondo cui gli Stati Uniti erano responsabili di tutto ciò che non andava nel mondo, perché il nostro popolo aveva dimostrato legalmente e costituzionalmente che non volevamo pagare i conti della Società delle Nazioni. I senatori che hanno votato contro sono diventati, per un qualche ragionamento, dei traditori. Mi chiedo come il signor Bailey classificherebbe Alger Hiss. Senza dubbio lo definirebbe un patriota mondiale.

La discussione di Bailey sull'evento è significativa. Egli definisce l'esito della proposta della Lega un "tradimento delle masse", una frase che deve aver preso da un vecchio volume di Lenin. Continua a parlare degli ideali di Woodrow Wilson, senza essere molto preciso su quali fossero. Il presente scrittore si è sforzato per alcuni anni di scoprire gli ideali del signor Wilson. Egli ha esemplificato ed eseguito fedelmente i desideri di Kuhn, Loeb Co. ma i desideri non sono ideali.

CAPITOLO 14

L o sfondo dello sviluppo politico in Europa durante gli anni Venti è spiegato da una citazione tratta dal libro di Paul Einzig, "France's Crisis", Macmillan, 1934,

> "Gli errori fatali degli statisti alleati a Versailles sono all'origine della maggior parte dei problemi economici di cui il mondo ha sofferto negli ultimi quindici anni. Le disposizioni politiche del trattato di pace erano blande, ma le clausole finanziarie erano incredibilmente severe".

Conoscendo i signori Warburg, Baruch e Klotz come noi li conosciamo, non c'è motivo di supporre che le clausole finanziarie fossero degli errori, sebbene fossero fatali per la causa della pace. Le richieste di risarcimento di questo viaggio scellerato erano matematicamente impossibili da soddisfare, come ben sapevano.

L'eccesso, quindi, aveva uno scopo, perché questi uomini non erano venuti a Parigi per divertirsi. Il loro scopo era l'ulteriore demoralizzazione economica dell'Europa, al punto che la seconda guerra mondiale era l'unica via d'uscita.

In "World Finance, 1914-1935" Macmillan, 1935, Einzig commenta che

> "La storia della finanza del dopoguerra è uno studio dei modi in cui i vari Paesi hanno cercato di pagare la guerra".

I giovani d'Europa erano morti. La Francia aveva perso una generazione che l'aveva allontanata dalla scena del potere mondiale, gli ufficiali che amministravano l'impero britannico erano stati fatti a pezzi a Ypres e a Verdun, e la classe dirigente della Germania era morta negli scontri con Parigi. Eppure i banchieri si sfregarono le mani e chiesero di essere pagati per ciò che avevano portato. Avevano rischiato il denaro, avevano tenuto le loro conferenze internazionali a poca distanza dai campi di battaglia, e avevano sopportato le critiche pungenti dei patrioti ovunque non fossero riusciti a comprare le ipoteche dei giornali. Ora volevano essere pagati. Non c'è da stupirsi che Ezra Pound sia stato imprigionato come un pazzo quando è andato in onda per informare il popolo americano che

"Le guerre si fanno per creare un debito".

Pound scrive anche dal manicomio che "il debito è schiavitù", una dichiarazione che fa infuriare i suoi custodi ebrei. Ludwig Berne ha detto: "Metteteli in manicomio o in una casa di lavoro". Alla fine di ogni guerra, i popoli della terra hanno perso sempre più libertà. Sono indebitati, e questo debito impone loro di sacrificare i loro figli alle fauci della guerra e di abbassare il loro tenore di vita. (America 1950).

Einzig dice che "il sistema finanziario oggi è molto più intrecciato di quanto non fosse prima della guerra". In qualità di redattore capo del giornale finanziario londinese "The Economist", il principale organo dei Rothschild, Einzig dovrebbe sapere come è intrecciato.

Il suo "Finanza mondiale 1914-1935" continua,

"La cessazione delle ostilità ha trovato il mondo nel mezzo del più grande movimento di inflazione internazionale che si sia mai verificato. In Germania, Russia, Polonia, Austria e Ungheria, l'inflazione ha praticamente cancellato il debito pubblico, ma l'esperienza ha dimostrato che questo metodo di pagare la guerra è insoddisfacente nel lungo periodo, perché non è solo il debito pubblico ad essere cancellato, ma ogni forma di capitale e di risparmio che non è investito in ricchezza reale. Questo capitale distrutto doveva essere ripristinato per assicurare un'esistenza normale a questi Paesi, e poteva essere ripristinato solo attraverso la creazione di nuovo debito, che, nel caso di Germania, Austria e Ungheria, assunse la forma di debito estero".

L'economista che non è sul libro paga della Casa Rothschild potrebbe chiedersi perché non sia salutare che ogni forma di capitale e di risparmio non investito in ricchezza reale venga distrutta ogni generazione o giù di lì. È questo capitale smobilitato e parassitario, alla disperata ricerca di un rendimento, che è responsabile di tante iniquità, perché è questo capitale, non investito in ricchezza reale, che costituisce il debito pubblico del mondo.

Il ripristino di questo capitale distrutto, imposto alle nazioni sconfitte dai banchieri internazionali, non ha fatto altro che prolungare le loro difficoltà economiche. Di conseguenza, come osserva compiaciuto Paul Einzig, queste nazioni hanno dovuto assumere un debito esterno. Una nazione indebitata non può dire di avere una vita propria. Eppure la Russia, la cui economia è stata sconvolta come nessun'altra in Europa, non ha dovuto assumere alcun debito esterno, perché i leninisti, quando hanno distrutto il capitale, hanno distrutto allo stesso tempo i suoi proprietari. Non c'era quindi nessuno a cui restituirlo.

La complessità dell'Europa moderna e gli Stati che si accavallavano l'uno con l'altro in un'epoca di commercio internazionale creavano problemi che potevano essere sfruttati da pochi agili. In "World Finance 1935-1937", MacMillan, 1938 Paul Einzig ci dice che

> "Dal 1914, l'Olanda e la Svizzera hanno svolto il ruolo di bische mondiali del cambio. Ogni valuta, a turno, è stata attaccata da uno o più di questi Paesi. Amsterdam e Zurigo hanno avuto un ruolo di primo piano nella scommessa sul marco del 1923 (guidata dal gruppo Baruch-Franklin Roosevelt di New York, United European Investors Ltd.), nell'attacco al franco del 1924 e negli anni successivi; gli orsi in lire e in franchi belgi sono stati accolti a braccia aperte dai banchieri svizzeri e olandesi, che hanno regolarmente agito come agenti per le operazioni speculative dei Paesi in cui l'esistenza di restrizioni di cambio escludeva la possibilità di scommettere sul mercato aperto. Né i banchieri svizzeri e olandesi, né i loro presidenti, né le Banche Centrali, né il Governo dei due Paesi trovarono nulla di male in queste attività sovversive, né nell'intascare i bei profitti che ne derivavano".

La filiale di Amsterdam della M.M. Warburg Co. di cui Paul Warburg era direttore, e l'ufficio di Zurigo della J. Henry Schroder Co. hanno condotto la manipolazione delle valute internazionali, una partita di poker immensamente redditizia per la quale i banchieri hanno sempre preparato il mazzo. Oltre a queste avventure nelle borse, Zurigo, Amsterdam e Stoccolma sono sempre stati i centri dello spionaggio internazionale. Le spie si riuniscono sempre vicino ai centri di scambio.

Inoltre, dice Einzig,

> "Il Ministero della Guerra francese forniva al governo della Polonia e degli Stati della Piccola Intesa armamenti a credito. Era un modo molto conveniente per sbarazzarsi di vecchie forniture per le quali la Francia non aveva più bisogno. Le munizioni rimaste dalla

Grande Guerra, troppo vecchie per essere conservate a lungo senza rischio di esplosione, venivano vendute a questi governi, che erano ben felici di prenderle in consegna finché non c'era bisogno di pagare in contanti. In più di un'occasione le munizioni così vendute sono esplose poco dopo l'arrivo a destinazione, lasciando dietro di sé edifici di deposito distrutti e un maggiore indebitamento esterno. Una delle ragioni per cui la Polonia, la Jugoslavia e la Romania avevano difficoltà a ottenere prestiti per scopi costruttivi era la grande quantità di debiti derivanti da tali transazioni".

Sarebbe difficile immaginare un capitolo più deprimente di questo paragrafo. Le nazioni impoverite non erano in grado di raccogliere denaro per scopi costruttivi perché gli Zaharoff, gli Schneider e i Rothschild avevano scaricato su di loro le loro munizioni senza valore dopo la guerra.

I banchieri di Francoforte continuarono a consolidare le loro conquiste per tutti gli anni Venti. Un'eccellente illustrazione del loro metodo per ottenere il controllo di un'industria è fornita da John K. Winkler nel suo "Dupont Dynasty", Reynal Hitchcock, 1935, pag. 254. Egli scrive di William Durant, il fondatore della General Motors, un brillante organizzatore, ma non un finanziere. Scrive di William Durant, il fondatore della General Motors, un brillante organizzatore, ma non un finanziere.

> "Per ottenere il denaro, Durant dovette creare un trust con voto quinquennale secondo le leggi di New York, in base al quale due società bancarie, Lee Higginson di Boston e J. e W. Seligman di New York, accettarono di prestare 15.000.000 di dollari per cinque anni, con l'intesa che avrebbero avuto il controllo del consiglio di amministrazione".

I Seligman avrebbero prestato il denaro, ma volevano gestire gli affari. Il paragrafo precedente spiega il fatto che il numero del 1950 di Poor's Directory of Directors elenca 117 incarichi di amministratore nell'industria pesante americana detenuti dai soci della banca di famiglia del senatore Herbert Lehman. È così che i Lehman controllano la Studebaker, la Climax Molybdenum, la Continental Can e decine di altre grandi aziende. Sono stati in grado di dare al generale Lucius Clay la presidenza della Continental Can al suo ritorno dall'imposizione di una "pace dura" al popolo tedesco.

I banchieri di Wall Street tentarono la stessa rapina a Henry Ford nel 1920. Ford è stato il più acuto economista prodotto dall'America. Fu lui a dare origine alla pratica di pagare salari più alti agli operai affinché avessero denaro per acquistare i prodotti dell'industria pesante, inaugurando così l'attuale era di prosperità. Il vecchio Henry voleva venti milioni per riattrezzare la produzione civile dopo la guerra e New York era disposta a prestarli, a patto di nominare il consiglio di amministrazione della Ford. Henry rifiutò e rifinanziò l'azienda con il proprio patrimonio. Si trattava di antisemitismo, un crimine che fu cancellato dopo la sua morte, quando il rammollito Enrico II cedette la fortuna di Ford alla promozione dei dubbi obiettivi dell'ebraismo mondiale.

I cartelli internazionali hanno rafforzato i loro legami durante la guerra e le manipolazioni monetarie durante gli anni Venti hanno aumentato enormemente il loro valore, sulla carta. L'inflazione non danneggia il produttore o il proprietario di beni. Gli anni Venti videro il grande gioco dei prezzi delle valute e delle azioni nelle borse mondiali, un gioco che raggiunse il suo scopo nel 1929, quando i cittadini furono ripuliti e le holding come la Lehman Corporation ottennero tutto ciò che volevano per una frazione del loro valore.

Una delle principali prove dell'amicizia internazionale nel 1925 fu l'organizzazione da parte di Paul Warburg della I.G. Chemical americana, un ramo della sua azienda familiare, la I.G. Farben tedesca. L'assistente di Warburg era Walter Teagle della Standard Oil e la DuPont fu costretta ad accettare la presenza di un alleato pericoloso e potente sul proprio territorio. L'Allied Chemical and Dye Corporation di Eugene Meyer, con il suo tesoro pieno di titoli di Stato, era in grado di badare a se stessa, mentre Baruch gestiva l'elettricità del mondo. Frank A. Southerd, in "American Industry in Europe", Houghton Mifflin, 1931, fornisce un eccellente resoconto della piovra della International General Electric che si estendeva sotto la guida di Baruch e Gerard Swope, raggiungendo l'Europa e la Russia negli anni Venti. Alcuni uomini d'affari americani hanno sempre fatto affari con la Russia. Il dottor Josephson fornisce una buona storia dei contratti di Rockefeller con il governo comunista.

La Società delle Nazioni e il suo successore, le Nazioni Unite, sono stati il risultato inevitabile dell'internazionalizzazione dell'industria e della finanza. La I.G. Farben era una famiglia di nazioni a sé stante, grazie alla dispersione strategica dei fratelli Warburg. Prima o poi dovevano avere una sorta di forum per i loro intrighi che desse una parvenza di legalità. Prima o poi, ogni criminale desidera essere rispettato e farà di tutto per ottenerlo, tranne che diventare rispettabile. Il Federal Reserve System e la Società delle Nazioni sono stati i tentativi di Kuhn e Loeb di ottenere la rispettabilità, ma sono presto degenerati nella solita banda che complotta per il dollaro veloce. Così, gli anni Venti, iniziati come una crociata per la pace, divennero presto un'epoca di inflazione, l'età dell'oro degli speculatori di Wall Street, che eressero una favolosa piramide di credito sulla cui cresta cavalcavano Paul Warburg e Otto Kahn come conquistatori del passato storico.

L'economista Frederick Drew, in "Stock Movements and Speculation", D. Appeleton Co. 1928, afferma,

> "Un grande mercato in ascesa come quello del 1924 in poi è sotto la direzione interna ed esterna di potenti interessi industriali e finanziari che operano per l'ascesa quasi sempre di concerto con gruppi e cricche dirette da menti manageriali uniche".

L'unica mente manageriale degli anni Venti, come ho dimostrato in "The Federal Reserve", fu Paul Warburg. Lui e i suoi collaboratori modernizzarono la tecnica di acquistare recensioni favorevoli su una nuova emissione azionaria, che era stata fatta presentando agli scrittori finanziari un certo numero di azioni. I Warburg acquistarono semplicemente i giornali.

Robert Liefmann sottolinea che i cartelli hanno origine nei grandi rischi propri dell'impresa moderna, sia per le materie prime che per i prodotti finiti, ma questi grandi rischi sono le creazioni e i Frankenstein dei cartelli stessi. Il desiderio di trarre profitto dall'emissione di azioni e di lasciare che la vittima, o l'acquirente delle azioni, si preoccupi di sapere se la società avrà mai un profitto, ha causato gran parte dei disordini nella nostra struttura economica. Il saccheggio delle ferrovie da parte di Kuhn, Loeb e la successiva volontà di affidare le bancarotte al governo attraverso il socialismo è solo un piccolo capitolo della storia di intrighi che cambierà l'economia della nostra nazione nel corso di questa generazione. Riconoscendo ciò che hanno fatto e vedendo le crepe nel muro, Kuhn Loeb hanno deciso che la loro unica possibilità è quella di finanziare il comunismo, il nuovo sistema di capitalismo fiduciario. Questa è la storia del XX secolo fino al 1950.

Uno dei migliori investimenti che Kuhn, Loeb abbia mai fatto in un uomo di secondo piano fu l'acquisto di Henry L. Stimson, partner legale di lunga data di Felix Frankfurter. Una volta Stimson si lamentò pubblicamente del fatto di essere stato escluso per motivi razziali dall'adesione all'Organizzazione sionista americana. Il suo biografo, il propagandista del Council on Foreign Relations McGeorge Bundy, afferma in "On Active Service in Peace and War", a pagina 108, che,

> "Questo libro è un resoconto del servizio pubblico di Stimson, e purtroppo non possiamo soffermarci a considerare i dettagli dei suoi casi legali più importanti. Ha difeso i produttori di cemento da una causa antitrust; è stato incaricato dagli esperti di carbone bituminoso di presentare un memoriale davanti a una commissione governativa che indagava sull'industria del carbone. Sia il caso del cemento che quello del carbone erano interessati da interessi pubblici, e in entrambi i casi Stimson trovò la sua opinione di base rafforzata dalla sua esperienza. Il caso del cemento era un'eccellente illustrazione dei pericoli del governo per incriminazione; i cementifici erano colpevoli, ma ciò che avevano fatto faceva parte dello sforzo bellico, con l'incoraggiamento diretto del governo".

Il fatto che "il governo" durante la guerra fosse Baruch, Meyer e Warburg, e che il governo avesse incoraggiato qualsiasi società a eludere la legge, non dovrebbe sorprendere nessuno, tanto meno l'avvocato Stimson, che per la prima volta uscì alla luce del sole durante il sequestro della Union Pacific Railroad da parte di Kuhn e Loeb. La cosa più importante è la determinazione di Bundy a non parlare della fonte di reddito di Stimson. In 698 pagine di bava sul sacrificio di Stimson per il popolo americano, Bundy non riesce a parlarci di una sola delle parcelle da centomila dollari che erano standard per Winthrop e Stimson. Il "servizio pubblico" si trova in un paragrafo di Who's Who in America. Quello che vogliamo sapere è chi lo pagava e quanto, e questo i Bundy della biografia non ce lo dicono mai. Possiamo ricavare un'idea del background di Stimson dal seguente paragrafo, anch'esso tratto dal capolavoro di Bundy,

> "In qualità di Segretario di Stato sotto Hoover, Stimson acquisì un gruppo di assistenti che servirono sotto di lui con distinzione negli anni successivi. Il primo passo fu fatto con la nomina di Allen M. Klots ad assistente speciale del Segretario. Klots si era distinto all'università, in guerra, a Winthrop e a Stimson. Stimson nominò Harvey H. Bundy, un avvocato di Boston con una certa esperienza nel campo della finanza, come assistente del Segretario, e Herbert Feis, un illustre economista di New York, come consigliere economico del Segretario".

Era democratico da parte di Stimson aiutare i suoi soci avvocati a fare carriera. Quanto a Bundy, spiega il biografo McGeorge Bundy, che è la questione dell'avvocato di Boston con Stimson. McGeorge Bundy è apparso di recente sulle bancarelle dei libri con un libro che racconta la pubblica presa di posizione di Dean Acheson a favore del comunismo, che Bundy trasforma in qualche modo in un appello alla democrazia, qualunque essa sia. È già stata definita come "la lotta per pagare le tasse". Non ho la pretesa di sondare la mente dei Bundy. Forse sono solo colpevoli di disprezzo per l'intelligenza del pubblico. Non oso immaginare che credano al liquame che versano nella mangiatoia della propaganda.

Con un elefantiaco tentativo di leggerezza, Bundy ci spiega come i servitori pubblici della Kuhn, Loeb Co. riescano a vivere così bene. Dice:

> "Quando Stimson arrivò a Washington nel 1929, il problema più difficile fu trovare una casa. Solo a metà estate gli Stimson decisero di acquistare una tenuta chiamata Woodley. All'epoca si trattava di una decisione costosa (300.000 dollari) ma, dato che era stata presa con la vendita di alcune azioni dal prezzo molto alto, che furono radicalmente svalutate dal crollo del mercato poco dopo, fu probabilmente un investimento redditizio".

I raschiatori e i bowers, prima dei Warburg, furono ben ricompensati nel 1929. Quando arrivò il crollo, questa feccia aveva venduto tutte le azioni e investito il proprio denaro in immobili e titoli di Stato. Mentre gli americani onesti morivano di fame, gli Stimsons stavano ritagliando cedole.

Il Consiglio per le Relazioni con l'Estero ha messo in mostra la sua moralità dissoluta durante gli anni Venti. La sua pubblicazione n. 28 è il resoconto di un banchetto tenutosi all'Hotel Astor il 6 gennaio 1922, intitolato "Le risorse minerarie e la loro distribuzione in relazione alle relazioni internazionali". Il dottor J. E. Spurr, presidente della Società mineraria e metallurgica d'America, ha dichiarato,

> "Un principio fondamentale, che riguarda tutto il mondo, il comitato dichiara per. Dice: Qualsiasi restrizione, nazionale o internazionale, che interferisca con la necessaria ricerca della terra, è in linea di principio indesiderabile".

Così, il Council on Foreign Relations dichiarò la sua intenzione di violare i confini di qualsiasi nazione nelle sue missioni per i Warburg e i Guggenheim. L'assistente di Baruch nel mondo minerario, sia a Washington che a Parigi, il dottor Charles K. Leith, del War Industries

Board e della Conferenza di pace di Parigi, dichiarò a questo banchetto che

> "Solo un tipo di alleanza può sopravvivere all'Alleanza commerciale. Suggeriamo il diritto dei governi più forti di fare pressione sui governi più deboli nell'interesse dello sviluppo dei minerali di cui il mondo ha bisogno".

Il dottor Leith ha ragione. Le alleanze militari sono state abrogate dalla dozzina nel corso del ventesimo secolo, ma le alleanze commerciali della I.G. Farben sono sopravvissute a due guerre mondiali. La sua affermazione di principio, secondo cui se il Cile non voleva che i Guggenheim le togliessero il rame e i nitrati, allora i Guggenheim avevano il diritto di ordinare l'invio dei Marines statunitensi contro di lei, è passata alla storia quando i Marines sono sbarcati in Nicaragua per proteggere il diritto di J. e W. Seligman di emettere la moneta del Nicaragua. Le truppe furono sbarcate in altri casi simili. Questo è ciò che accadeva mentre gli idioti a Ginevra si annoiavano a vicenda nella Società delle Nazioni.

Il caso classico di tale operazione è il Canale di Panama. Poiché lo studio legale Sullivan and Cromwell è l'organo di governo del Council on Foreign Relations, il suo protagonismo nella storia del Canale di Panama merita la nostra attenzione. La famiglia Pulitzer, che era fuggita da un pogrom in Ungheria per diventare l'addetto stampa della democrazia in America, litigò con il presidente Theodore Roosevelt, e fece trapelare la storia di Panama. Citiamo da

> "Il caso Roosevelt Panama Libel contro il New York World (U.S. Vs. the Press Publishing Co.) Una breve storia del tentativo del Presidente Roosevelt di distruggere, con un ordine esecutivo, la libertà di stampa negli Stati Uniti, insieme al testo della decisione unanime della Corte Suprema degli Stati Uniti, emessa dal Signor Presidente White, che afferma l'azione del Giudice Hough della Corte Distrettuale degli Stati Uniti nell'annullare l'atto d'accusa". Stampato per il New York World, 1911".

> "Il 3 ottobre 1908, il Comitato Nazionale Democratico Il 3 ottobre 1908, il Comitato Nazionale Democratico stava valutando l'opportunità di rendere pubblica una dichiarazione secondo la quale William Nelson Cromwell, in connessione con M. Bunau-Varilla, uno speculatore francese, aveva formato un sindacato nel momento in cui era abbastanza evidente che gli Stati Uniti avrebbero rilevato i diritti degli obbligazionisti francesi nel Canale DeLesseps, e che

questo sindacato includeva tra gli altri Charles P. Taft, fratello di William H. Taft, e Douglas Robinson, cognato del Presidente Theodore Roosevelt. Questi finanzieri hanno investito il loro denaro perché erano a conoscenza delle intenzioni del governo degli Stati Uniti di acquistare la proprietà francese a un prezzo di circa 40 milioni di dollari e quindi, grazie alle presunte informazioni provenienti da fonti governative, hanno potuto raccogliere un ricco profitto. The World ha cercato di accertare se si potesse discutere di qualche fatto in aggiunta a quelli portati alla luce dal senatore Morgan nel 1906, nel corso dell'indagine sulla questione del Canale di Panama da parte del Senato degli Stati Uniti, indagine che era stata ostacolata dal rifiuto del signor Cromwell di rispondere alle domande più pertinenti che gli erano state rivolte, sostenendo che, in quanto consulente della New Panama Canal Co. i suoi rapporti con i venditori del canale erano privati e riservati.

"Sono stati fatti tentativi infruttuosi per ottenere i documenti a Parigi e a Washington. Il World ha incaricato un eminente avvocato inglese, membro del Parlamento, di recarsi a Parigi. Nella mia lunga esperienza in materia societaria, non ho mai visto una società pubblica, tanto meno di così grande importanza, scomparire così completamente e rimuovere ogni traccia della sua esistenza come la New Panama Canal Co. Le azioni della Nuova Compagnia erano originariamente registrate, ma in seguito è stato ottenuto il potere di trasformarle in azioni "al portatore" che sono passate di mano in mano senza alcuna registrazione. Non c'è nulla che dimostri chi abbia ricevuto il denaro dell'acquisto pagato dagli Stati Uniti.

"Su istruzioni del presidente Roosevelt, il procuratore Henry L. Stimson, candidato senza successo di Roosevelt alla carica di governatore di New York, ottenne un'ulteriore incriminazione per diffamazione penale. Il 3 gennaio 1911, la Corte Suprema la respinse.

Il 29 agosto 1908, il Comitato Nazionale Democratico rilasciò una dichiarazione dal suo quartier generale di Chicago che identificava Cromwell come "William Nelson Cromwell di New York, il grande avvocato di Wall Street, avvocato della Panama Canal combine, della Kuhn, Loeb Co. degli interessi di Harriman, della Sugar Trust, della Standard Oil Trust e altri".

"Il 4 ottobre 1908, il World pubblicò una storia secondo cui Cromwell aveva il controllo della Casa Bianca e del Dipartimento della Guerra dopo la vendita del Canale di Panama agli Stati Uniti. Cromwell partecipò attivamente alla promozione della rivoluzione sull'istmo che sottrasse il territorio del canale alla Colombia e creò la Repubblica di Panama e che l'amministrazione Roosevelt era a conoscenza in anticipo della rivoluzione in atto e si adoperò per renderla un successo avendo navi da guerra a portata di mano. La rivoluzione avvenne al momento stabilito. Il 9 maggio 1904, il Segretario del Tesoro Shaw firmò il mandato di 40 milioni di dollari, il più grande mai emesso dal Governo, per il pagamento della proprietà del canale. Quale fosse il guadagno del signor Cromwell è sempre stato oggetto di congetture. Doveva ottenere una commissione del 5% e pagare lui stesso tutte le spese. Il 5% di 40 è pari a due milioni, ma produrre una rivoluzione costa qualcosa. Il 2 gennaio scorso un cablogramma da Parigi inviato ai giornali di New York affermava che il conto del signor Cromwell alla Panama Canal Co. era di 742.167,77 dollari. Il conto è stato infine arbitrato a 125.000 dollari. Gli arbitri, nell'escludere 600.000 dollari dal conto del signor Cromwell, hanno tenuto conto del fatto che per nove anni e mezzo la Compagnia del Canale gli aveva pagato una retribuzione annuale di 10.000 dollari.

"Nel 1891 la grande azienda Decker, Howell e Co. fallì con un debito di 10 milioni di dollari. Il signor Cromwell fu nominato cessionario e in sei settimane gli affari dell'azienda furono sistemati. Il tribunale gli assegnò una parcella di 260.000 dollari, la più alta del genere fino a quel momento. All'epoca dello scandalo delle assicurazioni sulla vita (che coinvolgeva Jacob Schiff e James Speyer) il signor Cromwell trascorse due ore nell'ufficio del procuratore distrettuale Jerome, con lo scopo dichiarato di raccontare al signor Jerome tutti i segreti interni del "fondo Yellow Dog" della Equitable Life. Dopo che il signor Cromwell se ne fu andato, il signor Jerome ammise di non essere riuscito a tirargli fuori un fatto.

Nel settembre 1904, durante le assenze del Segretario Taft da Washington, il signor Cromwell, un privato cittadino, gestiva praticamente il Dipartimento della Guerra, John F. Wallace, ingegnere capo del Canale di Panama, testimoniò davanti alla Commissione del Senato il 5 febbraio 1905: "Cromwell mi è sembrato un uomo pericoloso". Wallace testimoniò di aver esaminato il rapporto della ferrovia di Panama (una filiale del Canale) e di aver scoperto che il suo Consiglio di Amministrazione aveva dichiarato un dividendo di oltre 100.000 dollari in eccesso rispetto a quanto la strada aveva guadagnato, e di aver poi venduto obbligazioni per ottenere denaro con cui riparare il materiale rotabile. Sono giunto alla conclusione", ha detto Wallace, "che un uomo che consiglierebbe il governo in questo modo è un uomo pericoloso". Cromwell aiutò E.H. Harriman a estromettere Stuyvesant Fish dall'Illinois Central e aiutò Harriman a sconfiggere gli azionisti di minoranza della Wells-Fargo Co. quando cercarono di ottenere una piccola quota dell'enorme surplus della società.

Il 19 ottobre 1908, il World ha sottolineato che "i membri del sindacato americano hanno trovato necessario raccogliere solo 3 milioni di dollari per ottenere una quota sostanziale dei titoli della società francese". C'è stata anche una grande sottoscrizione al fondo della campagna nazionale repubblicana, grazie alla quale è stato conquistato il sostegno del generale Mark Hanna alla rotta di Panama rispetto a quella del Nicaragua, che molti ingegneri consideravano più fattibile e più economica". Il signor Cromwell non era inattivo. Aveva un ufficio letterario al lavoro e ogni mese venivano inviati assegni a 225 giornali dell'interno del Paese per pagare la stampa del prodotto dell'ufficio letterario. Questo prodotto illustrava i vantaggi della rotta di Panama rispetto a quella del Nicaragua e creava un sentimento pubblico a favore della prima.

"Il 19 ottobre 1908 il World continuava: "Il fatto che il signor Cromwell abbia contribuito con fondi al partito rivoluzionario di Panama è stato ammesso dallo stesso Cromwell in presenza del segretario Taft. Questa ammissione è stata fatta ad un banchetto tenuto nell'Istmo nel dicembre 1904. Nel suo discorso Cromwell fece riferimento a una disposizione della Costituzione di Panama che dava a tutti i contribuenti finanziari della rivoluzione il diritto di cittadinanza. Cromwell dichiarò di aver contribuito in larga misura al tesoro dei rivoluzionari e di avere quindi diritto alla cittadinanza. 40.000 dollari furono dati al figlio del presidente di Panama, 35.000 dollari in argento all'ammiraglio responsabile della guarnigione colombiana. Se il canale costerà tra i 400 e i 500 milioni di dollari, come previsto dagli ingegneri, la sua capacità di guadagno è, secondo quanto dichiarato, largamente insufficiente, anche in condizioni favorevoli, a pagare gli interessi sulle obbligazioni emesse dal governo per coprire i costi di costruzione, afferma il deputato Henry T. Rainey dell'Illinois. In quel periodo il Presidente Roosevelt era anche coinvolto in uno scandalo relativo alla sua concessione di una franchigia alla Standard Oil in Oklahoma, come riportato anche dal New York Sun del 26 novembre 1908 Il suo segretario privato in questa vicenda era William Loeb".

Cromwell era il consulente legale di tutti gli interessi dei Rothschild, di Kuhn, Loeb, della Standard Oil e del Consorzio del Canale di Panama.

Naturalmente aveva la gestione del Dipartimento della Guerra e della Casa Bianca. Era socio anziano dello studio Sullivan and Cromwell, che oggi comprende i fratelli Dulles. L'indagine del Senato sull'affare Panama nel 1906, ostacolata da Cromwell, fu riaperta dopo la battaglia Roosevelt-Pulitzer dalla Camera dei Rappresentanti e nel 1913 la Camera fece un rapporto di 800 pagine sulla sua indagine, un volume più eccitante di molti romanzi. La storia di Panama, un tremendo scandalo che coinvolse i più alti funzionari governativi degli Stati Uniti, fu di proporzioni tali che da allora si dice che un politico che abbia avuto un capitolo finanziario losco nella sua vita abbia un "Panama".

Le audizioni alla Camera hanno rivelato che gli affari finanziari del sindacato americano erano gestiti dalla J.P. Morgan Co. e dalla J. and W. Seligman Co. di New York. Gli interessi di Bunau-Varilla, che rappresentavano gli azionisti francesi, erano affidati a Heidelbach, Ickelheimer and Co. New York. Le azioni francesi erano state inizialmente vendute in Francia con grande clamore e a un prezzo elevato da un sindacato guidato da Cornelius Herz. Le azioni scesero a un centesimo del loro costo e questo quasi disarcionò il governo francese. Dopo che gli acquirenti francesi le usarono per la carta da parati, il piano per coinvolgere il Tesoro degli Stati Uniti fu ideato dai parenti dei presidenti e dalle suddette banche. Due ostacoli si frapponevano sul loro cammino. Il governo aveva già deciso di costruire un canale attraverso il Nicaragua, il cui terreno roccioso forniva un rivestimento molto migliore di quello di Panama, dove, quarant'anni dopo, le sponde rotolano ancora giù, e in secondo luogo, anche se l'opinione pubblica avesse potuto orientarsi verso Panama, rimaneva la necessità di pagare alla Colombia una grossa somma per il diritto di passaggio.

Cromwell risolse entrambi i problemi. Acquistò una quantità sufficiente di opinione pubblica attraverso i giornali, che accettano assegni da chiunque, e convinse gli elettori che Panama era la via migliore, a dispetto dell'opinione ingegneristica contraria. Poi è sceso a Panama, con la corruzione ha provocato una rivoluzione, e il costo è stato evidente. Le azioni francesi furono acquistate dai loro detentori delusi per tre milioni di dollari. Cromwell spese due milioni in tangenti e il sindacato vendette il pacchetto al governo degli Stati Uniti per 40 milioni di dollari in oro dal nostro Tesoro. L'aritmetica del caso, al di là delle interpretazioni ideologiche, mostra un profitto di 35 milioni di dollari su un investimento di 5 milioni.

Philip Bunau-Varilla, descritto dal mondo come uno speculatore, era un ingegnere professionista della Casa Rothschild. Costruì ferrovie per la Casa in Spagna e in Congo, e infine fu scelto da DeLesseps per il fiasco di Panama.

Le audizioni della Camera dei Rappresentanti degli Stati Uniti su Panama, nel 1913, furono il risultato della diligenza del deputato Henry T. Rainey dell'Illinois. Citiamo quanto segue,

> Il 2 gennaio 1902 il New York Sun pubblicò un articolo intitolato "La battaglia delle rotte", in cui si leggeva che la proposta di legge Hepburn per il canale del Nicaragua era passata alla Camera dei Rappresentanti tra grandi applausi con un voto di 308 a 2. Il 17 marzo 1903 il New York Sun riportò che il trattato colombiano per il canale di Panama era stato ratificato dal Senato con un voto di 73 a 3. Questo notevole cambiamento di politica e di opinione nazionale avvenne nel giro di quindici mesi". Questo notevole cambiamento di politica e di opinione nazionale avvenne nel giro di quindici mesi".

A pagina 29 delle audizioni,

> "La storia dell'incoraggiamento del signor Cromwell ai rivoluzionari e poi del suo abbandono a sangue freddo al loro destino è stata raccontata in dettaglio da José Augustin Arango in un opuscolo intitolato 'Datos historicos para la Independencia del Istmo', datato 28 novembre 1905. È perfettamente accurato in tutti i dettagli".

A pagina 61 il deputato Rainey testimonia che

> "I rivoluzionari erano al soldo della Panama Railroad and Steamship Co. una corporazione del New Jersey. Il rappresentante di quella corporazione era William Nelson Cromwell. Era il rivoluzionario che aveva promosso e reso possibile la rivoluzione sull'Istmo di Panama. All'epoca era un azionista della ferrovia e il suo consulente generale negli Stati Uniti. William Nelson Cromwell - l'uomo più pericoloso che questo Paese abbia prodotto dai tempi di Aaron Burr - è un rivoluzionario professionista".

Qualcuno si meraviglia che Wall Street abbia promosso la rivoluzione bolscevica in Russia? Dopo la guerra, la rivoluzione è stata l'arma più utilizzata dai banchieri di Francoforte per raggiungere i loro scopi. La filiale di New York della J. and W. Seligman Co. ha promosso letteralmente centinaia di rivoluzioni nei paesi latino-americani per proteggere il suo monopolio dei servizi pubblici in quei paesi. A pagina 53, Rainey ci dice che

"La dichiarazione di indipendenza promulgata a Panama il 3rd novembre 1903 fu preparata nell'ufficio di William Nelson Cromwell di New York. Il nostro Dipartimento di Stato era parte dell'accordo che una rivoluzione dovesse avvenire in quella data, il 3rd novembre 1903, e quel giorno fu scelto per il motivo che i giornali degli Stati Uniti sarebbero stati pieni di notizie elettorali e non avrebbero prestato molta attenzione alle notizie da Panama".

Questa manovra è stata ricordata nella nomina di Anna Rosenberg ad Assistente Segretario alla Difesa il 3 novembre 1950, nella speranza che gli anticomunisti ignorassero la nomina.

Il signor Hall del New York World ha testimoniato, come riportato a pagina 135,

"Il governo francese - e questo è importante, perché il signor Roosevelt ha dichiarato di aver pagato i 40 milioni di dollari direttamente al governo francese - ha formalmente negato ogni legame con la Panama Canal Co. e ogni responsabilità per essa attraverso il suo ambasciatore a Washington. I 40 milioni di dollari sono stati pagati alla Banca di Francia dalla J.P. Morgan Co. che ha ricevuto il denaro dal governo americano".

Per Theodore Roosevelt non era una novità giurare il falso davanti all'opinione pubblica americana. Sapeva che il governo francese non aveva ricevuto un centesimo da lui o da altri nella vendita del canale.

Per capire il potere di John Foster Dulles, l'attuale consigliere repubblicano del Dipartimento di Stato per la politica estera, è necessario andare a pagina 206 di queste audizioni. Lì è ristampata per intero la memoria presentata da Cromwell alla New Panama Canal Co. Citiamo

"Per quanto riguarda gli affari delle grandi aziende negli Stati Uniti, il consulente legale generale è, di norma, lo spirito guida e ha il controllo. Lo studio legale Sullivan e Cromwell occupa una posizione riconosciuta tra i grandi corpi legali della nazione. Nel corso di un trentennio molto attivo, lo studio Sullivan e Cromwell si è trovato in rapporti intimi, suscettibili di essere usati a vantaggio, con uomini che possiedono influenza e potere ovunque negli Stati Uniti; ha anche conosciuto, ed è stato in grado di influenzare, un numero considerevole di uomini nella vita politica, nei circoli finanziari e nella stampa, e tutte queste influenze e relazioni sono state di grande utilità nello svolgimento dei loro compiti nella questione di Panama. L'opinione pubblica chiedeva il Canale del Nicaragua. La stampa quotidiana e le riviste di questo Paese erano del tutto favorevoli al Canale del Nicaragua, e solo con i più grandi sforzi personali è stato possibile convincerli a interessarsi di Panama".

Gli sforzi speciali di Cromwell consistevano nel firmare assegni ai giornali come pagamento per la pubblicazione della sua propaganda di Panama. Il suo memoriale, una delle più sfacciate rivelazioni di truffa nella nostra lingua, era quotato circa cinque dollari a parola, e valeva ogni centesimo. Sono particolarmente soddisfatto della delicatezza di Cromwell nel riferirsi alla sua rivoluzione come "la questione di Panama". A pagina 462 di queste udienze troviamo che

> "Le tangenti sono state pagate con tratte sulla J.P. Morgan Co. attraverso Isaac Brandon and Brothers. Gli ufficiali colombiani hanno ricevuto tangenti per 1.270.000 dollari attraverso questa casa di Panama".

L'appellativo di Cromwell come "uomo più pericoloso d'America" è ora fortemente conteso dai fratelli che gli sono succeduti in Sullivan e Cromwell, Allen W. Dulles e John Foster Dulles, ognuno dei quali potrebbe essere descritto come il più sinistro influente dietro le quinte di Washington.

È stata l'eredità di Sullivan e Cromwell della tutela legale dei principali investimenti della Casa Rothschild in America a spiegare la capacità di Cromwell di commettere crimini importanti, sia nazionali che internazionali, e di rimanere comunque fuori dal carcere e dal registro sociale. Questa immunità dai processi può essere meglio spiegata da alcune citazioni sulla famiglia Rothschild. Picciotti, nella sua "Storia anglo-ebraica", afferma che

> "Nathan Mayer Rothschild ha partecipato alla maggior parte dei grandi affari finanziari dell'America, della Francia, dell'Inghilterra e di quasi tutti gli altri Paesi... Un altro evento che lo avrebbe esposto a grandi pericoli è stata la conversione delle rendite francesi progettata da M. Villele. Fortunatamente per il signor Rothschild, la misura è stata persa per un solo voto alla Camera dei Pari di Parigi. Se fosse stata attuata, la convulsione che seguì di lì a poco sui mercati monetari europei si sarebbe probabilmente rivelata fatale per la sua posizione, nonostante le sue vaste risorse. Un altro

contratto pericoloso fu il prestito del 4% fatto da M. de Polignac prima dei famosi tre giorni del 30 luglio che annunciarono la caduta dei Borboni in Francia. Il titolo scese dal 20 al 30%, ma, fortunatamente per il signor Rothschild, la maggior parte del prestito era stata distribuita tra i sottoscrittori, che soffrirono più o meno gravemente". Si può pensare che i Rothschild non si sarebbero accollati la perdita.

Paul Emden scrive dei Rothschild e delle altre influenze dietro la caduta dell'Impero britannico in "Behind the Throne", Hodder and Stoughton, Londra, 1934, come segue,

La preparazione di Edoardo per il suo mestiere era molto diversa da quella della madre, quindi egli "governava" meno di lei. Per fortuna ha mantenuto intorno a sé gli uomini che erano stati con lui all'epoca della costruzione della ferrovia di Baghdad; la gamma dei suoi consiglieri doveva essere ampliata con l'inclusione di uomini che erano in costante contatto con gli affari; così allo staff di consiglieri della famiglia si sono aggiunti i fratelli Loepold e Alfred de Rothschild, vari membri della famiglia Sassoon e soprattutto il suo consigliere finanziario privato Sir Ernest Cassel".

La vecchia Vittoria deve essersi contorta nella tomba mentre Edoardo portava quest'orda di banchieri ebrei a gestire l'Impero britannico. A pagina 294, Emden ci dice che

"L'enorme fortuna accumulata da Cassel in un tempo relativamente breve gli conferì un potere immenso di cui non fece mai cattivo uso. Fuse l'azienda Vickers Sons con la Naval Construction Co. e la Maxim-Nordenfeldt Guns and Ammunition Co. da cui nacque l'azienda mondiale Vickers Sons and Maxim. Organizzò la grande impresa che fu alla base della Central London Railway Co. che costruì la metropolitana di Londra. A un livello completamente diverso da quello di Cassel, c'erano uomini d'affari come i Rothschild. L'azienda era gestita secondo principi precisi e i vari soci dovevano essere tutti membri della famiglia. Con grande ospitalità e in modo principesco conducevano la vita dei Grand Seigneurs, ed era naturale che Edoardo VII li trovasse congeniali. Grazie alle loro relazioni familiari internazionali e ai loro legami commerciali ancora più estesi, conoscevano il mondo intero, erano ben informati su tutti e avevano una conoscenza affidabile di questioni che non apparivano in superficie. Questa combinazione di finanza e politica è stata una tradizione dei Rothschild fin dalle origini. La Casa Rothschild ha sempre saputo più di quanto si potesse trovare sui giornali, e anche più di quanto si potesse leggere nei rapporti che arrivavano al Ministero degli Esteri. Anche in altri Paesi l'influenza dei Rothschild si estendeva dietro il trono".

Di Alfred de Rothschild, Emden ci dice che fu direttore della Banca d'Inghilterra dal 1868 al 1890, e aggiunge,

"Solo dopo l'apparizione di numerose pubblicazioni diplomatiche negli anni del dopoguerra, un pubblico più vasto ha appreso quanto la mano di Alfred de Rothschild abbia influenzato la politica dell'Europa centrale nei vent'anni precedenti la guerra".

Nel suo libro "Randlords", Hodder and Stoughton, 1935, Paul Emden scrive dei re dei diamanti e dell'oro del Witwatersrand in Sudafrica,

"La Casa Rothschild era propensa a interessarsi al dominio del Kimberley e Sir Carl Meyer, il loro rappresentante ufficiale, era già andato a Londra con il suo rapporto. La strada verso i grandi azionisti era già stata spianata con i Rothschild come soci, e con de Crano e Harry Mosenthal della Compagnia di Esplorazione dalla sua parte, il compito di Cecil Rhodes a Parigi non era difficile. Nell'agosto del 1887 fu costituito un consorzio con a capo N.M. Rothschild Sons, che anticipò la somma di 1.400.000 sterline per l'acquisto delle azioni comprate a Parigi e rilevò le nuove azioni DeBeers. Da questo momento in poi, Cecil Rhodes ebbe nella Casa Rothschild un alleato che si interessò volentieri a qualsiasi affare proposto da Rhodes".

Questo passaggio fa luce sulle attività sempre misteriose dei Rhodes Scholars, ragazzi americani che vengono educati in Inghilterra con i fondi della fortuna di Cecil Rhodes. Rhodes, come i suoi omologhi americani, J.P. Morgan e John D. Rockefeller, era un tirapiedi gentile della Casa Rothschild, e la sua fortuna fu destinata alla promozione del tradimento. I Rhodes Scholars sono stati criticati come filo-britannici, ma sarebbe molto più corretto dire che sono filo-socialisti e filo-sionisti.

Emden ci dice anche che nei campi d'oro furono contrabbandate armi per la ribellione contro i boeri da parte degli ebrei tedeschi degli Uitlander, contrassegnate come macchinari minerari consegnati a DeBeers. Nel suo libro "Empire Days", Hutchinson, Londra, 1942, Emden scrive a pagina 153,

"La DeBeers Mining Co. fu fondata nel 1880 con un capitale di 200.000 sterline, che aumentò costantemente fino al 1888, quando divenne così forte che Rhodes, sostenuto dai Rothschild e da Alfred

Beit della Wernher Beit and Co. poté portare a termine l'amalgama di tutte le miniere di diamanti di Kimberley".

Questo conferma il fatto che il trust mondiale dei diamanti di DeBeers è un interesse dei Rothschild. Anche il Canale di Suez è un'impresa dei Rothschild e la Casa può rivendicare un ruolo importante nella recente destituzione di Re Farouk in Egitto. Tutte le biografie di Disraeli confermano l'interesse dei Rothschild per il Canale di Suez. Ho selezionato una nota a questo proposito, tratta dalla "Storia della ferrovia da Capo al Cairo" del corrispondente della Reuters Louis Weinthal. A pagina 633,

> "Nel 1875 Disraeli indusse la N.M. Rothschild Sons ad anticipare circa quattro milioni di sterline per l'acquisto di 176.602 azioni differite della Suez Canal Co. di Sua Altezza il Khedive Ismail, che assicurò alla Gran Bretagna un predominio nell'amministrazione del Canale. L'intera transazione è stata registrata come un affare di altissimo valore patriottico e di lungimirante diplomazia, oltre che per il suo aspetto finanziario, i cui interessi e dividendi nell'anno finanziario 1921-22 ammontavano a 1.094.303 sterline".

Tuttavia, signor Weinthal, si trattava di un accordo e non di un trattato. Grazie ai suoi consiglieri d'affari, i Rothschild, i Cassel e i Sassoon, le relazioni internazionali della Gran Bretagna avevano preso una nuova strada.

Come i Rothschild abbiano esteso la loro influenza in America è descritto da James W. Gerard in "I miei primi 83 anni in America". Gerard, ex ambasciatore in Germania, ha visto ogni forma di materia nella sua lunga vita;

> August Belmont era arrivato in America nel 1837, a ventuno anni, come rappresentante dei Rothschild, le cui ricchezze e interessi in Europa erano onnicomprensivi... Il primo della gerarchia sociale (a New York) era l'anziano August Belmont. Nonostante parlasse con un forte accento tedesco, governava come un arbitro sociale assoluto".

Gli editori del signor Gerard lo trattennero a fatica dallo scrivere che Belmont parlava con un forte accento yiddish, perché Belmont era partito dalla Germania come Schoenberg. Quando ha attraversato il confine, questo camaleonte finanziario ha assunto la colorazione protettiva della campagna gallica, e la bella montagna è diventata Belmont. La più grande influenza singola nel Partito Democratico durante l'ultima metà del 19th secolo, Belmont fu un grande promotore di corse (la pista di Belmont) e il costruttore della metropolitana di New York. Suo figlio August Belmont Jr. portò avanti la metropolitana. Per un secolo sembrava esserci sempre un August Belmont, così come sembra esserci sempre un Eugene Meyer o un Henry Morgenthau nel ventesimo secolo.

Il figlio del vecchio August, Perry Belmont, non si sporcò le mani con il denaro. Entrò nel servizio pubblico e divenne presidente della Commissione per le Relazioni Estere della Camera, il posto ideale per un rappresentante dei Rothschild. Nel grande affare dei titoli d'oro del 1895, Perry ricevette una parte di due milioni di dollari, ma il suo ruolo rimane una congettura.

In ogni caso, il motivo di tutta questa confusione sui Rothschild è quello di spiegare la frenetica campagna dei loro rappresentanti a New York, Kuhn, Loeb Co. durante gli anni '20, per far sì che gli Stati Uniti riconoscessero la nazione sionista socialista, la Russia comunista. Uno dei motivi per cui Trotsky fu messo da parte fu la sua reputazione di frenetico, che mise in pericolo la campagna stampa di Kuhn, Loeb Co. dal 1918 al 1933, che presentava la Russia come un esperimento di innocuo agrarianesimo.

Uno dei risultati dell'educazione universale è stata l'assoluta incapacità del cittadino comune di credere che i banchieri avrebbero promosso una rivoluzione. "Perché", a bocca aperta,

> "I banchieri sono persone ferme e conservatrici, che sarebbero le ultime al mondo a farsi coinvolgere in una rivoluzione".

Questo può essere vero per i banchieri della sua cittadina, signora Williams, ma non per la folla internazionale di Francoforte. Le rivoluzioni non sono casuali. Come le guerre e i panici, richiedono le conferenze degli esperti e una notevole quantità di denaro. Una rivoluzione è un investimento politico I Rothschild e Schiff hanno versato il loro denaro in Russia nel 1917 per proteggere i loro investimenti. Quel denaro di protezione è stato il contante che ha portato Lenin e Stalin al potere.

Isaac Seligman, anziano della casa di J. e W. Seligman, in un discorso tenuto davanti all'Associazione Americana per la Conciliazione Internazionale nel gennaio 1912, pubblicato come opuscolo n. 50, ha affermato che

"Il conflitto russo-giapponese del 1904-05 è stato fermato perché i banchieri si sono rifiutati di concedere prestiti a condizioni simili a quelle ordinarie, dopo che probabilmente mezzo miliardo di dollari era stato sprecato nella contesa. Gli interessi del commercio hanno così messo nelle mani dei banchieri internazionali una potente arma da usare nell'interesse della conciliazione e della pace. Oggi la Francia detiene un miliardo di titoli russi e si capisce subito che la Russia non si impegnerebbe in nessuna guerra senza il consenso della Francia".

Il discorso di Isaac sul potere dei banchieri internazionali di fermare la guerra, se lo avessero scelto, appare piuttosto negativo, dal momento che fu pronunciato solo due anni prima dello scoppio della Prima Guerra Mondiale. Anche la Seconda guerra mondiale è stata una questione di finanza ortodossa, che non avrebbe potuto causare la morte di un giovane single se i banchieri non avessero lavorato per trent'anni per portarla a termine.

Tra le numerose e determinate agenzie che negli anni '20 lavoravano negli Stati Uniti per il riconoscimento ufficiale americano del governo comunista in Russia, spiccava l'Associazione della Lega delle Nazioni Libere che, nelle sue richieste di sostegno pubblico, pubblicizzava che il suo unico scopo era quel riconoscimento e si vantava di essere sulla buona strada per raggiungere il suo obiettivo. Il presidente del comitato esecutivo di questa organizzazione era James Grover McDonald, che per tutta la vita si è arricchito di imprese di questo tipo, sempre per conto dello stesso gruppo socialista-sionista. È stato premiato con la nomina a primo ambasciatore degli Stati Uniti presso il nuovo Stato di Israele. Il suo assistente in questa impresa comunista negli anni '20 fu Stephen Duggan, presidente dell'Institute Of International Education. Entrambi questi gruppi, ovviamente, erano finanziati dal Council On Foreign Relations.

Il bollettino del giugno 1920 dell'Associazione della Lega delle Nazioni Libere proclamò che stava "lavorando attivamente per la costruzione di una richiesta a livello nazionale per il ripristino del commercio con la Russia". Kuhn, Loeb e J.P. Morgan osservarono con apprensione l'accoglienza riservata a questo gruppo di pressione e procedettero verso il loro obiettivo quando divenne evidente che Duggan e McDonald non sarebbero stati rinchiusi come agenti di una potenza straniera.

A pagina 193 della biografia di Pope "Maxim Litvinoff" troviamo che

"Il 7 luglio 1922, Litvinoff dichiarò in una conversazione che la delegazione russa alla Conferenza dell'Aia si aspettava di negoziare con un importante gruppo di finanzieri tra cui Otto H. Kahn della Kuhn, Loeb Co. Ltd. di New York. Una settimana dopo Otto Kahn, arrivato all'Aia, dichiarò che "la conferenza con la Russia porterà risultati utili e condurrà a un avvicinamento all'unità di vedute e di politiche da parte di Inghilterra, Francia e Stati Uniti riguardo alla situazione russa".

Questo spiega in qualche modo il fatto che la signora Otto Kahn fosse sempre ricevuta dal grande Stalin in persona quando visitava la Russia. Otto Kahn si impegnò molto per raggiungere "un'unità di vedute e di politiche" nei suoi Paesi d'adozione, Inghilterra, Francia e Stati Uniti, rispetto alla sua ultima e più fervente fedeltà, la Russia comunista. L'ultima passione è sempre la più feroce e l'amore di Kahn per la Madre Russia sembra aver soppiantato tutti i fuochi patriottici che ardevano nel suo seno in rapida successione per la Germania, l'Inghilterra e l'America.

Sebbene lo studio Kuhn, Loeb sia stato in grado di resistere allo stress di una mezza dozzina di alleanze contrastanti durante la Prima guerra mondiale, non si ha notizia di una divisione di opinioni tra i suoi soci sulla questione del riconoscimento della Russia. Il loro atteggiamento nei confronti del comunismo riflette una singolare e ammirevole armonia. (Attaccare Kuhn, Loeb in presenza di un comunista è come sputare sulla tomba di Lenin). I capitalisti erano tutti cattivi, naturalmente, ma gli "irrigatori finanziari" di Kuhn e Loeb erano patrioti mondiali, da non confondere con i malvagi banchieri che portavano nomi gentili.

La biografia di Pope su Litvinoff rivela anche che

"Nel 1925 W. Averell Harriman si era impegnato a organizzare la partecipazione americana al finanziamento del commercio russo-tedesco, e Felix Warburg e altri banchieri di spicco erano pronti a collaborare al progetto, mentre Ivy Lee della Standard Oil promuoveva il riconoscimento della Russia, con l'aiuto di aziende americane ben note come la General Electric, la Vacuum Oil, la International Harvester e la New York Life Insurance".

Nonostante il suo quarto di secolo di servizio alla Russia comunista, W. Averell Harriman non era un comunista. Era il maggiore azionista americano dell'industria pesante tedesca negli anni Trenta, ma non era un nazista. Era solo un rappresentante della Kuhn, Loeb Co.

I Rockefeller non erano inattivi nel promuovere il riconoscimento della Russia. La Fondazione Rockefeller aveva milioni a disposizione di chiunque potesse presentare un piano fattibile per promuovere il comunismo in America, come ha dimostrato il dottor Josephson. Ha concesso milioni alla London School of Economics, che forma la burocrazia del futuro Stato socialista mondiale e che ha laureato grandi americani come il fratello di Dean Acheson. Edward Campion Acheson, che è stato un'importante figura dietro le quinte di Washington.

La cosa più degna di nota fu l'invio da parte di Rockefeller del suo pubblicitario personale, Ivy Lee, responsabile delle pubbliche relazioni della Standard Oil Corporation del New Jersey, in Russia per riportare un rapporto favorevole sullo stato di polizia comunista. Lee sarebbe tornato pieno di entusiasmo anche se Stalin lo avesse gettato in una prigione e picchiato tre volte al giorno. È difficile scoraggiare un uomo che viene pagato così tanto a parola. Ivy Lee non va confusa con la famiglia Virginia, che si è SEMPRE chiamata Lee. Il suo viaggio fu effettuato alla fine del 1926 e nel 1927 la Macmillan Co, la casa di propaganda dei banchieri internazionali, pubblicò "Present Day Russia", che presentava la Russia come un Paese camerale come l'America, con membri della gerarchia comunista che erano come i nostri giovani uomini d'affari, progressisti, dinamici e affascinanti. Lee trascurò di sottolineare che gli uomini d'affari americani non gettano i loro concorrenti nei campi di concentramento. Lee, il capo della Propaganda in America, parlò a lungo con Karl Radek, capo della Propaganda dell'Internazionale Comunista. A pagina 125 del suo libro, Lee ci dice che

> "Radek ha detto che la propaganda bolscevica ha poca intenzione di influenzare le masse dei popoli del mondo, ma cerca di formare un nucleo duro di rivoluzionari. L'obiettivo del comunismo, ha dichiarato, è quello di ottenere il controllo delle orde dell'Asia, come primo e più importante passo nella conquista del mondo".

Oltre a Kuhn, Loeb, Standard Oil e gli Harriman, il resto della folla Rothschild in America non stava trascinando i piedi. Mentre la figura di J.P. Morgan veniva rimproverata come bersaglio ufficiale della propaganda comunista, la società di J.P. Morgan lavorava dietro le quinte per la Russia, Harold Nicolson, nella sua biografia "Dwight Morrow", ci dice che

"L'interesse di Morrow per la Russia risaliva al 1917, quando Thomas D. Thacher, suo partner legale, era stato membro della missione della Croce Rossa americana durante la rivoluzione. Fu rafforzato dall'amicizia con Alex Gumberg, che era venuto a New York come rappresentante del Sindacato dei Tessili di tutta la Russia. Ho sentito", scrisse Morrow nel 1927, "che sarebbe arrivato il momento in cui si sarebbe dovuto fare qualcosa per la Russia". Egli stesso si adoperò per favorire le relazioni non ufficiali tra gli emissari sovietici e il Dipartimento di Stato, e fornì a Maxim Litvinoff una calorosa lettera di presentazione a Sir Arthur Saler e ad altri a Ginevra. E non è tutto. Nella primavera del 1927, quando si trovava a Parigi, diede una cena da Foyot, alla quale invitò M. Rakovsky e altri rappresentanti sovietici".

Così, mentre i giornali comunisti di tutto il mondo dedicavano pagine e pagine alle diatribe e alle invettive contro Morgan, un socio di Morgan organizzava cene in costosi ristoranti di Parigi per i funzionari comunisti e quando il commissario per le relazioni estere della Russia sovietica, Maxim Litvinoff, si recò alla Società delle Nazioni, aveva una lettera di un socio di J.P. Morgan.

La verità è che la J.P. Morgan Co. ha fatto quasi altrettanto per promuovere il comunismo di quanto abbia fatto la sua consorella bancaria Kuhn, Loeb Co. Il socio anziano di J.P. Morgan tra le due guerre mondiali, Thomas Lamont, ha finanziato la rivista di sinistra Saturday Review of literature per riunire gli scrittori americani all'ovile, un tempo era proprietario del New York Post, ora di proprietà della signora Dorothy Schiff, ed era direttore del Collier's Weekly, il cui scagnozzo politico, Walter Davenport, riserva le sue frecciate più feroci ai patrioti. La signora Thomas Lamont è stata fiduciaria e direttrice di diversi fronti comunisti e il figlio, Corliss Lamont, è stato un instancabile compagno di viaggio, presidente di imprese notoriamente comuniste come il Council Of American-Soviet Friendship e altre altrettanto note all'FBI.

Dwight Morrow era stato socio di Thomas Thacher, un avvocato di Wall Street, prima di passare alla J.P. Morgan Co. Thacher era stato membro della famigerata missione della Croce Rossa in Russia durante la rivoluzione. Il capo di quella missione, il col. Raymond Robins, negli anni '30 cambiò idea, ruppe con tutti i suoi intrighi di Wall Street, cambiò nome e andò a vivere in una piccola città della Carolina del Sud, dove morì pochi anni dopo.

Harold Nicolson, a pagina 28 della sua chiacchieratissima biografia "Dwight Morrow", racconta che all'Amherst College, Morrow, figlio di genitori poveri, indossava le camicie di seta dismesse del fratello maggiore della confraternita, Mortimer Schiff, figlio di Jacob Schiff, con la MLS ricamata sul davanti. Morrow indossò per tutta la vita i colori di Kuhn, Loeb.

Sebbene la frangia lunatica del Partito Comunista d'America fosse rumorosa e assurda durante l'isterico decennio degli anni Venti, era un'ottima copertura per il serio lavoro comunista svolto dai membri del Council on Foreign Relations. Gli anni Venti furono i giorni d'oro dei comunisti americani, quando Owen Lattimore poteva viaggiare avanti e indietro tra Washington e Mosca senza ostacoli o critiche. In effetti, era difficile ottenere un posto di professore di governo o di storia se non si era andati in pellegrinaggio a Mosca o se non si era pubblicato qualche articolo su The Nation o New Masses. Gli anni Venti furono anche i giorni d'oro dei sindacalisti. Walter Reuther, oggi imperatore del sindacato dei lavoratori dell'automobile CIO di Detroit, è stato un visitatore di spicco e ben accolto a Mosca, e si dice che sia stato un allievo di punta della Scuola di Rivoluzione Lenin. L'FBI si rifiuta di rilasciare le informazioni su di lui ai membri del Congresso.

CAPITOLO 15

Il mio libro "La Federal Reserve"[2] racconta le trattative monetarie immediate responsabili del crollo del 1929, a partire dalle audizioni del Congresso che hanno rivelato l'incontro dei banchieri centrali europei con i governatori del Federal Reserve Board a Washington nel 1927, durante il quale è stata presa la decisione di aumentare il tasso bancario e di far precipitare il crollo. Il presente lavoro fornisce il contesto ideologico di tale decisione. L'idea era quella di sgonfiare i prosperi Stati Uniti e di portare l'oro da questo Paese ai Paesi europei più poveri, nonché di aiutare la Russia a superare la sua crisi economica. Trotsky aveva scritto nella sua "Storia della rivoluzione russa" che

> "L'oro è l'unica base del denaro. Ogni altro denaro non è che un sostituto".

Trotsky non ci ha detto che il denaro stesso è solo un sostituto. In ogni caso, non possiamo aspettarci che qualcuno nato a Bronstein voglia qualsiasi tipo di denaro tranne l'oro. Questa era la dottrina economica rivoluzionaria del comunismo e, poiché il Federal Reserve System e la Rivoluzione bolscevica sono entrambi nati dalle agili menti di Paul Warburg e del barone Alfred De Rothschild, non sorprende che ci sia stata una comunità di interessi tra il crollo del 1929 e il benessere del comunismo.

A pagina 123 di "Present Day Russia", Macmillan 1927, Ivy Lee scrive che Karl Radek, capo della propaganda dell'Internazionale Comunista, gli disse,

> "Disperava di fare progressi negli Stati Uniti a causa della prosperità del popolo lavoratore e suggeriva che una depressione sarebbe stata l'unica cosa che avrebbe diffuso il comunismo in America".

---

[2] "I segreti della Federal Reserve - La connessione con Londra", Omnia Veritas Ltd, www.omnia-veritas.com.

Quella prosperità, come ho sottolineato, era dovuta all'innovazione rivoluzionaria di Henry Ford, che pagava i suoi operai cinque dollari al giorno quando tutti gli altri ne pagavano solo tre. Quando i sindacalisti, tutti appartenenti a una certa minoranza razziale, entrarono in scena e cercarono di prendersi il merito di ciò che Ford aveva fatto per i suoi operai, Ford li cacciò e li tenne fuori anni dopo che tutti gli altri produttori americani si erano arresi ai sindacalisti marxisti, i parassiti che si nutrivano dell'operaio americano.

Il Federal Reserve System era sempre disposto ad assecondare Radek, così come le pagine della rivista "Foreign Affairs" del Council On Foreign Relations erano sempre aperte alla propaganda comunista di Radek.

Nikolai Lenin, a pagina 127 del Vol. X delle sue Opere scelte, tradotte da J. Fineberg, dice

> "La rivoluzione è impossibile senza una crisi nazionale che colpisca sia gli sfruttatori che gli sfruttati, per far sì che le classi inferiori si rifiutino di volere la vecchia via, e che le classi superiori non possano continuare nella vecchia via".

Il crollo del 1929, la peggiore calamità mai inflitta al popolo americano, è avvenuto secondo i precetti di Lenin e Radek. Fu proprio l'iniezione di energia necessaria al piano quinquennale di Stalin. Paul Einzig, in "France's Crisis", Macmillan, 1934,

> "Il dumping delle merci da parte delle organizzazioni esportatrici sovietiche ha contribuito alla caduta dei prezzi mondiali e ha accentuato la crisi. Questo dumping di merci fa parte del tanto discusso Piano quinquennale... Se il Piano quinquennale dovesse avere successo, il potere delle autorità sovietiche di praticare il dumping aumenterà in misura non trascurabile, il che è calcolato per rendere gli uomini pessimisti sulle prospettive dell'industria in altri Paesi. La crisi mondiale ha lasciato l'Unione Sovietica praticamente indenne".

In "The World Economic Crisis", Macmillan, 1934, Einzig scrive che

> "L'Unione Sovietica ha tratto vantaggio dalla crisi. È più facile ottenere crediti che in qualsiasi altro momento della sua esistenza, perché ogni Paese è diventato più ansioso di vendere i propri beni".

Pur essendo in regime di gold standard, l'Unione Sovietica, stranamente, non ha subito le calamità che hanno colpito gli altri Paesi in regime di gold standard. Questa immunità deve ancora essere spiegata dai nostri economisti. Che i cervelloni dell'Unione Sovietica conoscessero l'arte del denaro così come l'arte della rivoluzione è illustrato dal commento di Einzig nel suo libro "France's Crisis",

> "I Soviet acquistarono vari beni a credito e li rivendettero subito per contanti. In questo modo hanno subito perdite sostanziali, ma hanno potuto acquistare macchinari per la realizzazione del Piano quinquennale. Per quanto costoso possa sembrare, questo metodo di prestito è in realtà più conveniente del tasso al quale i Soviet potrebbero prendere a prestito sul mercato aperto".

È strano che i fanatici rivoluzionari possano comprendere l'abile arte del finanziamento, ma qualsiasi sfollato che abbia aperto un negozio di abbigliamento a New York e abbia venduto la sua merce sottocosto potrebbe spiegarglielo.

Bruce Hopper, un uomo di contatto di alto livello tra i banchieri di New York e i leader sovietici, che sostituì George Kennan negli anni '20, scrisse nel numero di aprile 1932 di "Foreign Affairs" un articolo intitolato "Soviet Economy In a New Phase", in cui affermava,

> "Per ironia della sorte, i Paesi capitalisti sono scivolati volentieri negli abissi della depressione proprio in tempo per dare ai bolscevichi un po' di respiro quando ne avevano più bisogno".

Il mio curriculum è pieno di cose strane che sono accadute proprio quando i comunisti e i banchieri internazionali avevano disperatamente bisogno che accadessero. Il crollo del 1929 non è avvenuto in un solo giorno, né è stato un caso che sia avvenuto proprio in tempo per aiutare l'Unione Sovietica. Hopper osserva anche che il monopolio del commercio estero sovietico da parte dello Stato esclude il sistema di pianificazione dagli effetti disastrosi del cambio di valuta. Questo non significa che il monopolio di Stato sia migliore, ma che ha dei meccanismi che lo proteggono come monopolio di Stato dai mali del sistema della libera impresa. Inversamente, il sistema della libera impresa ha dei controlli che lo proteggono dai disastri del sistema del monopolio di Stato, ed è di questi controlli che la folla del Consiglio vuole sbarazzarsi. Hopper sottolinea anche che la settimana continua di cinque giorni è stata adottata nel 1929 nella Russia atea per abolire la domenica, come passo integrale del programma leninista. Osserva che la Banca di Stato eroga fondi alle fabbriche solo quando i contratti sono stati rispettati. Questo è uno sviluppo della filosofia del comunismo "Lavora o muori di fame", punto 8 del Manifesto comunista.

Una delle cause principali della debacle del 1929-33 è stato il sistematico dissanguamento del pubblico americano attraverso l'acquisto di obbligazioni estere da parte delle banche internazionali, un crimine che ha fruttato ai banchieri un profitto di due miliardi di dollari e che ha provocato un'indagine del Senato su quel racket, per cui ora deve essere condotta da agenzie governative, come l'Amministrazione per la Cooperazione Economica, che ha funzionato così bene sotto la guida di Herbert Lehman, Paul Hoffman.

Lothrop Stoddard, nel suo libro "L'Europa e il nostro denaro", Macmillan, 1932, scrive che Paul Mazur di Lehman Brothers, Eugene Meyer e Paul Warburg furono le tre menti che promossero queste obbligazioni senza valore negli Stati Uniti. Stoddard afferma inoltre che la consapevolezza pubblica che 45 miliardi di dollari erano spariti fu uno dei fattori psicologici alla base del panico.

Il sinistro Allen W. Dulles, ora presidente del Council On Foreign Relations, è piuttosto irritato dalle lamentele di chi è stato truffato dai banchieri internazionali. Dulles scrive nel numero di aprile 1932 di "Foreign Affairs", un articolo intitolato "American Foreign Bondholders", a pagina 479, in cui afferma che solo un miliardo di dollari su otto miliardi di Held in America sono andati in default. Un miliardo di dollari persi non è nulla di cui lamentarsi, dice Dulles, per il quale tali somme sono insignificanti. Egli commenta che

> "Nonostante il colpo ricevuto dai finanziamenti esteri sul mercato di New York in seguito ai recenti eventi, torneremo a prestare denaro all'estero prima di molti anni. Un'inversione di tendenza come quella a cui stiamo assistendo non è un rinvio permanente agli investimenti esteri".

Allen W. Dulles non crede che gli americani truffati debbano lamentarsi dei banchieri disonesti che hanno venduto loro le obbligazioni fasulle. In ogni caso, si consola con gli uomini di fiducia di Frankfort, i fessi torneranno tra un paio d'anni. Questo è il tipo di moralità di cui sono dotate le chiese e le università, ed è il denaro che sta dietro a questa moralità che ha impedito agli ecclesiastici e ai nostri professori di criticare la marcia trionfale del sionismo socialista e, anzi, ha acquistato molti di loro per la quinta colonna del marxismo.

Il 29 ottobre 1929, il giovedì nero della Borsa di New York, quando tanti uomini d'affari gentili saltarono dalle finestre dei loro uffici, fu un giorno di giubilo per gli immigrati che avevano pianificato tutto. Carter Field, nella sua biografia di "Bernard Baruch", scrive che

> "Baruch uscì dal mercato poco prima del Crash. Ma cosa spinse Baruch a vendere azioni e a comprare esenzioni fiscali in un momento così favorevole? Studiando sempre il valore dei titoli in suo possesso, Baruch giunse alla conclusione che la maggior parte delle azioni venivano vendute a un prezzo di gran lunga superiore al loro valore".

Si tratta di una pura assurdità. Le azioni erano state enormemente sopravvalutate per più di due anni. Baruch, alla vigilia del crollo, vende improvvisamente, acquistando titoli di Stato. Lo stesso fanno gli azionisti del Federal Reserve System. Lo stesso fanno i fratelli Lehman. Così come i soci della Kuhn, Loeb Co. Così come i soci di tutte le banche internazionali. Le origini del crollo possono essere dedotte dal fatto che nessun socio di nessuna delle banche originate da Frankfort ha perso a causa del crollo. Al contrario, le loro fortune sono state raddoppiate e triplicate. Quando i fessi erano al loro posto, hanno tolto i puntelli dal mercato, giusto in tempo per evitare il crollo della Russia sovietica, e il popolo americano è entrato in quattro anni di miseria.

Dov'erano i Rothschild quando tutto questo accadeva? Time Magazine del 18 agosto 1952, a pagina 28, osserva che

> "Il fallimento dell'Austrian-Creditanstalt, controllata dai Rothschild, nel 1929 ha scatenato la depressione mondiale".

Molte delle nostre famiglie più antiche persero le loro azioni e le loro proprietà a causa dei Lehman e dei Warburg. Il crollo fu un disastro economico per i nostri cittadini, ma fu una manna per altri. Herbert Lehman e Frederick M. Warburg formarono la loro gigantesca holding, la Lehman Corporation, per acquistare intere industrie a una frazione del loro valore. Eugene Meyer ampliò la sua già enorme Allied Chemical and Dye Corporation, James Paul Warburg aumentò le filiali della sua Bank of Manhattan Company, mentre Samuel Zemurray della Palestine Economic Corporation e altri della sua specie formarono un'altra grande holding, la Atlas Corporation. I soci di Sullivan e Cromwell e di Lehman Brothers formarono la Marine Midland Company, che controllava gli interessi energetici del Niagara e l'industria dell'Upper New York State.

Amadeo Giannini, della Bank of America, ha rischiato di perdere le sue proprietà a favore della National City Bank e ha condotto una strenua lotta per tutti gli anni '30 per salvare la sua banca dal dominio della National City (Rothschild). Italiano onesto, Giannini aveva costruito la più grande banca dell'Ovest e la folla di New York colse l'occasione del 1929 per distruggerlo. Nel 1951 Wall Street arruolò finalmente il Federal Reserve Board in un attacco totale alla Bank of America, ordinandole di sciogliere le sue partecipazioni nella Transamerica Corporation. Si trattava di un'azione così palesemente prevenuta che avrebbe suscitato un diffuso risentimento tra il popolo americano se la stampa pubblica si fosse preoccupata di informarlo della posta in gioco.

Il crollo del 1929 fu un'ottima occasione per i sindacalisti radicali marxisti di consolidare la loro presa sul movimento sindacale in America e di sconfiggere i proprietari delle fabbriche, molte delle quali finirono sul lastrico. Il leader dei marxisti era il noto comunista Sidney Hillman. La biografia "Sidney Hillman", di Jean Gould, Houghton Mifflin 1952, riporta a pagina 276 che

> "Sidney Hillman costituì la Amalgamated Bank of New York and Chicago il 14 aprile 1923. Questa banca non fu colpita dalla depressione e aveva 11.000.000 di dollari in contanti al momento del crollo. A. D. Marimpetri "era felice di poter riferire che avevano operato senza nemmeno un dollaro di perdita durante una delle più grandi rotture di mercato nella storia della Borsa".

Non solo la Russia sovietica non è stata colpita dal crollo, ma anche il principale capitale del marxismo in America, la Amalgamated Bank del comunista Sidney Hillman, non è stato toccato.

In "The Federal Reserve" ho notato che delle 106 aziende che fondarono il New York Cotton Exchange nel 1870, solo due sono sopravvissute fino ad oggi: la casa bancaria di Baruch, Hentz and Co. e la casa di famiglia di Herbert Lehman, Lehman Brothers.

Nessun furfante era troppo riprovevole per vedersi rifiutare un impiego nella grande guerra contro la ricchezza del popolo americano, se aveva un buon progetto, e così un avventuriero europeo di nome Ivar Kreuger fu sostenuto in una truffa da 250 milioni di dollari da tre banche di New York e Boston, la Lee Higginson Co. Dillon Read Co. e Brown Brothers Harriman. Uno dei peggiori scandali finanziari della storia moderna, è stato criticato il 10 giugno 1932 dal rappresentante Louis MacFadden, presidente della commissione bancaria e valutaria della Camera, come segue:

"Ogni dollaro dei milioni che Kreuger e la sua banda hanno prelevato da questo Paese su accettazioni è stato prelevato dal Governo e dal popolo degli Stati Uniti attraverso il Federal Reserve Board e le banche della Federal Reserve. Il credito degli Stati Uniti è stato venduto a lui".

CAPITOLO 16

I tre più importanti dittatori del XX secolo, Lenin, Mussolini e Hitler, conoscevano tutti il funzionamento del capitale finanziario internazionale. Mussolini ha sconfitto la Banca Commerciale in Italia e si è imposto come leader, Hitler si suppone abbia sconfitto i Rothschild in Germania e Lenin, naturalmente, ha guidato il nuovo sviluppo del capitale finanziario internazionale, oggi noto come comunismo.

Il ragno della finanza internazionale che da Frankfort aveva tessuto la sua tela in Europa e in America non mancò di arrivare in Italia, con un tale successo che prima della Prima Guerra Mondiale l'Italia era nelle mani dei banchieri tedeschi. Il dottor E.J. Dillon, nella sua storia "Dalla Triplice alla Quadruplice Alleanza", Hodder and Stoughton, 1915, scrive che

> "L'Italia era diventata una colonia commerciale della Germania. Il Prof. Pantaleoni si accorse presto dell'influenza nefasta esercitata dalla Banca Commerciale, che aveva sede a Milano e che era stata fondata nel 1895 da Herr Schwabach, il capo di Bleichröders, e da altri ebrei tedeschi come Joel, Weil e Toepliz. La Banca Commerciale controllava l'economia italiana attraverso un sistema di direzioni interconnesse".

Lehman Brothers sta facendo la stessa cosa negli Stati Uniti. Benito Mussolini liberò l'Italia dalla Banca Commerciale e si guadagnò l'epiteto di "sporco fascista", che divenne standard nella nostra stampa controllata.

Un'altra ragione della campagna di stampa contro Mussolini è fornita da Paul Einzig in "World Finance 1914-1935",

> "In Italia, il signor Mussolini impose il divieto di concedere prestiti all'estero e la partecipazione dell'Italia all'orgia dei prestiti internazionali fu moderata".

Mussolini spezzò il potere della Banca Commerciale mostrando la massima determinazione a far sì che l'Italia trovasse il proprio destino in Europa, senza sottostare alle imposizioni dei Rothschild. Dopo la Marcia su Roma, Mussolini dimostrò di essere più di un drammaturgo quando sopravvalutò la Lira, indebolendo di fatto l'influenza dei banchieri internazionali e dei loro intrecci in Italia. In quel momento, i banchieri tedeschi non potevano fare nulla. Avevano distrutto la Germania e dovevano aspettare l'arrivo di Hitler per rimettere in piedi la nazione. Nel frattempo, i ragazzi di Frankfort furono cacciati dall'Italia da un ex minatore che si guadagnò l'ammirazione del mondo. Egli rappresentava l'Italia Irredenta, una Roma rinascente. Non c'è da stupirsi che la Sentinella Ebraica, nel suo numero del 26 novembre 1920, lamentasse che

> "Il nostro unico grande nemico storico, il nostro nemico più pericoloso, è Roma in tutte le sue forme e ramificazioni. Ogni volta che il sole di Roma comincia a tramontare, sorge quello di Gerusalemme".

Che Mussolini fosse Roma è dimostrato dai suoi scritti, che sono schietti come le dichiarazioni di Cincinnato. In stridente contrasto con i vendicativi scritti anticristiani di Marx e Lenin, che ho già citato e che esprimono un atteggiamento razziale, lo spirito religioso di Benito Mussolini è espresso nel suo libro più importante, "La dottrina del fascismo", Firenze 1936, che divenne la principale guida del Partito Fascista Italiano. A pagina 44, Mussolini ci dice che

> "Lo Stato fascista non è indifferente ai fenomeni religiosi in generale, né mantiene un atteggiamento di indifferenza nei confronti del cattolicesimo romano, la particolare religione positiva degli italiani. Lo Stato possiede un Codice morale più che una teologia. Lo Stato fascista vede nella religione una delle manifestazioni spirituali più profonde e per questo non solo rispetta la religione, ma la difende e la protegge. Lo Stato fascista non tenta, come fece Robespierre al culmine del delirio rivoluzionario della Convenzione, di istituire un proprio dio, né cerca vanamente, come il bolscevismo, di cancellare Dio dall'anima dell'uomo".

Invece di scoprire cosa rappresentava Mussolini, il popolo americano fu sottoposto a una dieta costante di Walter Lippmann e Walter Winchell, la cui fedeltà rabbinica impedì a entrambi di menzionare il programma cristiano di Mussolini. Ciononostante, Mussolini fu in grado di attuare vaste riforme in Italia, né i servizi giornalistici internazionali furono in grado di tenere nascosta questa informazione al popolo americano. Centinaia di migliaia di turisti visitarono l'Italia negli anni Trenta e videro il nuovo Stato che Mussolini aveva risollevato dalla povertà di un'Italia dominata dai banchieri internazionali. I funzionari americani furono impressionati dalla leadership di Mussolini, anche se si guardarono bene dal dichiararlo pubblicamente. Una di queste opinioni viene alla luce anni dopo il brutale assassinio di Mussolini da parte di partigiani comunisti, dalla biografia di Stimson, "On Active Service In Peace and War", di McGeorge Bundy, pagina 268,

> "Come Segretario di Stato, Stimson visitò l'Italia nel 1931. In Italia c'erano Benito Mussolini e il conte Dino Grandi, il suo giovane ministro degli Esteri. Sembra ironico, ma in quel periodo Mussolini era uno dei più ardenti e meno incoerenti sostenitori del disarmo in tutta Europa... Qualche giorno dopo, portò gli Stimson a fare un giro in motoscafo. Mostrò il suo lato attraente e piacque molto a entrambi". Da un promemoria del 9 luglio 1931: "Ha sottolineato che l'Italia è a favore del disarmo e della pace"".

Sebbene i banchieri internazionali fossero scontenti di essere stati cacciati dall'Italia, tali battute d'arresto temporanee non erano una novità per loro. Significava che l'Italia sarebbe stata dalla parte sbagliata durante la prossima guerra, e allora avrebbero potuto farne ciò che volevano. L'assassinio vendicativo di Mussolini avrebbe scoraggiato altri italiani dalla sua audacia.

Un motivo per cui i banchieri non erano troppo dispiaciuti di essere stati allontanati dall'Italia per il momento è stato sottolineato da Paul Warburg in uno dei suoi cinici commenti al giornalista finanziario Carter Barron. "Perché", sogghignò Paul, "dovremmo preoccuparci di un Paese che non ha oro?".

Paul Einzig (la metà di queste creature sembra chiamarsi Paul) nel suo libro "Finance and politics", Macmillan, 1932, ha osservato che

> "La Banca d'Italia non è mai stata in grado di accumulare una riserva aurea paragonabile a quella della Francia e nemmeno, in termini comparativi, a quella dell'Olanda, della Svizzera o del Belgio".

La mancanza di oro in Italia fu una sfida per Mussolini, che la accettò. Egli sviluppò una forte economia interna che non dipendeva dai capricci di Paul Warburg o di Sir Ernest Cassel, come sottolinea Einzig in "World Finance, 1935-1937" Macmillan, 1938,

"Nel 1927, l'Italia adottò drastiche restrizioni di cambio e con questa azione cessò virtualmente di essere un membro del Blocco d'Oro."

Einzig ha suggerito in "World Finance 1938-1939" che

"Un'Italia amica non avrebbe difficoltà ad ottenere la partecipazione di capitali britannici o di altri stranieri nello sfruttamento delle risorse naturali dell'Abissinia. La fine della guerra civile in Spagna potrebbe portare a questi sviluppi".

Poiché Einzig è il pubblicista della Casa Rothschild, questo suggerimento potrebbe significare solo che i Rothschild stavano facendo a Mussolini un'ultima offerta prima dello scoppio della Seconda Guerra Mondiale. Probabilmente si trattava di un tentativo di rompere l'Asse Roma-Berlino, ma Mussolini ignorò sia la promessa che la minaccia implicita nella tangente.

Le offese di Mussolini contro i banchieri internazionali, tuttavia, sono lievi rispetto a quelle di Adolf Hitler. Hitler era un chiacchierone di poco conto, e dopo la prima guerra mondiale si aggirava per la Germania parlando degli ebrei, quando i sionisti socialisti decisero che sarebbe stato l'uomo giusto per far rispettare l'ammonimento del dottor Nathaniel Syrkin: "L'antisemitismo aiuta gli ebrei a mantenere la loro solidarietà nazionale".

In un attimo, il piccolo gruppo di Hitler ricevette ingenti somme da Londra e New York e gli agitatori sbocciarono come un vero e proprio partito politico. In "Merchants of Death", di H.C. Engelbrecht e Frank C. Hanighen, Dodd, Mead, 1934, troviamo a pagina 243,

"L'uomo dietro Hitler è Thyssen, il magnate dell'acciaio della Ruhr. Thyssen fornì più di tre milioni di marchi in fondi per la campagna elettorale ai nazisti negli anni critici dal 1930 al 1933. Egli ha favorito l'effimera alleanza Hitler-Von Papen-Hugenberg e la caduta di von Schleicher, spianando così la strada all'ascesa al potere di Hitler. Per questo aiuto Thyssen chiese e ottenne il controllo del German Steel Trust, che è il cuore dell'industria degli armamenti".

Questo è documentato da molte fonti, come l'articolo di Ernest in "Living Age", ottobre 1933, intitolato "L'uomo dietro Hitler". Tuttavia, non esiste una storia intitolata "L'uomo dietro Thyssen". Fritz Thyssen non era un banchiere, era uno di quei perenni organizzatori dell'industria pesante che sono così utili ai banchieri.

L'uomo dietro la Thyssen era il principale agente finanziario di Bernard Baruch, Clarence Dillon, socio anziano della società bancaria internazionale Dillon, Read. Dillon è elencato nel Who's Who in American Jewry come figlio di Samuel Lapowitz; il nome Dillon è gratuito, un dono della democrazia. Dillon era stato assistente di Baruch alla presidenza del War Industries Board, quando Baruch consolidò il controllo della United States Steel e si accinse a formare un cartello internazionale dell'acciaio. La Germania, dopo la Prima Guerra Mondiale, aveva la maggiore efficienza e il più grande potenziale di tutta l'industria siderurgica europea e, molto attentamente, non era stata danneggiata dalla guerra. Era un premio ricco e cadde nelle mani di Baruch come bottino dell'inflazione del marco del 1923. Per il lavoro di rifinanziamento, Baruch scelse il suo braccio destro, Clarence Dillon. Ci sono molti documenti che dimostrano che Baruch era l'uomo dietro Hitler. Citiamo da uno dei libri più diffusi dell'epoca, "Ferro, sangue e profitti", di George Seldes, pagina 252,

> "Dei 200.000.000 di dollari in obbligazioni che, secondo gli elenchi di New York, sono stati emessi da Dillon, Read negli ultimi dieci anni, fino al 1934, per clienti tedeschi, circa 124.000.000 di dollari sono stati versati alla Vereinigte Stahlwerke (German Steel Trust), 48.000.000 di dollari alla Siemens and Halske (affiliata della General Electric) e 12.000.000 di dollari alla Ruhr Gas Corporation. L'oro che ha reso possibile la marcia di Hitler verso il potere è stato l'oro dei banchieri americani".

Tuttavia, signor Seldes, tutti questi "banchieri americani" sono elencati nel Who's Who in American Jewry. Dillon Read ha rifinanziato il programma di riarmo della Germania, e dietro Dillon Read c'era Baruch. Avendo generato un risentimento imperituro nel popolo tedesco con le sue richieste di riparazioni e avendo spinto il popolo tedesco a indebitarsi con Kuhn, Loeb per pagare le rate di quelle riparazioni, Bernard Baruch ricreò l'esercito tedesco per dare voce a quel risentimento e raccolse dai bassifondi un leader che avrebbe chiamato i tedeschi alla guerra, Adolf Hitler. Era inevitabile. I padroni dell'industria pesante parlano sempre di pace, ma guardano sempre alla guerra. Quando vedono i garage accanto alle case riempirsi di automobili, cominciano a sognare di produrre un milione di carri armati e tre milioni di aeroplani. Hitler era la risposta ai loro sogni.

Agli albori del Partito nazista, i soldi di Hitler provenivano direttamente dal trust degli armamenti Cassel-Rothschild-Loewe e dall'inglese Vickers-Armstrong. Nel 1924, Dillon Read lo sostenne e da allora non ci furono più dubbi sul fatto che sarebbe diventato il padrone della Germania. Gli strani schemi della Prima Guerra Mondiale si ripeterono nella Seconda, con il presidente di Dillon Read, James Forrestal, come Segretario della Marina e con Allen W. Dulles, un direttore dei banchieri personali di Hitler, la J. Henry Schroder Co. come Capo dell'Ufficio dei Servizi Strategici. Per tutta la durata della guerra, Dulles si incontrò costantemente con i rappresentanti tedeschi in Svizzera.

Lo storico Otto Lehman-Russbeldt ha osservato nel suo libro "Aggression" Hutchinson, Londra, 1942, pagina 44, che

> "Hitler fu invitato a una riunione presso la Banca Schroder il 4 gennaio 1933. Promise di spezzare il potere dei sindacati".

Dopo il 1933, il conto personale di Hitler, secondo James Stewart Martin, fu gestito dalla banca Schroder, la J. M. Stein Bankhaus di Colonia. L'alleanza formale tra lo Stato Maggiore tedesco e i nazisti si concluse quando il generale Kurt von Schroder, della famiglia bancaria internazionale, divenne il tramite tra queste due forze che controllavano la Germania. L'alleanza tra gli Schroder e i Rockefeller si concluse con la creazione della Schroder, Rockefeller Co. di New York, un'impresa di investimenti che gestiva gli interessi comuni delle due famiglie.

La terza mano dietro il trono del leader nazista era quella di Max Warburg. George Sokolsky, nel suo libro "Noi ebrei", sottolinea che

> "Persino nella Germania hitleriana la società Max Warburg Co. è stata esente da persecuzioni".

Le due più grandi aziende tedesche appoggiarono il partito nazista. La Steel Trust è già stata discussa. La seconda era la I. G. Farben Co. la più grande azienda chimica del mondo. La rivista Fortune del settembre 1942 osservava a pagina 107 che

> "È ormai un fatto storico che i cartelli dell'acciaio e della chimica abbiano finanziato le prime avventure politiche di Hitler".

La mano della I.G. Farben è stata onnipresente negli Stati Uniti fin dalla Prima Guerra Mondiale Edward T. Clarke, segretario privato del Presidente Coolidge, si registrò come rappresentante a Washington della più grande filiale americana della I.G., la Drug, Inc. che possedeva la Sterling Drug, Inc. l'azienda produttrice dell'Aspirina Bayer, e che era diretta dal Dr. William Weiss, una delle figure più sinistre degli anni Venti. Il 26 aprile 1929, alla vigilia del crollo, Paul Warburg e Walter

Teagle della Standard Oil lanciarono la filiale americana della I.G. Farben, l'American I.G. Chemical Corporation, con un'emissione azionaria di 30.000.000 di dollari gestita dalla National City Bank e dalla International Manhattan Co. All'epoca possedeva 17.500.000 dollari in azioni Dupont e Standard Oil, secondo il sistema Rothschild di interscambio. L'importanza di I.G. oggi si misura dal rapporto del suo rappresentante principale a Washington, George E. Allen, con il Presidente Truman. Allen, un consigliere della Casa Bianca che rappresenta anche gli interessi della I.G. Farben nelle industrie del gigante Hugo Stinnes in Germania e negli Stati Uniti, è stato nominato presidente della Reconstruction Finance Corporation da Truman. Allen è stato il tramite nei negoziati tra Truman e il generale Eisenhower che hanno preceduto l'accettazione da parte di Eisenhower del progetto repubblicano. Poco dopo il viaggio di Allen in Europa per vedere "Ike", la figlia di Truman, Margaret, apparve in un programma televisivo nazionale della domenica sera con il messaggio stampato "I Like Ike".

L'importanza dell'emissione azionaria di 30.000.000 di dollari della American I.G. Chemical da parte di Warburg, avvenuta nel 1929, consiste nel fatto che essa fornì 30.000.000 di dollari in contanti al Partito nazista tedesco, che aveva bisogno di ingenti somme per portare avanti il suo programma nazionale di propaganda antisemita. Più di 100.000.000 di dollari furono forniti al Partito nazista durante gli anni cruciali dal 1929 al 1933, prima che fosse abbastanza forte da conquistare il potere. Di questa somma, la moglie del generale Ludendorff ha testimoniato che Paul Warburg era a capo di un consorzio di New York che aveva fornito 34.000.000 di dollari. Il resto proveniva dalla Banca d'Inghilterra e da altre società dei Rothschild, e l'intera somma di 100.000.000 di dollari fu gestita dalla società bancaria Mendelssohn and Co. di Amsterdam, che opportunamente fallì nel 1939.

Per concludere l'elenco dei banchieri internazionali ebrei dietro il successo della corsa al potere di Adolf Hitler, cito I.F. Stone. Scrivendo nel PM, un giornale ora scomparso, del 26 luglio 1944, Stone ha detto,

> "John Foster Dulles, di Sullivan and Cromwell, il più grande studio legale americano di corporazioni e consulente prebellico di molti dei grandi cartelli dominati dai nazisti, si ritiene abbia ispirato la presa di posizione di Tom Dewey, alcuni anni fa, sull'alleanza anglo-americana. J. W. Beyen era a capo della Banca dei Regolamenti Internazionali quando questa trasferì le riserve auree ceche al Reich dopo Monaco. Un altro membro della delegazione olandese (alla

Conferenza di Bretton Woods) è D. Crena de Longh, che lavorava presso la banca Mendelssohn di Amsterdam, che fu un collaboratore finanziario dei nazisti e che agì come fantoccio per nascondere l'influenza tedesca nella American Bosch Corporation. Si ritiene che un membro della delegazione britannica, Robert H. Brand, rappresentante del Tesoro del Regno Unito a Washington e partner di lunga data della Lazard Brothers di Londra, sia almeno in parte favorevole all'idea di un condominio monetario anglo-americano. Lazard Brothers è una delle quattro banche londinesi che prima della guerra erano membri del sodalizio anglo-tedesco, notoriamente filonazista".

Louis MacFadden, ex presidente della commissione bancaria e valutaria della Camera, ha testimoniato che Lazard Brothers era la banca di famiglia di Eugene Meyer.

Sumner Welles, in "Seven Decisions That Shaped History", Harpers, 1950, dice a pagina 214,

"Noi americani abbiamo versato centinaia di milioni di dollari in Germania sotto forma di prestiti. Sono state queste politiche le dirette responsabili della Seconda Guerra Mondiale".

Vorrei che Sumner Welles e George Seldes la smettessero di piagnucolare che "noi americani" e "l'oro dei banchieri americani" sono responsabili dell'ascesa di Adolf Hitler. I banchieri americani coinvolti erano Baruch, Dillon e i soci della Kuhn, Loeb Co. Nel 1933 la Commissione del Senato che indagava sui prestiti esteri sentì Otto Kahn testimoniare che la Germania all'epoca doveva alla Kuhn, Loeb Co. 600.000.000 di dollari in prestiti a breve termine. Paul Einzig, in "Finance and politics", Macmillan, 1932, afferma che

"In passato sono stati i prestiti dei banchieri a mantenere in vita il sistema antieconomico delle riparazioni".

Almeno Einzig non dice "oro dei banchieri americani". Secondo la legge Roosevelt, gli americani non hanno alcun oro. Gli autori del sistema antieconomico di riparazioni furono i signori Baruch, Warburg e Klotz, che sicuramente sapevano cosa stavano facendo.

L'alta borghesia tedesca disprezzava Adolf Hitler, la cui maggiore attrattiva per i Warburg risiedeva nel fatto che poteva diventare un simbolo dell'impotenza della classe Junker tedesca. Gli Junker dovettero lasciare a Hitler la Germania perché non avevano scelta. Erano stati mandati in bancarotta dalla guerra e dall'inflazione del marco del 1923. Come pagamento per essersi fatti da parte a favore di Hitler senza sollevare un polverone, a von Hindenburg e ad altri prussiani di spicco fu permesso di mantenere le loro proprietà pesantemente ipotecate.

Hitler, l'imbranato, isterico e indeterminato, si presentò nel 1933 con un corpo ben integrato di pianificatori politici che avevano un programma d'azione definito. Come si è arrivati a questo? Per la risposta, dobbiamo rivolgerci al popolo contro cui Hitler gridava più forte e a cui doveva tutto: gli ebrei.

A differenza di Mussolini in Italia, che concertò il suo programma politico con il cristianesimo, il sistema di Hitler prese ispirazione direttamente dal sionismo socialista. Il dottor Nathaniel Syrkin, padre di quel movimento, scrisse nella sua ultima opera, "Nazionalismo e socialismo", del 1917, che

> "Dalla guerra uscirà un'umanità purificata e un nuovo socialismo".

Il nazionalsocialismo di Syrkin divenne il programma del partito nazista di Adolf Hitler. Il nazionalsocialismo proposto da Syrkin si contrapponeva al socialismo internazionale di Karl Marx. Per quanto riguarda il nazionalismo, Hitler trovò la sua massima ispirazione nel più ferocemente nazionalista di tutti i popoli, gli ebrei. Joseph C. Harsch, del Christian Science Monitor, ha scritto nel suo libro "Pattern of Conquest" che

> "Il razzismo di base e l'autoritarismo mistico del nazismo non sono una novità. Il concetto di una razza speciale divinamente ordinata da un Dio tribale per la conquista e lo sfruttamento a spese degli altri proviene direttamente dall'Antico Testamento. Nessun'altra razza nella storia, se non gli ebrei dell'Antico Testamento, ha mai raggiunto una così completa fiducia nella sua selezione soprannaturale per uno status privato. Il parallelismo tra nazismo e razzismo giudaico è troppo vicino per escludere il forte sospetto che coloro che hanno eretto il razzismo tedesco moderno siano stati allievi dell'impulso motivante che ha spazzato via le mura di Gerico e i Filistei dal percorso del tribalismo giudaico trionfante".

Certamente gli ebrei avevano avuto diverse migliaia di anni di pratica di successo del "tribalismo giudaico trionfante", mentre i nazisti erano alle prime armi.

Il Mondo Ebraico del 22 settembre 1915 ha dichiarato che

"La nazionalità non è determinata dal luogo in cui una persona nasce, ma dalla razza da cui proviene".

Questo è solo uno dei tanti precetti ebraici che Hitler adottò. Egli rivendicò come cittadini tedeschi tutte le persone di origine tedesca nate in altri Paesi. Il nostro patriottismo in America è provinciale, piuttosto che razziale. Siamo fedeli al nostro Stato e agli Stati Uniti.

La battaglia di razza mette in ombra tutte le guerre. Gli ebrei erano consapevoli della sua importanza. In *Jewish World* del 15 gennaio 1919, troviamo che

"Come popolo, noi ebrei non siamo stati in guerra tra di noi, gli ebrei in Inghilterra contro gli ebrei in Germania, o gli ebrei in Francia contro gli ebrei in Austria; e dividere l'ebraismo in sezioni in obbedienza alle differenze internazionali ci sembra che significhi rinunciare all'intero principio del nazionalismo ebraico. Il nazionalismo ebraico è una questione ebraica che deve essere governata da principi ebraici e non asservita alle convenienze o alle esigenze del momento di qualsiasi governo".

Secondo Jewish World, il portavoce dell'ebraismo inglese, gli ebrei non devono fedeltà ad altro che al nazionalismo ebraico. Le nazioni e i governi possono cadere, ma gli ebrei vanno avanti per sempre. Questa è la base del loro atteggiamento nei confronti di qualsiasi nazione in cui si trovano a vivere.

Adolf Hitler parafrasò questa idea ebraica quando scrisse che

"Tutto ciò che non è razza è scoria".

Anche le idee di Hitler sul lavoro furono prese da scrittori ebrei. Solomon Schiller, nel suo libro "Principles of Labor Zionism", pubblicato dal Zionist Labor Party of America nel 1928, scrive che

"Il sionismo laburista è una sintesi di idee sociali sioniste, nazionalismo e socialismo".

Il Partito Nazionalsocialista di Hitler era noto come Partito Nazista.

Alla luce di queste origini politiche del nazismo, perché Hitler era antisemita? E quanto era antisemita? Douglas Reed afferma in "Lest We Regret", Johnathan Cape, Londra, 1943, che Hitler iniziò a lavorare con il governo comunista di breve durata in Germania, dal novembre 1918 al maggio 1919, sotto il principe ministro Eisner e Levine di Mosca. Le biografie di Hitler non hanno mai rivelato quale incarico avesse Hitler sotto il governo Eisner, ma fu in quei mesi che iniziò a dedicare tutto il suo tempo alla politica.

La maggior parte delle stime sulla percentuale di ricchezza reale tedesca posseduta dagli ebrei dopo l'inflazione del marco del 1923 concordano sull'ottanta per cento. Cinque anni dopo l'ascesa al potere di Hitler, nel 1938, essi ne possedevano ancora almeno il trenta per cento. Gli ebrei che persero le loro proprietà erano quelli che si opponevano al sionismo o quelli che avevano suscitato l'antipatia del mondo bancario internazionale. Persino l'ambasciatore Dodd notò che Max Warburg non aveva nulla da temere.

L'elenco ufficiale della Comunità ebraica americana, "Who's Who In American Jewry", a cura di John Simons, nel volume relativo agli anni 1938-1939, riporta Gerard Swope come direttore della Allgemeine Elektricitat Gesellschaft di Berlino, Germania, la German Electric Trust. Swope era allora presidente della società elettrica di Baruch, la International General Electric. La combinazione tedesca era caduta nelle sue mani dopo l'inflazione del marco.

Nel suo libro "Vittoria incompiuta", Arthur Bryant racconta che

"Secondo il corrispondente del *London Times* a Berlino, anche nel novembre del 1938, dopo cinque anni di legislazione antisemita, gli ebrei possedevano ancora qualcosa come un terzo delle proprietà immobiliari del Reich. La maggior parte di esse era finita nelle loro mani durante l'inflazione".

L'atteggiamento dei banchieri ebrei nei confronti dei governi apertamente antisemiti crea alcuni capitoli sconcertanti della storia. Ho sottolineato il sostegno che Hitler ricevette da Baruch, Dillon (Lapowitz), Max Warburg, Paul Warburg e Mendelssohn Co. Jacob Marcus, nel suo libro definitivo "The Rise and Destiny of German Jews" (L'ascesa e il destino degli ebrei tedeschi), pubblicato nel 1934 dall'Unione delle Congregazioni Ebraiche, osserva che Mendelssohn di Berlino fu il finanziatore degli zar russi attraverso alcuni dei peggiori pogrom russi. Ci fornisce anche alcune informazioni sullo sviluppo dell'industria pesante tedesca. I vasti stabilimenti di Hugo Stinnes furono finanziati da Jakob Goldschmidt, mentre Max Warburg controllava la Reichsbank, la Hamburg-American Lines e i Lloyd's tedeschi, le cui compagnie di navigazione a vapore fecero gran parte della loro fortuna trasportando immigrati negli Stati Uniti nei primi anni del XX secolo. La terza banca più grande della Germania, la Disconto

Gesellschaft, era di proprietà della famiglia Solomonsohn, che, secondo Marcus, ora è diventata cristiana e si chiama Solmssen. Infine, Jacob Marcus ci dice che i Warburg finanziarono la I.G. Farben Co. il più grande cartello del mondo che, con la German Steel Trust, sostenne l'ascesa al potere di Hitler.

Uno dei libri più rivelatori sulla Germania nazista è "Il diario dell'ambasciatore Dodd", pubblicato da Harcourt Brace nel 1941. Pur essendo apertamente inviso ai nazisti, Dodd non cita un solo caso di persecuzione degli ebrei durante gli otto anni trascorsi a Berlino come ambasciatore degli Stati Uniti. La storia di Washington racconta che Roosevelt intendeva nominare William Dodd, uno scribacchino del partito, per l'ambasciata in Germania nel 1933. L'unico William Dodd che la sua segreteria aveva elencato era il professor William Dodd dell'Università di Chicago, al quale fu telefonato che era stato nominato al posto diplomatico, con sua grande sorpresa. Roosevelt fu così divertito dall'errore che lasciò che il professor Dodd portasse avanti l'incarico. Se questo sembra irresponsabile, bisogna ricordare che Roosevelt fu eletto Presidente perché era irresponsabile. I Baruch e i Warburg volevano alla presidenza un uomo così irresponsabile da imbarcarsi in una crociata per salvare il comunismo russo senza pensare al costo in vite americane.

Il 16 giugno 1933, Dodd annota nel suo diario" che

"Ho avuto una conversazione con Roosevelt. Schacht, presidente della Reichsbank, minacciava di non pagare più né gli interessi né il principio delle cambiali dovute ai creditori americani in agosto. Roosevelt disse: "So che i nostri banchieri hanno realizzato profitti esorbitanti quando nel 1926 hanno prestato enormi somme alle imprese e alle città tedesche e sono riusciti a vendere obbligazioni a migliaia di nostri cittadini con interessi del sei o sette per cento. Ma il nostro popolo ha diritto al rimborso e, anche se questo esula dalla responsabilità del governo, voglio che facciate tutto il possibile per evitare una moratoria".

Il 3 luglio 1933, Dodd dice

"Alle dieci mi sono recato a una conferenza presso la National City Bank, dove il Dipartimento di Stato mi aveva chiesto di esaminare i problemi finanziari delle banche tedesche e americane, tra cui il pagamento di un miliardo e duecento milioni di dollari ai creditori americani che erano stati indotti dai banchieri a fare prestiti a società tedesche. La National City Bank e la Chase National detenevano obbligazioni tedesche per oltre cento milioni di dollari. Poi è stata organizzata una conferenza con il giudice Julian Mack, Felix Warburg, il giudice Irving Lehman, il rabbino Stephen S. Wise e Max Kohler, che sta scrivendo una biografia della famiglia Seligman. La conferenza era stata organizzata da George Gordon Battle, un avvocato liberale".

Il 4 luglio 1933, Dodd dice

"L'auto del Col. House mi ha incontrato mentre uscivo dalla stazione ferroviaria. Abbiamo parlato per due ore della mia 'missione difficile'".

E il 1° settembre 1933,

"Henry Mann della National City Bank ha parlato della conversazione che lui e Nelson Aldrich hanno avuto una decina di giorni prima con il Cancelliere del Reich nel suo palazzo estivo. Nonostante l'atteggiamento di Hitler, questi banchieri ritengono di poter lavorare con lui".

Il 4 dicembre 1933,

"John Foster Dulles, consulente legale delle banche americane associate, ha chiamato a mezzogiorno per dare conto delle richieste di risarcimento avanzate a nome degli obbligazionisti nei confronti delle città e delle società tedesche. Sembrava molto intelligente e risoluto".

Dulles aveva fatto parte della Commissione per le riparazioni prima di essere promosso al compito di riscuotere i debiti della Germania.

Il 19 gennaio 1934,

"Mia moglie e io abbiamo partecipato a una festa del barone Eberhard von Oppenheim, un ebreo che vive ancora in stile vicino a noi. Erano presenti molti tedeschi nazisti. Si dice che il barone Oppenheim abbia donato al partito nazista 200.000 marchi e che abbia ricevuto una speciale dispensa dal partito che lo dichiara ariano".

Il 12 marzo 1934,

"Stephen P. Duggan dell'Istituto Internazionale dell'Educazione".

Dodd tornò negli Stati Uniti per una visita nella primavera del 1934.

Lo nota il 23 marzo 1934,

> "Il Col. House mandò la sua bella limousine con un amico ad incontrarmi quando il Manhattan attraccò, per portarmi tranquillamente a casa sua. Mi ha dato informazioni preziose su funzionari ostili del Dipartimento di Stato con cui avrei dovuto trattare".

L'8 maggio 1934,

> "Stasera a cena dal Col. House, subito dopo esserci seduti a tavola, abbiamo parlato intimamente dei gruppi del Gabinetto. Questo mi ha ricordato l'invito pressante che avevo ricevuto da Gerard Swope a pranzare con lui, Herbert Bayard Swope, Owen D. Young e Raymond Moley mentre ero in città. Gerard Swope è a capo della General Electric; Herbert Bayard Swope ha partecipato in veste dubbia alla Conferenza economica di Londra; e Owen D. Young non l'ho mai considerato con entusiasmo. Ho declinato l'invito soprattutto perché ho avuto la sensazione che ci fosse in mente una sorta di gioco. Non mi fido di nessuno dei quattro".

Poiché la sua nomina è stata un errore, Dodd è stato onesto. Evidentemente non sapeva che i cervelloni privati di Baruch, Swope, Young e Moley, volevano spiegargli alcune cose sull'antisemitismo del Partito Nazista. Dodd non dichiara di aver mai parlato con Baruch e il fatto che diffidasse di tutti i luogotenenti di Baruch la dice lunga sulla sua integrità personale. Ci sono ancora uomini che non possono essere comprati, anche se entrano nel governo per caso.

Il 24 luglio 1934, Dodd scrive che

> "È venuto a trovarmi James Lee, figlio di Ivy Lee, che da mesi cerca di vendere il regime nazista al pubblico americano".

In diverse occasioni, Dodd dichiara il suo disgusto per la Lee, che era l'agente di Rockefeller, Hitler e Stalin in America. Una commissione d'inchiesta della Camera scoprì che Ivy Lee riceveva 33.000 dollari all'anno dal governo nazista. Tuttavia, non si trattava dei suoi conti principali.

Il 28 luglio 1934, Dodd dice,

> "Max Warburg, eminente banchiere di Amburgo e fratello di Felix Warburg di New York (il terzo fratello, Paul, è morto nel 1932), è venuto a trovarmi. Pensa che il rabbino Wise e Samuel Untermeyer di New York abbiano fatto un gran male agli ebrei degli Stati Uniti

e della Germania con la loro smania di pubblicità. Ha detto che Felix Warburg era dello stesso parere. Entrambi erano pienamente solidali con il Col. House nei suoi sforzi per alleggerire il boicottaggio ebraico e ridurre il numero di ebrei in posizioni elevate negli Stati Uniti. Prima di andarsene, Warburg ha dichiarato di dubitare della saggezza dell'attività di James McDonald nella sua posizione a Losanna. Questo è stato il mio atteggiamento fin dall'inizio. Warburg suggerì che Lazaron, vivendo tranquillamente a Berlino, avrebbe potuto fare di più con il governo tedesco rispetto a McDonald, e io ero d'accordo con lui. Chiunque prenda un grosso stipendio per un servizio del genere, tutto da persone che donano per soccorrere i propri simili, non è in grado di attirare fortemente l'attenzione di altri donatori, e McDonald ha mostrato così tanta autostima in diverse occasioni che temo che questi tratti siano diventati troppo noti negli ambienti ufficiali di Berlino".

Si trattava di James McDonald, l'ex pubblicista sovietico, che si era promosso a un lavoro importante e lussuoso come amministratore dei rifugiati, operando con un grosso conto spese a Losanna, in Svizzera. In seguito divenne il primo ambasciatore degli Stati Uniti in Israele, il che non contribuì ad aumentare il prestigio del nostro corpo diplomatico.

Il 23 agosto 1934 Dodd scrive,

> "Nel pomeriggio Ivy Lee è venuta a trovarmi con il suo giovane figlio liscio".

Il 28 agosto 1934 dice

> "Il dottor Max Ilgner della I.G. Farben e presidente della Fondazione Carl Schurz è venuto a trovarmi. Non ha parlato di Ivy Lee, che ha ricevuto un grosso compenso dalla sua azienda. Ha parlato molto di un viaggio d'affari in Manciuria, dove ha detto che la sua azienda ha acquistato 400.000 bushel di fagioli di soia. Sospetto che sia in missione per scambiare gas velenosi ed esplosivi con prodotti giapponesi".

E il 4 dicembre 1934,

> "Ha chiamato il Col. Deeds. Rappresenta la National Cash Register Co. e la National City Bank. Suo figlio è stato portato davanti al Comitato Nye lo scorso settembre per spiegare le vendite di armi alla Germania da parte di una società di cui è funzionario, in presunta violazione del trattato americano con la Germania. Mi ha

detto che la National Cash Register fa grandi affari con la Krupp, che riceve il 20% delle vendite alla Germania".

L'8 marzo 1935, Dodd registra che ad una festa,

"Max Warburg sembrava abbastanza sicuro questa sera".

Di cosa doveva preoccuparsi un Warburg nella Germania hitleriana?

Il 31 marzo 1935 Dodd scrive

"Il povero Lazaron ha rivelato grande preoccupazione perché tanti ebrei ricchi si sono arresi alla leadership nazista e sono influenti aiutanti finanziari del dottor Schacht, che pensa che la loro assistenza sia molto importante nell'attuale situazione economica".

L'8 giugno 1935 dice

"Lochner (Louis Lochner, corrispondente della CBS a Berlino) mi ha mostrato una copia delle istruzioni segrete inviate alla stampa tedesca sulla necessità di conciliare gli ebrei, che hanno il controllo del settore cinematografico mondiale. Lochner disse che non poteva inviare il rapporto attraverso il filo dell'AP perché era così confidenziale".

Sì, infatti, quello è stato tenuto riservato.

Il 14 settembre 1935, Dodd scrive

"Ha chiamato il signor S. R. Fuller. Il signor Fuller, che è un amico del Presidente Roosevelt, possiede grandi interessi nel settore del rayon nel Tennessee, è collegato con interessi olandesi e italiani che producono rayon ed è in parte proprietario di società simili in Germania, tra cui un impianto industriale ad Hannover".

Il 14 ottobre 1935, egli registra che

"Il dottor Jacob Gould Schurman, ex ambasciatore, ha portato un amico, Ben Smith di New York. Smith osservò in tutta franchezza: "Sono uno speculatore di New York, ma anche un amico intimo del Presidente Roosevelt". Il dottor Schurman mi disse, in una nota a margine, che il suo amico Smith era un abile speculatore che nel 1929 violò tutti i consigli dei banchieri e vendette azioni allo scoperto in quantità così enormi da guadagnare molti milioni".

Quasi tutti i banchieri che ho studiato, compresi i governatori del Federal Reserve Board, hanno avvertito in anticipo i soci e gli amici dell'imminente crollo. Smith fu solo uno dei tanti che vendettero azioni allo scoperto in previsione e a conoscenza del crollo del 1929. Il 24 gennaio 1935, Dodd ci dice che

"John Foster Dulles, avvocato newyorkese di Sullivan e Cromwell, ha riferito qui le sue difficoltà in campo finanziario".

Dodd registra il 20 ottobre 1935 che

"Ho chiesto a un avvocato perché la Standard Oil ha mandato qui milioni di dollari nel dicembre del 1933 per aiutare la Germania a produrre benzina dal carbone dolce per le emergenze belliche? Perché quelli della International Harvester continuano a produrre in Germania quando la loro azienda non ricava nulla dal paese e non è riuscita a riscuotere le perdite di guerra?".

Dodd sembra essere piuttosto ingenuo. Pensa davvero che la International Harvester, controllata dalla J.P. Morgan Co. abbia perso qualcosa nella guerra? Sarebbe stato impossibile avere una Seconda Guerra Mondiale se gli industriali e i banchieri di Inghilterra, Francia e America non avessero aiutato la Germania a riarmarsi, così come è impossibile avere una Terza Guerra Mondiale se non riarmiamo la Russia, che è la *ragione d'essere* del Piano Marshall, della Cooperazione Economica e del programma Punto Quattro ispirato dal comunista Earl Browder. Il loro scopo è far arrivare in Russia macchine utensili e attrezzature elettriche per aiutarla a ricostruire il suo potenziale bellico.

Il caso del dottor Hjalmar Schacht, presidente della Reichsbank e ministro delle Finanze del governo Hitler, è interessante. Schacht fu il primo a essere denazificato dopo la resa della Germania. Ciò fu reso molto più facile dalla cortese ammissione del dottor Schacht di non essere mai stato un nazista. Secondo i nostri banchieri, l'intero programma di Hitler sarebbe fallito negli anni '30 se non fosse stato per il genio finanziario del dottor Schacht, che però non è mai stato un nazista.

Schacht aveva viaggiato in tutto il mondo, aveva tenuto conferenze con altri banchieri centrali presso il loro "Club", la Banca dei Regolamenti Internazionali in Svizzera, e in particolare era stato molto cordiale con il suo omologo in Gran Bretagna, Sir Montagu Norman della Banca d'Inghilterra. Solo lui, tra gli alti funzionari nazisti, aveva questa libertà. Gli altri spiavano, interpretavano e fraintendevano le azioni degli altri per Hitler, mentre Schacht non prestava attenzione a nessuno di loro e osava persino insultare il grande Goring in faccia.

Uno dei fatti salienti della presunta presa del governo tedesco da parte dei nazisti, pubblicizzata in America come un rovesciamento radicale, è che Adolf Hitler non apportò alcuna modifica al sistema bancario tedesco. I Warburg mantennero il controllo attraverso il dottor Schacht, che era presente quando Hitler entrò in scena. Paul Einzig, in "World Finance 1935-1937", dice,

> "Il dottor Schacht non era un fascista, ma un banchiere ortodosso. L'amicizia di Montagu Norman con il dottor Schacht ebbe un ruolo importante nella definizione della politica della Banca d'Inghilterra per tutto il dopoguerra.

> Norman dimostrò la sua amicizia con un tentativo dell'ultima ora di rafforzare la posizione dell'amico nel regime nazista. Questa opportunità fu offerta dalla morte, profondamente deplorata, per un incidente balneare, del direttore generale francese della Banca dei Regolamenti Internazionali, M. Auhein".

Sebbene si supponga che l'attività bancaria sia molto stabile, non si può fare a meno di rimanere colpiti dal numero di eventi nel settore bancario internazionale che sono estremamente accidentali. Alcuni obiettivi immediati e profondamente desiderati vengono raggiunti non grazie a un'efficace strategia, ma grazie alla caduta casuale di un ostacolo da una finestra del decimo piano o in un mare di 60 metri. La scomparsa di James Forrestal, presidente della società bancaria Dillon Read e segretario alla Difesa, è un caso emblematico. Forrestal precipitò verso la morte da uno dei punti più alti dell'area di Washington, la torre dell'ospedale della Marina a Bethesda, nel Maryland. Quando la sua mente cominciò a perdere colpi e la sua coscienza lo torturò fino al punto di sentire che doveva portare all'attenzione del popolo americano alcune questioni, in particolare l'influenza del sionismo a Washington, fu portato di corsa in Florida e tenuto in isolamento sotto la custodia del socio della Brown Brothers Harriman Robert Lovett, ora Segretario alla Difesa. Da lì fu trasferito all'Ospedale Navale, prigioniero, e nemmeno il suo sacerdote ebbe il permesso di parlargli. Alla stampa fu detto che aveva tentato il suicidio, eppure fu portato nel punto più alto di Washington, la Bethesda Hospital Tower, e messo vicino a una finestra aperta, e alla fine ne uscì, con o senza le sue forze.

Hitler delineò accuratamente il programma proposto, passo dopo passo, nel suo libro "Mein Kampf". Ai banchieri internazionali sembrava un obiettivo auspicabile la creazione di una Confederazione paneuropea che sarebbe stata un avversario adatto per una seconda guerra mondiale. Di conseguenza, mentre compiva ognuna delle mosse che aveva delineato nel suo prospetto per i banchieri d'investimento, misteriose influenze nelle capitali del mondo continuarono ad opporsi a lui, fino a quando il suo periodo di addestramento non fu terminato e la lotta continuò nel 1939.

Paul Einzig sottolinea, in "World Finance 1935-1937", che

> "Fu l'errore della politica deflazionistica perseguita sotto il governo del dottor Bruning durante la depressione e soprattutto dopo la crisi del 1931 che fu in gran parte responsabile dell'avvento di Hitler... Fu perché le energie della Francia erano concentrate sulla difesa del franco che Hitler colse l'occasione e rioccupò la Renania nel marzo 1936".

È assurdo fingere che Hitler abbia corso un rischio, come se il destino di un investimento miliardario fosse stato deciso da una presunta madame che attraversava il confine. In realtà Hitler dovette essere convinto a rioccupare la Renania. Sapeva di non essere abbastanza forte per un passo del genere in quel momento, e lo sapevano anche tutti gli altri. Al minimo segno di protesta da parte dell'Inghilterra o della Francia, avrebbe attraversato il Reno come un topo d'acqua spaventato. Tuttavia, aveva ricevuto l'assicurazione che non avrebbe opposto alcuna protesta o resistenza.

In "World Finance 1938-1939", Paul Einzig scrive che

> "Scopriamo ora la stretta connessione tra la debolezza del franco sotto Chautemps e la decisione di Hitler di invadere l'Austria nel 1938. Con la Francia paralizzata in preda a una crisi monetaria, non c'era alcuna possibilità di assistenza all'Austria né da parte della Gran Bretagna né da parte dell'Italia".

Mentre Hitler faceva ogni sua avance, i signori del denaro, come gli dei dell'Iliade, aleggiavano su di lui, osservando con approvazione o disapprovazione il modo in cui eseguiva la loro volontà. Einzig continua in "World Finance 1938-1939", come segue:

> "Vale la pena di sottolineare che l'oro rilevato dalla Banca Nazionale Austriaca non è mai apparso nel bilancio della Reichsbank. Verso la fine del 1938 fu speso per l'importazione di materie prime per il riarmo... I crediti a breve termine dell'Austria furono disattesi, subito dopo l'Anschluss dai tedeschi".

Senza voler elogiare Hitler, va sottolineato che egli fu in gran parte responsabile della ripresa economica di Francia, Inghilterra e Stati Uniti dal 1935 al 1940. Sono stati i suoi timori di guerra, abilmente pubblicizzati dai servizi giornalistici internazionali con regolarità dal 1935 al 1939, a far lievitare i prezzi dell'industria pesante, e i suoi grandi ordini di materie prime e prodotti finiti hanno rioccupato milioni di lavoratori in questi Paesi durante questi anni, mentre il Giappone svolgeva la stessa utile funzione per l'industria mondiale delle munizioni in Estremo Oriente.

In "World Finance 1935-1937" Einzig ha scritto che

"M. Sarraut intendeva mobilitarsi quando Hitler avrebbe rioccupato la Renania, ma il generale Gamelin lo informò che sarebbe costato 6 miliardi di franchi. Consultò il Ministro delle Finanze, che disse che avrebbe dovuto svalutare, se quella somma fosse stata spesa in quel momento. Piuttosto che svalutare, M. Sarraut lasciò Hitler in possesso della Renania".

Il paragrafo precedente può essere classificato come fantascienza. Sebbene Einzig risieda abitualmente nelle tasche dei ministri delle Finanze europei, questo passaggio potrebbe essere stato ascoltato solo in un sogno. Tuttavia, ci fornisce un resoconto accurato nel seguente estratto da "World Finance 1939-1940":

"Dopo l'invasione della Cecoslovacchia, la Bank of International Settlement consegnò alle autorità tedesche i sei milioni di sterline d'oro che deteneva per conto della Banca Nazionale Cecoslovacca. Oro e attività estere detenute dalla Banca d'Inghilterra, grazie al fermo carattere britannico. I politici tedeschi rimasero comprensibilmente perplessi di fronte a questa insolita dimostrazione di fermezza e rapidità, perché il possesso di questi beni per decine di milioni di sterline avrebbe permesso alla Germania di importare notevoli riserve di materie prime prima dello scoppio della guerra".

È divertente leggere che il "fermo carattere britannico" abbia avuto a che fare con la disposizione di una grande somma in oro. Il fatto è che il grande doppio gioco stava per essere messo in atto. Dopo aver riarmato la Germania e aver fatto credere a Hitler di essere Dio, o almeno un nuovo Attila, i banchieri internazionali hanno chiuso i suoi crediti e hanno aspettato che facesse l'unico passo possibile, lo scoppio della Seconda guerra mondiale. È stato un lavoro perfetto di casting, anche se la trama del melodramma era molto antica e ovvia.

CAPITOLO 17

F ranklin Delano Roosevelt morì pensando che il mondo non lo avrebbe mai dimenticato perché aveva salvato il comunismo, ma oggi sembra più probabile che il suo vero memoriale sarà la Terza Guerra Mondiale. Carter Field osserva, nella sua biografia di "Bernard Baruch". Questo

> "Franklin D. Roosevelt ottenne personalmente un enorme credito nel 1917 per la sua audacia nell'aver ordinato, prima della dichiarazione di guerra, ordini di gran lunga superiori all'autorità concessa al Dipartimento della Marina dal Congresso".

Stava rispettando il precedente del cugino Theodore di non aspettare una dichiarazione di guerra. In qualità di Assistente Segretario della Marina, Franklin Roosevelt piazzò molti grandi ordini all'industria pesante per i quali non c'era alcuna autorità, e se la macchina propagandistica di Hoover-Dodge non fosse riuscita a farci entrare in guerra, la carriera politica del giovane Roosevelt sarebbe finita. A quel tempo, era ancora un giovane avvocato in difficoltà, con poco più di un nome famoso e un sorriso sdentato. Baruch lo ripagò nel 1923 facendolo partecipare all'inflazione del marco in Germania. Roosevelt era la copertura della United European Investors, Ltd., il cui prospetto informativo dichiarava di voler speculare sul marco. Con i profitti di questa impresa di gioco d'azzardo, Roosevelt poté permettersi una copertura come avvocato di Wall Street, con lo studio Roosevelt e O'Connor.

Quanto denaro abbiano guadagnato, se ne hanno guadagnato, è aperto alle speculazioni, ma il fatto è che Roosevelt tornò alla politica. Il suo nome lo fece eleggere governatore di New York, con un buon aiuto da parte del Partito Comunista. Contribuì a sabotare la campagna di Al Smith per la presidenza, a favore del portatore del gold standard di Londra, Herbert Hoover. Nel 1932 Roosevelt si scagliò contro Hoover conducendo una campagna di assoluta falsità nei suoi confronti per quanto riguarda la sua carriera politica, mentre persone interessate al riconoscimento della Russia comunista facevano circolare le storie della campagna di successo di Hoover per tenersi fuori dal carcere in Inghilterra per un periodo di anni, mentre promuoveva una serie di proposte di azioni minerarie a rapido guadagno.

Le storie su Hoover erano vere, ma quelle su Roosevelt erano peggio. Anche lui aveva le mani sporche di sangue dalla prima guerra mondiale, quando era stato uno dei membri della cerchia ristretta di Baruch, e da allora si era guadagnato da vivere in modo losco a Wall Street, oltre a essere stato colpito da una malattia invalidante che lo aveva reso un vecchio precocemente odioso e morboso. Non c'è bisogno di uno psichiatra per capire perché questo miserabile relitto umano sulla sua sedia a rotelle abbia mandato milioni di giovani robusti ad affrontare la morte, né c'è bisogno di Freud per capire come Roosevelt fosse confortato quando li vedeva tornare a migliaia da Anzio e Guadalcanal, ancora adolescenti, storpi e senza speranza come lui.

La campagna di Roosevelt contro Hoover fu caratterizzata dall'aperta falsità e dalla deliberata menzogna che contraddistinsero le sue dichiarazioni pubbliche per tutta la carriera. Il più cinico bugiardo della storia politica americana, Franklin Roosevelt credeva sinceramente che il nostro popolo fosse troppo stupido per credere a qualcosa di diverso dalle bugie. Il suo disprezzo per i cittadini era tale che, una volta dopo l'altra, si presentò davanti a loro e disse loro allegramente bugie evidenti, ridendo in faccia mentre lo applaudivano.

Pur evitando scrupolosamente il ruolo che Hoover aveva avuto nel farci entrare nella Prima Guerra Mondiale, o l'aver alimentato la Germania, o la sua carriera prebellica come uno degli operatori più scandalosi di Londra, Roosevelt cercò di rendere Hoover responsabile della Depressione. Hoover, nel terzo volume delle sue Memorie, che dimentica molto, dice,

> "All'affermazione di Roosevelt secondo cui ero responsabile dell'orgia speculativa degli anni '20, ho considerato per qualche tempo se esporre la responsabilità del Federal Reserve Board con la sua deliberata politica di inflazione dal 1925 al 1928 sotto l'influenza europea, e le mie opposizioni a queste politiche".

Per quattro volte Roosevelt prestò giuramento come Presidente e per quattro volte spergiurò, perché ogni volta che posava la mano sulla Bibbia e giurava di sostenere la Costituzione degli Stati Uniti, la sua mente era piena dei piani dei suoi consiglieri di origine aliena per sovvertire ed eludere i suoi principi. Le generazioni future malediranno la cittadinanza che rimase a guardare mentre Woodrow Wilson faceva a pezzi la Costituzione e Franklin Roosevelt ne gettava via i pezzi. Roosevelt era stato il sostituto di Wilson nel comunismo e nel sionismo durante la Prima Guerra Mondiale, ma, come il suo mentore, Roosevelt non visse per vedere il momento del trionfo, quando la bandiera di Israele sventolò sopra New York presso la sede delle Nazioni Unite.

Roosevelt si era annunciato come candidato alla presidenza con un unico discorso rivelatore, pronunciato alla radio la sera del 2 marzo 1930, in cui disse,

> "Per realizzare un governo oligarchico, mascherato da democrazia, è fondamentalmente essenziale che praticamente tutta l'autorità e il controllo siano centralizzati nel nostro governo federale... La sovranità individuale dei nostri Stati deve essere distrutta".

Centralismo era una delle parole chiave del comunismo. Lenin scrisse di Marx,

> "Marx non è mai stato un federalista, era un centralista".

Wilson, fino all'avvento di Roosevelt, era stato il più famoso spergiuro ad occupare la Casa Bianca. Nel 1912 Wilson prestò giuramento e giurò di sostenere la Costituzione, quando dieci mesi prima aveva dato la sua parola che avrebbe firmato la legge sulla Federal Reserve, che toglieva al Congresso il diritto costituzionale di emettere moneta per darlo ai banchieri internazionali che avevano finanziato la sua campagna elettorale. Nel 1916, dopo una campagna elettorale all'insegna dello slogan "Ci ha tenuti fuori dalla guerra", Wilson prestò nuovamente giuramento, quando in quel momento sapeva che erano stati presi impegni con Londra che ci avrebbero portato in guerra nel giro di poche settimane. Nella sua campagna per cedere la sovranità degli Stati Uniti a una banda senza principi e senza radici come lui, si è rovinato prematuramente la salute.

Tutto questo Franklin Roosevelt lo fece, e anche di più. Senza vergogna, fece del Tesoro degli Stati Uniti il quartier generale dei mercanti d'oro di tutto il mondo, aumentando il prezzo dell'oro per soddisfare le loro esigenze e promulgando una legge che impediva agli americani di possedere oro, in modo che i suoi amici potessero avere il controllo assoluto sulle nostre riserve auree.

Lo spergiuro Roosevelt non è mai stato altro che un figlio prediletto, senza scrupoli, un uomo nato con tutti i vantaggi, la nascita in un Paese libero, un nome famoso, una buona istruzione, eppure assolutamente incapace di fare un lavoro onesto sufficiente a mantenere se stesso o la sua famiglia. Non risulta che abbia mai trascorso un solo giorno della sua vita in un'impresa utile. Divenne volontariamente l'intimo della feccia della nazione a Washington, e in seguito cercò livelli sempre più bassi.

Woodrow Wilson ha inferto un colpo mortale alla dignità delle cariche pubbliche in America durante l'emergenza della Prima Guerra Mondiale, quando ha ceduto le più alte cariche del governo ai Brandeise, ai Frankfurter, ai Baruch e ai Meyer, e quella dignità ha ricevuto il colpo di grazia da Franklin Roosevelt nel 1933, quando al suo seguito si è riversata a Washington, come gli spazzini del mare al seguito di una scialuppa di rifiuti, un'orda eterogenea di degenerati e traditori. Roosevelt rese presto evidente che si sentiva a suo agio solo nello strato morale più basso, e trasformò la Casa Bianca in una pensione gratuita per la banda di papponi hollywoodiani e omosessuali comunisti dalle labbra umide che erano i suoi sommi sacerdoti e votanti. Nessuno era il benvenuto alla Casa Bianca a meno che non avesse tradito un impero, come Churchill, o ipotecato la casa della madre anziana, come Truman.

Roosevelt fu il primo americano a istituire un governo di Fronte Popolare, un metodo di amministrazione che i Rothschild avevano applicato in Europa. Il Fronte Popolare consisteva nell'unire tutti gli elementi inferiori di una nazione, di qualsiasi carnagione politica, in una cospirazione aperta contro i cittadini onesti. L'elemento principale del Fronte Popolare di Roosevelt, travestito da Partito Democratico, era il sindacato nazionale del crimine, che controllava i voti nelle grandi città, mentre a contendersi il secondo posto a favore di Roosevelt erano i comunisti e i sionisti. I comunisti portarono a Roosevelt il voto dei lavoratori, mentre i sionisti controllarono l'opinione pubblica e portarono il potente voto degli ebrei. Spesso i comunisti e i sionisti, come esemplificato dal rabbino Stephen S. Wise, che lavorava per Roosevelt alla Casa Bianca, erano le stesse persone. Che Wise fosse un comunista che si spacciava per sionista, o un sionista che si spacciava per comunista, era uno dei più vistosi della banda di sionisti che ricevevano pasti gratuiti e una stanza al mese alla Casa Bianca. Il background religioso di Roosevelt può essere dedotto dal fatto che durante i suoi anni alla Casa Bianca aveva sempre con sé un rabbino, mentre i ministri cristiani non si vedevano mai. Eleanor Roosevelt, naturalmente, ospitò il giovane Joe Lash alla Casa Bianca, ma ho sempre creduto che il suo attaccamento a lui fosse puramente politico e che le piacesse solo perché era un comunista.

In ogni caso, l'invasione di Washington da parte di questi elementi ebbe l'effetto desiderato. Gli uomini di buona volontà sono usciti dal governo e lo hanno lasciato ai demolitori. Più di un americano rispettabile, temendo di essere risucchiato nel vortice comunista del Dipartimento di Stato, ha lasciato per sempre il servizio pubblico.

Franklin Roosevelt trovò un partner adatto ai suoi loschi intrighi nella persona di Winston Churchill, che aveva strisciato sulla pancia davanti ai mercanti di diamanti fin dal 1898, quando si recò in Sudafrica per conquistare le miniere d'oro e di diamanti del Witwatersrand per i Rothschild, gli Eckstein e i Joel. Dopo la guerra boera, Churchill tornò in Inghilterra e si ritrovò ad essere l'eroe di una certa minoranza. Accettò di buon grado il ruolo in cui il suo carattere lo aveva consegnato e intraprese una lunga carriera al servizio del sionismo mondiale. I pari della Gran Bretagna, allarmati dall'afflusso della popolazione mediterranea e dal conseguente aumento della povertà e della criminalità nelle città britanniche, tentarono di approvare una legge sugli stranieri nel 1903. Per due anni la legge fu combattuta aspramente in Parlamento e alla fine fu sconfitta. Il leader dell'opposizione alla legge sul controllo degli stranieri fu Winston Churchill. Naturalmente fu acclamato da tutti gli organi ebraici. Non gli importava nulla del fatto che avesse tradito la propria razza e preso il pezzo d'oro di un'altra. Nel 1915, in qualità di Primo Lord dell'Ammiragliato, passò la flotta britannica dal carbone al petrolio, il che significò un aumento di alcuni milioni di sterline all'anno nelle entrate dei suoi buoni amici, la famiglia Samuel, che possedeva la Royal Dutch Shell Oil Corporation. Nel 1916, quando i sionisti si battevano furiosamente per la Dichiarazione Balfour, Churchill fu il membro del gabinetto di guerra britannico che si espresse in modo più deciso ed efficace a favore della Dichiarazione Balfour, e da allora non ha perso occasione per dimostrare le sue simpatie.

Come Churchill, Franklin Roosevelt è un esempio lampante degli abissi morali a cui un uomo deve degradarsi per ricoprire un'alta carica pubblica in una democrazia. Tuttavia, un uomo deve corrompere se stesso prima di poter corrompere gli altri e la malattia di Roosevelt, che ha colpito prima del suo successo politico, può essere considerata come una prova che era riuscito a corrompere se stesso.

Nella sua prima apparizione a Washington, nel 1916, Roosevelt imparò dal Machiavelli della politica americana, Bernard Baruch, il precetto che caratterizzò le sue amministrazioni come Presidente. Ogni volta che aveva bisogno di fare un lavoro particolarmente sporco, cercava di farlo fare all'uomo più rispettabile possibile e, se si rifiutava, scendeva sempre più in basso finché non trovava qualcuno che lo facesse. Era un metodo che i Rothschild avevano praticato in Europa per cento anni. Si rivolgevano sempre al ceto dei pari quando avevano in mente un progetto particolarmente odoroso, e sventolavano il loro oro finché non trovavano un pari che li sostenesse. Churchill, della casa di Marlborough, fu la loro migliore scoperta. Non parlava mai di niente.

La presidenza di Franklin Roosevelt ci ha insegnato una lezione costosa, una lezione che avremmo potuto ricevere gratuitamente dalla storia della Grecia. Questa lezione è il semplice fatto che l'estensione del diritto di voto in una democrazia è in rapporto esatto con la diminuzione del calibro e dell'efficienza dei funzionari pubblici. Quando il suffragio viene esteso a ogni nuovo gruppo, la qualità dei funzionari eletti subisce un notevole calo. Questo è accaduto progressivamente in America fino a quando il nostro governo è diventato la farsa ridicola e scoraggiante che è oggi. Se la nostra burocrazia ai livelli più bassi non è apertamente corrotta, è solo perché il suo personale è troppo incompetente per escogitare metodi di frode efficaci. Le alte sfere del governo, come hanno rivelato le indagini, sono quasi al cento per cento candidate al penitenziario.

Questa condizione, frutto dell'estensione del suffragio, è stata aggravata dalla processione di disadattati sociali e mascalzoni professionisti che hanno occupato la presidenza in questo secolo. Molto più dannosa per il morale pubblico è stata la gloria sintetica suscitata dai giornali e dalle riviste per queste canaglie. Quando un tanghero come Harding, un professionista della sicurezza come Hoover e un usuraio socialmente ambizioso come Franklin Roosevelt vengono additati come modelli per i nostri giovani, cosa possiamo aspettarci se non il cinismo e il disprezzo che caratterizza il loro atteggiamento nei confronti dei genitori, che in realtà si lasciano abbindolare da queste sciocchezze?

L'enorme senso di colpa, tipico dei tipi di basso livello che i banchieri internazionali hanno messo alla Casa Bianca, ha provocato un completo cambiamento nell'atmosfera della nostra amministrazione pubblica. A partire da Wilson, Washington fu ricoperta dalle loro paure nevrotiche e dalle loro notti insonni. Washington cessò di essere una spensierata città del Sud, dove avevano risieduto presidenti allegri e benigni; si trasformò nel campo di polizia di oggi, dove un presidente timoroso si circonda costantemente di guardie armate, temendo in ogni momento il colpo di grazia. I washingtoniani di vecchia data ricordano che rincorrevano le loro palle da baseball sul prato della Casa Bianca. Il nervoso e alcolizzato Franklin Roosevelt fece erigere un'alta recinzione di ferro, cosicché oggi la Casa Bianca sembra un qualsiasi altro luogo di detenzione pubblica.

Quando Franklin Roosevelt prestò il suo primo giuramento, non pensava alle sofferenze del popolo americano o alla diffusa miseria causata dalla depressione artificiale che lui e i suoi coadiutori avevano aggravato negli ultimi mesi del mandato di Hoover. Pensava soprattutto alla sua sacra missione, il suo impegno a riconoscere la Russia sovietica. Arthur Upham Pope, nel suo libro "Maxim Litvinoff", scrive a pagina 280,

> "Roosevelt aveva chiarito, già prima della sua elezione, di essere favorevole al riconoscimento della Russia sovietica. Nell'estate del 1932 aveva inviato a Mosca, come suo emissario personale, William C. Bullitt, che era già stato lì per il Presidente Wilson nel 1919. Bullitt disse ai corrispondenti in Russia che "Roosevelt sarà il prossimo Presidente e il riconoscimento americano della Russia sovietica sarà uno dei primi atti della sua amministrazione". Nel gennaio del 1933, ottocento presidenti e professori di college indirizzarono un messaggio al Presidente eletto affermando che "il mancato riconoscimento della Russia ha contribuito alla grave situazione in Oriente e ha impedito l'adozione di politiche che avrebbero potuto frustrare le imprese imperialistiche del Giappone".

Quell'elenco di ottocento nomi sarebbe una lettura interessante oggi. Non c'è da stupirsi che le nostre università abbiano sfornato migliaia di giovani comunisti devoti negli anni Trenta.

La storia di Litvinoff continua,

> "Tuttavia, il fattore principale di questa radicale inversione di opinione fu la situazione economica, che era ormai estremamente pericolosa. Era sempre più evidente che un mercato mondiale completamente disorganizzato era tra le cause principali della crisi".

Era stato evidente fin dall'inizio della depressione, per chi aveva letto Lenin o ascoltato Radek. Secondo la dialettica comunista, una depressione mondiale avrebbe messo tutto il capitale nelle loro mani e dato loro il potere assoluto. Tuttavia, il cieco disprezzo per i bisogni e i desideri umani che ha condannato il programma comunista al fallimento tra i popoli sviluppati ha caratterizzato la gestione della crisi mondiale del 1929-1933. Il crollo del 1929 aveva come obiettivo l'azzeramento dei risparmi della classe media americana, creando così un sistema a due classi di lavoratori e governanti, i molti schiavi e le poche élite. Questa era la promessa che veniva fatta ai giovani scontenti che abbracciavano il comunismo nelle nostre università durante gli anni Trenta.

Mentre i partiti comunisti di tutto il mondo aspettavano che Roosevelt riconoscesse la Russia sovietica e diventasse il leader spirituale del movimento comunista, il politico sfuggente perse i nervi. Dopo la sua elezione, rimandò di mese in mese il passo fatale, finché alla fine, nel novembre del 1933, tenne una conferenza notturna alla Casa Bianca con Henry Morgenthau Jr., Maxim Litvinoff e il consulente legale dell'Unione Sovietica, Dean Acheson. Fu Acheson a fornire l'equilibrio a favore del riconoscimento. Assicurò a Roosevelt il sostegno di Wall Street se la Russia fosse stata riconosciuta subito, ma avvertì che ulteriori ritardi avrebbero significato la preparazione di un uomo che avrebbe preso il suo posto nel 1936. Fu la minaccia di perdere il sostegno per i suoi numerosi progetti a costringere Roosevelt a mantenere la promessa fatta ai comunisti. Questa fu l'ultima volta in cui si sbilanciò sulla parola data ai comunisti. Ora che aveva attraversato il Rubicone e non c'era stata alcuna denuncia pubblica della sua azione, divenne un fervente sostenitore del comunismo. Riempì gli uffici governativi di marxisti dai capelli lunghi provenienti dal City College di New York e dalla sua stessa scuola, l'Università di Harvard. Fece un *protetto* speciale del giovane e brillante leader comunista Alger Hiss e tenne vicino a sé Lauchlin Currie, un leader dell'oscuro giro di spionaggio di Washington. Dopo la morte di Roosevelt, Currie si defilò in Colombia per evitare di rivelare il suo passato a una commissione del Congresso.

Uno dei primi atti di Roosevelt, dopo il riconoscimento della Russia, fu l'istituzione di una Export-Import Bank, il 12 febbraio 1934, che annunciava con orgoglio che la sua missione era

> "allo scopo esclusivo di finanziare il commercio tra gli Stati Uniti e la Russia".

Noi avremmo inviato alla Russia merci e la Russia avrebbe firmato assegni alla Export-Import Bank, che sarebbero stati pagati dai contribuenti americani. Tuttavia, il fragoroso ruggito di benvenuto del proletariato americano ai compagni russi non si concretizzò. In effetti, il riconoscimento della Russia portò una scarsa risposta da parte del popolo americano e la creazione della Export-Import Bank in quel momento, quando eravamo ancora afflitti da una diffusa disoccupazione e dalla fame, era eccessiva. Diversi membri del Congresso si prepararono a sferrare un attacco, ricordando al governo che la Russia ci doveva ancora 150.000.000 di dollari che aveva tradito nel 1917. Roosevelt si ritirò in disordine di fronte a questa opposizione, e la Export-Import Bank cambiò frettolosamente la sua missione per prestare denaro al Sud America, dove gli investimenti di J. e W. Seligman erano stati colpiti dalla depressione. Ci volle la Seconda guerra mondiale per mettere il cittadino americano al servizio di Stalin.

Il momento culminante del 1933 fu la Conferenza economica di Londra, che tracciò il percorso delle democrazie verso la Seconda guerra mondiale. I banchieri internazionali videro la loro strada spianata verso il massacro pianificato che sarebbe culminato con la creazione di uno Stato socialista mondiale. La conferenza è stata scarsamente riportata dalla stampa americana. È quasi impossibile scoprire chi era presente e cosa ha fatto. Dal Royal Institute of International Affairs si apprende che l'Inghilterra era rappresentata da Frank Ashton Gwatkin, consigliere del Ministero degli Esteri, e da Lord Brand, amministratore delegato della Lazard Brothers di Londra e direttore della Lloyd's Bank, delle Ferrovie Sudafricane e della Times Publishing Co.

Allo stesso modo, gli Stati Uniti furono rappresentati da un'accurata selezione tra i membri del Council on Foreign Relations. L'economista di Harvard O. M. W. Sprague fu incaricato di preparare i documenti per la delegazione americana e il suo assistente fu Leo Pasvolsky, il russo che aveva contribuito alla nascita delle Nazioni Unite. La delegazione era guidata dal Segretario di Stato Henry L. Stimson e da James Paul Warburg, che aveva rifiutato l'offerta di Roosevelt del Direttore del Bilancio per portare a termine questa importante missione. Erano presenti il partner legale di Dean Acheson, George Rublee, e l'economista di Harvard John H. Williams; Norman H. Davis, allora presidente del Council On Foreign Relations; Leon Fraser, allora vicepresidente della Banca dei Regolamenti Internazionali; e il consigliere tecnico capo della delegazione statunitense, il consigliere economico di Stimson Herbert Feis. Erano presenti anche due dei cervelli di Baruch, Raymond Moley e Herbert Bayard Swope. Swope era responsabile delle pubbliche relazioni per la delegazione statunitense e fece un lavoro talmente eccellente che i negoziati rimangono ancora avvolti nel mistero.

La biografia di Litvinoff di Pope sottolinea a pagina 283 che

> "Litvinoff è stato senza dubbio la personalità più importante della Conferenza economica di Londra, eclissando completamente Raymond Moley, capo della delegazione statunitense".

Litvinoff era lì per contrattare con gli Stati Uniti e l'Inghilterra da che parte sarebbe stata la Russia durante la Seconda guerra mondiale. La sua più grande vittoria fu la promessa dell'amministrazione Roosevelt che i membri del Partito Comunista d'America sarebbero stati esenti da arresti o impedimenti di qualsiasi tipo. Questa promessa fu mantenuta fedelmente fino alla morte di Roosevelt e Harry Truman fece del suo meglio per rispettarla, come testimoniano i suoi frenetici sforzi per aiutare Alger Hiss, ma non ebbe mai abbastanza potere personale per salvare Hiss.

L'accordo principale della Conferenza economica di Londra fu la conclusione da parte di tutti gli interessati di attenersi al gold standard, assicurando così che non sarebbero stati intrapresi cambiamenti costruttivi per alleviare la miseria economica in tutto il mondo, in modo da rendere la guerra l'unica strada possibile. Paul Einzig, in "World Finance 1935-1937", afferma che

> "Il blocco dell'oro è esistito per poco più di tre anni, essendo stato istituito alla Conferenza economica di Londra nel luglio del 1933. L'esistenza del blocco dell'oro prolungò la depressione economica di almeno due anni. Fu durante questi due anni che la depressione economica e la sopravvalutazione delle valute portarono alla politica estera aggressiva di Italia e Germania".

La colpevolezza di Roosevelt nel prolungare la depressione è dimostrata da tutte le prove. Hoover, nel terzo volume delle sue Memorie, accusa Roosevelt di non aver fatto nulla per alleviare la depressione, e questo è vero. Roosevelt aggravò la depressione, perché, pur dedicandosi a un programma di aumento dei prezzi mondiali, non aumentò la quantità di denaro in circolazione, il che significava meno denaro per far circolare i beni disponibili. La quantità di denaro in circolazione, come risulta dai rapporti del Tesoro degli Stati Uniti, rimase a sette miliardi di dollari dal 1933 al 1940, mentre i prezzi aumentavano costantemente. Hoover afferma che nel 1940 c'erano ancora dieci milioni di disoccupati e che ci volle la guerra per dare agli americani un sollievo dalla depressione dopo che sette anni di Roosevelt non erano riusciti a farlo.

Non si trattava tanto del fatto che Roosevelt non riuscì a dare aiuti. I cospiratori alla Conferenza monetaria ed economica di Londra decisero che non avrebbero dato alcun sollievo al popolo, e Roosevelt mantenne l'accordo. Si era impegnato a mantenere il popolo al ribasso. Hoover accusa anche che l'azione di Roosevelt di chiudere le banche, ribaltando un vecchio e mai utilizzato statuto della Prima Guerra Mondiale, fu l'equivalente americano dell'incendio del Reichstag, per creare un'atmosfera di emergenza e dare l'impressione che Roosevelt fosse il salvatore del popolo americano. Certamente Roosevelt non perdeva occasione per imitare i dittatori. Copiando esattamente il suo mentore, Nikolai Lenin, il sovrano che più ammirava, Roosevelt bruciò tonnellate di cibo mentre i bambini americani erano denutriti, al fine di promuovere la collettivizzazione dell'agricoltura americana. Come Stalin, Roosevelt inviò nei campi di concentramento un gran numero di fedeli cittadini americani, i nippo-americani della costa occidentale, perché "politicamente inaffidabili", un crimine capitale in Russia; come Hitler, Roosevelt incoraggiò l'aggressione contro le piccole nazioni, in particolare contro la Finlandia quando questa cercò di rimanere libera dall'orbita comunista.

A proposito del programma monetario di Roosevelt, Paul Einzig ha osservato in "France's Crisis" Macmillan, 1934, che

> "L'unica speranza per la Francia risiede negli esperimenti del Presidente Roosevelt. Se non riuscirà ad ottenere un aumento dei prezzi mondiali, sulla base dell'attuale valore aureo del dollaro, ricorrerà ad una seconda svalutazione".

Se il popolo francese si è classificato negli esperimenti di Roosevelt, è ormai certo che il popolo americano si è classificato all'ultimo posto. Einzig scrive in "World Finance 1935-1937" che

> "Il presidente Roosevelt fu il primo a dichiararsi apertamente a favore di una politica monetaria che mirasse a un aumento deliberato dei prezzi. In senso negativo la sua politica ebbe successo. Tra il 1933 e il 1935 riuscì a ridurre l'indebitamento privato, ma a costo di aumentare quello pubblico".

La simpatia di Roosevelt per l'uomo comune è dimostrata dal suo successo nell'aumentare il prezzo di tutto ciò che l'uomo comune deve comprare. I salari vennero aumentati, ma sempre dopo che il prezzo dei beni era aumentato, cosicché gli unici a beneficiarne direttamente furono i piccoli strozzini a cui i lavoratori si rivolgevano per avere i soldi per pagare le bollette.

Il programma di costruzione di piramidi, pubblicizzato come Works Progress Administration, fu avviato da Roosevelt perché si trattava di spesa pubblica, o socialismo, in contrapposizione alla spesa privata o della libera impresa.

I suoi sostenitori socialisti e sionisti, in particolare James Paul Warburg, si accanirono contro il primo critico del programma. Il dottor William Wirt, che fu perseguitato per anni dall'amministrazione Roosevelt.

A capo della WPA, che ha speso sei miliardi di dollari e i cui vertici, secondo le ultime stime, erano per il settantacinque per cento membri del Partito Comunista, c'era Harry Pincus Hopkins, lo stregone ulcerato del culto Voodoo di Roosevelt. Hopkins, che era stato augurato a Roosevelt dal suo padrone, John Hertz, socio della Lehman Brothers, aveva iniziato con la Croce Rossa a New Orleans durante la Prima Guerra Mondiale, dove aveva coraggiosamente fatto una campagna per ottenere fondi. Negli anni Venti, Hopkins rimase coinvolto nel favoloso racket delle foche natalizie, la New York Tuberculosis and Health Association. Hopkins era un dirigente di questa mafia, che negli anni Venti aveva un incasso annuale di oltre quattro milioni di dollari. Il Commissario alla Sanità di New York Louis Harris dichiarò in una lettera pubblicata sul New York Times l'8 giugno 1932 che

> "Non un solo centesimo è stato destinato a una persona affetta da tubercolosi o a un istituto per la sua cura. L'Associazione ha riconosciuto che tutto il suo denaro è stato speso in stipendi e spese generali".

Questi erano gli intimi di Franklin Roosevelt. Mentre il signorotto di Hyde Park si accomodava sulla sua poltrona e ordinava che gli venisse portato il microfono, in modo da potersi rivolgere ai servi della gleba, milioni di americani stavano seduti davanti alle loro radio, affascinati dai magici incantesimi delle Fireside Chats. E qual era il messaggio del Grande Falso? Una delle sue prime Fireside Chats fu dedicata alla pubblicità di una ristampa del libro del suo caro amico Justice Brandeis, "Other People's Money", che era stato ignorato quando era stato pubblicato nel 1913 e da allora era stato giustamente dimenticato. L'inserzione di Roosevelt di quest'opera di scarto vendette un milione di copie e portò a Brandeis un profitto di 150.000 dollari. Sebbene Brandeis, in qualità di presidente dell'Organizzazione Sionista d'America, conoscesse molto bene il denaro altrui, avendone raccolto milioni per il suo racket sionista, il suo unico libro era un attacco feroce a quei banchieri di New York che nel 1913 non erano ancora sotto l'influenza di Kuhn, Loeb Co.

Forse il più grande talento di Roosevelt fu la capacità di promuovere il malcontento razziale per i propri fini. Il più spregiudicato agitatore razziale della politica moderna, trasformò la capitale della nostra Repubblica in una Harlem burocratica, mentre i bianchi si trasferirono nei sobborghi per proteggere le loro figlie e votarono di nuovo per Roosevelt. New York era stata il suo campo di addestramento per gli agitatori razziali, così come lo era stata per il suo protetto, il Piccolo Fiore Rosso, Fiorello LaGuardia, il sindaco di New York scomparso. LaGuardia superò i suoi contemporanei in cinismo, non nascondendo che prima della sua elezione fece arrivare dai Caraibi aerei carichi di portoricani e li registrò tutti nelle liste di assistenza della città. La democrazia va bene se si sa come farla funzionare.

Nei rapporti con le minoranze, Roosevelt si avvalse dell'aiuto della sua compagna, l'esile Eleanor. Conosciuta dagli editorialisti come la One-Woman Band politica, Eleanor conosceva tutte le melodie, ma quella che suonava di più era quella di Marx. Come lo storpio malato con cui condivideva la vita, Eleanor preferiva qualsiasi progetto che la tenesse lontana dalla malsana nidiata che aveva covato con l'assistenza del Grande Comunista.

Uno dei progetti preferiti di Eleanor Roosevelt era la Howard University di Washington, una scuola per negri, ovviamente, che ha ricevuto anno dopo anno più fondi governativi di qualsiasi altra istituzione educativa degli Stati Uniti. La funzione principale della Howard University sembra essere la formazione di un'élite intellettuale negra per il Partito Comunista d'America. Il suo presidente, Mordecai Johnson, che era stato battista prima di scoprire il comunismo, non ha fatto mistero delle sue simpatie. Il Chicago Defender pubblicò un resoconto di uno dei suoi discorsi di incoraggiamento del 10 giugno 1933 davanti a un pubblico di giovani negri. Il Defender dice

> "Il dottor Johnson ha esortato i suoi ascoltatori a non permettere che
> le parole comunismo e socialismo accechino i loro occhi di fronte

alla realtà che sul suolo russo oggi - non fa differenza quali errori siano stati commessi o quali crimini siano stati commessi - c'è un movimento per la prima volta nella storia del mondo per rendere disponibili tutte le loro risorse naturali per la vita dell'uomo comune".

Questo discorso, e altri simili, hanno indubbiamente spinto molti negri ad arruolarsi nel Partito Comunista. Il dottor Johnson è ancora presidente della Howard University, e la sua spesso dichiarata inimicizia per i banchieri non interferisce con la sua profonda amicizia per il banchiere internazionale senatore Herbert Lehman.

Eleanor Roosevelt utilizza la sua rubrica "My Day", diffusa in tutta la nazione, per promuovere le sue convinzioni preferite, come l'ateismo, la separazione tra Stato e Chiesa e altri ideali marxisti. Trova che l'alcol sia adatto ai giovani e non ha pregiudizi nei suoi confronti. La sua inclinazione a guidare in stato di ebbrezza le ha provocato i famosi denti da cerbiatto in una sera. La stampa americana si è stretta intorno alla storia, ma George Richards, proprietario di stazioni radiofoniche a Los Angeles e in altre città, ha lasciato che i suoi giornalisti trasmettessero le circostanze dell'incidente. La licenza della sua stazione fu provocata dalla Commissione Federale per le Comunicazioni, guidata da Wayne Coy, che era stato assistente personale di Eugene Meyer al Washington Post prima di diventare dittatore dell'etere americano. Per tre anni Richards lottò contro questa invasione di ispirazione marxista del diritto costituzionalmente garantito di libertà di parola, senza successo, fino a quando la sua fortuna non fu esaurita e la sua salute fu distrutta. Morì di infarto mentre ancora si opponeva alla FCC. Il sesso, il crimine e la corruzione dei bambini americani non incontrarono l'opposizione di Coy, il ragazzo di Meyer, ma nessuno poteva parlare di Eleanor Roosevelt e farla franca.

Gli anni di Eleanor come First Lady sono stati il periodo di massimo splendore di alcuni degli elementi più squallidi della gerarchia comunista, tra cui persone accettabili come gli assistenti sociali che andavano in giro per le scuole a insegnare ai bambini una serie di strane abitudini sessuali, il tutto in nome dell'"espressione di sé" e per "evitare la frustrazione". Il sesso è stato una delle armi principali del Partito Comunista. Campi nudisti, convertiti che non erano altro che prostitute e "educazione" sessuale dei bambini hanno avuto un ruolo di primo piano negli sforzi dei marxisti.

Eleanor Roosevelt ha anche imparato la tecnica della Grande Bugia del comunismo e, nonostante le ripetute denunce delle sue falsità stampate pubblicamente, continua a distorcere la verità per adattarla alla sua ideologia. Nel Congressional Record del 12 agosto 1952, la senatrice Cain a pagina A5003 descrive in dettaglio la sua perversione dei fatti nella marcia dei veterani su Washington. Nonostante una lettera dell'ex Segretario alla Guerra Hurley alla signora Roosevelt nel gennaio del 1950, il suo libro, "This I remember", uscì con la ripetizione della menzogna comunista secondo cui il generale MacArthur aveva ordinato alle truppe di attaccare i veterani, menzogna che fu sostenuta da John Gunther e dal Time Magazine. Nella sua rubrica del 6 settembre 1952, George Sokolsky la prese di mira per aver affermato che i Patti delle Nazioni Unite proposti non contenevano "alcuna disposizione che si discostasse dallo stile di vita americano in direzione del comunismo, del socialismo, del sindacalismo o dello statalismo". Sokolsky disse che non era vero e che poteva dimostrarlo. Nel numero di novembre 1952 di See Magazine, Eleanor negò che ci fossero spie russe alle Nazioni Unite. Il giorno in cui la rivista uscì in edicola, i giornali annunciarono che Valerian Zorin era stato nominato delegato russo alle Nazioni Unite come successore di Jacob Malik, e identificarono Zorin come la mente del colpo di Stato ceco. Come dice Pegler, è spiacevole dover accusare una signora di mentire in pubblico, ma la sua feroce propaganda non lascia altra alternativa a un giornalista onesto se non quella di smascherarla in tutto il suo tradimento.

È impossibile spiegare il regime di Roosevelt senza conoscere il Manifesto comunista del 1848, tratto da "The Official Version of the Communist Manifesto in English", stampato da Kerr Co. Chicago, 1917. I suoi dieci punti sono i seguenti:

"Nei paesi più avanzati, quanto segue sarà applicabile in modo abbastanza generale:

1. Abolizione della proprietà fondiaria e destinazione di tutte le rendite dei terreni a scopi pubblici.

2. Un'imposta sul reddito fortemente progressiva o graduata.

3. Abolizione di ogni diritto di successione.

4. Confisca dei beni di tutti gli emigranti e dei ribelli.

5. Centralizzazione del credito nelle mani dello Stato, attraverso una banca nazionale con capitale statale e monopolio esclusivo.

6. Centralizzazione dei mezzi di trasporto e comunicazione nelle mani dello Stato.

7. Estensione delle fabbriche e degli strumenti di produzione di proprietà dello Stato; messa a coltura delle terre abbandonate e miglioramento del suolo in generale secondo un piano comune.

8. Uguale responsabilità di tutti nei confronti del lavoro. Creazione di eserciti industriali, soprattutto per l'agricoltura.

9. Combinazione dell'agricoltura con le industrie manifatturiere; graduale abolizione della distinzione tra città e campagna attraverso una più equa distribuzione della popolazione sul territorio.

10. Istruzione gratuita per tutti i bambini nelle scuole pubbliche. Abolizione del lavoro in fabbrica dei bambini nella sua forma attuale".

Questo programma comunista, scritto più di un secolo fa da Karl Marx, figlio di un banchiere di Francoforte, dimostra che noi americani abbiamo già il comunismo qui, che ci piaccia o no. Una parte di esso è stata promulgata dall'amico di Lenin, Woodrow Wilson, e il resto l'abbiamo avuto da Franklin Roosevelt, messo in carica nel 1933 da un gruppo di rivoluzionari così pericolosi che persino Bernard Baruch ne aveva paura.

Il primo punto del Manifesto comunista, l'abolizione della proprietà della terra e l'utilizzo delle rendite per scopi pubblici, significa che lo Stato diventerà il proprietario. Negli Stati Uniti, il governo aumenta ogni anno le sue proprietà terriere e i numerosi tentativi di edilizia popolare vedono il governo come esattore degli affitti o detentore delle ipoteche. Non si vuole porre rimedio a nessuno degli abusi del latifondismo, ma centralizzarli. Questo punto si realizzerà quando diventerà illegale possedere proprietà o immobili negli Stati Uniti. Se questo sembra assurdo, ricordate che in questo Paese è illegale possedere monete d'oro. Chi, nel 1930, avrebbe creduto che una tale legge potesse essere approvata?

Prima di andare avanti, è bene definire lo Stato. Lo Stato è quella particolare banda di ladri che detiene il potere in questo momento. Nulla di più, nulla di meno. Il comunismo cerca di insediare una banda di ladri e di mantenerla sterminando ogni possibile opposizione. La nostra Repubblica è costruita sulla premessa che il popolo ha il diritto di sbarazzarsi di una banda e di metterne un'altra. Il comunismo nega questo diritto, e questa è la principale differenza tra America e Russia. Il comunismo sfrutta il fatto che la maggior parte delle persone non ama la responsabilità di selezionare i funzionari del governo votandoli e preferisce avere un cattivo governo piuttosto che preoccuparsi di votare in modo intelligente.

Il Punto Due, una pesante imposta progressiva o graduata sul reddito, fu messo in legge dal presidente Woodrow Wilson nel 1914, dopo che Otto Kahn e Jules S. Bache lo avevano scritto per lui, e la percentuale di imposta fu aumentata da Franklin Roosevelt fino al 98% del reddito personale.

Il terzo punto, l'abolizione di ogni diritto di eredità, ottenuta dall'amministrazione Roosevelt attraverso il potere di tassare le eredità, è un colpo alla struttura della famiglia, che è uno dei principali obiettivi del marxismo. Il padre non può più costruire una fortuna o una casa per il figlio senza che lo Stato gliene sequestri la maggior parte. Tuttavia, le famiglie che compongono la banda al potere possono conservare intatte le loro fortune, sotto la veste di "fondazioni filantropiche", come la Fondazione Guggenheim, la Fondazione Rosenwald e la Fondazione Rockefeller. Queste fondazioni sono state la principale fonte di finanziamento per i comunisti in America, attraverso "borse di studio" e "borse di ricerca".

Il quarto punto, la confisca dei beni degli emigranti e dei ribelli, avviene attraverso la persecuzione legale della vittima fino alla scomparsa del suo patrimonio. I processi per sedizione del 1942 contro trentatré critici di Roosevelt e la persecuzione di George Richards da parte della Commissione federale per le comunicazioni sono esempi di centinaia di casi sotto l'amministrazione democratica "liberale".

Il punto cinque, la centralizzazione del credito nelle mani dello Stato, per mezzo di una banca nazionale con capitale statale e monopolio esclusivo, dà alla banda un potere totale sulle risorse monetarie e creditizie del popolo. Questo è il nostro Sistema di Riserva Federale degli Stati Uniti, una cospirazione riuscita di Kuhn, Loeb Co. e della Casa di Rothschild, che fu promulgata in legge dal Presidente Woodrow Wilson nel 1913, dopo che lo avevano eletto a tale scopo. È un monopolio che ha alle spalle il capitale dello Stato, il credito del nostro governo, ed è un monopolio esclusivo di proprietà dei suoi azionisti. È una centralizzazione del credito esattamente come prescritto da Karl Marx.

Il punto sei, la centralizzazione dei mezzi di trasporto e di comunicazione nelle mani dello Stato, è stato messo in atto da Wilson e Roosevelt in ciascuna delle due guerre mondiali successive, sotto la copertura di emergenze belliche. La struttura pubblicitaria comunista, l'Office of War Information, fu un tentativo di monopolio governativo dell'informazione, e altre agenzie di questo tipo possono essere citate in entrambe le guerre.

Il punto sette, l'estensione delle fabbriche e degli strumenti di produzione di proprietà dello Stato, è stato attuato indirettamente, rendendo il governo il principale cliente dell'industria pesante, il che conferisce allo Stato il controllo senza i grattacapi della gestione. Il bilancio degli Stati Uniti per il 1952 prevede una spesa pubblica di 65 miliardi di dollari, su un reddito nazionale di 85 miliardi di dollari.

Il punto otto, l'uguale responsabilità di tutti nei confronti del lavoro, è la coscrizione universale. Significa che il lavoratore non può scegliere dove lavorare o quale lavoro svolgere. Il Social Security Act di Roosevelt ha creato la burocrazia per realizzare questo punto. Il Comitato per lo Sviluppo Economico e le Nazioni Unite sono entrambi impegnati per la piena occupazione, cioè per la schiavitù universale e per l'uguale responsabilità di tutti nei confronti del lavoro secondo quanto stabilito dallo Stato.

Punto nove: la combinazione dell'agricoltura con l'industria manifatturiera e l'abolizione della distinzione tra città e campagna sono state causate dalla standardizzazione dei prodotti a livello nazionale e, più direttamente, dalle fabbriche che si sono spostate nei boschi alla ricerca di manodopera a basso costo.

Il punto dieci, l'istruzione gratuita per tutti i bambini nelle scuole pubbliche, è un programma eccellente, fino a quando non si pone il problema di quali materie debbano essere insegnate, se debbano o meno venerare il viscido e unto Capo di Stato e sedersi docilmente nelle aule fino a quando non saranno abbastanza grandi per essere uccisi. Il punto principale è che il bambino deve essere educato in un'istituzione. Si tratta di uno sviluppo naturale del principio marxista ateo dell'abolizione della famiglia. I comunisti vogliono l'istruzione universale per poter ottenere il controllo del pensiero sul bambino. Hanno già in mano gli insegnanti, come testimoniano i tapis roulant che vengono sardonicamente chiamati "istituti di istruzione superiore", le università finanziate da Rockefeller e Guggenheim, che hanno prodotto gli ottocento presidenti e professori di college che nel 1933 hanno firmato l'appello a Roosevelt per riconoscere la Russia sovietica.

Le scuole parrocchiali cattoliche sono state la peggiore spina nel fianco del Partito Comunista d'America, ed Eleanor Roosevelt non ha mai perso l'occasione di attaccarle.

La disposizione più importante del Manifesto Comunista, naturalmente, è stata l'imposta sul reddito. Il possesso di denaro è un'indipendenza, e l'imposta sul reddito marxista è progettata per togliere tutto ciò che non è denaro per le necessità della vita, assicurando in particolare che il cittadino non abbia denaro con cui opporsi alla dittatura dello Stato. La nostra Banca di Stato, il Federal Reserve System, è stato un altro sviluppo utile per la Kuhn, Loeb Co. e la tassa di successione è stata la terza disposizione promulgata da Wilson e Roosevelt che dà allo Stato il controllo assoluto sul reddito dei cittadini. Tutte e tre queste misure sono state promulgate in un'atmosfera di intrighi internazionali da cospiratori professionisti che sapevano di sovvertire il governo legittimo della Repubblica americana, la Costituzione degli Stati Uniti.

Nikolai Lenin emise un proclama nell'ottobre del 1917, dichiarando che

> "L'attività bancaria è dichiarata monopolio dello Stato; i depositi dei piccoli investitori saranno protetti".

Roosevelt imitò il politico che ammirava di più, Nikolai Lenin, promulgando prontamente nel 1933 una legge sulla Federal Deposit Insurance Corporation che, dopo le numerose volte in cui i suoi amici di Wall Street avevano fatto chiudere le banche con dentro i risparmi di una vita di cittadini parsimoniosi, fornì un'iniezione di fiducia ai banchieri garantendo i depositi dei piccoli investitori, come Lenin. Il fondo di 150 milioni di dollari è stato creato per garantire depositi complessivi di quindici miliardi di dollari in America, quindi non poteva avere intenzioni molto serie. Tuttavia, permise al governo degli Stati Uniti di richiedere rapporti e di consentire ai suoi supervisori di entrare nelle piccole banche del Paese. Per i comunisti, tutto ciò che aumenta la burocrazia è una buona cosa.

Del programma pubblicato da Lenin ne "La minaccia della catastrofe" nel 1917, che fu la causa della sua ascesa al potere (Capitolo 7), Franklin Roosevelt fece promulgare la più importante delle sue disposizioni, l'obbligo per i lavoratori di iscriversi ai sindacati. Conosciuto come Wagner Act, prevedeva un negozio chiuso, cioè nessuno poteva lavorare se non era iscritto al sindacato. Negava al cittadino americano il diritto di lavorare e di guadagnarsi da vivere per la propria famiglia, a meno che non pagasse un tributo a un gruppo scalcinato di racket sindacali. Il fatto che la leadership del sindacato dipenda in larga misura da criminali abituali e che il racket sindacale abbia fornito un'occupazione a centinaia di delinquenti che erano stati messi fuori gioco dall'abrogazione del proibizionismo da parte di Roosevelt (dopo che il business degli alcolici era stato inghiottito dagli ebrei, che sembra essere stato il vero obiettivo del proibizionismo in primo luogo), è stato documentato da centinaia di pagine di testimonianze davanti alle commissioni governative. Gli operai furono minacciati e picchiati per far loro accettare il nuovo ordine in America, ma di tanto in tanto sfogavano i loro sentimenti nei confronti dei padroni, come testimonia la parodia del brano di Walt Disney dal suo film "Biancaneve e i sette nani", che si può ancora sentire dalla strada nel quartiere delle fabbriche di abbigliamento di New York,

"Heigh ho! Heigh ho!
Ci uniamo al C.I.O.!
Paghiamo le nostre quote
Ai dannati ebrei,
Heigh ho! Heigh ho!

Uno dei capitoli non scritti della storia di Roosevelt fu il suo impegno a favore degli emigranti di Baghdad, la famiglia Sassoon, che era diventata nota come i Rothschild d'Oriente. I Sassoon detenevano un monopolio virtuale sull'argento, che era la base dell'emissione monetaria in Estremo Oriente, in particolare in India e in Cina. Roosevelt manipolò il prezzo dell'argento in modo da aiutare i Sassoon a spazzare via le piccole banche cooperative che stavano sorgendo nelle campagne in risposta all'appello di Gandhi ai contadini di liberarsi dal giogo dei Sassoon. Paul Einzig, in "World Finance 1935-1937", racconta come ciò avvenne,

> "L'effetto immediato dell'avvio della politica di acquisto dell'argento del presidente Roosevelt fu un forte aumento del prezzo dell'argento grazie agli acquisti speculativi. Questo aumento fu in realtà incoraggiato dalle autorità statunitensi, che aumentarono gradualmente il loro prezzo di acquisto interno per dimostrare che intendevano davvero portare il prezzo dell'argento al prezzo di acquisto legale di 1,29 dollari. Nel dicembre 1935, il Tesoro di Washington si stancò di sostenere il mercato e lasciò che il prezzo trovasse il suo livello. Ci fu un crollo disastroso da oltre 29d a meno di 20d".

I sassoni hanno rotto la concorrenza contadina in India convincendo Roosevelt ad alzare il prezzo mondiale dell'argento e a mantenerlo per un po', costringendo i banchieri cooperativi a comprarlo a quel prezzo elevato per finanziare il raccolto. Poi l'agente Harry Dexter White (Weiss), esperto di argento per il Tesoro, lo fece scendere di nuovo, lasciando i banchieri contadini in rovina. Queste manipolazioni causarono carestie diffuse in India e Cina e accelerarono notevolmente l'avvento del comunismo in Estremo Oriente.

Il capitolo più abortito della nostra storia economica è la National Recovery Administration. La sua origine è tipica. Hoover ne fornisce i retroscena nelle sue Memorie, volume 3. Hoover racconta che Gerard Swope, presidente della General Electric Corporation controllata da Baruch, nel settembre del 1931 tenne un discorso in cui prese l'iniziativa di proporre la "riorganizzazione dell'industria americana attraverso la pianificazione economica" e si presentò a Hoover con il piano. Hoover commenta che

> "Ho presentato il piano al Procuratore Generale con la mia nota: "È la più gigantesca proposta di monopolio mai fatta nella storia". Il Procuratore Generale si limitò a commentare che era del tutto incostituzionale".

Hoover definisce inoltre il Piano Swope, che divenne l'NRA, un "preciso modello di fascismo"; la sordida storia nella sua interezza è che a Hoover fu promesso un secondo mandato se avesse messo da parte il Piano Swope, che veniva direttamente dal trust di cervelli di Baruch, ovviamente, e che fu trattato dalla stampa con un trattamento da miliardi di dollari. Hoover, per ragioni che non spiega, temeva questo nuovo racket e si rifiutò di averci a che fare. I suoi promotori andarono da Roosevelt, che accettò, come accettava qualsiasi cosa nella sua malata brama di potere, e Hoover era finito. La maggior parte del marcio su di lui fu reso pubblico e Roosevelt si presentò come il nuovo campione dell'umanità.

Il Piano Swope, uno strano miscuglio di comunismo e fascismo, conteneva le disposizioni della National Recovery Administration, con disposizioni marxiste per il negozio chiuso e un programma completo di "sicurezza sociale" e "disoccupazione". Roosevelt mise in legge l'intero piano, ogni sua fase incostituzionale, intimorendo il Congresso in ogni sua fase fino a quando non diede a Baruch ciò che voleva. Quando il National Recovery Act entrò in vigore nel 1934, Baruch mandò a capo della sua cerchia ristretta il generale Hugh Johnson, che rimase sul libro paga di Baruch a 1.000 dollari al mese anche dopo essere diventato capo dell'NRA. L'NRA cercò di instaurare una dittatura sulle imprese e sull'industria americane, con la fissazione dei prezzi, dei salari, l'assegnazione di quote di produzione, tutti i controlli dello Stato di polizia preferiti da Baruch, molti dei quali erano stati introdotti durante la Prima Guerra Mondiale e che egli ripristinò durante la Seconda Guerra Mondiale, quando la sua creatura Byrnes era Direttore della Mobilitazione Bellica. L'argomentazione di Baruch a favore di questa dittatura nel 1934 era che aveva funzionato in tempo di guerra e che sarebbe stata utile in tempo di pace. Aveva funzionato in tempo di guerra perché il popolo era disposto ad accettare un dittatore per l'emergenza, ma non voleva un dittatore in tempo di pace. Inoltre, la produzione bellica è destinata alla distruzione, mentre la produzione in tempo di pace è destinata a un uso costruttivo. Le esigenze della produzione bellica e le necessità del consumo civile non potrebbero mai essere integrate in un unico sistema economico. L'NRA fu un enorme flop e sarebbe stata una battuta d'arresto per chiunque non avesse avuto l'insuperabile coraggio di Roosevelt. Non si guardò mai indietro e, se lo avesse fatto, avrebbe sicuramente subito la sorte del lotto e sarebbe stato trasformato in una colonna di sale.

Carter Field, nella sua biografia di Baruch, dice,

> "Baruch non fu solo un prezioso consigliere in contatto personale con il gruppo di cervelloni di Moley intorno a Roosevelt, ma donò i servizi di esperti sul suo libro paga, in particolare Hugh Johnson, la cui scrittura pungente e incisiva dei discorsi si rivelò di enorme valore".

Johnson, un uomo da 10.000 dollari all'anno dell'ufficio di Baruch a New York, continuò a percepire 1.000 dollari al mese dopo aver assunto la direzione dell'NRA, cosa che fu interpretata dalla stampa come un nobile gesto da parte di Baruch affinché Johnson potesse permettersi i sacrifici pecuniari di una carica pubblica.

Carter Field scrive delle Conferenze economiche di Londra,

> "Il braccio destro di Baruch, Herbert Bayard Swope, andò con Moley, mentre Baruch si sedette al posto di Moley durante la sua assenza. Due ex subordinati di Swope, Charley Michelson ed Elliott Thurston, direttore e vicedirettore dell'informazione pubblica per la Delegazione americana, avevano entrambi lavorato sotto Swope al New York World; quando Moley tornò, trovò Benjamin Cohen al suo posto".

Si tratta del Benjamin Cohen che era stato consulente legale dei sionisti alla Conferenza di Parigi e che in seguito divenne il vero capo delle Nazioni Unite. Elliott Thurston era il reporter di Washington del New York World e direttore delle pubbliche relazioni del Federal Reserve Board.

Field ci dice anche che sia Wilson che Roosevelt offrirono a Baruch la Segreteria del Tesoro, ma Baruch di solito assumeva altri uomini per lavori del genere.

Il Digesto letterario dell'8 luglio 1933 ha simulato che

> "Bernard Baruch, superconsulente degli Stati Uniti, continua a detenere questo portafoglio non ufficiale nell'amministrazione del New Deal. Ogni Presidente, fin dai tempi di Wilson, si è rivolto a questo gigante dai capelli grigi per una consulenza. È stato il confidente di tutti i leader, dentro e fuori la politica, repubblicani e democratici... È regolarmente docente annuale al War College".

Come tutti gli internazionali che si occupano di prestiti esteri e del valore delle valute, Baruch è al di sopra della politica di partito. Le sue visite annuali al War College gli danno l'opportunità di ispezionare il nuovo gruppo di ufficiali generali per vedere quali di loro sono potenziali Eisenhower o Marshal, che non metteranno in discussione la leadership di Baruch.

Roosevelt non ascoltò l'avvertimento del Col. House e si circondò di una schiera di stranieri. Come l'Amministrazione Wilson, le successive Amministrazioni Roosevelt risuonano dei nomi di Frankfurter, Warburg, Meyer, Baruch, tutti avanzi di Wilson, così come Benjamin Cohen, Victor Emanuel, Mordecai Ezekiel, Henry Morgenthau e Leo Pasvolsky, oltre a centinaia di Keyserling e creature minori. Roosevelt fu il primo Presidente a far istituire una missione interna sionista alla Casa Bianca, che nei primi anni Trenta era composta dal giudice Brandeis, da Felix Frankfurter e dal rabbino Wise. Con la scomparsa di due di questi, è ora composta da Felix Frankfurter, David Niles, che in precedenza usava il nome di Neyhus, e Max Lowenthal. Lowenthal ha scritto un libro che cercava di diffamare l'FBI e lo ha fatto pubblicare dalla casa di sinistra William Sloane Associates. Seimila copie di questo volume da 5 dollari sono state distribuite gratuitamente a Washington, più delle vendite totali. È interessante notare che l'attuale ambasciatore austriaco negli Stati Uniti è il barone Max von Lowenthal.

Oltre a far guadagnare a Brandeis un buon profitto per il suo vecchio libro, Roosevelt fu un costante ammiratore del grande sionista e legislatore mosaico. Alpheus T. Mason, nella sua biografia di Brandeis, afferma,

> "Il rabbino Wise ha riferito in una nota del 5 ottobre 1936 che il Presidente disse di Brandeis: "Grande uomo! Sai, Stephen, noi dell'Inner Circle lo chiamiamo Isaiah"".

L'Inner Circle, ovviamente, era un affare da Vecchio Testamento. A giudicare dai suoi occupanti durante il regime di Roosevelt, la Casa Bianca doveva sembrare al visitatore casuale una sinagoga del Vicino Oriente. Mason osserva a pagina 615 della sua biografia di Brandeis,

> "Durante i frenetici cento giorni della primavera del 1933, e in seguito, Frankfurter fu il tutore della nuova amministrazione. Molti degli amministratori chiave durante gli anni della formazione erano allievi di Brandeis: Tom Corcoran, Ben Cohen, A. A. Berle Jr., Dean Acheson, James M. Landis. Anche dopo aver deciso le nomine, Frankfurter si assicurò che il candidato fosse sottoposto all'influenza di Brandeis".

Mason ci dice che Brandeis fu ritirato dalla Corte Suprema il 13 febbraio 1939 e fu sostituito dall'hacker di Wall Street William O. Douglas, che da allora ha messo in imbarazzo Frankfurter essendo un sionista più fervente di qualsiasi altro ebreo a Washington. Douglas, che era stato tenuto in disparte nella Securities Exchange Commission, era la prova del dispetto di Roosevelt alla Corte Suprema. Nominando Douglas, Roosevelt inaugurò la processione di non-entità che culminò con il triste volto dell'acquaiolo democratico Fred Vinson, che ci scruta dal copricapo del Presidente della Corte Suprema.

Il giudice Douglas è stato ripetutamente preparato per la candidatura presidenziale. Un sintetico applauso per lui è apparso sul New York Times fin dal 1950, quando fu proposto come capro sacrificale per testare la reazione dell'opinione pubblica al riconoscimento della Cina rossa. Il grido di indignazione del popolo americano fece ripiombare Douglas nei confini della Corte, da cui riappare di tanto in tanto per promuovere qualche obiettivo altrettanto irresponsabile. Al riconoscimento della Cina Rossa si era unito lo stesso gruppo di scellerati che aveva chiesto a gran voce il riconoscimento della Russia nel 1933 e che ancora sogna di festeggiare un ambasciatore comunista della Cina mentre i ragazzi americani vengono massacrati in Corea.

Parte della campagna milionaria per la candidatura di Douglas alla presidenza è stata la distribuzione del suo libro "Strange Lands and Friendly People" di Harry Scherman come selezione del libro del mese del club, che è una voce standard in questo tipo di programma, come testimoniano gli enormi profitti di Eisenhower da "Crusade in Europe", che conteneva frasi emozionanti come "The din was incessant". Nel suo libro Douglas si vanta di aver provato la più grande emozione della sua vita quando si è seduto alla Corte Suprema di Israele. Non c'è motivo di dubitare della sua sincerità. Non potrebbe esserci alcuna emozione nel sedere alla Corte Suprema degli Stati Uniti se il tuo cuore è in Israele. Tuttavia, con la confortante presenza di Frankfurter accanto a lui, Douglas può fingere che la nostra sia la Corte Suprema di Israele.

Il giudice Brandeis aveva capito l'imposta sul reddito marxista. Mason ci dice che questo milionario difensore dell'uomo comune lasciò la sua fortuna ad Hadassah, l'organizzazione sionista femminile, in modo che i sionisti avessero i loro soldi.

Felix Frankfurter, l'importatore viennese che Roosevelt nominò alla Corte Suprema, il 26 agosto 1919 aveva dichiarato pubblicamente a un raduno sionista che erano tutti animati da un sentimento comune: il benessere di Israele e il bene di Sion. La sua carriera successiva conferma la sua dichiarazione di fedeltà.

La biografia di Stimson di Bundy nota a pagina 616 che

> "Il lavoro di ricerca di un sottosegretario di Stato fu condiviso da due vecchi amici, Felix Frankfurter e George Roberts". Bundy non si preoccupa di informarci che Frankfurter, Roberts e Stimson erano soci avvocati, ma non si può inserire tutto in una biografia. A pagina 334, Bundy dice

> "Nessuna discussione sui rapporti tra Stimson e l'amministrazione sarebbe completa senza un altro nome, quello del giudice Frankfurter. Senza la minima deviazione dalla sua devozione alle alte tradizioni della Corte Suprema, Frankfurter si rese una continua fonte di conforto e di aiuto per Stimson. Sebbene non ne abbia mai sentito parlare da Frankfurter, Stimson riteneva che la sua presenza a Washington fosse in qualche misura il risultato di un rapporto più stretto tra Frankfurter e il Presidente. Di volta in volta, quando si presentavano questioni critiche, Stimson si rivolgeva a Frankfurter".

Gli americani potevano dormire sonni tranquilli, perché il loro governo era in buone mani, mani votate al benessere di Israele e al bene di Sion.

La carriera di Frankfurter come sionista professionista, ovviamente, non interferì con la sua devozione alle tradizioni della Corte Suprema, perché, a quanto pare, bisognava essere sionisti per poter essere nominati alla Corte Suprema. Per il sionismo, i 150 anni della Corte Suprema non sono nulla rispetto alle migliaia di anni di tradizione che i sionisti rivendicano per la loro ideologia.

Il rabbino Stephen Wise riferisce con orgoglio in "Challenging Years" che

> "L'8 settembre 1914 scrissi per la prima volta a Franklin D. Roosevelt offrendogli il mio sostegno per la candidatura a senatore degli Stati Uniti".

Da quel giorno, Wise fu uno di quegli spaventapasseri rabbinici che svolazzano nella brezza davanti alla Casa Bianca. Invano cerchiamo una sola influenza cristiana vicino a Roosevelt nei suoi anni di presidenza. Sempre circondato da un'orda di determinati sionisti, Roosevelt non mostrò mai un sincero interesse per la religione in cui sosteneva di essere stato battezzato, né, nelle decine di libri scritti su di lui dalla sua cerchia di adulatori sionisti, troviamo che abbia mai cercato o accettato l'aiuto di ministri del Vangelo. Quando divenne evidente che il suo tempo era breve negli ultimi mesi del 1944, Eleanor Roosevelt racconta in "This I remember" che egli cercò rifugio nella tenuta di Baruch in South Carolina, Hobcaw Barony. Il suo spirito malvagio si era sentito scivolare via dal corpo deforme e l'Anti-Cristo si rifugiò presso la sua guida, Bernard Baruch, per rantolare i suoi ultimi giorni.

Il vecchio storpio maligno, sentendo la mano della morte su di sé, fece comunque un ultimo tentativo di vendere il suo popolo alla schiavitù. Durante queste settimane approvò i piani per le Nazioni Unite. La realizzazione di questo obiettivo lo rallegrò molto e si trasferì nella sede del suo racket multimilionario di beneficenza, a Warm Springs, in Georgia. Lì, lontano dalla sua famiglia o da chiunque avesse potuto fingere di amarlo, morì improvvisamente in circostanze misteriose. Il corpo fu subito sigillato in una bara e a nessuno dei suoi familiari o di chiunque altro fu permesso di vederlo. Si trattava di una strana svolta, poiché i suoi sostenitori avevano intenzione di imbalsamarlo ed esporlo in una teca ad Hyde Park, ad aperta imitazione dell'esposizione del cadavere di Lenin davanti ai fedeli al Cremlino.

Il dottor Emanuel Josephson, in "The Strange Death of Roosevelt" (La strana morte di Roosevelt), riporta alcune interessanti osservazioni su questa creatura, secondo cui Roosevelt non ebbe mai una paralisi infantile, ma un'altra malattia maligna che paralizzò il suo sistema nervoso e colpì la sua mente. Il lavoro di Josephson è valido e dovrebbe essere letto da chiunque desideri maggiori informazioni su questa cosa da incubo che ha risucchiato il patrimonio del popolo americano.

Franklin Roosevelt si circondò fin dall'inizio dei guerrafondai e dei produttori di munizioni del capitale internazionale. Il suo Segretario al Tesoro William H. Woodin, della Remington Arms Co., si ritirò presto e lasciò il posto al figlio del re dei bassifondi di Harlem, Henry Morgenthau Jr. Il giovane Morgenthau divenne presto oggetto di sorrisi sornioni nel Palazzo del Tesoro. Era stato più volte vittima di alcuni storni antisemiti mentre usciva regalmente dal Dipartimento del Tesoro. Uscì di corsa, si fece pulire il cappello e tornò con una dichiarazione di guerra. La campagna che ne seguì animò i cocktail party di Washington per il decennio successivo. Morgenthau tentò di tutto. Mise a disposizione palloni aerostatici, assunse uomini che rischiavano la vita per sparare agli uccelli dai cornicioni, distribuì veleni che, essendo uccelli sensibili, essi ignorarono, e per mesi divertì gli uccelli e la burocrazia di Washington con le sue buffonate e la sua crescente frustrazione. Alla fine, ammettendo la sua sconfitta, evitò il palazzo per mesi e svolse gran parte degli affari del Tesoro negli uffici di Roosevelt.

È un peccato per il nostro Paese che gli uccelli non abbiano sfruttato tutta l'intelligenza di Morgenthau. Lavorò con Roosevelt al Gold Reserve Act del 1934, che rese illegale per gli americani possedere oro, e le sue altre manipolazioni potrebbero non venire alla luce per diverse generazioni. La sua più grande scelleratezza, la demoralizzazione del Bureau of Internal Revenue, ha portato agli scandali del 1951 e alla corruzione su larga scala degli esattori delle imposte sul reddito, un'indagine che ha fatto risuonare nomi musicali come Abraham Teitelbaum.

La responsabilità diretta di Morgenthau in questa corruzione è stata rivelata dal *Washington Times Herald* del 18 gennaio 1952, commentando la comica osservazione di Truman sulla necessità di riformare il Bureau of Internal Revenue. L'editoriale ha riportato una lettera nel numero del 24 gennaio 1952, come segue:

> "Prima del 1938 il Bureau of Internal Revenue era di gran lunga l'agenzia più efficiente del governo federale. Dal 1938 il Bureau si

è costantemente deteriorato. Cosa c'era di sbagliato nell'amministrazione del Bureau of Internal Revenue prima della riorganizzazione del Bureau da parte del Segretario Morgenthau nel 1938? Che effetto hanno avuto il decentramento e la riorganizzazione del Segretario Morgenthau sulla definizione dell'autorità e della responsabilità per la gestione dei casi fiscali? Al dottor Yntema, che fu il principale autore della riorganizzazione decentralizzata di Morgenthau, fu detto per iscritto da quasi tutti i funzionari del Bureau che il programma di decentralizzazione del 1938 avrebbe reso impossibile una corretta amministrazione del Bureau of Internal Revenue e avrebbe portato al caos e alla mancanza di controllo nelle varie divisioni decentralizzate? Fino a quando non verrà ripristinata l'efficiente procedura amministrativa seguita dal Bureau prima del 1938, esso non potrà essere amministrato correttamente".

Questa lettera, scritta da un fedele impiegato del Dipartimento del Tesoro di cui non è possibile rivelare il nome, poiché ciò comporterebbe la perdita della pensione, cita il dottor Yntema come mente di Morgenthau in questo scandalo. Yntema è un economista la cui ultima impresa è stata la creazione della Fondazione Ford da cinquecento milioni di dollari. Yntema è la mente economica del giovane Henry Ford. È vicepresidente economico della Ford Motors e funzionario della Fondazione.

Qual è stato il motivo della demoralizzazione del Bureau of Internal Revenue nel 1938? La banda era in attesa dei favolosi profitti della Prima Guerra Mondiale. L'imposta sul reddito marxista avrebbe portato via quei profitti a meno che il Bureau non fosse stato distrutto, e così fu.

Con Roosevelt nel 1933 c'era il rampollo di Kuhn, Loeb, James Paul Warburg, un propagandista comunista che si descrive come uno dei cervelli originali di Roosevelt. Baruch mise a disposizione di Roosevelt il suo personale gruppo di cervelli, i valenti Raymond Moley, Gerard Swope, il generale Hugh Johnson, Elliott Thurston e Charley Michelson, che fu lo scrittore dei discorsi di Roosevelt durante le sue amministrazioni.

Al fianco di Roosevelt c'era anche il dipendente di J. e W. Seligman, Norman H. Davis, presidente del Council On Foreign Relations. Sumner Welles, in "Seven Decisions that Shaped History" Harpers 1950, afferma a pagina 20,

"Norman H. Davis occupava un posto unico nell'amministrazione Roosevelt, anche se il suo unico incarico a tempo pieno era quello di presidente della Croce Rossa Americana. Roosevelt e lui erano stati entrambi membri del gabinetto Little durante l'amministrazione Wilson. Il Presidente aveva grande fiducia nel suo giudizio e pensò di nominarlo Segretario di Stato nel 1933. Norman H. Davis era già stato nominato delegato americano alla Conferenza di Bruxelles sull'Estremo Oriente, che si sarebbe riunita di lì a poche settimane. Avendo servito come rappresentante americano in innumerevoli altre conferenze internazionali sia sotto amministrazioni repubblicane che democratiche, aveva una conoscenza eccezionalmente completa degli affari esteri e si era guadagnato in misura singolare il rispetto, la fiducia e la simpatia personale dei principali statisti europei".

Davis, sconosciuto al popolo americano, morì improvvisamente nel 1944. Bipartisan, non ha mai preso parte alla politica di nessuno dei due partiti, eppure ha rappresentato gli Stati Uniti nelle riunioni internazionali per vent'anni. Cosa disse, quali promesse fece? Non lo sappiamo. Sappiamo che è stato per anni un dipendente della J. and W. Seligman Co. Come collaboratore di noti corruttori e rivoluzionari, avrebbe dovuto fare promesse in nome del popolo americano?

Nel 1938 Roosevelt mostrò la Croce Rossa per la farsa che è, affidandone la presidenza a Davis, con uno stipendio di 25.000 dollari all'anno, limousine con autista e un cospicuo conto spese, mentre i collezionisti costringevano i lavoratori della nazione a pagarla attraverso "contributi volontari" che, a causa degli accordi sindacali, spesso erano volontari come i contributi tedeschi al Fondo di soccorso invernale nazista.

Un'altra figura misteriosa della cerchia di Roosevelt fu Mordecai Ezekiel, al quale Marriner Eccles attribuisce il pieno merito della nomina di Eccles a presidente del Federal Reserve Board.

Uno dei principi della corte di Roosevelt era Victor Emanuel. La biografia attuale del 1951 ci informa che

"Mentre viveva in Inghilterra tra il 1927 e il 1934, Emanuel fu attivo nelle operazioni di borsa e si associò alla società bancaria londinese J. Henry Schroder Co. Alfred Loewenstein, il finanziere belga che si unì a lui nel pianificare la formazione della U.S. Electric Power Co. morì prima che gli accordi fossero completati (saltò o cadde da un aereo che sorvolava la Manica), ma Emanuel, A.C. Allyn e altri riuscirono a ottenere il controllo di un impero di servizi pubblici che si estendeva su venti stati, per un valore di un miliardo e centodiciannove milioni di dollari, secondo quanto riportato da Time Magazine, 7 ottobre 1946. Emanuel riorganizzò la Standard Gas and Electric e affidò il posto di presidente del consiglio di amministrazione a Leo Crowley, che in seguito divenne custode della proprietà straniera durante la Seconda guerra mondiale".

Le proprietà tedesche erano in buone mani, poiché il padrone di Emanuel Crowley era associato alla banca Schroder, i banchieri di Hitler. L'indirizzo commerciale di Emanuel è 52 William St. New York, che, per una strana coincidenza, è, ed è stato per molti anni, l'indirizzo della Kuhn, Loeb Co. Emanuel, noto come "l'uomo del mistero di Wall Street", è stato presidente della Republic Steel e presidente della Avco Corporation, nonché direttore di molte grandi imprese industriali. Emanuel era uno dei preferiti dell'amministrazione Roosevelt, o dovremmo dire che Roosevelt era uno dei preferiti di Emanuel?

Uno degli assistenti di Roosevelt era Tommy Corcoran che, insieme al fratello Dave del Dipartimento di Giustizia, rappresentava la I.G. Farben in America fino al 1941. Si crogiolava nella luce del famoso sorriso di Roosevelt anche Juan Trippe, capo della Pan-American Airways e cognato del socio della J.P. Morgan Edward Stettinius.

Qualunque siano stati i capricci del temperamento mercuriale di Roosevelt, che il dottor Josephson attribuisce alla "malattia" di Roosevelt, la sua devozione al comunismo rimase costante. La "Storia delle relazioni diplomatiche con la Russia dal 1933 al 1939" del Dipartimento di Stato rivela che Roosevelt ordinò al Dipartimento di Stato e al Dipartimento della Marina di dare "tutto l'aiuto" al progetto russo di costruire navi da guerra nel 1938. Una recensione della United Press su questo comunicato, nel Miami Herald del 25 maggio 1952, commentava che

> "I documenti non rivelano le ragioni esatte del signor Roosevelt per cercare di aiutare i russi".

Dovrebbe essere ovvio. Roosevelt voleva che la Russia avesse una marina militare come la nostra o, alla luce di quanto si sa oggi su di lui, una marina migliore della nostra. Una delle più famose agenzie filocomuniste degli Stati Uniti, l'Associazione Internazionale per la Legislazione del Lavoro, aveva tra i suoi membri Frances Perkins, di cui si sentì parlare per la prima volta nel 1916, quando alzò la sua voce stridula in difesa del giudice Brandeis. Roosevelt la nominò Segretario del Lavoro, una posizione che nessun altro, se non un comunista professionista, avrebbe potuto amministrare con successo durante la sua amministrazione. Altri membri erano Harry Hopkins, Leon Henderson, Eleanor Roosevelt e i più alti funzionari del Partito Comunista d'America.

Al fianco di Roosevelt per tutti gli anni Trenta c'era Sir William Wiseman, socio della Kuhn, Loeb Co. e capo dei servizi segreti britannici negli Stati Uniti. Wiseman non veniva mai menzionato dai giornali e la sua presenza alla Casa Bianca era un segreto ben custodito. Chi scrive ha avuto l'esperienza di chiedere a un noto corrispondente della Casa Bianca di quegli anni se avesse mai incontrato un uomo di nome William Wiseman. L'ho visto sbottare e balbettare, e alla fine mi ha detto che non l'aveva incontrato. Sir William, direttore delle Ferrovie Nazionali del Messico e della United States Rubber Co. è stato descritto dal tenente colonnello Thomas Murray in "At Close Quarters", un libro stampato in Inghilterra, che contiene foto di Wiseman e Roosevelt durante i picnic in campagna alla fine degli anni Trenta. È possibile che Wiseman abbia esagerato con la passione fanatica per l'anonimato che caratterizzava i soci della Kuhn, Loeb Co. e la sua presenza alla Casa Bianca ha suscitato notevoli congetture.

Per l'ultimo lascito di Franklin Roosevelt al popolo americano, abbiamo la dichiarazione dell'ex Segretario di Stato Robert Lansing nel 1950,

> "Franklin Roosevelt è l'artefice del pericolo comunista mondiale, invertendo la politica estera degli Stati Uniti nei confronti della Russia sovietica, stabilita da me nel 1919 e rispettata da tutti i miei successori fino al 1933".

CAPITOLO 18

L a storia degli anni Trenta può essere riassunta in una frase. Fu un periodo di riarmo mondiale. Dopo la Conferenza economica di Londra del 1933, le moderne nazioni industriali si avviarono costantemente e senza alcuna deviazione verso la Seconda guerra mondiale. Alcuni osservatori non di parte, tra cui il deputato George Holden Tinkham di Boston, avevano previsto passo dopo passo gli eventi di quel decennio. In effetti, per chiunque comprendesse le macchinazioni della finanza internazionale, si stava seguendo un percorso ovvio.

Ogni annessione di Hitler fu accompagnata da un coro di Cassandre, un'isteria preordinata e creata senza senso dai servizi giornalistici internazionali. L'editore che capitalizzò maggiormente su questa isteria fu Luee delle pubblicazioni *Time* e *Life*. In onda, Walter Winchell urlava un inno all'odio da parte della B'nai Brith, e tutto questo trambusto era accompagnato da una tale frenesia nelle borse del mondo che è difficile capire come mai gli imbecilli non si siano accorti e non siano usciti dal gioco.

La guerra civile spagnola, come la guerra del Giappone contro la Cina, fu una corrida che stuzzicò la sete di sangue delle nazioni industriali per un vero conflitto mondiale. I cinegiornali e le riviste illustrate erano pieni di fotografie di corpi che volavano in aria e di massacri di donne e bambini. Tutto ciò ebbe l'effetto di preparare i giovani a partecipare al massacro. I sociologi lo chiamano "condizionamento".

Paul Einzig, in "World Finance 1937-1938", afferma che

> "Gli esperti sono sconcertati dal fatto che i governi di Cina e Giappone sembrano essere in grado di finanziare la guerra".

È difficile capire perché un economista dovrebbe essere perplesso. Sia la Cina che il Giappone avevano banche centrali e, come ho sottolineato in "The Federal Reserve", la funzione principale di una banca centrale è il finanziamento della guerra.

La guerra civile spagnola, una tragica vicenda segnata da indicibili atrocità contro gli esseri umani, all'epoca era comunemente indicata come un'anticipazione della Seconda guerra mondiale. Gli eventi hanno dimostrato che non era così. In realtà fu un'anticipazione della Terza guerra mondiale. La guerra civile spagnola fu una battaglia all'ultimo sangue tra comunismo e cristianesimo e i "liberali" americani non hanno mai perdonato a Franco la vittoria del cristianesimo. La lotta indebolì talmente la Spagna che fu a malapena in grado di riprendere la sua esistenza nazionale, un destino che probabilmente toccherà a tutti i partecipanti alla Terza guerra mondiale.

I problemi della guerra civile spagnola avevano poco a che fare con la Seconda guerra mondiale. Il cristianesimo non era rappresentato nella guerra di Roosevelt, perché la Seconda guerra mondiale fu una battaglia tra il nazionalsocialismo giudaico di Hitler e il socialismo marxista internazionale guidato da Stalin. L'America, l'Inghilterra e la Francia combatterono dalla parte di Marx, mentre la Germania e la Francia difesero la filosofia politica di Syrkin. Il nazionalsocialismo è caduto davanti alle forze alleate del socialismo internazionale e la Terza guerra mondiale sarà tra le forze alleate del cristianesimo e del mondo musulmano contro le dottrine atee del sionismo socialista internazionale.

La Spagna del 1934 si trovava in una situazione molto simile a quella in cui si trova l'America nel 1950. Le università spagnole erano state infiltrate dai comunisti dopo la Prima guerra mondiale, così che la Spagna aveva allevato una generazione di professionisti, insegnanti, funzionari governativi, medici e avvocati, che erano sinceramente comunisti. Non erano più spagnoli, ma devoti allo Stato socialista mondiale.

Contro di loro si opponevano i sostenitori dello status quo in Spagna, i proprietari terrieri e i sacerdoti. Il conflitto era complicato dal fatto che l'Inghilterra doveva essere sicura di ricevere dalla Spagna i rifornimenti per la Seconda Guerra Mondiale e la Germania doveva essere sicura che la Spagna avrebbe spedito i suoi rifornimenti come aveva fatto durante la Prima Guerra Mondiale. La Casa Rothschild possedeva le enormi ferriere di Orconera e i porti di Bilboa, nonché la Rio Tinto Co. che era la più grande miniera di rame del mondo. Le vaste miniere di Pennaroya avevano come consiglio di amministrazione il barone

Antony de Rothschild di Parigi, suo cognato Pierre Mirabaud, ex direttore della Banca di Francia, Charles Cahen e Humbert de Wendel, della Suez Canal Co. e della Banca di Francia. (Da "The Tragedy of Spain" di Rucker, N.Y. 1945).

Era ovvio che i comunisti avevano arruolato molti spagnoli che desideravano le riforme e i cui desideri erano una minaccia alla dominazione straniera della mano dei Rothschild, che stava portando via la ricchezza nazionale della Spagna. I Rothschild, vedendo che il Paese era irrimediabilmente diviso, gridarono: "Havoc!" e sguinzagliarono i cani da guerra. Se i comunisti avessero vinto, le proprietà dei Rothschild sarebbero state nazionalizzate e loro le avrebbero gestite come prima. Se vinceva Franco, per i Rothschild non sarebbe cambiato nulla. Che i cani si sgozzino a vicenda!

Le carte erano state giocate a favore di Franco, che garantì gli investimenti stranieri. Il modo in cui fu sostenuto dalla Banca d'Inghilterra è descritto da Paul Einzig, in "World Finance 1937-1938",

> "Verso la fine del 1935, gli esportatori britannici dovettero aspettare dieci mesi per essere pagati dalla Spagna. Il governo spagnolo aveva concluso un accordo con il governo francese in base al quale i crediti commerciali francesi venivano pagati attraverso la vendita di oro. Quando scoppiò la guerra civile, l'ammontare dei crediti bancari in essere in Spagna era eccezionalmente elevato. Tuttavia, la rivolta non si sarebbe mai concretizzata se non fosse stato per il sostegno ricevuto dall'Italia all'inizio, a seguito della vittoria socialista in Francia. I crediti spagnoli erano in scadenza a Londra nei primi mesi del 1937. Il governo spagnolo trasferì un quarto di milione di sterline sul conto londinese della Banca di Spagna presso la Martin's Bank. La Martin's Bank rifiutò di separarsi dall'importo. È lecito supporre che i pagamenti siano stati effettuati attingendo alla riserva aurea della Banca di Spagna. Non sono disponibili informazioni precise sul destino di tale riserva aurea. Si dice che misteriosi individui abbiano offerto oro che nessuno sul mercato era disposto a toccare. Gran parte di esso deve essere stato speso per acquistare armi all'estero. Gran parte dell'oro deve essere sparito nelle mani di intermediari disonesti del traffico di armi".

Alla base della guerra civile spagnola c'erano due fattori: l'oro e le armi. Einzig continua con la rivelazione che Franco fu scelto per vincere perché la peseta franchista aveva un prezzo più alto nelle borse mondiali. I destini delle nazioni sono determinati dall'aumento o dalla diminuzione del valore delle loro unità monetarie nelle borse.

"La peseta franchista è sempre stata molto più favorevole della peseta governativa (comunista), grazie alla migliore organizzazione economica e alla disciplina industriale, che hanno permesso alla Spagna controllata dagli insorti di esportare liberamente. L'esperienza spagnola ci ricorda che le limitazioni finanziarie alla guerra moderna sono praticamente inesistenti. La guerra moderna può essere condotta su larga scala anche in assenza di adeguate risorse finanziarie".

Anche se Einzig non spiega la sua affermazione, il fatto è che una nazione può pagare tutto ciò che può produrre. La guerra non esaurisce né l'oro né qualsiasi altra forma di denaro. I beni e la manodopera scompaiono nella distruzione della guerra, lasciando dietro di sé i debiti del gold standard, nati dai crediti concessi dalle banche centrali per finanziare la guerra. L'imposizione di "debiti di guerra" e l'idea di "pagare una guerra" costituiscono un gigantesco sistema di frode. Gli azionisti della Banca Centrale, che in America è il nostro Federal Reserve System, fingono di anticipare il credito per la produzione bellica, e questo mitico credito, con un adeguato interesse, è il debito di guerra che chiedono di pagare quando l'uccisione è finita, una circostanza che porta a osservare che l'uccisione, una forma di carità, dovrebbe iniziare a casa.

Franco ottenne la sua vittoria perché portò avanti la sua guerra contro il governo lealista comunista e allo stesso tempo, dietro le linee del fronte, rimise in produzione le fabbriche ed esportò merci in cambio di armamenti. In "World Finance 1938-1939", Einzig ci dice che

"All'inizio della guerra civile, le simpatie delle società straniere che operavano in Spagna erano interamente con il generale Franco, e l'ingresso degli eserciti insurrezionali era sempre accolto con grande favore dagli interessi finanziari e industriali interessati in Spagna... Quando la crisi era al culmine, tre navi da guerra americane fecero una visita misteriosa a Plymouth, in Inghilterra. Si dice che raccolsero l'oro americano custodito a Londra sotto vincolo di destinazione. L'atmosfera nelle borse era tutt'altro che di panico. Ovunque prevaleva un tono spento".

La guerra civile spagnola, benché ampiamente pubblicizzata come una potenziale guerra mondiale, non si vendette molto bene nelle borse. La presenza di armi e truppe russe al fianco dei comunisti in Spagna e il sostegno militare tedesco e italiano a Franco non suscitarono molta apprensione né a Londra né a New York. Al contrario, ogni mossa di Hitler faceva salire e scendere i prezzi delle azioni, un processo che

raggiunse proporzioni incredibili nell'autunno del 1938, quando egli
annetté i Sudeti della Cecoslovacchia. Einzig, in "World Finance 1938-
1939", ha descritto come i Warburg e i Baruch abbiano guadagnato
milioni in rapidi profitti grazie alla loro conoscenza delle mosse di
Hitler.

"In apparenza una via europea sembrava quasi inevitabile. Il 18
settembre 1938 la tensione sui mercati finanziari raggiunse l'apice.
Sul mercato dei cambi si verificò qualcosa di simile a una frana e le
autorità permisero alla sterlina di deprezzarsi a 4,61 nel primo
pomeriggio. Ciò avvenne con la piena approvazione delle autorità
statunitensi. Nonostante la mobilitazione della Marina britannica,
nel pomeriggio la sterlina ha mostrato una notevole resistenza. Gli
ordini di vendita continuarono ad arrivare liberamente, ma furono
facilmente assorbiti da acquisti su larga scala. Una parte molto
consistente di queste operazioni poteva essere ricondotta ad alcune
sedi bancarie, che erano note per la presenza di un politico di spicco
in grado di conoscere ciò che accadeva dietro le quinte. Dalle 14.30
in poi, i dollari furono venduti su larga scala da quel quartiere. Il
mercato rimase in attesa di conoscere i dettagli della dichiarazione
di Chamberlain. Per un'ora e mezza, tale dichiarazione sembrò
indicare che c'erano poche speranze di evitare la guerra. Verso le
quattro e mezza, tuttavia, fece il drammatico annuncio che il signor
Mussolini sarebbe intervenuto e, molto opportunamente, il
telegramma che annunciava la decisione di Hitler di accettare una
conferenza a Monaco fu consegnato in quel momento, circa due ore
dopo che gli ambienti stranieri ben informati avevano iniziato ad
agire sul mercato dei cambi ipotizzando che dopo tutto non ci
sarebbe stata la guerra. La sterlina balzò di dieci punti nel giro di
pochi minuti".

La farsa dei governi moderni non è mai stata così esposta. Navi ed
eserciti vengono mobilitati, centinaia di commentatori vanno in onda
per aumentare il panico di milioni di persone, e dittatori apparentemente
onnipotenti saltano quando alcuni giocatori d'azzardo battono la frusta,
tutto questo per guadagnare qualche milione di dollari sulla fluttuazione
dell'unità monetaria britannica.

Einzig continua dicendo che

"Gli operatori di borsa e di cambio, essendo uomini d'affari dalla
testa dura, erano abbastanza realistici da capire che il massimo che
si poteva dire dell'Accordo di Monaco era che aveva portato un

sollievo passeggero, ma hanno comunque cinicamente incassato il boom della 'pace nel nostro tempo'".

Altri giochi di prestigio prebellici sono rivelati da Einzig con la storia del rifinanziamento Mendelssohn delle obbligazioni ferroviarie francesi, portato avanti da M. Paul Reynaud, che, sebbene all'epoca fosse stato salutato come un grande successo finanziario, causò la reazione della stampa pochi mesi dopo, quando la Mendelssohn Co. fallì. Einzig dice

> "Quando la Mendelssohn Co. fallì ad Amsterdam in seguito alla morte della sua anima, il dottor Fritz Mannheimer, diverse banche in Francia e negli Stati Uniti furono coinvolte in misura considerevole. Tuttavia, grazie alla politica del governo francese di mantenere il prezzo di Parigi delle obbligazioni Mendelssohn, le banche poterono liquidare i loro impegni senza perdite disastrose. Paul Reynaud è stato accusato da alcuni ambienti di aver concluso i prestiti di conversione ferroviaria con Mendelssohn e Co. Il fatto che la stampa francese non abbia tentato di attaccare Reynaud su questo punto la dice lunga sul notevole cambiamento avvenuto in Francia".

A mio avviso, questo parla molto male della stampa francese. Un leader di governo conclude un'enorme conversione finanziaria con un istituto bancario così malandato che basta la morte di un uomo per mandarlo in bancarotta e provocare una crisi monetaria internazionale. La stampa gentilmente non lo prende in considerazione, mentre il governo tiene generosamente alto il prezzo delle obbligazioni in default, in modo che le banche non perdano nulla. Il popolo americano dovrebbe prendere nota del fatto che il nostro Tesoro ha fatto per anni la stessa cosa per gli azionisti privati del Federal Reserve System.

Nel 1939 le Banche Centrali avevano un ottimo controllo nei rispettivi Paesi. Einzig ci dice che

> "L'aumento della disoccupazione è dovuto al successo di Montagu Norman nel convincere Sir John Simon ad autorizzarlo ad aumentare il tasso bancario. Nella sua dichiarazione di bilancio, Sir John ammise francamente che l'obiettivo delle sue misure fiscali draconiane era quello di ridurre i consumi civili. La linea adottata da Norman e Simon sulla questione della cessione dell'oro della Banca Nazionale Cecoslovacca alla Germania provocò un forte risentimento nella Parigi ufficiale. Il Tesoro francese e la Banca di Francia erano molto ansiosi di fermare il trasferimento dell'oro, mentre la Banca d'Inghilterra si rifiutava di intervenire".

I banchieri francesi sapevano che la Germania avrebbe speso l'oro in materie prime per la fabbricazione di cannoni che avrebbero sparato contro la Francia. La debacle francese può essere ricondotta a questo dono d'oro alla Germania, che, ovviamente, non è mai andato alla Germania, ma è stato semplicemente trasferito dal caveau ceco a quello inglese della Banca dei Regolamenti Internazionali. Spostare una pila di lingotti d'oro di pochi metri in una caverna sotterranea decide il destino delle nazioni.

L'Inghilterra stava ancora contrapponendo la Germania alla Russia. Einzig ci dice in "World Finance 1939-1940" che

> "I rappresentanti della Federazione delle industrie britanniche e del Reichsgruppe Industries si incontrarono a Dusseldorf nel marzo 1939. Pochi giorni dopo, la crisi cecoslovacca entrò nella sua fase decisiva. Quando la notizia dell'occupazione raggiunse Dusseldorf, i tedeschi si aspettavano che la conferenza venisse interrotta. Dopo essersi consultati con Londra, tuttavia, i delegati britannici stupirono i colleghi tedeschi annunciando la loro intenzione di procedere e di firmare l'accordo preliminare redatto in fretta e furia, che fu effettivamente firmato il giorno in cui Hitler fece il suo ingresso trionfale a Praga".

Il ruolo di Franklin Roosevelt durante gli anni Trenta fu vergognoso. Egli recitò spudoratamente il ruolo di grande pacificatore anno dopo anno, mentre si preparava alla guerra. Il suo programma socialista fu un errore disastroso. Il fallimento immediato e farsesco della National Recovery Administration, lo spreco spaventoso della Works Progress Administration guidata dai comunisti, il risentimento diffuso per i suoi tentativi dittatoriali di sottomettere l'agricoltore americano a una forma di agricoltura collettivizzata sovietica di quote di produzione, tutti questi fallimenti lasciarono Roosevelt indifferente. Aveva una soluzione che avrebbe fatto dimenticare all'America il suo totale fallimento come Presidente. Quella soluzione era la Seconda Guerra Mondiale. Hoover, nel terzo volume delle sue Memorie, sottolinea causticamente che Roosevelt, alla fine dei suoi due mandati alla Casa Bianca, era stato un disastroso fallimento sotto ogni punto di vista e che la sua reputazione era stata salvata dalla ripresa economica del riarmo. Einzig, in "World Finance 1939-1940", afferma,

> "Ogni volta che il presidente Roosevelt annunciava un'intensificazione della spinta al riarmo degli Stati Uniti, Wall Street rispondeva favorevolmente".

C'erano abbastanza crediti per consentire al governo di acquistare tutti i beni bellici che l'industria poteva produrre. Non c'è da stupirsi che Wall Street fosse favorevole. Einzig conclude con il verdetto su Roosevelt, confermato da Hoover, Tinkham e altri osservatori,

> "Ciò che il New Deal e la politica reflazionistica del presidente Roosevelt non erano in grado di ottenere, è stato realizzato in pochi mesi a seguito della guerra europea".

CAPITOLO 19

Il commento più cupo sul fallimento della civiltà moderna è dato dal destino delle piccole nazioni. Woodrow Wilson proclamò che i diritti delle piccole nazioni dovevano essere protetti, proprio nel momento in cui le stava costringendo ad accettare le terribili disposizioni del Trattato di Versailles che rendevano certa la Seconda Guerra Mondiale. Mentre gli eserciti di Hitler e Stalin si dispiegavano e si ridispiegavano in Europa, si consumava una tragedia che chiudeva la civiltà di quel continente. Quella tragedia fu la distruzione sistematica degli elementi dignitosi delle popolazioni europee.

I nemici dei nazisti e i nemici dei comunisti erano le stesse persone, i nemici della tirannia. Gli uomini la cui passione più forte era la libertà, gli uomini il cui credo era la verità e la giustizia, erano destinati all'estinzione quando i nazisti marciavano in una città. Se sopravvivevano all'occupazione nazista, venivano ricercati e imprigionati o uccisi all'arrivo dei comunisti. Questo accadde in Polonia, in Cecoslovacchia, in Austria, in tutta Europa. L'annientamento deliberato delle classi da cui dipendeva la struttura morale di queste nazioni porta a chiedersi: "Chi è rimasto in Europa che valga la pena salvare?". Gli eventi attuali dimostrano che in quei Paesi non c'è più nessuno che possa protestare contro la corruzione, la brutalità e l'ignoranza della loro leadership. Il meglio dell'Europa è morto e l'odore dei resti è sufficiente a spegnere il nostro interesse. La rivoluzione degli schiavi iniziata nella Roma dei Cesari ha raggiunto la sua conclusione positiva e la prossima era della storia sarà scritta dalle classi inferiori stupide e arroganti che hanno ucciso i loro padroni.

La causa della morte delle piccole nazioni può essere ricondotta all'Inghilterra, che aveva portato alto il vessillo morale nelle relazioni internazionali, realizzando la Pax Britannica. L'Inghilterra anglosassone che le piccole nazioni ricordavano come loro portabandiera, tuttavia, non c'era più. Si fidavano di un'Inghilterra la cui politica estera era nelle mani di N. M. Rothschild e figli. Mentre gli inglesi onesti guardavano con orrore, i banchieri internazionali consegnarono la Polonia non a uno, ma a entrambi i suoi peggiori nemici allo stesso tempo. L'Inghilterra si era impegnata ad aiutare la Polonia, ma quando le armate tedesche marciarono in Polonia da un lato e quelle russe dall'altro, dov'erano le armate inglesi? Cento anni di dinastia Rothschild avevano talmente debilitato l'Inghilterra che non fu nemmeno in grado di salvare la Francia, una nazione che non voleva essere salvata e che attendeva con ansia la promessa di Hitler di liberare la Francia dai banchieri internazionali ebrei.

Hitler sembra essere stato ingannato nella Seconda Guerra Mondiale nel 1939. Gli era stato permesso di conquistare obiettivi molto più grandi, l'Austria e la Cecoslovacchia, senza opposizione, e il Patto di Monaco deve aver significato per Hitler che poteva realizzare la sua Confederazione paneuropea senza ulteriori interferenze e concludere i preparativi per un attacco totale contro la Russia, come desiderava l'Inghilterra. Pertanto, la dichiarazione di guerra dell'Inghilterra sembra aver colto di sorpresa i nazisti. Paul Einzig, in "World Finance 1939-1940", scrive che

> "Uno dei motivi per cui si dubitava che la Gran Bretagna si sarebbe davvero imbarcata in una guerra di grandi proporzioni in adempimento della sua promessa alla Polonia erano i trentasei milioni di sterline di crediti tedeschi a breve termine che avrebbero causato gravi imbarazzi alla comunità bancaria londinese. Le autorità avrebbero dovuto sostenere diverse banche. Le banche britanniche rimasero riluttanti come sempre a liquidare i loro impegni tedeschi. Il loro atteggiamento era dovuto alla simpatia e all'ammirazione nei confronti dei banchieri tedeschi e della 'Germania in generale'".

Hitler poteva contare sulla certezza che l'Inghilterra non gli avrebbe dichiarato guerra, grazie all'atteggiamento favorevole della comunità bancaria londinese. Ahimè, nei suoi discorsi più rantolanti, non ha mai rivelato adeguatamente la doppiezza dei banchieri internazionali. Il col. Joseph Beck fornisce un'ulteriore conferma dell'atteggiamento di Hitler in "Dernier Rapport", edizioni La Baconière, Neufchatel, Parigi, 1951. A pagina 211, nota a piè di pagina, troviamo che

> "Il 22 agosto 1939, durante una conferenza con i suoi generali, Hitler espresse la convinzione che la Gran Bretagna non stesse prendendo sul serio i suoi obblighi nei confronti della Polonia, altrimenti,

sosteneva, non si sarebbe preoccupata di un prestito di 8 milioni di sterline alla Polonia, avendo investito mezzo milione in Cina".

Ciò che Adolf Hitler non sembrava sapere il 22 agosto 1939 era il fatto che l'Organizzazione Sionista Mondiale aveva aperto il suo ventunesimo Congresso Mondiale a Ginevra, in Svizzera, una settimana prima, il 16 agosto 1939. È significativo che una settimana dopo l'apertura del congresso, Hitler e Stalin firmarono il loro patto di non aggressione e invasero congiuntamente la Polonia. Come ha osservato un ebreo, chiunque fosse rimasto comunista dopo il 23 agosto 1939 era davvero un comunista. Certamente molti ebrei si fecero un esame di coscienza in quella data, perché per sedici anni avevano sfogato invettive isteriche sul governo hitleriano e gli era stato insegnato che il governo stalinista era l'unico al mondo a garantire i diritti degli ebrei, con la pena di morte per l'antisemitismo. Questa improvvisa combinazione fu difficile da accettare per i nazionalisti ebrei, ma la accettarono.

Il patto nazi-sovietico non disturbò l'élite intellettuale del Council On Foreign Relations e del Partito Comunista d'America, che formavano una direzione politica interconnessa composta da Hiss, Lattimore, Currie e Frederick Vanderbilt Field. Sapevano che Hitler era stato sabotato dal suo ministro delle Finanze, Hjalmar Schacht. K.L. Treffetz spiegò nella American Economic Review del marzo 1948 che

> "La spiegazione dell'incapacità della Germania di prepararsi su scala molto più ampia è essenzialmente di tipo finanziario. I leader tedeschi non capirono che "una nazione può finanziare tutto ciò che può essere prodotto". La Germania avrebbe potuto riarmare su scala molto più ampia se non fosse stato per Schacht, che nel 1937 consigliò a Hitler che non era possibile ottenere ulteriori crediti per il riarmo. Egli ottenne altri tre miliardi, ma nessuno dopo il marzo 1938".

Questo è il dottor Hjalmar Schacht che ha giustamente sottolineato che "Il denaro che non viene emesso a fronte di beni necessari è solo carta". Si potrebbe anche dire: "Si può emettere tanto denaro quanto è necessario per produrre beni necessari". Anche il dottor Schacht non era fascista.

Il marzo 1938 è fissato come l'apice del potere di Hitler. Dopo di allora, i suoi crediti internazionali furono tagliati. Credeva di essere abbastanza forte da poter prendere ciò che gli serviva dopo, ma non poteva credere che l'America lo avrebbe mai attaccato, e questo fu il suo fatale errore di calcolo. È significativo che Schacht fosse l'unico economista ai piani alti del nazismo. Hitler era un oratore, Goering uno stratega, Hesse uno scrittore, Rosenberg un geopolitico, Goebbels un giornalista e Himmler un poliziotto, ma non c'era nessuno che potesse dire quanto denaro poteva essere stampato, tranne Schacht. Quando Hitler si presentò con un partito radicalmente nuovo nel 1933, mantenne il capo della Reichsbank controllata da Warburg, il dottor Schacht, come suo cervello finanziario. Tutto era nuovo per i nazisti, tranne l'oro. Era lo stesso oro, preso in prestito dagli stessi banchieri internazionali ebrei, talvolta noti come banchieri ebrei internazionali, che erano il bersaglio delle diatribe di Hitler.

Quando i banchieri decisero che Hitler si era spinto abbastanza in là, Schacht disse: "Basta crediti", e questo dittatore, di fronte al quale tutta l'Europa era spaventata, accettò il verdetto di Schacht. Se Hitler avesse continuato a riarmare sulla scala dei suoi preparativi dal 1935 al 1938, avrebbe potuto finire la Russia prima che la produzione americana fosse pronta a salvare Stalin. Non bisogna dimenticare che in America gli unici a opporsi a Hitler erano gli ebrei e i loro satelliti. C'erano molti americani, al di fuori del gruppo citato, che credevano sinceramente che Hitler fosse un uomo cattivo, ma non credevano che costituisse una minaccia per gli Stati Uniti, e si è dimostrato che avevano ragione. In tutte le tonnellate di documenti nazisti catturati, non è mai stato trovato nemmeno un memorandum in cui Hitler contemplasse o pianificasse un'azione militare contro gli Stati Uniti.

L'Inghilterra cedette la Polonia, metà alla Germania come tangente per combattere la Russia e l'altra metà alla Russia come tangente per combattere la Germania. Poi la stampa gialla liberale degli Stati Uniti iniziò una campagna di propaganda secondo cui la Polonia orientale era sempre stata abitata dai russi e i polacchi erano antisemiti, il che probabilmente era vero. Questo fu il condizionamento per la peggiore atrocità della guerra, l'assassinio di 10.000 ufficiali dell'esercito polacco catturati dalla polizia segreta russa nella foresta di Katyn. Si tratta della peggiore atrocità conosciuta della Seconda guerra mondiale. Si ritiene che un numero maggiore di persone sia stato ucciso dai nazisti. Nel 1942-43 il Comitato consultivo sulla politica estera postbellica del Dipartimento di Stato, con Summer Welles come presidente, consigliò al governo statunitense di cedere tutta la Polonia orientale al governo sovietico (da Preparazione della politica estera postbellica 1939-1945, Pubblicazione del Dipartimento di Stato 3580, pagine 69-166 e 459-512).

Nell'aprile del 1943, la Russia interruppe le relazioni con il governo polacco in esilio, allora acquartierato a Londra, e formò un governo comunista della Polonia, chiamato Unione dei Patrioti Polacchi. Nel dicembre del 1943, a Teheran, Roosevelt promise la Polonia orientale a Stalin senza consultare o informare il Governo polacco in esilio. Se questa notizia fosse stata pubblicata, avrebbe spezzato la resistenza polacca ai nazisti. La propaganda anti-polacca della stampa comunista "liberale" negli Stati Uniti raggiunse la massima intensità in questo periodo. Si sosteneva che i polacchi fossero peggio dei nazisti, che fossero ancora più antisemiti e così via. Come risultato diretto di questa propaganda, il governo comunista russo poté aprire i suoi uffici a Lublino senza proteste da parte degli Stati Uniti o dell'Inghilterra. Nel febbraio 1945, Roosevelt a Yalta, con il comunista Alger Hiss come consigliere, cedette formalmente la Polonia orientale alla Russia e accettò il governo di Lublino, respingendo così il governo polacco di Londra. L'insensibile consegna della Polonia ai comunisti fu il culmine della carriera di tradimento di Roosevelt. Il Dipartimento di Stato, guidato dall'apologeta George Kennan, sostiene ancora oggi che Roosevelt non ha ceduto nulla a Yalta. Roosevelt condannò il coraggioso popolo polacco, che aveva combattuto i nazisti e i comunisti, nelle mani del suo nemico più spietato, la polizia segreta russa, e lo studio legale di Dean Acheson gli procurò il prestito per portare a termine quella persecuzione. Uno dei fattori più strani fu il silenzio della Chiesa cattolica romana. La Polonia era una delle più grandi nazioni cattoliche del mondo, ma il Vaticano la lasciò andare senza protestare.

Subito il governo comunista polacco inviò a Washington come ambasciatore Oscar Lange, che era stato cittadino americano e vi aveva rinunciato volentieri per diventare cittadino della Polonia comunista. Oscar Lange era stato professore di economia all'Università di Chicago. Suo buon amico e collega era un altro professore di economia, Paul Douglas, ora senatore dell'Illinois. Lange divenne poi delegato polacco alle Nazioni Unite.

Sembra inutile scrivere della Seconda guerra mondiale, perché è una ripetizione della Prima guerra mondiale. Gli stessi loschi individui che erano stati a Washington la prima volta, Roosevelt, Frankfurter, Baruch, ecc. erano al comando nel 1941. Dobbiamo registrare i nomi di alcuni dei criminali che si sono condannati alla storia in questa guerra, perché sono ancora al potere in tutto il mondo. Le seguenti rivelazioni sul

Council On Foreign Relations dovrebbero metterci in guardia dai suoi membri.

Le macchinazioni utilizzate per portare gli Stati Uniti in questo pasticcio non hanno nulla di originale, e nemmeno di ingegnoso. L'anno 1941 era esattamente come il 1916. Nel 1941 fu costituito un Comitato per la difesa dell'America attraverso l'aiuto agli alleati, composto dalla solita folla di banchieri e avvocati internazionali, tra cui Henry L. Stimson, chiamato da Roosevelt a diventare Segretario alla Guerra. Stimson era un repubblicano da sempre, ma Roosevelt fece l'adattamento.

La macchina pubblicitaria era in funzione. Walter Winchell gridava guerra a squarciagola e ogni domenica sera inveiva contro Hitler davanti a un pubblico di venti milioni di americani. Ancora più importante era il fatto che Luce, l'editore di Time, Life e Fortune, aveva dichiarato guerra alla Germania nel febbraio del 1941. Coraggiosamente si mise in prima linea nel guerrafondaio, sventolando i suoi dispacci sbilenchi e sproloquiando della minaccia di Hitler all'America. In quel mese pubblicò un libro, "The American Century", Farrar, Rinehart, New York, 1941, che fu anche stampato integralmente su Life Magazine nel febbraio 1941, dieci mesi prima di Pearl Harbor. Luce disse a pagina 25,

> "Noi stessi non siamo riusciti a far funzionare con successo la democrazia. La nostra unica possibilità di farla funzionare è in termini di un'economia internazionale vitale e di un ordine morale internazionale".

L'internazionalista Henry Luce proclama qui le dottrine internazionaliste di Nikolai Lenin. Luce è stato presidente del Comitato finanziario dell'Institute of Pacific Relations, che ha fornito i fondi per la svendita della Cina. Luce non tardò ad impegnarsi sulla stampa come rivoluzionario. Alle pagine 10 e 11 del suo libro scrive,

> "Siamo in guerra per difendere e persino per promuovere, incoraggiare e incitare i cosiddetti principi democratici in tutto il mondo".

Nel febbraio del 1941, Luce era già in guerra, ma ci vollero dieci mesi di costante e veemente guerrafondaio da parte delle sue riviste per convincere il popolo americano a unirsi a lui. Se avesse fallito, Luce avrebbe senza dubbio noleggiato una barca e sarebbe salpato per sbarcare e morire nella Festung Europa. A pagina 26 di questo libro, la mente di Luce si rivela in tutta la sua profondità e chiarezza,

> "Il nostro compito è quello di aiutare in tutti i modi possibili, per il bene nostro e dei nostri figli, per far sì che il Presidente Roosevelt sia giustamente acclamato come il più grande Presidente d'America".

È un peccato che il presente lavoro disobbedisca così palesemente al mandato Luce. Tuttavia, non è colpa mia se Roosevelt ha tradito l'America e l'umanità a Teheran e a Yalta.

Quando la Germania, rispettando tutte le sue previsioni politiche e in accordo con le opere pubblicate da Hitler e dal partito nazista, attuò la sua politica di Drang Nach Osten (la spinta verso l'Est) e attaccò la Russia il 22 giugno 1941, un urlo di dolore e di rabbia si levò dall'ebraismo mondiale. Si può dire che quella data inaugurò la vera Seconda Guerra Mondiale, la battaglia contro l'oppressione usuraria ebbe davvero inizio.

La Russia sopravvisse all'inverno del 1941 e a quel punto i camion e i carri armati americani la raggiunsero a sufficienza per consentire ai suoi eserciti di resistere all'offensiva hitleriana.

La Russia è stata salvata grazie all'azione di sostegno promossa da due uomini, Tito di Jugoslavia e Averell Harriman di New York. Sulla rivista Life, un forum di scrittori comunisti, nel numero del 5 maggio 1952, il dittatore comunista Tito racconta la sua storia, intitolata "Tito parla". A proposito dell'attacco tedesco alla Russia, Tito scrive che

> "Il 22 giugno i nazisti hanno attaccato la Russia. Ci siamo riuniti lo stesso giorno e abbiamo redatto una risoluzione che invitava il popolo a rivoltarsi contro i suoi nemici. Noi, il Comitato Centrale del Partito Comunista di Jugoslavia, abbiamo disegnato una bandiera, la bandiera nazionale jugoslava con la Stella Rossa sovrapposta".

Mentre Draja Mihailovich e i suoi valorosi cetnici combattevano contro i nazisti, Tito si nascondeva a Mosca. Nella primavera del 1941, Tito tornò in Jugoslavia per prepararsi a un eventuale attacco tedesco alla Russia. I comunisti sotto Tito, secondo il suo stesso racconto, iniziarono a combattere i tedeschi solo quando la Russia fu attaccata, anche se i cetnici stavano combattendo da molti mesi. Quando la guerra finì, Tito giustiziò Mihailovich perché era filoamericano. A quel tempo, Tito stava abbattendo aerei americani e Mihailovich aveva protetto molti aviatori americani dai nazisti durante la guerra.

Gli strateghi militari concordano oggi sul fatto che l'Esercito comunista di Tito, una forza nuova e sconosciuta, fece deviare ai nazisti diverse divisioni dalla guerra lampo russa e indebolì l'offensiva tedesca contro Mosca nell'inverno del 1941.

L'altro salvatore di Stalin, Averell Harriman, è ora Amministratore della Mutua Sicurezza. Il suo socio della Brown Brothers Harriman, Robert Lovett, è Segretario alla Difesa, anche se non è chiaro da chi ci stia difendendo. Nel settembre del 1941, Averell Harriman volò in Russia per una missione Lend-Lease. Suo padre era E.H. Harriman, prestanome di Jacob Schiff quando Schiff acquisì la Union Pacific Railroad per conto di Kuhn, Loeb. Lo stesso Harriman deteneva grandi proprietà per la Casa Rothschild. La casa d'investimento Brown Brothers Harriman è un utile collegamento tra Kuhn, Loeb e i loro interessi assicurativi in Inghilterra.

Harriman scoprì quali erano gli armamenti e i rifornimenti di cui Stalin aveva più disperatamente bisogno e li fece volare dagli Stati Uniti alla Russia in una delle operazioni più sorprendenti della guerra, un progetto di cui era responsabile Harry Hopkins. Questi rifornimenti critici raggiunsero le armate russe proprio nel momento in cui erano più necessari per fermare l'offensiva tedesca. Lo Stato Maggiore tedesco non aveva calcolato che la Russia avrebbe ricevuto un simile aiuto materiale e, aiutati dalla diversione titoista in Jugoslavia, Mosca e Stalin furono salvati dai nazisti. Tito e Harriman possono rivendicare una parte uguale del merito per aver salvato il governo stalinista da una sconfitta certa. Eppure sia Tito che Harriman sono pubblicizzati come antistalinisti. Dobbiamo aspettare per vedere se saranno nemici di Stalin con la stessa determinazione con cui sono stati amici devoti del suo governo.

Ora che Harriman si era impegnato a salvare il comunismo mondiale, Roosevelt fece confluire il potenziale industriale dell'America dietro le armate russe. L'agenzia per questo fu il Lend-Lease Act, H.R. 1776, che avrebbe potuto essere meglio numerato H.R. 1917, l'anno della rivoluzione russa. Il suo sponsor, che la fece approvare in fretta e furia dal Congresso, era il presidente del Comitato per le relazioni estere della Camera, Sol Bloom. Bloom si era qualificato come esperto di relazioni estere grazie alla sua esperienza nella gestione di teatri burleschi a New York. Non si sa quanto la Russia abbia ottenuto con le disposizioni del Lend-Lease, ma è stato stimato che del costo totale della Seconda Guerra Mondiale per il contribuente americano, pari a trecento miliardi di dollari, la Russia abbia ottenuto un terzo, ovvero cento miliardi di dollari. Non è certo che il comunismo ne valga la pena.

L'ammiraglio Zacharias, ex capo dell'intelligence navale, scrive nel suo libro "Behind Closed Doors", Putnams, 1950, a pagina 209 che

"Nessuno strumento esemplifica meglio la portata gigantesca di questa guerra fredda di una misteriosa stazione radio chiamata Stalin Transmitter. È stata costruita con materiale Lend-Lease spedito dalla Radio Corporation of America (David Sarnoff) a Kuybyshev. È circa cinque volte la stazione radio più potente del mondo".

I contribuenti americani vengono ora tartassati perché hanno comprato a Stalin una radiotrasmittente cinque volte più potente della nostra. Bundy, nella sua biografia del defunto Stimson, osserva a pagina 360,

Il Lend-Lease Act dava al Presidente il potere di "fabbricare o procurare qualsiasi articolo di difesa per il governo di qualsiasi Paese la cui difesa il Presidente ritenga vitale per la difesa degli Stati Uniti, e di vendere, trasferire la proprietà, scambiare, affittare, prestare o disporre in altro modo di qualsiasi articolo di difesa a tale governo". Fu un altro grande trionfo di Roosevelt. Stimson la definì "una dichiarazione di guerra economica"".

La definisco la più grande frode della storia. Un solo uomo fu autorizzato a dare a qualsiasi governo del mondo tutti o quasi i prodotti dell'industria pesante americana, anche se questi prodotti erano necessari alle truppe americane. Per tutta la durata della guerra, le forze di MacArthur nel Pacifico furono affamate di rifornimenti, mentre il generale Marshall e Harry Hopkins spedivano i nostri armamenti in Russia.

I membri del Congresso che votarono a favore della legge sul Lend-Lease meritano l'onesto disprezzo di ogni cittadino americano. Per loro rimaneva solo un'ultima degradazione: il giorno in cui il Senato approvò la Carta delle Nazioni Unite.

L'operazione di Lend-Lease fu una comica esibizione degli incompetenti di Roosevelt. Bundy scrive a pagina 359 del libro di Stimson,

"Per pura inavvertenza, l'accordo finale con la Gran Bretagna, così come è stato pubblicato, ometteva una parte dell'impegno americano: 250.000 fucili Enfield con 30.000.000 di munizioni e cinque bombardieri B-17. Questo, ovviamente, era molto imbarazzante. Per tutta l'estate e l'autunno del 1940 Stimson si impegnò per accelerare il trasferimento delle forniture militari. I missionari britannici entravano e uscivano dall'ufficio del Segretario alla Guerra e nel corso delle settimane si sviluppò una stretta e intelligente collaborazione. Il Dipartimento del Tesoro sotto Morgenthau fu particolarmente zelante ed efficace nel trovare il modo di finanziare queste transazioni".

È la prima volta che sento parlare di Morgenthau come di uno zelante, anche se si dice che sia un sionista piuttosto fervente. In ogni caso, questo è solo uno dei casi di contabilità approssimativa che coinvolge il grande spettacolo di donazione dei miliardi americani, il gioco di fiducia campione di tutti i tempi. Eppure, Roosevelt e la sua folla di squinternati si sono scatenati in una rabbia isterica ogni volta che qualcuno ha suggerito che ci dovrebbe essere un po' di supervisione sul Lend-Lease. Fortunatamente, McGeorge Bundy ha pubblicato un resoconto coraggioso del disprezzo della banda di Roosevelt per il governo rappresentativo. A pagina 360 di "In servizio attivo in pace e in guerra" troviamo un'annotazione del 9 settembre 1940 tratta dal Diario di Stimson, come segue

"Questi piccoli e fastidiosi controlli posti sul Comandante in capo fanno un'immensa quantità di danni più che di benefici e limitano il potere del Comandante in capo in modi in cui il Congresso non può assolutamente interferire in modo saggio. Non ne sanno abbastanza".

I membri del Congresso sono troppo stupidi, sogghigna Kuhn, Loeb, avvocato Stimson, che sa tutto. Certamente Roosevelt fece del suo meglio per evitare che il Congresso scoprisse qualcosa. Il governo clientelare non vuole essere messo in discussione su ciò che fa.

C'era stata una certa opposizione alla nomina di Stimson a Segretario alla Guerra da parte di Roosevelt. Bundy osserva che

"Il 2 luglio 1940 Stimson si presentò davanti alla Commissione per gli Affari Militari, alla quale era stato sottoposto il suo nome. Quattro volte in precedenza il suo nome era stato sottoposto al Senato, e in nessuno di questi casi precedenti la sua idoneità era stata messa seriamente in discussione. Per quasi due ore lo hanno interrogato, con l'assistenza di due senatori non membri della Commissione, Vandenberg e Taft. La maggioranza della

Commissione era comprensiva e le loro poche domande erano semplici e amichevoli.... Era un membro di Winthrop, Stimson, Putnam e Robert Beh, era indicato come consulente. È un termine eufemistico per indicare un gentiluomo che siede in un ufficio senza partecipare ai profitti". (Risate). Questo studio legale aveva clienti con investimenti internazionali? Non credeva, ma non lo sapeva, perché non era socio. Aveva lui stesso dei clienti di questo tipo? No".

Il nome di Stimson era sulla porta, ma non sapeva cosa accadesse all'interno. Era uno degli avvocati di Wall Street più influenti d'America, ma non era coinvolto in investimenti internazionali, né veniva pagato dal suo studio legale. Forse avrebbe potuto essere arrestato per vagabondaggio, dal momento che non aveva alcun mezzo di sostentamento visibile. Certamente un arresto per falsa testimonianza sarebbe stato opportuno. In ogni caso, il vagabondo di Wall Street divenne Segretario alla Guerra. Le audizioni pubblicate dal Comitato sono di scarso aiuto, poiché la maggior parte della discussione fu ufficiosa, una cortesia nei confronti del timido Stimson. I soci e i satelliti di Kuhn, Loeb sono persone estremamente riservate.

Un mese dopo la dichiarazione di guerra di Hitler alla Russia, Roosevelt dichiarò guerra al Giappone. Il 25 luglio 1941, Roosevelt congelò tutti i beni giapponesi negli Stati Uniti, un'azione ostile equivalente all'invio di truppe contro la terraferma giapponese. Nei mesi successivi il Giappone cercò disperatamente di evitare la guerra con l'America e preparò l'attacco a Pearl Harbor nella speranza di allontanare gli Stati Uniti dall'Asia e di permettere al Giappone di sviluppare la sua "Sfera di Co-Prosperità della Grande Asia Orientale", un'alleanza economica e militare emisferica definita secondo lo sviluppo della strategia moderna nota come geopolitica. È significativo che il Giappone non abbia mai attaccato la terraferma americana, nonostante i frenetici richiami di Roosevelt. Dopo Pearl Harbor, per diverse settimane la stampa nazionale titolò che la costa occidentale non poteva essere difesa, che avevamo solo poche batterie a terra, nessun aereo o nave, e che i giapponesi avrebbero potuto facilmente prendere la California. Uomini sono stati fucilati per tradimento per aver detto meno di quanto si potesse trovare sulla prima pagina di qualsiasi giornale metropolitano nel gennaio del 1942. Roosevelt voleva un attacco giapponese alla terraferma degli Stati Uniti per poter mettere il nostro Paese sotto legge marziale e gettare tutti coloro che si opponevano al suo "governo clientelare" nei campi di concentramento che stava allestendo nei deserti del Nuovo Messico e dell'Arizona. Hopkins ammise in seguito che

> "Roosevelt non sarebbe stato colto di sorpresa da un attacco giapponese a San Francisco. Credeva che avrebbe contribuito a unificare il Paese".

Sfortunatamente per il sogno roosveltiano di dittatura, il Giappone non voleva la California. Voleva l'Asia e i suoi eserciti avevano un solo scopo: cacciare i gestori delle proprietà dei Rockefeller e dei Rothschild. Pertanto, la California rimase senza difese e senza attacchi. Amareggiato dalla delusione, Roosevelt ordinò che tutti i nippo-americani della costa occidentale fossero gettati nei suoi campi di concentramento. Questo costituisce uno dei capitoli più sordidi della nostra storia. Si trattò di un crimine efferato che non era altro che la prova del dispetto di un uomo contro un gruppo razziale. Nessuno di questi cittadini americani aveva commesso azioni ostili agli Stati Uniti. Il trattamento spregevole riservato da Roosevelt a questi cittadini è in scioccante contrasto con il modo in cui i nemici dichiarati della nostra Repubblica, i membri del Partito Comunista, operarono dalla Casa Bianca durante la Seconda Guerra Mondiale. Roosevelt fu messo in guardia da Alger Hiss nel 1941. Lo nominò quindi suo confidente e assistente personale. Dopo due anni, alcuni giovani americani di origine giapponese furono rilasciati dai campi di concentramento e si arruolarono nell'esercito. In Italia si distinsero come il mai dimenticato 442° reggimento.

Un altro esempio della determinazione di Roosevelt a disonorare definitivamente la struttura legale degli Stati Uniti fu la sua arrogante persecuzione di trenta leali americani che avevano scritto o parlato contro il comunismo. Non appena il Giappone fu indotto ad attaccare Pearl Harbor, dando a Roosevelt la possibilità di dichiarare la Germania come nostro nemico mortale e la Russia atea come nostro solido alleato, egli iniziò una campagna di terrore a livello nazionale contro chiunque si fosse opposto ai cospiratori comunisti. I mandati di arresto per questi patrioti furono emessi il giorno dopo Pearl Harbor. Lo stimolo per questa persecuzione, secondo quanto è stato riferito, proveniva dal Washington Post del manipolatore di titoli di Stato Eugene Meyer. Uno dei suoi "reporter" ha raccolto le cosiddette "prove" contro questi nemici del comunismo, prove che alla fine sono state respinte dal tribunale. Il Washington Post di Meyer, naturalmente, è stato il più forte di tutti i giornali gialli liberali nella sua campagna contro questi americani perseguitati.

È significativo che Roosevelt, in questa spedizione di caccia alle streghe, abbia affidato l'accusa nelle mani dei più favorevoli al comunismo. Il procuratore generale Francis Biddle è stato a lungo la figura di spicco dell'American Civil Liberties Union, che si dedica alla difesa delle spie comuniste. Il procuratore del governo era O. John Rogge. Herbert Philbrick, che denunciò i comunisti all'FBI, scrisse nel suo libro "I Led Three Lives" (Ho condotto tre vite) che ogni volta che l'FBI pianificava un'incursione contro i comunisti, O. John Rogge avvisava i rossi dell'imminente incursione. L'assistente del procuratore Rogge era un grande americano, T. Lamar Caudle, che fu promosso grazie ai suoi servigi in questa persecuzione, per poi vedersi togliere gli onori di ispirazione comunista quando gli fu chiesto di dimettersi dal Dipartimento di Giustizia in seguito all'accettazione di una serie di favori, che erano legati a casi di imposte sul reddito in ritardo.

Nel 1944, dopo due anni di persecuzione governativa, questi trenta patrioti furono processati. Il processo si concluse con la morte del giudice, un certo Eichler che Roosevelt aveva ripescato dal fondo del suo pantano socialista per questo lavoro particolarmente sporco. Il successore di Eichler, il giudice Proctor, dichiarò che il governo non aveva, e non aveva mai avuto, alcun motivo per un processo, e si rifiutò di continuare il caso. Il giudice d'appello Bolitha Laws, nel luglio del 1947, confermò la sentenza di annullamento del processo emessa da Proctor e la dichiarò una "parodia della giustizia". Per sei anni e sei mesi, questi patrioti erano stati perseguitati dal governo della loro patria. Nel 1947 la maggior parte di loro era distrutta in salute e aveva speso la maggior parte dei fondi per le spese legali. Nonostante ciò, da allora si sono distinti per la loro continua lotta contro la diffusione del comunismo in America. Il senatore William Langer cercò per mesi di far approvare una legge che li ripagasse delle spese sostenute in questa beffa della giustizia, ma il Senato si rifiutò di aiutarli. Inutile dire che il processo non fu mai riportato in modo accurato dalla stampa. I servizi giornalistici definirono collettivamente gli imputati come "antisemiti", il che aprì le porte alla loro sistematica diffamazione da parte delle creature della Anti-Defamation League, Winchell e Pearson. Il membro dello staff di Pearson che copriva il processo era un noto membro del Partito Comunista, Andrew Older.

Il motivo sinistro dietro l'intervento americano nella Seconda Guerra Mondiale fu presto evidente. Maxim Litvinoff arrivò a Washington il giorno di Pearl Harbor per aiutare Roosevelt a gestire la guerra e il 1° gennaio 1942, una settimana dopo Pearl Harbor, Churchill, Litvinoff e

Roosevelt annunciarono insieme da Washington la Dichiarazione delle Nazioni Unite. Non eravamo più la Repubblica americana.

Dopo aver coinvolto con successo l'America nella Seconda Guerra Mondiale, Roosevelt chiamò i peggiori elementi del Paese per aiutarlo a gestire lo spettacolo, mentre i nostri ragazzi perbene venivano massacrati per salvare il comunismo. Quando Litvinoff arrivò il giorno di Pearl Harbor, fu accolto a braccia aperte all'aeroporto nazionale dal Capo di Stato Maggiore generale George Marshall, che sembrava sempre ricevere istruzioni dal Cremlino. Ci volle il coraggio del senatore McCarthy per smascherare questa creatura che Truman definì "il più grande americano vivente". Il senatore Jenner ha poi definito Marshall "una menzogna vivente" e "un prestanome di traditori". Marshall non ha mai risposto a nessuno dei due. Una battaglia in tribunale probabilmente farebbe emergere ancora di più i fatti della sinistra storia della collaborazione di Marshall con i comunisti. Sono questi collaboratori, più pericolosi dei membri del Partito Comunista, che McCarthy ha cercato di cacciare dall'Amministrazione Truman, ma il loro capo, Dean Acheson, ex consulente legale dell'Unione Sovietica, è rimasto come Segretario di Stato.

Nel suo libro "Retreat from Victory", il senatore Joseph McCarthy racconta che uno dei primi eventi successivi alla nomina di Marshall a Capo di Stato Maggiore fu il tentativo di distruggere tutti i documenti dell'esercito sulle attività comuniste. Il senatore Styles Bridges venne a conoscenza di questo tradimento e impedì al Counter Intelligence Corps dell'esercito di portarlo a termine. Non si saprà mai quanti file furono distrutti.

Marshall era stato nominato Capo di Stato Maggiore da Roosevelt a causa del profondo rancore di Marshall nei confronti del generale Douglas MacArthur, comandante delle nostre forze nel Pacifico. Mentre era capo di Stato Maggiore, Douglas MacArthur si era rifiutato di promuovere Marshall da colonnello a brigadiere generale dopo che Marshall aveva dimostrato la sua mancanza di leadership. Roosevelt aveva bisogno di un uomo che potesse tenere testa a MacArthur. Litvinoff aveva convinto Roosevelt che, se si voleva salvare la Russia, bisognava inviare tutti i rifornimenti disponibili in Russia per i successivi sei mesi, il che significava privare MacArthur di armi e aerei nella sua battaglia contro le armate giapponesi. L'antipatia di Marshall per MacArthur era tale che si unì volentieri a questa cospirazione contro le nostre truppe. Mentre i nostri ragazzi nel Pacifico venivano bombardati e uccisi dall'aviazione giapponese, gli aerei che avrebbero dovuto proteggerli difendevano Mosca. La tragedia della nostra azione di contenimento nel Pacifico nel 1942 può essere attribuita alla collusione Roosevelt-Litvinoff-Marshall per privare l'esercito americano dei rifornimenti a favore della Russia. In questo modo hanno condannato molte migliaia di soldati americani alla mutilazione, alla prigionia o alla morte per mano dei giapponesi.

Nello stesso momento in cui Marshall inviava i nostri armamenti alla Russia, sembra che avesse l'obiettivo di far massacrare il maggior numero possibile di ragazzi americani. All'inizio del 1942, dice il senatore McCarthy a pagina 19 del suo libro, Marshall e il suo assistente pianificatore, il col. Dwight Eisenhower, completarono il loro piano per un secondo fronte e cominciarono a sollecitare Roosevelt a metterlo in atto immediatamente. Tutti gli esperti militari del Paese, compreso Hanson Baldwin del New York Times, si unirono alla denuncia di questo piano. Nella primavera del 1942 potevamo a malapena produrre armi sufficienti per difendere la Russia, figuriamoci per lanciare un'invasione dell'Europa. Il secondo fronte fu la linea ufficiale del Partito Comunista nel 1942 e nel 1943. Chiunque la sostenesse in quei mesi, quando ovviamente non eravamo in grado di aprire un secondo fronte, era filocomunista. Baldwin afferma che se avessimo aperto un secondo fronte prima del 1944, probabilmente saremmo stati respinti e ci sarebbero voluti anni per riprenderci da un tale disastro. I comunisti si rifiutarono di ascoltare la ragione. Stalin stesso aveva imposto il dettame del "secondo fronte" e Marshall ed Eisenhower lo avevano lealmente appoggiato. Forse è per questo che Dwight Eisenhower fu il primo straniero a stare accanto a Stalin sulla tomba di Lenin durante la parata sportiva annuale (Decisione in Germania del generale Lucious Clay).

Quando uno dei suoi favoriti, come Averell Harriman, visitava Mosca, la prima domanda di Stalin era sempre: "Quando aprirete il Secondo Fronte?". Non una parola di gratitudine per le forniture che avevano salvato il suo governo, perché la gratitudine è un'emozione borghese e indebolente per il comunista. Il primo atto di Lenin, una volta assunto il potere in Russia nel 1917, fu quello di denunciare Helphand Parvus, che lo aveva portato in salvo attraverso la Germania, come "opportunista".

Il popolo americano non è stato informato del semplice fatto che la Russia non può essere placata. Pubblicare qualsiasi critica alla Russia durante la guerra significava una possibile accusa di tradimento, giustificata dal fatto che stavamo combattendo per salvare il comunismo. Eisenhower aveva ordini permanenti nel suo quartier generale a Londra che non si doveva criticare la Russia, nell'interesse dell'"armonia".

Il generale Marshall avrebbe potuto essere l'editorialista militare del Daily Worker durante la Seconda Guerra Mondiale, tanto seguiva la linea del Partito Comunista. Il più vigoroso sostenitore dell'assurdità del secondo fronte, Marshall si oppose sempre a gran voce a una campagna nel Mediterraneo, che avrebbe minacciato le conquiste comuniste in Europa centrale. Aveva poca simpatia per la campagna d'Italia, che soffriva continuamente per la mancanza di rifornimenti e la scarsità di rinforzi. L'Italia fu teatro di alcuni dei peggiori massacri di americani nella Seconda Guerra Mondiale, sotto la guida del generale Mark Clark, che li spinse nelle trappole mortali di Anzio e Salerno. I suoi stessi ufficiali cercarono di farlo incriminare quando tornarono negli Stati Uniti. Questo può spiegare perché Clark è stato messo a capo dei riti di sangue in Corea. La conduzione della guerra in Italia da parte di Clark fu caratterizzata dalla distruzione su larga scala di santuari e opere d'arte cattoliche. Il crimine peggiore fu la distruzione deliberata del monastero di Montecassino del 16th secolo con un bombardamento a saturazione, uno sviluppo della guerra totale che ci ha riportato ai giorni della barbarie. Dopo il bombardamento, le truppe tedesche avevano una fortezza perfetta tra le macerie di Monte Cassino, e la loro rimozione costò la vita a molti americani. La madre e la moglie di Clark sono entrambe ebree. Naturalmente non avevamo generali cattolici che potessero essere messi al comando della campagna d'Italia. Mentre avanzavamo in Italia, Herbert Lehman fu nominato in fretta e furia governatore generale del territorio occupato.

È interessante il fatto che le due grandi nazioni cattoliche, la Polonia e l'Italia, siano state entrambe teatro di una distruzione così sfrenata durante la Seconda guerra mondiale. Nonostante l'amministrazione di Herbert Lehman, l'Italia si rifiutò di diventare comunista dopo la guerra.

Con la dichiarazione di guerra di Roosevelt nel 1941, Baruch assunse apertamente il potere a Washington. Almeno sapeva cosa stava facendo. Sette anni prima, aveva illustrato al Comitato Nye i suoi piani completi, passo dopo passo, per il razionamento di cibo e petrolio, la leva della manodopera e altri aspetti di quella che divenne nota come dittatura roosveltiana. Il tirapiedi di Baruch a Washington era il suo favorito di lunga data, Jimmy Byrnes della Carolina del Sud, dove Baruch aveva la sua tenuta, Hobcaw Barony. Byrnes era stato uno dei membri silenziosi del Congresso durante le audizioni di Pujor nel 1913. La sua descrizione migliore è quella di un giocattolo popolare tra i bambini, un guanto nero con il volto di una scimmia dipinto sopra. Si mette il guanto sulla mano, si muovono le dita e la scimmia fa una smorfia e sembra parlare. Il volto di Washington era Byrnes, ma la mano era Baruch. L'ultima volta che Byrnes fu usato da Baruch fu nel 1948, quando Byrnes fondò il Partito Dixiecrat per dividere il Sud democratico e assicurare la sconfitta di Truman. Baruch odiava aspramente Truman in quel periodo, e oggi è generalmente accettato che il dispetto di Baruch fu suscitato da una festa politica in cui Truman, in un momento di ilarità indotta dal bourbon, si rivolse scherzosamente al grande americano chiamandolo "hey, Jewboy!".

Si dice che la natura al vetriolo della campagna contro Truman nel 1948 lo abbia fatto rieleggere. Altri sostengono che il popolo americano non avrebbe mai eletto Dewey, anche se si fosse chiamato Ike, e probabilmente è vero. Tuttavia, Dewey può sempre ritirarsi in un buon posto nel traffico internazionale di stupefacenti, finché Lucky Luciano è libero.

Carter Field, nella sua biografia di Baruch, afferma che

> "Come giovane politico in South Carolina, anni prima, Byrnes aveva conosciuto e apprezzato Baruch".

Forse bisogna conoscere Baruch per apprezzarlo. Di Tom Dewey si è detto che bisogna conoscerlo per non amarlo.

Certamente Washington, dal 1941 al 1945, era piena di persone pericolose che svolgevano mansioni che potevano arrecare e hanno arrecato danni incalcolabili alla nostra Repubblica. Bundy racconta che i tre assistenti di Stimson erano John J. McCloy, della Cravath and Henderson, Robert A. Lovett, della Brown Brothers Harriman, e Arthur Palmer del suo studio legale Winthrop and Stimson. Stimson riuscì sempre a trovare posti di lavoro importanti a Washington per i suoi soci avvocati. A pagina 494 dell'opera magistrale su Stimson, Bundy racconta che

> "All'inizio Stimson sperava che Donald Nelson potesse essere rafforzato dalla nomina di forti assistenti, e nel settembre 1942 fece entrare Charles E. Wilson e Ferdinand Eberstadt nel War Production

Board. Nel febbraio del 1943, quando Nelson si dimostrò incapace di guidare una squadra così vivace, Stimson e altri amministratori si unirono nel chiedere al Presidente di sostituirlo con Bernard Baruch".

Donald Nelson era un uomo di Sears Roebuck e Sears Roebuck, ovviamente, è di proprietà della famiglia Rosenwald, che ha gentilmente prestato Nelson al governo per un dollaro all'anno.

Uno dei più abominevoli imbrogli della guerra è stato il piano di imposta sul reddito a ripartizione, frutto della fertile mente di Beardsley Ruml, agente della famiglia Strauss, proprietaria della Macy Co di New York. Il deputato Wright Patman denunciò che il piano Ruml era stato concepito espressamente per proteggere il primo raccolto di milionari di guerra, la cui razza possiamo ben immaginare. I. F. Stone, ora morto per un'overdose di comunismo, ha osservato sul giornale PM che il Piano Ruml forniva un'ottima scappatoia per la banda dei guadagni facili, perché non tassava i profitti indivisi. Per evitare l'imposta sul reddito, i soci potevano lasciare il denaro nell'azienda. Questo, tuttavia, significava poco per il lavoratore che veniva agganciato ogni settimana. Il Piano Ruml era ingiusto in quanto privava il lavoratore del suo denaro non appena lo aveva guadagnato. Prima del Ruml, il lavoratore poteva almeno utilizzare il suo denaro prima che il governo lo prendesse. Ora il governo lo prende quando è stato guadagnato, e se viene preso troppo, come spesso accade, il lavoratore deve affrontare una lotta interessante che dura da uno a dieci anni per riaverlo.

L'esercito americano ha appreso alcune tecniche interessanti dai comunisti mentre il generale Marshall era capo di Stato Maggiore. Non è generalmente noto che anche noi abbiamo avuto i nostri "consiglieri politici" con le nostre truppe d'oltremare durante la Seconda guerra mondiale. Il generale Dwight Eisenhower, nel suo quartier generale di Londra, aveva come consigliere James Paul Warburg, organizzatore e direttore della filiale londinese dell'Office of War Information. Suo cugino, Edward M. M. Warburg, della Kuhn, Loeb Co. era con Eisenhower con il titolo ufficiale di consigliere politico. Il tenente John Schiff, socio della Kuhn, Loeb. e nipote del finanziatore della rivoluzione comunista in Russia, era l'addetto navale di Eisenhower. Il giudice Simon Rifkind era il consigliere di Eisenhower per gli affari ebraici, che, ovviamente, sono estremamente importanti. Questo staff ha costituito il nucleo del movimento "Eisenhower for President".

Sul fronte interno, i comunisti regnavano sovrani. Roosevelt, isolato dai sudici cittadini americani grazie alla sua elegante squadra di agitatori comunisti, promosse rapidamente Lauchlin Currie e Alger Hiss a capo del suo staff personale. Il famigerato organizzatore della gioventù comunista Joe Lash si fermava spesso alla Casa Bianca per un pasto veloce e una rasatura tra scioperi e sommosse, e quasi ogni giorno si vedeva il commissario sovietico Maxim Litvinoff salire sul vialetto della Casa Bianca nella sua limousine con autista per pranzare con Roosevelt.

Nel 1943, Arthur Upham Pope fece pubblicare la sua biografia di Litvinoff dalla Louis Fischer Co. Ltd., New York. Questo libro spiega alcuni aspetti sconcertanti della politica estera della Russia. A pagina 451, Pope illustra il patto russo-tedesco del 1939 come segue:

"La Russia aveva un'ultima speranza: se avesse rifiutato la convenzione militare con Francia e Inghilterra e se avesse stretto un patto di non aggressione con la Germania, la guerra avrebbe potuto essere localizzata tra Germania e Polonia e l'Europa sarebbe stata risparmiata dall'olocausto. L'accordo russo-tedesco fu il prodotto di necessità terribili che né l'urgenza del momento né l'interesse reciproco riuscirono a superare completamente. I russi furono selvaggiamente accusati di doppio gioco. Come dice John Whittaker: "Fu proprio il fallimento delle democrazie nel cooperare con la Russia sovietica a costringere questo potente popolo a ricorrere all'isolazionismo e a un patto con la Germania nazista". Anche Walter Lippmann difese Stalin in questo caso".

Non sorprende trovare Lippmann che difende Stalin da qualche parte. Certamente Lippmann non avrebbe mai accusato i russi di doppiogiochismo solo perché avevano invertito la loro intera politica estera e stretto un patto con il loro peggior nemico. In ogni caso, secondo Pope, le democrazie non hanno collaborato con la Russia.

Il Patto di non aggressione provocò alcune strane scene. Il Ministero degli Affari Esteri russo aveva uno staff completamente ebraico, da Litvinoff in giù, e ora dovevano cenare con i nazisti antisemiti. Uno di questi banchetti è descritto da Pope;

"Lazar Kaganovich, commissario delle ferrovie, che è ebreo, non si presentò al banchetto di Stato in onore di von Ribbentrop; ma fu lo stesso Kaganovich a rifiutarsi di andarci, non Stalin a richiederlo; e un altro membro ebreo del governo, Solomon Lozovsky, vicecommissario agli affari esteri, non solo si presentò al banchetto, ma fu seduto accanto a Ribbentrop".

Le foto giornalistiche di questo evento non sono mai apparse. In ogni caso, queste tensioni sociali furono di breve durata. Anche la Russia approfittò del Patto per attaccare la piccola Finlandia. Pope ci racconta la storia di questo evento, a pagina 455;

> "Il 2 novembre 1939 la Russia invase la Finlandia. Il mondo in generale sapeva poco dell'elemento fascista in Finlandia e non era a conoscenza del fatto che Mannerheim, uno svedese che era stato generale zarista, e che aveva un record spaventoso di crudeltà, stava, con altri della cricca militare, collaborando con Hitler. L'opinione pubblica del mondo occidentale era del tutto ignara del pericolo che correva la Russia".

Sotto la guida dello zarista-fascista-terrorista Mannerheim, dice Pope, la piccola Finlandia avrebbe probabilmente potuto conquistare la Russia in pochi giorni. Non c'è da stupirsi che il democratico e gentile Stalin abbia dovuto inviare le sue armate in Finlandia, prima che i finlandesi conquistassero Mosca. Questo argomento idiota è tipico della propaganda comunista con cui i comunisti inondavano l'America mentre noi difendevamo la Russia atea contro la Germania. Il peggio arriva nella descrizione che Pope fa del rapinatore di banche e assassino di massa Stalin. Pope scrive che

> Stalin ha occhi castani, "estremamente gentili e delicati", e belle mani. Il suo contegno è gentile, i suoi modi quasi deprecabilmente semplici, la sua personalità e l'espressione di forza riservata molto marcata, con una dignità semplice. Ha una mentalità molto grande. È acuta, accorta e, soprattutto, saggia. Ha un umorismo sornione, è ben informato su una notevole gamma di argomenti e non disdegna di scarabocchiare mentre riflette. Quentin Reynolds cita un corrispondente britannico che una volta scrisse di Stalin: "Sembra il gentile giardiniere italiano che avete due volte alla settimana". Non si potrebbe trovare una descrizione migliore del leader sovietico. La sua carriera ha dimostrato perseveranza, determinazione, pazienza, resistenza e coraggio, sia il coraggio fisico che il coraggio morale di ammettere i propri errori, su cui pone particolare enfasi; e allo stesso tempo una certa flessibilità che porta a ignorare gli slogan o le dichiarazioni dottrinarie che sono più ideologiche che realistiche. La collettivizzazione dell'agricoltura è stata una delle sue principali e difficili conquiste, resa più difficile e di conseguenza più crudele dalla testardaggine di alcuni settori della popolazione contadina".

Citiamo così a lungo per sottolineare la devozione fanatica dei comunisti all'estero nei confronti del loro leader. Quentin Reynolds, ex corrispondente estero di punta del Collier's, ora dirige United Nations World. Questo vecchio e gentile giardiniere italiano è riuscito a far morire di fame dodici milioni di contadini russi della classe media per collettivizzare le loro aziende agricole. Pope ha tracciato un ritratto a parole forse troppo simpatico del leader più spietato del mondo.

In questa classica opera di propaganda comunista, "Maxim Litvinoff", di Arthur Upham Pope, troviamo poca simpatia per i "reazionari" americani, così

> "Le opinioni anti-russe, anti-asiatiche e filo-naziste di Lindbergh sono diventate evidenti e sono ora screditate. Nella loro riluttanza ad abbandonare i pregiudizi anti-russi, gli americani non avevano affatto compreso appieno il cambiamento di politica sotto Stalin, un orientamento rivisto che Lenin aveva favorito fin dall'inizio; la sostituzione alla rivoluzione internazionale e alla sua promozione in altri Paesi, di un programma per il pieno sviluppo delle risorse proprie della Russia, che ispirava il popolo russo a sforzi sempre maggiori e poneva le basi per un nuovo internazionalismo che rendeva possibili relazioni più cordiali con le nazioni straniere".

Gli ultimi cinque anni ci hanno dimostrato quanto questo sia vero. La Russia sognava di sostituire le sue spie illegali con quelle legali alle Nazioni Unite, ma al momento attuale trova più soddisfacente una combinazione delle due. Lindbergh, naturalmente, è stato diffamato perché si è opposto all'entrata in guerra dell'America per salvare il comunismo.

Uno dei più instancabili propagandisti comunisti americani è James Paul Warburg, rampollo della Kuhn, Loeb Co. e figlio di Paul Warburg. James Paul Warburg ha scritto "Foreign Policy Begins at Homes", Harcourt Brace, 1941, l'editore dell'edizione definitiva delle Lettere di Lenin e di altri libri comunisti). A pagina 1, Warburg afferma che,

> "Stiamo combattendo non una ma due guerre, quella militare contro la Germania e il Giappone e quella contro il fascismo, che è un conflitto civile mondiale che attraversa tutte le frontiere nazionali. La guerra contro il fascismo non finirà quando gli eserciti di Hitler e Hirohito si saranno arresi".

L'uso del termine "fascismo" è una parola chiave della propaganda comunista. Significa tutta l'opposizione allo Stato socialista mondiale. I comunisti etichettano tutti gli oppositori come "fascisti".

Alle pagine 19 e 20, Warburg ci dice che

> "Il comunismo cerca di fare dello Stato l'amministratore comune della proprietà e del potere a beneficio di tutto il popolo. Il comunismo in Russia ha avuto origine da un popolo sfruttato e oppresso che non ha goduto di democrazia politica ed economica. Ha cercato di instaurare la democrazia economica attraverso una dittatura politica che ora sta cercando di abolire. Il comunismo è nato nel 1918 come rivoluzione mondiale della classe operaia contro i suoi sfruttatori. Il comunismo russo ha abbandonato la rivoluzione mondiale ed è diventato un esperimento puramente nazionale di socialismo di Stato. Il comunismo non fa distinzioni di razza, nazionalità o religione. Sottolinea la fratellanza dell'uomo".

Sebbene Warburg sostenga che la Russia abbia abbandonato la rivoluzione mondiale, ha aggiunto al suo dominio la Cina e l'Europa centrale. Non spiega esattamente come la dittatura politica sia stata abolita in Russia, né vi fa riferimento nelle opere successive. In realtà, ovviamente, questo fertilizzante non era destinato a essere letto dieci anni dopo. Come la maggior parte della propaganda, aveva un obiettivo temporaneo: convincere il popolo americano che era una cosa gloriosa morire per difendere il comunismo. Gli americani erano piuttosto riluttanti a percorrere migliaia di chilometri per difendere uno Stato di polizia ateo e terrorista. Ci volle Roosevelt per convincerli a farlo.

Il Council On Foreign Relations dominava il governo degli Stati Uniti durante la Seconda Guerra Mondiale. Oltre a controllare il Dipartimento di Stato, i membri del Consiglio comprendevano i vertici dell'agenzia governativa più segreta, l'Office of Strategic Services, e l'agenzia di propaganda ufficiale, l'Office of War Information. L'Ufficio per l'Informazione di Guerra fu organizzato da James Paul Warburg, che scelse come fronte lo stanco giornalista Elmer Davis. Il ramo del Pacifico dell'OWI fu affidato a Owen Lattimore e William Holland dell'Institute of Pacific Relations.

L'Office of War Information è stato un buon posto per i famigerati compagni di viaggio come Alan Cranston, che dal nulla è stato nominato capo della Divisione Lingue Straniere dell'OWI. Cranston è ora presidente dell'United World Federalists, di cui James Paul Warburg è il principale finanziatore. Cranston era il pupillo dello scrittore comunista professionista Louis Adamic, assassinato nel 1951 nella sua casa nel New Jersey, presumibilmente da titoisti. Cranston scriveva per la rivista di Adamic, Common Ground, una pubblicazione a cui collaborava anche David Karr, noto anche come Katz, uno scrittore del Daily Worker che in seguito divenne il capo reporter di Drew Pearson. Cranston fu arruolato nell'esercito e scrisse propaganda per la pubblicazione dell'esercito, Army Talk, che diffondeva idee comuniste utili come il Pamphlet 373, che suggeriva che il Canale di Panama dovesse essere sotto controllo internazionale. L'Armed Forces Information and Education Service fornì anche un luogo strategico per i parassiti comunisti per nascondersi durante i combattimenti.

Stanislaw Mikolajczyk, in "Rape of Poland", Whittlesey House, a pagina 25 scrive che

> "L'Ufficio informazioni di guerra seguiva costantemente la linea comunista ed era indistinguibile da Radio Mosca. I polacchi erano inorriditi dal fatto di ricevere dall'Ufficio informazioni di guerra solo propaganda comunista".

Mikolajczyk ha anche sottolineato che l'Office of War Information timbrava ogni rapporto del governo polacco in esilio a Londra come Top Secret, e lo insabbiava nei file, mentre l'OWI non portava altro che propaganda comunista. Ciò è stato evidenziato anche dall'On. Charles A. Wolverton, Congressional Record, 12 agosto 1952, pagina A4963. L'Office of War Information fu riorganizzato da William Benton, ora senatore, nel 1946 come Voice of America, e contiene le stesse creature del vecchio Warburg.

L'Office of Strategic Services era completamente dominato dai membri del Council On Foreign Relations. L'avvocato di Wall Street, il generale William Donovan, ne era il capo, e ventisei dei suoi più alti funzionari erano membri del Consiglio, come Allen W. Dulles, presidente del Consiglio, che per tutta la durata della guerra ha incontrato i rappresentanti tedeschi nel territorio neutrale della Svizzera, e il contrammiraglio William Standley, che era con Harriman nella missione di lend Lease a Mosca nel 1941, e che è un direttore dell'azienda di munizioni affiliata ai Rothschild, la Electric Boat Co. che ha recentemente ottenuto il contratto della Marina per il sottomarino atomico.

Il Consiglio era rappresentato in tutti i gruppi consultivi durante la guerra. La U.S. Air Corps Strategic Bombing Survey, che sceglieva gli obiettivi in Germania e Giappone, aveva Elihu Root Jr. come consulente principale, assistito da Elmo Roper, della Spiegel, Inc. e da Theodore Paul Wright, tutti membri del Consiglio, per scegliere gli obiettivi industriali per i nostri aviatori.

La Jugoslavia ha rappresentato una delle più tristi tragedie della guerra. Il generale Draja Mihailovich guidò un esercito di patrioti contro i nazisti fin dall'inizio della guerra. Quando la Germania attaccò la Russia, Tito si presentò improvvisamente con un esercito comunista, e Churchill e Roosevelt rifiutarono i rifornimenti a Mihailovich, lasciando che i tedeschi spazzassero via le sue forze patriottiche, mentre inviavano missioni militari e rifornimenti all'esercito comunista. Fitzroy MacLean rappresentava Churchill al quartier generale di Tito e nel suo libro "Fuga verso l'avventura" non cita nemmeno una volta l'uomo con cui mangiò e dormì per molti mesi, il col. Ellery C. Huntingdon, capo della missione militare statunitense in Jugoslavia. Huntingdon e David Milton, genero di John D. Rockefeller, controllano insieme le Morris Plan Banks e la Equity Corporation, una vasta rete di holding e banche. Controllano anche l'attività di riassicurazione in America, di cui detengono il monopolio. Le compagnie di assicurazione devono essere riassicurate per legge, e Huntingdon e Milton dirigono la General Reinsurance Corporation e la North Star Reinsurance Corporation, che sono interconnesse con la direzione della Yugoslav-American Electric Co.

L'Organizzazione Sionista Mondiale lavorò costantemente durante la guerra per l'istituzione delle Nazioni Unite, che avevano garantito la creazione dello Stato di Israele, da cui la Dichiarazione Litvinoff-Churchill-Roosevelt delle Nazioni Unite una settimana dopo il giorno di Pearl Harbor, il 1° gennaio 1942. Il 21 marzo 1944, il rabbino Wise guidò un comizio del Consiglio di emergenza sionista americano al Madison Square Garden di New York. Wise disse,

> "La nostra fede è in un amico provato e vero del sionismo, Winston Churchill, e la nostra fede è nel più importante leader democratico sulla terra oggi, Franklin Roosevelt".

In trincea, i ragazzi americani si chiedevano l'un l'altro: "Per cosa stiamo combattendo?", ma l'Ufficio per l'Informazione di Guerra, che era di matrice comunista, impediva loro di scoprire che stavano difendendo il comunismo e rendendo possibile la creazione dello Stato di Israele. Invece, i programmi di informazione e istruzione, lealmente aiutati dai pubblicitari americani, scrissero rapsodicamente della piccola casa rossa della scuola, della mamma, della torta di mele e di altri simboli del loro disprezzo per l'intelligenza dei ragazzi che venivano inviati al proficuo massacro. A Hollywood, le bionde regine del cinema si alzarono con riluttanza dai letti dei magnati ebrei del cinema, salirono sulle loro limousine, scesero in U.S.O., dove baciarono un marinaio davanti a una batteria di cineprese, risalirono sulle loro limousine e andarono a letto.

Douglas Reed, in "Lest We Regret", Jonathan Cape Co. Londra, 1943, scrive

> "Max Ausnit fu imprigionato in Romania nel 1940 per sei anni per frode e reati valutari. Quando i tedeschi arrivarono, lo rilasciarono. Il nipote di Goering divenne direttore della grande fabbrica di ferro e acciaio Resitza di Ausnit. Ausnit fu rilasciato e ufficialmente scagionato".

Nicholas Halasz scrisse sul giornale PM il 26 luglio 1944,

> "Ventuno persone hanno volato dall'Ungheria a Lisbona con tre aerei Lufthansa. Si trattava della famiglia e del menage del defunto barone Manfred Weiss, il re ungherese degli armamenti. Il gruppo comprendeva i baroni Eugene e Alphonse Weiss, il cavaliere Oscar Wahl e il barone Moric Kornfeld, presidente del consiglio di amministrazione della Banca Generale di Credito Ungherese, che rappresenta gli interessi dei Rothschild nella valle del Danubio. La famiglia Weiss era proprietaria dell'immensa fabbrica di armi di Csepel e, a quanto risulta, aveva investito dieci milioni di dollari in immobili a New York. Resta il fatto che, nonostante le leggi ebraiche più severe in Ungheria, la gestione effettiva degli interessi dei Weiss è rimasta invariata, I Weiss erano ebrei secondo la teoria razziale. Molti di loro, tuttavia, sono figli di convertiti al cristianesimo".

I Weiss e gli Ausnit sembravano trovarsi bene sotto il governo nazista. L'ambasciatore Dodd e George Sokolsky hanno sottolineato che i Warburg non erano infastiditi da Hitler. Quanto erano antisemiti i nazisti? In ogni caso, gli ebrei preparavano una terribile vendetta sul popolo tedesco. Nel luglio del 1944 il Council On Foreign Relations pubblicò "American Interests in the War and Peace" (Interessi americani nella guerra e nella pace), con il timbro Confidential (Riservato) e declassificato nel 1946. Il documento è stato redatto da personalità diverse, tra cui Jacob Viner e Benjamin Cohen. Il sottotitolo era "Controlli postbellici dell'economia tedesca". A pagina 1 troviamo

"Nel considerare le misure economiche da applicare a una Germania sconfitta, i Paesi vincitori dovrebbero tenere a mente i seguenti principi:

1. Per risarcire le perdite subite dalle vittime dell'aggressione tedesca.

2. Integrare le misure per il disarmo.

3. Gettare le basi per una ripresa su scala internazionale e per una pace duratura.

4. Le importazioni di cibo e materiali che scarseggiano dovrebbero essere assegnate dall'Amministrazione Nazionale di Soccorso e Riabilitazione alla Germania, tenendo in debito conto le necessità di altri Paesi impoveriti a causa della guerra. Finché ci sarà penuria, l'UNRRA non dovrebbe rilasciare cibo e forniture scarse per il consumo in Germania, se non su licenza rilasciata dalle Nazioni Unite. Il costo dell'esercito di occupazione deve essere sostenuto dalla Germania.

5. Tutte le installazioni industriali e produttive progettate per scopi militari devono essere smantellate.

6. Non ci devono essere aiuti statali all'industria sintetica tedesca".

Questo documento riservato, preparato dal Council On Foreign Relations, era in realtà il famigerato Piano Morgenthau per l'eliminazione del popolo tedesco. Esso prevedeva lo smantellamento dell'industria tedesca, poiché quasi tutti gli impianti industriali potevano essere classificati come "progettati per scopi militari", e la negazione del cibo al popolo tedesco, sotto l'organizzazione UNRRA di Lehman. Il piano fu discusso per la prima volta durante una cena a casa del barone di Rothschild a Londra, dove Israel Moses Sieff, capo dell'Organizzazione per la Pianificazione Politica ed Economica, l'equivalente della nostra NRA, e Rothschild lo illustrarono ai pompieri in visita Henry Morgenthau Jr. Fu attuato con la richiesta di Roosevelt di "resa incondizionata", che fu trasmessa alle truppe tedesche nell'inverno del 1944, quando queste erano pronte a ritirarsi. Questo atto infame causò la morte di migliaia di ragazzi americani nella Battaglia del Bulge nel dicembre 1944, dopo che i tedeschi decisero di continuare a combattere, piuttosto che arrendersi incondizionatamente. La "resa incondizionata" di Roosevelt prolungò la Seconda guerra mondiale di almeno sei mesi.

Il Piano Morgenthau avrebbe smantellato l'intera industria pesante tedesca, lasciando il popolo tedesco senza alcuna possibilità di sostentamento o di mantenere il suo elevato tenore di vita. Fu un tentativo abortito di genocidio, o sterminio di massa di un gruppo razziale, che fallì. Il genocidio è sempre stato la specialità degli ebrei. Il grande storico Gibbon, nella sua imponente opera "Il declino e la caduta dell'Impero Romano", scrisse nel vol. 2, pagina 83, che

> "Dal regno di Nerone a quello di Antonino Pio, gli Ebrei scoprirono una feroce insofferenza per il dominio di Roma, che si tradusse ripetutamente nei più furiosi massacri e insurrezioni. L'umanità è sconvolta dalla narrazione delle orribili crudeltà che i Giudei commisero nelle città d'Egitto, di Cipro e di Cirene, dove vivevano in infida amicizia con gli ignari indigeni. A Cirene ne massacrarono 210.000; in Egitto una moltitudine molto grande. Molte delle loro infelici vittime furono fatte a pezzi, secondo un precedente a cui Davide aveva dato il suo esempio".

Gli americani hanno molto in serbo per loro.

Il destino della Germania vuole essere un monito per tutte le nazioni che cercano l'autodeterminazione nazionale nell'era dello Stato socialista mondiale. La tela che tiene insieme il tessuto dell'internazionalismo è stata tessuta da Frankfort ad Amsterdam a Parigi a Londra e a New York. Alla fine della Seconda guerra mondiale, il ragno si precipitò con i suoi subordinati nella Germania sconfitta. Nel maggio 1945 vi fu inviato un Consiglio di controllo del gruppo tedesco, composto dai seguenti membri del Council On Foreign Relations:

Wallace R. Deuel, Graeme K. Howard, Col. Thomas C. Betts, Calvin B. Hoover, che era il principale consigliere economico del Gruppo, e Deweitt C. Poole, della Rivoluzione russa. Altri membri del Consiglio del Governo militare tedesco furono il Magg. Gen. Lyman Lemnitzer, che si occupò dei negoziati per la resa (gli Stati Uniti erano molto ansiosi che questo ebreo accettasse la resa tedesca, come se i tedeschi non sapessero chi li aveva battuti); Raymond Sontag, che portava il titolo di Sidney Hillman Professor of European History all'Università della California, nel 1946 fu incaricato di tutti i documenti tedeschi catturati, come capo del German War Documents Project del Dipartimento di Stato; e Walter Lichtenstein, che dal nulla fu messo a capo di tutte le istituzioni finanziarie tedesche dal 1945 al 1947. Questo lo rese il supervisore dei documenti della J. M. Stein Bankhaus, la filiale della J. Henry Schroder Banking Co. che aveva gestito il conto personale di Hitler. Anche il generale William H. Draper Jr. di Dillon Read era molto ansioso di entrare per primo nella Germania conquistata.

Il governo militare della Germania era sotto il comando del generale Eisenhower, che si era distinto per la cooperazione con Stalin. Life Magazine del 9 aprile 1951 ha riportato che Eisenhower aveva comunicato via radio a Stalin, attraverso la Missione militare americana a Mosca, che si sarebbe fermato al fiume Elba e avrebbe lasciato che i russi prendessero Berlino. Stalin ricambiò decorando Eisenhower con la medaglia d'onore russa, l'Ordine di Suvorov. Nessun altro generale americano fu considerato dai comunisti con tanto entusiasmo o così decorato come Ike Eisenhower.

Il 19 marzo 1951 il deputato Carroll B. Reece ha dichiarato che

"Avremmo potuto facilmente raggiungere Berlino per primi. Ma le nostre truppe furono prima fermate all'Elba. Furono poi ritirate da quel fiume in un ampio cerchio abbastanza a ovest da regalare a Stalin i grandi stabilimenti ottici e di precisione Zeiss a Jena, il più importante laboratorio e stabilimento di produzione di razzi V-1 e V-2 a Nordhausen e il vitale stabilimento sotterraneo di jet a Kahla. Ovunque consegnammo ai sovietici migliaia di aerei tedeschi intatti, comprese grandi masse di caccia a reazione pronti per essere assemblati, oltre a centri di ricerca, sviluppi missilistici, personale scientifico e altri tesori militari. Quando tutto fu finito, gran parte del formidabile militarismo russo di oggi era chiaramente contrassegnato come "Made in America" o "donato dall'America alla Germania". Ma dove Roosevelt aveva lasciato Truman riprese".

Truman è stato davvero un aguerrito contendente per il titolo di più grande benefattore del comunismo al mondo, lasciato libero dalla scomparsa di Roosevelt. Il popolo tedesco era in buone mani alla fine della guerra. Fred Smith, in United Nations World del marzo 1947, attribuisce a Eisenhower il merito di aver attuato il piano di "pace dura" contro la Germania. Eisenhower ebbe con sé per tutti i mesi in cui fu Comandante Supremo delle Forze di Spedizione Alleate la minuta Kay Summersby, che si dice fosse il suo autista. Qualunque fossero le sue mansioni, era con Ike notte e giorno, mentre Mamie Eisenhower sedeva a Washington e sopportava i commenti malevoli di altre mogli dell'esercito i cui mariti avevano autisti maschi. Certamente nessun uomo avrebbe potuto essere un compagno così incoraggiante per Ike, stanco della guerra, come la calorosa Kay Summersby. Dopo la guerra, scrisse un libro molto interessante, "Eisenhower Was My Boss" (Eisenhower era il mio capo), che racconta come lei e Ike si divertivano mentre i ragazzi americani venivano massacrati nella guerra per salvare il comunismo. Questo libro è ora scomparso dai negozi. È una sfacciata rivelazione di orge di ubriachi e del disprezzo che gli intimi di Eisenhower provavano nei confronti dei soldati sudici. A pagina 230, l'autrice cita Ike a proposito del dono preliminare di Berlino alla Russia come segue,

> "L'idea generale, dichiarò Ike, era di incontrare i russi e dividere la Germania a metà. Un messaggio da Mosca riportava che Stalin era completamente d'accordo con la direttiva di Eisenhower e prometteva piani dettagliati per coordinare l'atteso collegamento".

Il generale Lucius Clay fu scelto da Eisenhower come capo del governo militare tedesco. Naturalmente prese sede nell'edificio della I.G. Farben, che non era stato danneggiato dai raid, e la I.G. Farben continuò a mantenere gli uffici a pochi passi dai suoi. Per aiutarlo a gestire la Germania, importò dalla Kuhn, Loeb Co. un'ottima collezione. Il più importante era Max Lowenthal, il luogotenente del comunista Sidney Hillman, e l'uomo che fece ottenere a Truman la vicepresidenza a Chicago nel 1944. Lowenthal si avvicinò a Truman come capo della missione interna sionista alla Casa Bianca. Rappresentante legale delle vaste proprietà ferroviarie di Kuhn, Loeb, Lowenthal fu accusato di gestire la Commissione per il Commercio Interstatale a proprio vantaggio. Era un potente lobbista vicino alla Commissione per il Commercio Interstatale del Senato.

Max Lowenthal aveva una missione in Germania. Divenne assistente di Clay e il suo assistente era George Shaw Wheeler, che improvvisamente denunciò gli Stati Uniti e andò a vivere nella Cecoslovacchia comunista. L'assunzione del potere da parte di Lowenthal in Germania fu segnata dall'improvvisa comparsa di agitatori comunisti nelle città della Germania occidentale, dove in precedenza era stato loro vietato di parlare.

La Kuhn, Loeb era rappresentata anche da uno dei suoi soci, l'Assistente dell'Alto Commissario Benjamin Buttenweiser, la cui moglie, una nipote del senatore Lehman, difese Alger Hiss al suo primo processo; Hiss fu ospitato nell'appartamento di Park Avenue di Buttenweiser durante quel processo. L'Alto Commissario degli Stati Uniti per la Germania era John J. McCloy, socio dello studio legale Cravath and Henderson, che rappresentava la Kuhn, Loeb Co. McCloy era succeduto a Eugene Meyer come presidente della Banca Mondiale e poi era stato inviato in Germania.

Grazie al gentile intervento di Henry Morgenthau, i russi avevano ricevuto le nostre lastre per la stampa dei marchi di occupazione e ne avevano ricavato qualche miliardo in più, mandando ulteriormente in tilt l'economia tedesca. Si è diffusa la notizia che anche le lastre per la stampa dei dollari americani erano state consegnate alla Russia, e che molti milioni di dollari erano stati stampati e inviati in America in possesso di "rifugiati", sbarcati con fortune nei loro bagagli. Questo denaro è stato utilizzato per acquistare case di appartamenti, negozi di liquori e altre attività redditizie. negozi di liquori e altre attività redditizie, dando ai "rifugiati" una posizione dominante nell'economia americana rispetto agli sfortunati nativi, che ora lavorano per loro. Questo è un ottimo esempio di come conquistare una nazione con il potere della stampa. L'America non ha mai perso una guerra, ma ha un esercito di occupazione sul proprio suolo, che ha tutta l'arroganza e il potere dei Cesari in Gran Bretagna.

Il generale William H. Draper Jr, socio della Dillon Read, la banca che finanziò Hitler, fu consigliere economico del generale Clay in Germania. In "Decision In Germany", Doubleday 1950, pagina 47, Clay scrive

> "A breve seguirà il viaggio ufficiale di Eisenhower a Mosca, ospite del governo sovietico. La visita avvenne tra il 10th e il 15th agosto. Eisenhower portò con sé un vecchio amico dei tempi di Manila, il generale T. J. Davis, suo figlio, il tenente John Eisenhower, e me. Il maresciallo Zhukov ci accompagnò sull'aereo di Eisenhower per fargli da scorta. Eisenhower e il maresciallo Zhukov si scambiarono opinioni sull'uso delle truppe".

Clay non mostrò alcuna simpatia per le sofferenze del popolo tedesco, che era stato condotto in guerra da un uomo impostogli dai banchieri di Wall Street. A pagina 100

> Sono rimasto scioccato da una raccomandazione tedesca di abbassare la razione degli sfollati al livello tedesco. Questa raccomandazione proveniva dal Laenderrat (Parlamento)".

Clay era inorridito dal fatto che il popolo tedesco volesse mangiare quanto la classe privilegiata di sfollati sotto il governo di Lowenthal e Buttenweiser. A pagina 235, Clay scrive

"Su mia richiesta, il nostro Consiglio nazionale dei cristiani e degli ebrei ha dei rappresentanti in Germania che lavorano per prevenire la ricrescita dell'antisemitismo".

A pagina 31 di "Decisione in Germania" troviamo,

"Per garantire che i beni degli ebrei uccisi in Germania che non hanno lasciato eredi non vadano a beneficio dei detentori tedeschi, un'organizzazione di successori ebrei, formata da organizzazioni ebraiche riconvocate, è stata autorizzata a reclamare e ricevere i loro beni".

Freda Utley ha scritto un'acuta requisitoria sull'occupazione americana della Germania in "The High Cost of Vengeance" (L'alto costo della vendetta), Henry Regnery Co. sottolineando che il contribuente americano ha dovuto sostenere la Germania con miliardi di dollari perché gli ebrei hanno eseguito il piano di sradicamento dell'industria tedesca e il suo invio in Russia.

L'esecuzione del leader tedesco dopo il Processo di Norimberga intimidì a tal punto i tedeschi che solo la peggiore feccia della nazione osò cercare una carica pubblica. Da allora, ci siamo impegnati a non permettere mai che un governo di tipo nazista ricompaia in Italia o in Germania, il che significa che i primi tentativi in quei Paesi di limitare le attività distruttive degli ebrei ci costringeranno a dichiarare di nuovo guerra a loro. I processi di Norimberga sono stati condotti sulla base di quei principi di giustizia che Stalin ha mostrato per la prima volta al mondo durante i famigerati processi per le purghe di Mosca del 1937-38. Brutalità e confessioni forzate hanno caratterizzato la conduzione di quei processi. L'uomo il cui nome compare e ricompare nei racconti dell'orrore di quelle camere di tortura a Norimberga è l'allora tenente William R. Pearl, partner legale del defunto senatore McMahon, che era presidente del Comitato congiunto sull'energia atomica. I processi di Norimberga furono accolti con indignazione dalle autorità legali di tutto il mondo. La legge in base alla quale i leader nazisti furono condannati era una legge ex post facto, una legge scritta dopo che il "crimine" era stato commesso. La legge ex post facto non ha mai trovato posto nel nostro codice legale, ma i russi, che si sono seduti a giudicare i loro ex partner, i nazisti, hanno approvato leggi adatte al crimine. Hanno giudicato i nazisti per aver fatto ciò che i russi avevano fatto e stanno ancora facendo, atti aggressivi contro piccole nazioni. Montgomery Belgion e altri osservatori scrissero libri che condannavano i processi di Norimberga. Oggi si ammette che essi hanno inferto un duro colpo alla nostra reputazione mondiale di equità nell'amministrazione della giustizia.

Freda Utley, in "The High Cost of Vengeance" (L'alto costo della vendetta)[3] ha sottolineato che abbiamo giudicato i nazisti in base al principio della "colpevolezza per associazione", cioè le famiglie e i conoscenti dei nazisti sono stati condannati e puniti. Eppure i membri di molte organizzazioni comuniste negli Stati Uniti, quando vengono smascherati, si lamentano di essere attaccati in base al principio della "colpa per associazione".

Il procuratore capo al processo di Norimberga era il generale Telford Taylor, socio dello studio legale Weiss, Paul e Rifkind di Wall Street del giudice Simon Rifkind. Taylor è ora amministratore di piccoli impianti di difesa a Washington.

Il processo di Norimberga, nonostante le confessioni forzate della Perla, ha seriamente oscurato l'accusa di aver ucciso sei milioni di ebrei. I famosi forni, che da allora sono alla base dell'isteria ebraica, erano crematori che i nazisti usavano come metodo sanitario per eliminare i detenuti morti nei campi di concentramento. Non è stata prodotta alcuna prova che siano state bruciate persone vive. È stato dimostrato che le atrocità dei campi di concentramento erano state commesse da detenuti comunisti che i nazisti avevano messo a capo dei campi. I tedeschi erano necessari al fronte e negli ultimi due anni di guerra i campi erano sotto la direzione di fiduciari comunisti, che avevano mano libera nell'uccidere i prigionieri anticomunisti. Le atrocità del campo di prigionia dell'isola di Koje, in Corea, sono state un doppione di quanto avveniva nei campi di concentramento tedeschi. I russi si sono affrettati a passare sopra questa parte della testimonianza a Norimberga.

L'affermazione che Hitler abbia ucciso sei milioni di ebrei è smentita dalle cifre riportate nell'Almanacco Mondiale. Subito dopo la resa della Germania, un gruppo di redattori e corrispondenti americani fu trasportato in aereo nei campi di concentramento, dove furono mostrati enormi mucchi di ossa. Si trattava dei resti di prigionieri di guerra americani e russi, ma furono filmati e mostrati in tutti gli Stati Uniti come "ossa di ebrei", in uno dei più rivoltanti tentativi di influenzare l'opinione pubblica mai conosciuti. Molti spettatori si ammalarono di fronte a questo spettacolo raccapricciante, e furono fatte proteste alla

---

[3] *The High Cost of Vengeance*, di Freda Utley, Omnia Veritas Ltd, www.omnia-veritas.com.

Loews e ad altri proprietari di catene cinematografiche perché non mostrassero queste cose orribili a donne e bambini, ma i propagandisti ebrei erano decisi a non risparmiare a nessuno questa esperienza spaventosa, e per mesi dopo i nostri giornali e le nostre riviste furono riempiti con le macabre immagini delle ossa.

L'afflusso di oltre sei milioni di ebrei negli Stati Uniti durante la guerra rende difficile per gli americani credere alle accuse contro i nazisti. Tutte le restrizioni all'ingresso negli Stati Uniti furono abolite per ordine personale del presidente Roosevelt. Oggi si stima che dal 1940 al 1946 siano entrati negli Stati Uniti dai cinque agli otto milioni di ebrei. Essi creano ora un serio problema economico a causa della loro crescente predominanza nel commercio al dettaglio, costringendo i nativi americani a occupazioni meno redditizie.

Lo sfondo del Processo di Norimberga è lo stesso della Seconda Guerra Mondiale, le stesse influenze internazionali che hanno tramato per porre fine al rispetto di un governo per i funzionari di un altro.

A pagina 587 della biografia di Stimson di Bundy, troviamo che

> "Stimson era scettico sulla possibilità di processare i criminali di guerra con l'accusa di guerra aggressiva quando gli fu suggerita per la prima volta dal suo partner legale, William Chanler. Lo riteneva "un po' in anticipo sul pensiero internazionale" (Memo a McCloy, 28 novembre 1944), e solo dopo ulteriori considerazioni divenne un ardente sostenitore del principio".

Senza dubbio ha conferito con quell'eminente autorità, il suo ex collega Frankfurter, che poteva trovare motivi per una legge ex-post facto.

La legge di Norimberga fu considerata un grande progresso giuridico dal Council On Foreign Relations. In "Foreign Affairs", luglio 1947, William E. Jackson scrisse un articolo "Putting the Nuremberg Law to Work", cit.

> "Sembra particolarmente importante che i principi di Norimberga, che stabiliscono uno stato di diritto vincolante per tutte le nazioni, debbano rimanere saldi mentre le Nazioni Unite non hanno raggiunto il pieno controllo dei loro poteri.

> Da tempo si suggerisce di codificare la legge di Norimberga su iniziativa dell'Assemblea Generale delle Nazioni Unite. Una proposta in tal senso di Paul Bul, membro americano del Tribunale Militare Internazionale, è stata approvata dal Presidente Truman.

Ciò che dobbiamo fare, se vogliamo perpetuare efficacemente la legge di Norimberga, non è indirizzare le nostre energie nel rinnovarla, ma istituire fin d'ora delle procedure che garantiscano la sua rapida applicazione se mai ce ne fosse bisogno".

John Foster Dulles sarebbe un buon candidato per il processo se la legge di Norimberga dovesse essere invocata sull'inizio della guerra in Corea.

Il World Jewish Congress di New York pubblica un foglio chiamato "Jewish Comment". Il 29 maggio 1943 questo giornale ha dichiarato che

È opinione comune che le definizioni legali internazionali dei crimini di guerra, formulate prima che fossero noti i metodi di "guerra totale" dell'Asse, possano rivelarsi una base insufficiente per sanzionare alcuni dei più flagranti crimini tedeschi contro l'umanità. La questione è completamente diversa se si considera l'intera questione della punizione in stretta connessione con le tattiche di guerra. Se devono svolgere il loro ruolo nella vittoria della guerra, i processi e le punizioni dei criminali di guerra, dei collaborazionisti traditori e dei loro complici devono essere eseguiti immediatamente in ogni territorio appena conquistato. I processi pubblici dovrebbero essere celebrati senza attendere la pace generale finale in ogni territorio appena riconquistato. Dovrebbe essere istituita una Commissione attiva delle Nazioni Unite per processare i criminali dell'Asse e dei satelliti, man mano che vengono consegnati alle Nazioni Unite. Diversi organismi simili, più o meno informali e non coordinati, hanno già iniziato a lavorare a seguito di una conferenza tenutasi a Palazzo San Giacomo il 13 gennaio 1942. La Commissione sovietica sta già conducendo un procedimento giudiziario".

In base a questi principi di giustizia, almeno 10.000 cittadini francesi furono giustiziati da "Commissioni di comunisti" partigiani negli ultimi mesi di guerra, mentre la Commissione sovietica avrebbe giustiziato 1.500.000 vittime di queste disposizioni delle Nazioni Unite mentre si muoveva in Germania. Mussolini, il capo legale dell'Italia, fu brutalmente assassinato da una banda che applicava questi principi. I processi pubblici celebrati dalle truppe in avanscoperta, ovviamente, erano corti marziali che non avevano alcuna relazione con i tribunali civili. Gli eserciti americano e inglese rifiutarono di partecipare a queste esecuzioni di massa e i loro prigionieri furono consegnati alla Commissione delle Nazioni Unite, che condusse la farsa legale dei processi di Norimberga.

Il peggior omicidio di massa della guerra, il massacro nella foresta di Katyn di 10.000 ufficiali polacchi da parte della polizia segreta russa, è stato messo a tacere durante il processo di Norimberga. Questa atrocità è stata salutata da "Jewish Comment", edizione del 21 maggio 1943, come segue:

> "Dopo il sensazionale successo ottenuto con la storia dei 10.000 ufficiali polacchi presumibilmente uccisi dai sovietici, il Ministero della Propaganda tedesco ha evidentemente deciso di esplorare ulteriori possibilità di dividere gli Alleati".

Il massacro di Katyn fu messo a tacere a Washington grazie agli sforzi di Elmer Davis, che era il tirapiedi di Warburg nell'OWI, e di W. Averell Harriman, secondo le prove raccolte davanti alla Commissione del Senato che indagò tardivamente sulla storia nel 1952. La Voice of America, il successore dell'OWI, si rifiutò fermamente di menzionare la storia fino al maggio 1951, dopo i ripetuti sforzi dei membri del Congresso per convincerli a usare la storia della foresta di Katyn per far sapere all'Europa centrale cosa aspettarsi dai sovietici. In effetti, la Voice of America non ha ancora utilizzato una forte propaganda anticomunista.

Il generale Clay cercò finalmente di mettere ordine nel caos economico della Germania. L'inflazione causata dai miliardi extra delle piastre Morgenthau rese impossibile il ripristino di un'economia stabile, ma il 2 agosto 1948 gli americani introdussero una riforma valutaria, con il marco occidentale B, che avrebbe sostituito l'inflazionato marco tedesco sovietico. Questa riforma valutaria, una lotta aperta tra russi e americani per il diritto di emettere moneta, indusse i sovietici a istituire il "blocco di Berlino". Clay rispose con il famoso "ponte aereo", che la stampa trasformò in un grande successo. Al suo ritorno in patria, Lehman Brothers gli affidò la presidenza della Continental Can, la direzione della Marine Midland Trust e la direzione della General Motors.

In Estremo Oriente, nella primavera del 1945 i nostri generali sapevano che il Giappone era stato sconfitto. Gli aerei americani sorvolavano Tokyo a volontà dalle basi aeree di Okinawa e dalle portaerei che operavano al largo delle coste giapponesi. MacArthur aveva fatto tutto questo con i pochi rifornimenti inviatigli da Marshall, mentre le armate sovietiche avevano la priorità sulla campagna del Pacifico. Il senatore McCarthy, in "Retreat from Victory", il triste resoconto della collaborazione di Marshall con i comunisti, afferma che Marshall sollecitò fortemente un'invasione terrestre del Giappone, nonostante il fatto che il Giappone fosse già sconfitto. Le sue scorte di petrolio erano finite, la sua flotta di petroliere affondata, la sua industria pesante bombardata a morte, le sue città in macerie, eppure Marshall si aspettava che migliaia di ragazzi americani morissero in un'inutile invasione del Giappone. La sua folle insistenza su questo punto continuò di fronte all'opposizione del generale MacArthur e degli ammiragli Nimitz e Leahy. Alla fine Marshall fu costretto a cedere, con cattiva grazia. Molti americani sono vivi oggi perché Marshall non ha ottenuto la sua volontà. Leahy consigliò anche a Marshall che non c'era motivo per la Russia di intervenire contro il Giappone, ma avrebbe potuto risparmiare il fiato. Marshall e Truman, per ragioni non ancora chiarite, erano decisi a far attaccare il Giappone alla Russia, dandole così voce nell'amministrazione postbellica di Tokyo. La Russia attaccò nelle ultime settimane di guerra, dopo che il Giappone aveva invano chiesto la pace. Una forza giapponese di due milioni di uomini fu catturata in Manciuria dai russi e inviata in Siberia per l'indottrinamento comunista. Quelli politicamente affidabili furono addestrati come rivoluzionari e rimpatriati in Giappone per formare il nucleo dell'agitazione comunista. Degli altri non si è più saputo nulla. Enormi depositi di armamenti giapponesi furono catturati e consegnati ai comunisti cinesi, insieme alle armi americane date a tradimento all'esercito di Mao grazie all'influenza dei consiglieri comunisti di Stilvall, queste armi conquistarono la Cina per i comunisti.

Come comandante dell'esercito di occupazione in Giappone, il generale Douglas MacArthur ebbe un successo straordinario. Persino i servizi giornalistici internazionali furono costretti a riconoscere le sue ottime capacità amministrative. Ciononostante, fu quasi richiamato all'inizio del suo servizio a Tokyo. Mandò a casa due dei più schietti rivoluzionari comunisti che allora scrivevano per l'edizione di Tokyo di Stars and Stripes, e la conseguente protesta della stampa gialla liberale incoraggiò Truman a decidere di richiamare MacArthur. A quel tempo, tuttavia, Truman era ancora insicuro di sé e perse i nervi. Se avesse richiamato MacArthur allora, il Giappone sarebbe ora uno Stato comunista. Solo l'influenza di MacArthur frenò il movimento comunista in Giappone. È degno di nota il fatto che, non appena MacArthur fu richiamato, in Giappone si verificarono vasti focolai di rivolte comuniste e attacchi al personale americano.

La Seconda guerra mondiale non riuscì a fornire l'attacco alla terraferma degli Stati Uniti che Roosevelt desiderava tanto come occasione per imporre una dittatura militare e sbarazzarsi dei suoi critici. Roosevelt non rinunciò mai a questo sogno e insieme a Hopkins arrivò a far sponsorizzare al senatore Warren Austin una legge sulla schiavitù universale, nota come Bill No. 666, nel 1944.

Conosciuta anche come Roosevelt National Service Act, questa proposta di legge trae origine dalla legge di Lenin sul lavoro obbligatorio per entrambi i sessi. Avrebbe dato a Roosevelt il potere di arruolare tutti gli uomini e le donne adulti in America e di mandarli a lavorare nel continente o all'estero. Il senatore Austin fu pagato per questo tentativo di schiavitù con la nomina a rappresentante degli Stati Uniti presso le Nazioni Unite. La proposta di legge, mai presa seriamente in considerazione dal Congresso, fu considerata da alcuni osservatori come la prova di una delle terribili sbornie del Presidente, quando odiava tutti, e da altri come un'indicazione delle condizioni di debolezza della sua mente. In ogni caso, era la prova del suo folle desiderio di vedersi padrone assoluto di ogni anima vivente in America prima di morire, un'ambizione viziosa che non realizzò mai. Ciononostante, durante la guerra il governo regolamentò le nostre vite a sufficienza per soddisfare anche i comunisti più insaziabili. L'Ufficio per l'Amministrazione dei Prezzi, sotto la guida di Leon Henderson, cercò di far sì che ogni americano spiasse il suo vicino, e tentò persino di introdurre la vecchia usanza comunista di far sì che i bambini informassero i loro genitori. Il senatore Benton difende questo regolamento in Fortune, ottobre 1944. A pagina 165, sotto il disarmante titolo "L'economia di una società libera", ha dichiarato,

> La nostra regolamentazione governativa è stata necessaria e nell'interesse di preservare la libera impresa. Dopo la guerra, il ruolo del governo nel mondo degli affari sarà e dovrà essere ridotto in molti settori dell'economia, trasferito in altri e aumentato in altri ancora. Devono essere concepite competenze governative più adeguate, ad esempio, per aiutare a stabilizzare l'economia contro gli effetti del "ciclo economico"... Il lavoro, l'agricoltura e il governo, così come le imprese, devono liberarsi di tutte le pratiche che frenano l'espansione della produzione o che limitano la produzione".

Benton afferma che la "libera impresa" può essere preservata solo dalla regolamentazione governativa, un argomento interessante che non sviluppa. L'espansione della produzione oltre ogni ragionevole necessità è uno degli obiettivi preferiti dei comunisti. Il surplus diventa un'arma eccellente per distruggere l'economia. Non si può negare che l'eccedenza di produzione dell'industria pesante sia il fattore principale del nostro continuo coinvolgimento in guerre straniere. Il "ciclo economico", ovviamente, è una vecchia barzelletta, ancora sbeffeggiata dagli economisti che la insegnano nelle università. In "The Federal Reserve" ho mostrato come i banchieri avviano e chiudono i "cicli economici" a loro piacimento.

CAPITOLO 20

Con l'istituzione delle Nazioni Unite, si scoprì che la Seconda Guerra Mondiale aveva avuto uno scopo. L'ingresso degli Stati Uniti in questa organizzazione fu determinato da una circostanza che di solito si trova solo nei romanzi d'avventura sensazionali, la seduzione di un vecchio sciocco nel tradimento di una nazione. La vittima fu il senatore Arthur Vandenberg, presidente della Commissione per le Relazioni Estere del Senato, un editore del Michigan e un uomo molto rispettato che per anni aveva guidato il blocco filoamericano al Congresso durante l'era dell'internazionalismo di Roosevelt. Succeduto a Borah come "senatore isolazionista", Vandenberg fu l'unico senatore a votare contro il riconoscimento della Russia sovietica nel 1933. Nel 1944, cadde nelle grinfie di un'amante, la moglie di un addetto commerciale britannico. Fu presto evidente che la donna aveva un unico scopo nel venire a Washington e la sua frequentazione con Vandenberg divenne oggetto di pettegolezzi da cocktail nei salotti.

In questo periodo, nell'autunno del 1944, Vandenberg conservava ancora la sua posizione di leader del gruppo filoamericano isolazionista. Il Congresso era poco interessato alla formazione delle Nazioni Unite. I politici furono bombardati da costosi opuscoli e dalla produzione di un'organizzazione pubblicitaria ben addestrata e altamente pagata, l'American Association for the United Nations, che operava all'indirizzo del Council On Foreign Relations, al 45 East 65th St. di New York. Il socio legale di Samuel Untermeyer, il sionista Philip Amram, ne era il rappresentante a Washington. A causa della nota opposizione di Vandenberg a questi intriganti, gli altri senatori ritenevano che le Nazioni Unite avessero poche possibilità di essere ratificate.

Anche i banchieri internazionali erano consapevoli di questo fatto. Di conseguenza, Vandenberg divenne l'obiettivo principale della loro influenza. Evalyn Patterson arrivò a Washington e il resto è storia. Nel novembre del 1944, l'amicizia era ormai di dominio pubblico e nel gennaio del 1945 Vandenberg scioccò i suoi colleghi e il suo Paese pronunciando un discorso nel pozzo del Senato in cui esortava con forza a ratificare la Carta delle Nazioni Unite. L'origine di questo cambiamento di prospettiva non era un segreto per nessuno a Washington. Il Washington Times-Herald ha ripetutamente insinuato che Vandenberg fosse stato convinto a ratificare la Carta dalle astuzie femminili di Evalyn Patterson. Senza insinuare che tra la Patterson e Vandenberg ci sia stata qualche scorrettezza, resta il fatto ineludibile che il suo fascino gay è stato il fattore decisivo per trasformarlo da patriota e onesto americano in un vecchio bavoso alla sua ultima patetica avventura. Il prezzo che pagò fu la libertà della sua patria. Il senatore Vandenberg aveva servito il suo popolo per molti anni, ma aveva rovinato il suo nome prima di morire. La sordida storia si è ripercossa su di lui alla Convenzione repubblicana del 1948, quando i banchieri vollero premiarlo facendolo diventare Presidente con una vittoria certa sull'eroe della malavita di Kansas City, Harry Truman. Il nome di Evalyn Patterson fu ripetuto più volte in quelle disperate e fumose conferenze nelle stanze d'albergo, prima che gli amici del senatore dessero la notizia alla stampa che il senatore non era candidato perché aveva problemi di cuore. Non so se il gioco di parole fosse voluto. I politici sono noti per il loro umorismo volgare.

Anche se non poté riscuotere la ricompensa della presidenza, Vandenberg fece un ottimo lavoro nel persuadere i suoi colleghi, ormai demoralizzati, ad assecondarlo nella ratifica della Carta delle Nazioni Unite. Il senatore Taft in seguito ha dichiarato che gli sarebbe piaciuto vedere qualche cambiamento, ma solo il senatore Pat McCarran ha avuto il coraggio di dire pubblicamente che avrebbe voluto non aver mai votato a favore. Non è improbabile che tutti i senatori che hanno votato a favore della sovranità nazionale degli Stati Uniti a favore di una banda di rivoluzionari internazionali senza scrupoli siano spinti a fare una simile confessione di errore.

La paternità della Carta delle Nazioni Unite è sufficiente per condannarla a ogni America. Il professor de Madariaga è stato a lungo uno dei più acuti osservatori europei. In Spagna, negli anni Venti, è stato un funzionario del governo repubblicano spagnolo, ma con l'arrivo dei generali russi in Spagna, ha lasciato il Partito Comunista. Nel suo libro "Attenti ai vincitori!", ha messo in guardia l'America dagli ideali delle Nazioni Unite, pagina 270).

"La Carta delle Nazioni Unite è principalmente una traduzione del sistema russo in un idioma internazionale e il suo adattamento a una comunità internazionale... La massa schiacciante dell'influenza politica della Russia ha appesantito l'evoluzione degli affari mondiali e ci sta riportando a un'empia alleanza di Grandi Potenze, che poggia sulla forza e su ben poco altro. L'ONU ha portato sulla sua fronte, fin dall'inizio, il marchio di Mosca".

Per scrivere la Carta, il Dipartimento di Stato nominò un ebreo russo, il dottor Leo Pasvolsky, del Council On Foreign Relations. Il Chicago Tribune ha sottolineato che

"Leo Pasvolsky, fervente internazionalista di origine russa, conosce la nuova Lega delle Nazioni per la salvaguardia della pace meglio di qualsiasi altra persona al mondo. Questo perché ha scritto la prima bozza della Carta della Lega mondiale per la pace e ha partecipato alla sua revisione e amplificazione dal primo giorno della Conferenza di Dumbarton Oaks all'ultimo giorno della Conferenza di San Francisco. Si candida alla fama di padre della Carta... Il Presidente Truman ha nominato Stettinius rappresentante degli Stati Uniti presso la capitale della Lega, quando sarà scelta, per guidare il delegato americano nei meandri della Carta e fornirgli le risposte alle domande che si presenteranno. Perché Pasvolsky conosce tutte le risposte e può darle prima che le domande vengano poste... È stato introdotto nel dipartimento come economista e successivamente è salito ai gradi più alti, al di fuori di quelle posizioni occupate per nomina presidenziale e soggette a conferma da parte del Senato". Pasvolsky, ora naturalizzato cittadino americano, è nato a Pavlograd, in Russia, nel 1893 ed è arrivato in questo Paese con i suoi genitori nel 1905. Ha pubblicato diverse opere sulla Russia, tra cui "L'economia del comunismo".

Pasvolsky di Pietrogrado è stato direttore degli studi internazionali presso la misteriosa Brookings Institution, che consiglia il nostro Presidente sulla politica economica. Si tratta di un altro di quei gruppi in smoking senza mezzi di sostegno visibili e con molta influenza politica. La sua sede è proprio dietro l'angolo della Casa Bianca, a Washington. Pasvolsky aveva già preparato i documenti per la delegazione americana alla Conferenza economica di Londra del 1933.

L'attività di lobbying per le Nazioni Unite iniziò nel 1943 con la formazione del Comitato del Dipartimento di Stato per l'Organizzazione Internazionale, guidato da Sumner Welles, Segretario di Stato ad interim. Altri membri erano il senatore Tom Connall, il senatore Warren Austin, la signora Anne O'Hare McCormick, una di quelle creature del New York Times, Myron C. Taylor della United States Steel, Hamilton Fish Armstrong, editore di "Foreign Affairs", Norman H. Davis, presidente del Council On Foreign Relations, il dottor Isaiah Bowman, della Conferenza di pace di Parigi e presidente della Johns Hopkins University, e l'avvocato sionista Benjamin V. Cohen. Cordell Hull non aveva nulla a che fare con questa banda di intriganti. Era così disgustato di essere Segretario di Stato solo di nome e di dover leggere il Washington Post di Eugene Meyer per sapere quale fosse la nostra politica estera, che non ebbe più molto a che fare con il Dipartimento. Molti uomini avrebbero avuto abbastanza carattere per dimettersi.

L'Organizzazione delle Nazioni Unite è stata modellata esattamente come il Segretariato Internazionale del Partito Comunista. La sua organizzazione e selezione dei Consigli, l'intera procedura e terminologia, era quella di Mosca, a partire dal capo dell'ONU, chiamato Segretario Generale, che è il titolo di Stalin in Russia, e continuando attraverso ogni dettaglio dell'ONU, né questo è sorprendente se si considera che tutti coloro che hanno avuto a che fare con la nascita delle Nazioni Unite credevano con il fervore del fanatismo che la Russia avesse il miglior governo del mondo.

La delegazione americana alla Conferenza delle Nazioni Unite di San Francisco del 1945 era composta da trentasei membri del Council On Foreign Relations. Si trattava di John Foster Dulles, Philip C. Jessup, Hamilton Fish Armstrong e altri trentatré che sono stati ampiamente citati in queste pagine. Il carattere e le fedeltà di questi uomini possono essere meglio riconosciuti dalla storia del loro leader, il segretario generale della Conferenza di San Francisco, la spia e traditore comunista imprigionato Alger Hiss.

Tutti i comunisti d'America hanno gioito il giorno in cui il loro eroe, Alger Hiss, è atterrato all'aeroporto nazionale di Washington portando con sé la borsa con la Carta delle Nazioni Unite firmata. Erano grandi nel 1945, quando la cerchia di devoti traditori continuò, dopo la morte di Roosevelt, a realizzare il suo sogno di comunismo. I rivoluzionari di professione avevano raggiunto l'obiettivo per cui avevano lavorato a lungo, un forum che avrebbe dettato legge a tutti i Paesi del mondo. Alger Hiss fu nominato presidente della Carnegie League for the Endowment of International Peace, un incarico da ventimila dollari l'anno con spese a carico. Non appena Hiss si era sistemato per godersi i frutti del tradimento, il suo passato cominciò a perseguitarlo. Un ex comunista di nome Whittaker Chambers andava da un ufficio all'altro nella Washington del tempo di guerra, raccontando ai funzionari governativi che Hiss era una spia comunista. Queste notizie arrivarono a Roosevelt, che fece spallucce e ordinò che Hiss fosse promosso. Chambers continuò a lottare per estromettere Hiss dallo staff politico del Dipartimento di Stato, ma l'unico risultato fu che Roosevelt nominò Hiss suo segretario personale alla famigerata conferenza di Yalta.

Infine, Chambers portò Hiss all'udienza della Commissione per le attività antiamericane della Camera, dove Hiss negò tutto. Dopo che la storia di Chambers fu confermata da approfondite indagini dell'FBI, Hiss fu processato per falsa testimonianza. Fu condannato per aver negato di aver rubato documenti segreti dal Dipartimento di Stato per una rete di spie sovietiche. I servizi giornalistici internazionali diedero fin dall'inizio per scontato che Hiss fosse innocente e intrapresero una feroce campagna diffamatoria contro Chambers. Il più prevenuto dei fogli gialli liberali a favore di Hiss fu il Washington Post di Eugene Meyer.

Il caso Hiss dimostrò che non si può colpire un comunista senza colpire un ebreo. Hiss era un agente confidenziale altamente pagato dai comunisti, e dietro di lui si celava la sinistra figura di Benjamin Buttenweiser, socio della Kuhn, Loeb Co. Ltd., New York. La moglie di Buttenweiser era l'avvocato di Hiss e gli Hiss fecero il nido nell'appartamento di Park Avenue di Buttenweiser durante il processo.

Un'impressionante lista di imputati e di testimoni a favore di Hiss Tutti, ma proprio tutti i leader ufficiali del Partito Comunista d'America scesero a garantire per lui. Roosevelt era morto, altrimenti sarebbe comparso per lui. Il pomposo sionista, il giudice Felix Frankfurter, il cui fratello Otto era stato un criminale abituale, testimoniò per Hiss. Il governatore dell'Illinois Adlaie Stevenson giurò per lui. Stevenson aveva iniziato a fare politica attraverso la sezione di Chicago del Council On Foreign Relations. Il Segretario di Stato Dean Acheson, ex rappresentante legale dell'Unione Sovietica, si presentò a favore di Hiss e disse che non gli avrebbe mai voltato le spalle.

Il Presidente Truman considerava l'incriminazione di Hiss come un insulto personale e si infuriava ogni volta che veniva interrogato in merito. Lo denunciò come un "depistaggio", una frase che lo avrebbe perseguitato. Per qualche tempo, il Dipartimento di Giustizia, su ordine della Casa Bianca, non aveva intenzione di perseguire Hiss, e solo l'azione determinata di alcuni membri del Congresso portò finalmente Hiss a essere processato. L'arresto di Hiss fu un duro colpo per la missione interna sionista alla Casa Bianca. Forse il popolo americano si stava svegliando. Molti traditori a Washington passarono notti insonni prima che diventasse chiaro che Hiss sarebbe stato un capro sacrificale che avrebbe placato il popolo americano. Una volta che Hiss fu in prigione, gli americani tornarono alla loro vecchia routine di pagare le tasse per sostenere la Russia attraverso il Piano Marshall e il programma Punto Quattro, e i comunisti al governo ripresero le loro attività traditrici.

Un esempio di internazionalista si trova nella biografia di Clark Eichelberger, che dal 1922 si è guadagnato da vivere con il racket dello Stato mondiale. Marito di Rosa Kohler, Eichelberger fa parte dal 1929 dell'Associazione Americana per la Società delle Nazioni, divenuta Associazione Americana per le Nazioni Unite nel 1944, che ha sempre avuto i suoi uffici nella casa comunale del Council On Foreign Relations al 45 East 65th St. di New York. Eichelberger si presenta come direttore della Commissione per lo studio dell'Organizzazione della Pace dal 1939 al 1948. Prima ancora che entrassimo in guerra, ci diceva cosa avremmo fatto dopo. Oggi è presidente di quella Commissione, nonché presidente della Commissione per i Diritti Umani della World Federation Associations, ed è stato direttore del traditore Committee to Defend America by Aiding the Allies, che ha avuto il merito di far entrare gli Stati Uniti nella Seconda Guerra Mondiale. Eichelberger ha una serie di pretese di infamia. È stato persino membro della Conferenza delle Nazioni Unite a San Francisco nel 1945 con Alger Hiss.

Il semplice fatto è che il personale delle Nazioni Unite comprende un gruppo di rivoluzionari comunisti di alto livello provenienti da tutto il mondo. Lo dimostrò il 30 giugno 1949, quando il senatore Pat McCarran scrisse all'ammiraglio Hillenkoetter, capo nominale della Central Intelligence Agency, che in realtà era diretta da Allen Dulles, per chiedere se alcune spie comuniste entrassero alle Nazioni Unite come delegati. Hillenkoetter restituì prontamente al senatore McCarran un elenco di cento funzionari di alto livello del Partito Comunista e della Polizia Segreta di vari Paesi. Trentadue di loro erano funzionari della Polizia Segreta e tutti questi cento erano noti come rivoluzionari di lunga data. Poco dopo, l'ammiraglio Hillenkoetter fu rimosso e inviato nel Pacifico per un periodo di servizio. Il senatore McCarthy portò alla luce questo episodio in "Retreat from Victory".

Di fronte a questa e ad altre denunce pubblicate sullo spionaggio delle Nazioni Unite, Eleanor Roosevelt continuò la sua propaganda filocomunista. Nel numero di novembre 1952 di See Magazine, la Roosevelt negò che ci fossero spie russe alle Nazioni Unite e insistette sul fatto che le agenzie di intelligence avrebbero trovato posti migliori per far lavorare i loro agenti. In qualità di alto rappresentante degli Stati Uniti alle Nazioni Unite, dovrebbe sapere se vi è una polizia segreta comunista. Il 28 agosto 1952, il giorno in cui il numero di See uscì in edicola, i dispacci dell'AP annunciarono che Valerian Zorin avrebbe sostituito Jacob Malik come rappresentante russo alle Nazioni Unite e identificarono Zorin come la mente del colpo di stato ceco del 1948.

La povera Eleanor ha fatto molta strada dopo la scomparsa del Grande Comunista. Le nostre riviste più eleganti facevano a gara per stampare i suoi articoli, ma ora la sua propaganda appare tra le bellezze poco vestite di See Magazine, una pubblicazione che difficilmente si rivolge a un pubblico intellettuale. Anche i suoi onorari per le conferenze non sono più quelli di una volta. Forse la propaganda di sinistra non ha più un prezzo elevato nei circuiti delle conferenze.

Il 22 giugno 1952, il Washington Times-Herald pubblicò la notizia che le Nazioni Unite avevano licenziato Eugene Wallach e Irving Kaplan, un economista, per aver falsificato i dati relativi al loro precedente impiego. Un portavoce delle Nazioni Unite sottolineò che non erano stati licenziati a causa di attività sovversive, perché, disse il portavoce, la lealtà non entra nelle qualifiche delle Nazioni Unite.

La lealtà non sarebbe certo considerata un requisito per entrare nella più grande raccolta di traditori e rivoluzionari del mondo, le Nazioni Unite. Qualsiasi rappresentante che avesse mostrato una preferenza sciovinista per la propria patria rispetto agli interessi della Liberia o di Israele sarebbe stato mandato via. Kaplan e Wallach non sarebbero mai stati licenziati per attività sovversive, perché questo è il vero lavoro delle Nazioni Unite. Si dedica a sovvertire ogni governo e religione del mondo.

Il Segretario Generale delle Nazioni Unite ne è la prova; la Grande Bugia è quella tipica del comunismo mondiale, il compagno Trygvie Lie, che ha ricevuto tale incarico come ricompensa per i passati favori al suo vicino Joseph Stalin. Ad esempio, la grassa Bugia, in qualità di Ministro della Giustizia norvegese, ordinò la deportazione di Trotsky affinché Stalin potesse assassinarlo più lontano dalla Russia. Trotsky disse di ricordare Lie come membro dell'Internazionale Comunista.

L'Inghilterra aveva un candidato per il posto alle Nazioni Unite, un certo Paul Henri-Spaak, un agente dei banchieri di Amsterdam, ma, come al solito, la superiore saggezza dell'ex rapinatore di banche, Joseph Stalin, prevalse e la Grande Bugia ottenne il posto.

John D. Rockefeller Jr. ha messo a disposizione un terreno di 1.500.000 dollari a Manhattan per l'edificio delle Nazioni Unite, mentre la delegazione russa è stata ospitata nella tenuta di J.P. Morgan a Glen Cove, Long Island, il che dovrebbe fornire qualche informazione sulla farsa delle Nazioni Unite.

Prima ancora di entrare in funzione, le Nazioni Unite avevano generato una serie di organizzazioni rivoluzionarie che avevano come obiettivo la continuazione del Lend-Lease con altri mezzi, e la principale di esse era l'Amministrazione delle Nazioni Unite per la Riabilitazione e il Soccorso. I patrioti mondiali che se ne occupavano erano ora il senatore Herbert Lehman, della casa bancaria Lehman Brothers, e l'agente del Council On Foreign Relations Laurence Duggan, che si gettò da un'alta finestra di New York prima di poter essere interrogato da una commissione del Congresso.

Herbert Lehman, direttore di molte società e uno dei fondatori e direttori della Palestine Economic Corporation, ha influenzato la vendita di un'emissione di obbligazioni da 500.000.000 di dollari da parte di Israele. Questa operazione finanziaria non ha interferito con i suoi doveri di senatore, né nessuno ha messo in dubbio la sua correttezza. È anche direttore della Fondazione Woodrow Wilson insieme ad Alger Hiss.

Current Biography, volume del 1943, pagina 438, dice di Lehman, all'epoca capo dell'UNRRA, che egli è

> "in una posizione che gli consenta di partecipare alla ridefinizione dell'economia del mondo intero".

Questo è un vecchio ideale comunista. A pagina 439,

> "Lehman vinse come governatore di New York nel 1938 grazie al sostegno del Partito Laburista Americano e dei comunisti".

I comunisti di solito sostengono solo chi è dalla loro parte.

Il patriota ungherese Stephen J. Thuransky, leader del movimento anticomunista in Ungheria, ha scritto in "How American Financed Hungarian Communism",

"Il Partito Comunista Ungherese ha ottenuto i suoi primi grandi guadagni di forza grazie all'assistenza finanziaria americana fornita attraverso i mezzi di comunicazione dell'UNRRA, che ha riversato nelle mani del Partito Comunista beni e risorse per un valore di milioni di dollari. Questi fondi e queste risorse non furono utilizzati per nutrire le masse ungheresi, ma per rafforzare il Partito Comunista. Poiché solo i membri del partito avevano diritto agli aiuti dell'UNRRA, il Partito Comunista fece circolare il seguente slogan: "Unisciti al Partito Comunista e ottieni il tuo pacchetto di aiuti UNRRA". L'America aiutò ancora una volta il Partito Comunista Ungherese attraverso la Voice of America, che si diceva anticomunista. I loro speaker fingevano di non rendersi conto che, quando esaltavano l'esercito russo vittorioso e la sua filosofia comunista, distruggevano nella mente del popolo americano ogni rispetto per gli Stati Uniti. Una volta, nel dicembre 1946, avevo trenta ospiti a casa mia quando, con orrore, il programma di Voice of America iniziò con l'Internazionale comunista, che l'annunciatore chiamò inno ungherese".

Ora abbiamo l'ebrea ungherese Anna Rosenberg come vice segretario alla Difesa, mentre ci opponiamo all'Ungheria comunista. È una cosa intelligente?

Herbert Lehman sposa Edith Altschul, figlia di Charles Altschul, socio della banca Lazard Freres. Lehman è cognato di Frank Altschul, che è molto attivo in una serie di misteriosi gruppi di pressione, come il Committee on the Present Danger. Nessuno sembra sapere cosa stiano facendo o cosa rappresentino questi gruppi.

L'assistente di Lehman all'UNRRA, Laurence Duggan, era il figlio di Stephen Duggan, capo del bizzarro Institute of International Education, che era una delle strane propaggini del Council on Foreign Relations. Stephen Duggan era anche socio di James MacDonald nella propaganda filorussa degli anni Venti. Current Biography nel 1947 osservava a pagina 181che

"Laurence Duggan si dimise dalla Divisione Affari Latino-Americani del Dipartimento di Stato nel luglio 1944 per andare con l'UNRRA. All'epoca, il PM ha osservato che "le sue dimissioni disturbano profondamente le forze sindacali e liberali in America Latina, così come negli Stati Uniti. È stato un campione della causa lealista contro Franco, un primo sostenitore dei rapporti equi con la Russia e un inequivocabile oppositore delle politiche vichiste e darlaniste del Segretario Hull".

Questa è una biografia in miniatura di un importante collaboratore comunista del Dipartimento di Stato. Il rosso acceso delle sue opinioni sulla politica estera era evidente anche lì. La sera prima che Duggan testimoniasse davanti alla Commissione per le attività antiamericane della Camera, il suo corpo fu trovato sul marciapiede sotto il suo ufficio di New York. Sumner Welles disse di non credere che Duggan si fosse suicidato, così come chiunque altro lo avesse visto prima della sua morte, ma questo fu il verdetto. Come molti collaboratori comunisti, Duggan ebbe la sua ricompensa quando la situazione si fece critica: un aiuto dalla finestra.

Jewish Comment citava il New York Herald Tribune del 30 novembre 1943,

> "Nella distribuzione dei soccorsi, l'UNRRA non farà discriminazioni di razza, di credo o di fede politica. Tuttavia, coloro che sono stati vittime delle persecuzioni naziste, gli ebrei e, in misura minore, altri nativi dei Paesi occupati, riceveranno una considerazione speciale a causa delle loro esigenze particolari".

Non ci saranno discriminazioni, ma gli ebrei saranno privilegiati. Questa è una dichiarazione meravigliosa. Sembra che anche gli ebrei non abbiano ricevuto preferenze, a meno che non fossero comunisti. Forse il senatore Lehman potrebbe chiarirci questo punto. Il contribuente americano ha pagato per la diffusione del comunismo in Europa attraverso la direzione dell'UNRRA di Lehman. Il New Republic si lamenta il 22 ottobre 1945,

> "Il successo dell'organizzazione mondiale è oggi in pericolo perché gli Stati Uniti sono in ritardo con i conti. Il Presidente Truman ha detto al Congresso che la macchina dei soccorsi si romperà a breve se non stanzierà i restanti 550 milioni di dollari che abbiamo promesso di pagare nel 1945. Quarantasei altre nazioni hanno seguito il nostro esempio unendosi ufficialmente per amministrare un programma di cooperazione e concordando che i Paesi non invasi avrebbero dovuto versare l'uno per cento del loro reddito nazionale per coprire i costi. La quota degli Stati Uniti su questa base è stata di 1.350 milioni di dollari. Per puro interesse personale, gli Stati Uniti hanno da guadagnare dall'UNRRA. L'UNRRA deve essere un successo se si vuole che una vera cooperazione internazionale abbia una possibilità. Se dovesse fallire, l'intera idea di un governo mondiale subirebbe una tremenda battuta d'arresto".

L'accordo UNRRA prevedeva che i Paesi invasi, cioè la Russia, non dovessero pagare un centesimo. Alla fine, gli Stati Uniti pagarono quasi tutto il conto, proprio come stiamo pagando il conto della vita lussuosa delle spie comuniste alle Nazioni Unite. L'accordo UNRRA è stato un tipico incontro al chiuso in cui alcuni membri del Council On Foreign Relations si sono riuniti e hanno impegnato il contribuente americano a versare un miliardo e trecentocinquanta milioni di dollari per l'espansione comunista in Europa. Sotto la guida di Lehman, l'UNRRA era nota per aver rifiutato aiuti a chiese, scuole e orfanotrofi. Si trattava di un'azione strettamente politica.

La patetica smania dell'amministrazione democratica di consegnare il governo degli Stati Uniti a un mucchio di zulù ciarlieri e di agenti comunisti è la prova dell'inadeguatezza di questo partito a essere votato in America. Sarebbe meglio votare per i comunisti che per i collaboratori segreti dei comunisti. Mark, Lenin e Trotsky insieme non hanno fatto tanto per promuovere il comunismo mondiale quanto Franklin Roosevelt. Si consideri il pronunciamento delle Nazioni Unite sulla piena occupazione, una replica del punto 8 del Manifesto comunista, l'uguale responsabilità di tutti nei confronti del lavoro:

> "Tutti i membri delle Nazioni Unite si impegnano a garantire alti livelli di occupazione. L'espansione del commercio mondiale è impossibile senza la piena occupazione. Fallire su questo fronte è una violazione della Carta delle Nazioni Unite tanto quanto non rinforzare le forze delle Nazioni Unite che combattono in Corea. Il mantenimento della piena occupazione negli Stati Uniti e in Gran Bretagna contribuirebbe molto al suo mantenimento altrove".

La piena occupazione, ovviamente, è la schiavitù universale, regolata dallo Stato. Così, tutti gli americani devono essere messi a lavorare per produrre trattori per la Russia, che saranno inviati attraverso il Programma Punto Quattro e altre agenzie che hanno esteso il Lend-Lease alla Russia con altri mezzi. Nonostante i resoconti ampiamente riportati di merci del Piano Marshall destinate alla Russia, e di intere centrali elettriche spedite in Europa sotto l'ECA (guidata da Milton Katz), che sono state inviate attraverso la Germania Est e in Russia, il popolo americano continua a lavorare per riarmare il suo peggior nemico.

La propaganda comunista internazionale si distingue sempre per alcune frasi chiave. Una di queste frasi chiave, in uso costante dal 1938, è "sicurezza collettiva". Il Council On Foreign Relations ha stanziato ingenti somme di denaro per studi sulla sicurezza collettiva e il suo principale autore in materia è Philip C. Jessup. Le Nazioni Unite sono state istituite per promuovere la "sicurezza collettiva" e Jessup è il delegato statunitense supplente alle Nazioni Unite James Paul Warburg, in "Put Yourself in Marshall's Place", Simon and Schuster, 1948, pagina 8, scrive che

> "Dal 1935 al 1938, la diplomazia occidentale si è ottusa con una crescente acquiescenza all'aggressione fascista, mentre la diplomazia sovietica, nel complesso, si è schierata fermamente per la sicurezza collettiva e la resistenza al fascismo".

La ferma posizione della Russia contro il fascismo dopo il 1938 fu dimostrata dalla sua stessa acquiescenza a Hitler, il patto di non aggressione del 1939. Questo non preoccupa un propagandista comunista come Warburg, rampollo di Kuhn, Loeb e direttore della Bank of Manhattan. Nella stessa pagina, scrive che

> "Come la temporanea alleanza della Russia con la Germania fu per un certo tempo cancellata dalla superba performance dell'Armata Rossa contro gli hitleriani, così i partiti comunisti d'Europa riscattarono il loro precedente sabotaggio dello sforzo bellico con il loro successivo contributo coraggioso ed efficace".

Gli Stati Uniti non hanno mai stretto un patto di non aggressione con Hitler, eppure la linea del partito comunista è che noi abbiamo placato Hitler, ma la Russia no. In realtà, Stalin aveva molta paura di Hitler e il patto di non aggressione fu la sua unica salvezza nel 1939. Si trattò di una riappacificazione più grande di qualsiasi altra fatta dalle nazioni occidentali, ma questo non significa nulla per James Paul Warburg.

Le Nazioni Unite possono essere meglio comprese da una delle sue propaggini più radicali e lunatiche, gli United World Federalists, di cui James Paul Warburg è il principale finanziatore. Anche suo cugino Edward M. M. Warburg, già membro dello staff del generale Eisenhower, spende molto per questa causa. Perché no? Tutto questo denaro donato per sovvertire il governo degli Stati Uniti viene sottratto all'imposta sul reddito dallo stesso governo, e i Warburg hanno un reddito di tale entità che queste cose fanno la differenza. Lo United World Federalists è composto da membri del Council On Foreign Relations e da altri americani evidenti come A. Philip Randolph, lo zar sindacale dei facchini Pullman, che esortava i negri a evitare la leva finché non fosse stata posta fine alla segregazione nei servizi militari. Credevo che Eleanor Roosevelt avesse posto fine a questa situazione molto tempo fa, ma a quanto pare i negri non sono ancora tutti ufficiali, quindi c'è ancora molto da fare per riorganizzare i nostri eserciti secondo il modello comunista.

Tra i Federalisti Mondiali Uniti c'è anche il giudice William Douglas, leader del movimento "Riconosci la Cina Rossa". Il 14 maggio 1952, Douglas si rivolse alla CIO Amalgamated Clothing Workers ad Atlantic City. Come riportato dal Daily Worker e dal Daily Compass, egli disse

> "La rivoluzione è il nostro mestiere. Vogliamo il riconoscimento della Cina da parte delle Nazioni Unite e l'aiuto americano per Mao (leader della Cina comunista)".

Ha anche detto che tutti gli europei dovrebbero essere cacciati dalla Cina e altri sentimenti simili. Douglas era un compagno di classe di Bob Hutchins a Yale.

Altri membri dell'United World Federalists sono un sordido assortimento dell'Università di Chicago e della Columbia University, i cui fascicoli presso l'FBI contengono molto di interessante per qualsiasi studente del movimento comunista. Ne fanno parte i membri del Congresso Adolph Sabath ed Emanuel Celler (a quanto pare non interferisce con la loro attività di avvocati), così come Norman Cousins, redattore della Saturday Review of Literature, che il Dipartimento di Stato ha recentemente inviato in India per verificare la situazione dei comunisti. Questo compito è stato ora assunto dal Bibliotecario del Congresso Luther Evans, con un altro conto spese del Governo.

Le Nazioni Unite si rendono conto che la prossima generazione di americani potrebbe mostrare la propria avversione a lavorare per sostenere le razze arretrate del mondo in uno stile a cui vorrebbero abituarsi, e per questo stanno compiendo uno sforzo deciso per "internazionalizzare" le prospettive degli scolari americani. L'Organizzazione delle Nazioni Unite per l'Educazione, la Scienza e la Cultura, nota come UNESCO, ha pubblicato nove volumi di testi, collettivamente noti come "Verso la comprensione del mondo", stampati dalla Columbia University e disponibili a un prezzo molto basso, per insegnare i vantaggi dello Stato socialista mondiale ai nostri giovani scolari. Il quinto libro, "In classe con i bambini sotto i 13 anni", recita alle pagine 58-60

> "Come abbiamo sottolineato, spesso è la famiglia che contagia il bambino con un nazionalismo estremo. La scuola dovrebbe quindi

utilizzare le misure descritte in precedenza per combattere gli atteggiamenti familiari".

Se il padre inizia a dire al figlio che Abramo Lincoln è stato un grande americano, il figlio può denunciare lo sciovinismo del padre e l'insegnante gli spiegherà quanto il padre sia un uomo arretrato e gretto. Questo è in accordo con il piano comunista di porre fine all'autorità del padre e di spezzare la famiglia in un gruppo di atei che non riconoscono alcuna autorità se non quella dello Stato. Per educare una generazione di schiavi, è necessario "combattere gli atteggiamenti familiari", come sottolinea l'UNESCO. Il nostro Bibliotecario del Congresso, Luther Evans, è un membro esecutivo dell'UNESCO e si può presumere che sia pienamente d'accordo con questi obiettivi, dato che non si è mai opposto.

A pagina 16 del Libro Quinto si suggerisce che l'insegnante faccia ogni sforzo per spiegare

"i metodi per mettere le risorse del globo a disposizione di tutte le persone".

Questo può anche essere descritto come un mettere il reddito nazionale americano a disposizione dell'Asia e dell'Africa, come cercano di fare l'UNRRA e l'UNESCO.

Il sesto libro di questa serie si intitola "L'influenza della casa e della comunità sui bambini di età inferiore ai 13 anni", in cui si afferma che i bambini dovrebbero essere interrogati dall'insegnante sulle abitudini sessuali dei loro genitori. Questo screditerebbe i genitori agli occhi del bambino e porterebbe a un atteggiamento più internazionale e interrazziale nei confronti del sesso da parte del bambino. L'educazione sessuale è sempre stata una caratteristica del programma comunista. Il senatore William Benton è proprietario della Encyclopaedia Britannica Films, che distribuisce film sull'educazione sessuale nelle nostre scuole. I giornalisti Lait e Mortimer sono stati così scortesi da fare un riferimento distorto alle preferenze sessuali di Benton in "U.S. Confidential".

The United Nations World è curato da un fervente ammiratore di Stalin, l'ex corrispondente di Collier Quentin Reynolds. United Nations News è pubblicato dalla Fondazione Woodrow Wilson, di cui Herbert Lehman e Alger Hiss sono direttori. I loro pregiudizi editoriali sono abbastanza trasparenti.

Le Nazioni Unite hanno tentato più volte di approvare una "legge sul genocidio". Una proposta di legge vincolante per tutte le nazioni, la legge sul genocidio prevede che "le persone accusate di incitamento diretto e pubblico a commettere genocidio siano processate davanti a un tribunale internazionale". Se qualcuno vi accusa di aver criticato una razza o un gruppo, vi trovate senza la protezione della vostra patria e venite giudicati da un gruppo di stranieri. Un americano che dicesse che una spia comunista arrestata è ebrea non verrebbe processato da un tribunale americano, ma da un tribunale composto dai rivoluzionari comunisti delle Nazioni Unite. La nostra Costituzione, che prima garantiva la vita e la libertà degli americani, è diventata un inutile pezzo di carta quando il Senato ha ratificato la Carta delle Nazioni Unite. Era tutto legale, compresa la seduzione del senatore Vandenberg.

La legge sul genocidio dice che il genocidio è vietato solo se commesso contro un gruppo nazionale, etico, razziale o religioso in quanto tale. Questo esonera la nazione più famosa per i crimini di genocidio, la Russia sovietica, che ha sistematicamente distrutto intere tribù nella Russia meridionale, intere classi in tutta la Russia, tra cui in primo luogo l'aristocrazia, poi i contadini della classe media che possedevano le loro fattorie e i mercanti e commercianti della classe media. Tuttavia, questi gruppi furono spazzati via nell'interesse della solidarietà e del benessere di tutti i gruppi in Russia. L'argomento diventa confuso, ma qualsiasi comunista ben addestrato può spiegarlo.

CAPITOLO 21

L o sviluppo più tragico della storia americana è stata l'infiltrazione costante del nostro governo da parte di uno scalcinato gruppo di agitatori comunisti e racket sionisti. Con il figlio di Tom Pendergast Harry Truman alla presidenza, la rifugiata ungherese Anna Rosenberg come vice-segretario alla Difesa e l'ex rappresentante legale dell'Unione Sovietica Dean Acheson come segretario di Stato, per non parlare del sionista Felix Frankfurter come giudice della Corte Suprema, gli americani onesti potrebbero guardare ad altre terre per costruire le loro case e crescere i loro figli. La storia della fedeltà di Truman al racket di Kansas City Tom Pendergast è stata raccontata molte volte, ma la storia di Anna M. Rosenberg non è stata raccontata, se non nelle audizioni del Senato su Anna M. Rosenberg, Government Printing Office, 1950.

Un'ebrea ungherese di nome Lederer che sposò un venditore di tappeti di nome Rosenberg, Anna M. Rosenberg era originaria dell'Ungheria, la nazione che vantava il terrorista Bela Kuhn e il suo stato di polizia comunista ebraico. Fu accolta in questo Paese, dove divenne una specialista delle relazioni di lavoro altamente retribuita. Secondo alcuni testimoni di queste udienze, divenne anche importante nei circoli comunisti. L'8 novembre 1950, il giorno in cui le notizie sulle elezioni occupavano tutte le prime pagine dei giornali, e mentre il Congresso era in pausa, Truman nominò Rosenberg Assistente Segretario alla Difesa, per aiutare il Segretario alla Difesa, il Generale George C. Marshall.

Tuttavia, alcuni patrioti notarono la nomina e ne furono inorriditi. Tra loro c'era Benjamin Freedman, che da anni avverte la minoranza ebraica in America che, se continuerà a sostenere attivamente il Partito Comunista, dovrà inevitabilmente attirarsi addosso la giusta rabbia del popolo americano. Freedman è un ebreo che non crede che il primo dovere di un ebreo americano sia verso la Russia o Israele. Viene costantemente denunciato da creature come Winchell. Nel caso Anna Rosenberg, Freedman si è nuovamente esposto alle invettive isteriche dei seguaci del campo comunista andando a Washington e chiedendo al Senato di indagare sui Rosenberg. Dopo un mese di stallo, nell'ultima settimana di dicembre del 1950, la Sottocommissione per i Servizi Armati tenne delle audizioni sul caso di Anna Rosenberg. Un testimone la indicò di persona come membro dell'organizzazione politica segreta del Partito Comunista, il John Club. Altri si presentarono per identificarla, ma i senatori erano così evidentemente prevenuti a favore della Rosenberg e così determinati a non sentire nulla contro di lei, che questi testimoni si pentirono di essere venuti a testimoniare. I Senatori non volevano tenere le udienze e non gradivano i testimoni che erano comparsi contro Rosenberg.

L'influenza più potente che operò a favore della conferma di Anna Rosenberg come Assistente Segretario alla Difesa fu quella del senatore Harry Byrd della Virginia, membro della Sottocommissione. Egli tenne discorsi contro la "diffamazione" dei Rosenberg, e qui c'è un esempio di come egli abbia intimorito i testimoni per farli testimoniare a favore dei Rosenberg. La pagina 296 delle audizioni pubblicate è la seguente:

"Esistono evidentemente due Anna M. Rosenberg. Supponendo che questa Anna M. Rosenberg non abbia firmato queste dichiarazioni, deve esserci un'altra Anna Rosenberg. Ha un fascicolo sull'altra Anna Rosenberg o sa qualcosa su di lei?

KIRKPATRICK: Non abbiamo informazioni su Anna Rosenberg senza l'iniziale centrale M.

Non c'è un'altra Anna M. Rosenberg?

KIRKPATRICK: Non ho idea se esista più di una Anna M. Rosenberg".

In discussione c'erano alcuni manifesti comunisti e filocomunisti che Anna M. Rosenberg aveva firmato. Theodore Kirkpatrick dell'FBI ha testimoniato che Anna M. Rosenberg aveva firmato queste dichiarazioni, al che Byrd lo ha attaccato per fargli dire che l'FBI aveva un'altra Anna M. Rosenberg e che l'Anna M. Rosenberg di Byrd e Baruch non era la comunista in discussione. Il punto di vista di Byrd sarebbe stato rafforzato se avesse prodotto quest'altra Anna M. Rosenberg o se avesse dato un'idea di dove potesse essere trovata e di come la conoscesse così bene, ma non l'ha fatto, né l'ha fatto dopo le udienze. Byrd chiede spesso "consigli" a Bernard Baruch e, nel 1951, Lewis Lichtenstein Strauss, socio della Kuhn, Loeb Co.

I servizi giornalistici internazionali affermarono che la nomina di Anna Rosenberg era osteggiata perché ebrea. Le forze antisemite e reazionarie del fascismo stavano cercando di impedire alla liberale Anna M. Rosenberg di ricoprire questo alto incarico governativo; questa era la storia che veniva data in pasto al popolo americano. In realtà, i testimoni erano normali cittadini americani che svolgevano il loro dovere e nelle audizioni pubblicate non c'era alcun riferimento alla razza della Rosenberg. La stampa non ha informato il popolo americano che Anna M. Rosenberg era stata identificata come un'importante collaboratrice comunista a New York. Era nota come scrittrice del fronte comunista New Masses, eppure in queste udienze ha negato di essere mai stata una scrittrice o di aver scritto qualcosa, esponendosi all'accusa di falsa testimonianza. Sembra che una persona debba essere uno spergiuro o un pervertito per entrare nell'Amministrazione democratica. Otto Frankfurter vi entrò attraverso la prigione di Stato di Anamosa. In ogni caso, Anna Rosenberg è stata definitivamente dimostrata davanti a questa commissione come filocomunista, e poi il Senato ha confermato la sua nomina ad Assistente Segretario alla Difesa. La stampa ha protetto questo tradimento coprendo il passato comunista della Rosenberg.

Anna M. Rosenberg, una dei primi New Dealers, che aveva conosciuto Franklin Roosevelt quando era governatore di New York, nel 1944 si recò in Francia come sua rappresentante personale per studiare le condizioni del paese. Diciassette giorni dopo scioccò i nostri generali rilasciando una dichiarazione in cui affermava che i nostri soldati all'estero non erano in grado di riprendere la loro vita in patria finché non si fossero sottoposti a "corsi di riorientamento". I suoi commenti feroci sui nostri combattenti suscitarono una tale indignazione tra le truppe che le fu ordinato di tornare subito a casa. Eppure a questa creatura fu dato il potere di vita o di morte su ogni ragazzo americano che avesse la sfortuna di aver superato i diciotto anni. Ha scritto la legge sulla leva, nota come Public Law 51, approvata dal Congresso il 19 giugno 1951, e da allora si è dedicata a far approvare la legge sull'addestramento militare universale, finora senza successo.

La sorprendente vittoria di Truman nel 1948 non era un mistero per i comunisti, che lo rielessero grazie al programma Fair Deal. Non è generalmente noto che la base e il nome del programma Fair Deal di Truman era "fair-dealing" con la Russia. "Fair-Dealing" divenne una parola chiave nella propaganda comunista del 1946. Il Fair Deal con la Russia fu il motivo per cui Dean Acheson fu nominato Segretario di

Stato. Il suo assistente in questo programma era George Kennan, ora ambasciatore in Russia. Partendo dall'idea di trattare equamente con la Russia, cioè di continuare a concedere prestiti ai comunisti dopo la guerra con qualsiasi mezzo, Truman costruì un intero programma socialista di medicina socializzata obbligatoria, pratiche di lavoro eque, agricoltura collettivista (nota come Piano Brannan) e altre misure antiamericane. I comunisti furono rassicurati e andarono a rieleggere il Fair Deal Truman.

Che cosa è più pericoloso, un comunista o un agente assunto dai comunisti, che deve consegnare la merce se viene pagato? Il Segretario di Stato Dean Acheson è stato il rappresentante legale pagato dei comunisti quando abbiamo riconosciuto la Russia nel 1933 e li ha serviti da allora. Si rifiuta di dichiarare quanto denaro ha ricevuto dal governo stalinista. È stato proposto come sottosegretario al Tesoro dal senatore Millard Tydings, genero di quell'ammiratore dichiarato della Russia moderna che è la Missione a Mosca Joe Davies. Tydings fu sconfitto nella sua campagna per la rielezione al Senato nel 1950 dopo aver smentito le accuse documentate del senatore McCarthy sui comunisti nel Dipartimento di Stato. Acheson è stato a lungo socio dello studio legale di Washington Covington, Burlington, Rublee e Shorb, specializzato nella rappresentanza di governi stranieri. Sembra che ad Acheson sia sempre stato delegato il compito di rappresentare la Russia sovietica. Il suo partner legale George Rublee è stato a lungo un membro di spicco del Council On Foreign Relations. Il fratello di Alger Hiss, Donald Hiss, è membro dello studio legale di Acheson e D. Hiss si occupa del conto sovietico mentre Acheson è temporaneamente al servizio del Governo.

Uno degli amici più stretti di Acheson a Washington era il comunista Lauchlin Currie, consigliere personale di Roosevelt. Currie fu identificato sotto giuramento da Whittaker Chambers ed Elizabeth Bentley come un agente sovietico. Laureato alla London School of Economics, come il fratello di Acheson, Edward Campion Acheson, Lauchlin Currie fu nominato dalla Banca Internazionale consigliere finanziario del governo della Colombia con uno stipendio di 150.000 dollari all'anno. Quando il suo nome cominciò a comparire nelle udienze del Congresso come agente sovietico, fuggì dal Paese e ora vive stabilmente in Colombia. Tuttavia, tornerà dopo la rivoluzione.

Acheson si prende il merito di aver protetto i comunisti nel Dipartimento di Stato. Sotto la sua supervisione, la Commissione per la lealtà del Dipartimento di Stato non ha mai trovato un solo comunista, anche se creature di varie tonalità di rosso sono state autorizzate a dimettersi senza pubblicità.

Tra i nostri senatori più importanti c'è Paul Douglas, uno dei più eminenti raccoglitori di stracci intellettuali dell'Università di Chicago, dove spesso parlava di economia mondiale in quel focolaio di comunismo con il suo collega professore di economia, Oscar Lange, ora delegato comunista della Polonia alle Nazioni Unite.

A pagina 540 di "Tammany Hall", M.R. Werner, Doubleday Doran 1928, si legge che Herbert Lehman e Jacob Schiff finanziarono la campagna del governatore William Sulzer, l'unico governatore mai messo sotto accusa e cacciato dalla carica nello Stato di New York. Robert S. Allen, "The Truman Merry-Go-Round", racconta che il senatore Lehman occupò un intero piano di un hotel del centro per il suo staff di cinquantasette persone quando venne a Washington. Pochi senatori potrebbero permettersi un simile staff, ma pochi senatori hanno tanti interessi, come la Palestine Economic Corporation, come il senatore Lehman.

Forse il punto più alto nello sviluppo culturale della nuova e coraggiosa democrazia fu raggiunto nel 1950, quando un importante evangelista negro litigò con Truman. Tipicamente, l'evangelista si vendicò cavalcando lungo Pennsylvania Avenue alle otto di domenica mattina, con un gruppo di seguaci vestiti in modo sgargiante, tutti gridando a squarciagola una ballata intitolata "We're On Our Way To Haven". Truman non era in grado di sopportare un simile disturbo e gridò per i suoi padiglioni auricolari.

W. Averell Harriman e i suoi quaranta milioni di dollari sono stati oggetto di una patetica campagna pubblicitaria sul *New Yorker Magazine,* nel tentativo di farlo diventare il candidato alla presidenza prima della Convention democratica del 1952. Il ruolo di Harriman nel salvare Stalin e il suo ruolo altrettanto importante nell'insabbiare la storia del Massacro di Katyn possono essere meglio compresi se si guarda alla stretta affiliazione della sua famiglia con la Kuhn, Loeb Co. Suo padre, uno speculatore di Wall Street, fu preso da Jacob Schiff e usato come prestanome per assicurare la Union Pacific Railroad alla Kuhn, Loeb Co. La biografia del presidente della National City Bank "James Stillman", di A. R. Burr, Duffield 1927, riporta che

"Il signor Schiff era rimasto molto colpito dai brillanti poteri di Harriman e l'associazione così avviata sarebbe continuata per molti anni, coinvolgendo molte grandi transazioni e portando avanti la società Kuhn, Loeb come finanziatori e banchieri di Harriman. In coincidenza con l'apparizione di Harriman come forza, si verificò quella dei capitalisti della Standard Oil, che si allearono così con una nuova potenza. La riorganizzazione della Union Pacific procedette in modo straordinariamente efficiente. Finanziata dalle risorse degli interessi della Standard Oil e attraverso la società Kuhn, Loeb Co. è stata portata avanti con un'accuratezza che ha portato fiducia".

In "E.H. Harriman", di George Kennan, pagina 368, troviamo che

"Tra gli uomini che hanno collaborato con Mr. Harriman nelle sue varie imprese ferroviarie, nessuno ha avuto un ruolo più importante di Jacob Schiff, socio anziano della banca Kuhn, Loeb Co.".

Molte altre e ingenti prove sono a portata di mano per dimostrare che la Standard Oil e la Union Pacific, così come la Rivoluzione Comunista del 1917, furono creazioni di Jacob Schiff e missioni per la Kuhn, Loeb Co.

CAPITOLO 22

Nel 1945, tutta l'Europa era prostrata e in rovina a causa delle devastazioni della guerra, ma nessun Paese aveva subito più distruzioni della Russia sovietica. In quell'anno sembrava dubbio che la Russia potesse ricostruire la sua economia in frantumi, le sue città bombardate e le sue dighe fatte saltare in aria.

Nel 1950, tutta l'Europa era in preda al panico per la paura della Russia. I Paesi dell'Europa centrale erano diventati uno dopo l'altro satelliti sovietici diretti da Mosca. Metà della Germania era un satellite comunista, grazie a Eisenhower e Roosevelt. Le nazioni occidentali si stavano riarmando freneticamente contro la minaccia dell'aggressione sovietica. Come si era arrivati a tutto questo?

Il forum dei diplomatici comunisti a New York, noto come Nazioni Unite, aveva combattuto un'azione di retroguardia protettiva contro le forze politiche anticomuniste mentre la Russia veniva ricostruita con denaro e forniture americane. Una serie di cospirazioni per ripristinare l'Unione Sovietica con l'aiuto americano sono state perpetrate dai comunisti del nostro governo. L'UNRRA, il Piano Marshall, l'Amministrazione per la Cooperazione Economica, il Programma Punto Quattro, tutti questi idilli di pace mondiale ben pubblicizzati avevano come obiettivo l'invio indiretto di forniture alla Russia per riarmarla.

È stato possibile rendere operativi questi programmi perché non sono stati criticati dalla stampa americana. Nel 1951, dopo che era trascorso un periodo di tempo sufficiente, vennero rese note alcune clamorose spedizioni di beni del Piano Marshall alla Russia, in particolare centrali elettriche, macchine utensili e altre attrezzature di base per l'industria pesante. A quel punto il danno era stato fatto e la Russia era riarmata, se possiamo credere alle storie sensazionali della stampa sui carri armati e gli aerei russi, che hanno tutti un effetto sui mercati azionari.

Comunisti professionisti, collaboratori comunisti e rappresentanti pagati dell'Unione Sovietica organizzarono questi aiuti alla Russia, e nessuno fu più attivo del Segretario di Stato Dean Acheson, che per anni aveva ricevuto ingenti compensi dalla Russia come suo consulente legale a Washington. Felix Wittmer, in The American Mercury, aprile 1952, ha scritto che

> "Nel 1946 il governo sovietico satellite della Polonia chiese agli Stati Uniti un prestito di 90 milioni di dollari. Acheson era allora sottosegretario di Stato. A quale studio legale si rivolsero i rossi per ottenere il prestito? Lo studio Acheson, con l'incarico diretto di Donald Hiss... Il 24 aprile 1946, il Segretario di Stato ad interim Acheson annunciò che il prestito, da effettuarsi attraverso la Export-Import Bank, era stato approvato. La parcella pagata dai comunisti allo studio legale Acheson fu di 51.653,98 dollari".

Questo prestito è stato utilizzato per equipaggiare l'UB, la polizia di sicurezza russa, che ha poi inaugurato il suo regno di terrore in Polonia. Wittmer sottolinea inoltre che

> "Nel giugno 1947, nonostante l'opposizione del Congresso, Acheson insistette affinché gli Stati Uniti consegnassero alla Russia forniture in prestito per il dopoguerra per un valore di 17 milioni di dollari".

Si trattava del cosiddetto programma "Fair-dealing with Russia", sponsorizzato dal Partito Comunista d'America. Come altre storie simili, le rivelazioni di Wittmer sono state accolte con un grido dal Dipartimento di Stato. Si è levato il noto grido di "diffamazione". I fatti sono veri o falsi. I collaboratori comunisti non osano mai negare che questi fatti pubblicati su un organo rispettabile siano falsi, quindi affermano che si tratta di una "calunnia", cosa che possono fare senza essere denunciati.

Il 14 novembre 1945, scrive Wittmer, Acheson si presentò al Madison Square Garden per dare il benvenuto al noto propagandista comunista, il decano rosso di Canterbury, in Inghilterra, che poi finì sui giornali nel 1952 con la sua insistenza sul fatto che gli Stati Uniti stavano usando la guerra batteriologica in Corea, la cui unica prova era Radio Mosca. Questi sono gli amici di Acheson. Altri che hanno parlato in quel programma sono stati i più espliciti collaboratori dei comunisti americani, Paul Robeson, ora ripudiato dalla maggior parte dei negri, Corliss Lamont, figlio di un socio di J.P. Morgan, Joseph E. Davies, che è stato onorato da Maxim Litvinoff che ha dato il suo nome al nipote, e il dottor William Howard Melish, un ministro cristiano che approva l'ateismo sovietico. In quell'incontro di New York, Acheson disse,

> "Comprendiamo e concordiamo con i leader sovietici che avere governi amici lungo i suoi confini è essenziale sia per la sicurezza dell'Unione Sovietica che per la pace del mondo".

Acheson avvertì così le nazioni prigioniere della Russia che non potevano aspettarsi altro che la schiavitù comunista. Parlando come funzionario del Governo, egli avvertì che l'America non li avrebbe aiutati.

L'atteggiamento dell'amministrazione democratica nei confronti della continuazione del Lend-Lease alla Russia dopo la guerra è espresso al meglio dal capo dell'intelligence navale, ammiraglio Zacharias, in "Dietro le porte chiuse", pagina 309,

> "L'abolizione arbitraria del Lend-Lease fu un errore la cui portata non poteva essere apprezzata allora. Ha portato alla maggior parte dei mali del mondo del dopoguerra, alla rapida alienazione degli affetti sovietici".

Rifiutando di inviare gratuitamente altri miliardi di merci e denaro alla Russia, ci siamo inimicati i leader sovietici. Un uomo che è stato un leader dei nostri servizi segreti si impegna a mezzo stampa a sostenere questa opinione. L'America ha sempre torto, secondo queste creature. W. Averell Harriman, secondo quanto riportato dal Washington Daily News del 30 maggio 1952, durante la sua pubblica paternità sulla tomba del Grande Comunista a Hyde Park (Harriman si candidava alla presidenza dalla tomba, un'esibizione macabra) disse di aver visto uomini e donne piangere per le strade di Mosca il giorno in cui Roosevelt morì. Ha detto

> "Hanno pianto senza vergogna perché considerano il defunto Presidente come un simbolo della nazione che li ha salvati dall'oppressione nazista".

Gli abitanti di Mosca piangevano perché il treno dei guadagni era finito ora che Roosevelt era morto, il suo trionfo personale, il Lend-Lease, sarebbe terminato e loro avrebbero dovuto andare a lavorare. Non c'è da stupirsi che piangessero. Avevano comunque un amico in Harriman. In qualità di Amministratore della Mutua Sicurezza, ha miliardi da buttare via. Per esempio, ha fatto una serie di grandi prestiti a Israele con i fondi dell'MSA, nel caso in cui voi contribuenti vi chiediate perché state pagando tasse più alte.

La devozione del Dipartimento di Stato verso i suoi comunisti è illustrata dalla composizione dei suoi comitati politici. Il Comitato consultivo sulla politica estera postbellica dal 1942 aveva come membri principali Harry D. White (Dorn Weiss), assistente di Morgenthau, morto improvvisamente dopo essere stato identificato come comunista, e il comunista dichiarato Julian Wadleigh. Alger Hiss era un funzionario operativo del Comitato. In effetti, era presente in qualità di consulente in tutti i più importanti comitati del Dipartimento di Stato. Eppure il tirapiedi di Warburg, Elmer Davis, ha sostenuto in un articolo su Harper's Monthly che Hiss non ha mai avuto alcuna importanza nel Dipartimento di Stato.

Nel 1943 furono costituiti dodici comitati speciali del Comitato per la politica economica del dopoguerra. Il Comitato speciale sulle norme del lavoro e la sicurezza sociale era composto da Isador Lubin, che era stato il braccio destro di Baruch durante la prima guerra mondiale, Herbert Feldman, David Dubinsky e A.A. Berle Jr. Berle fece parte di sei di questi comitati. Alger Hiss, Donald Hiss e Julian Wadleigh erano membri consultivi di tutti e dodici i comitati. Berle è ora a capo del Partito Liberal-Democratico di New York, rappresentato dal senatore Lehman. Il Comitato speciale sui monopoli privati e i cartelli aveva come presidente Dean Acheson; i suoi membri erano il misterioso Mordecai Ezekiel, Louis Deomartzky, Sigmund Timberg, Walter S. Louchheim Jr. del Security Exchange Committee e Moses Abramovitz dell'Office of Strategic Services.

Il Comitato speciale del Dipartimento di Stato per la migrazione e l'insediamento era presieduto da Arthur Schoenfeld e composto da A. A. Berle Jr., John D. Rockefeller 3d, Herbert Lehman e Laurence Duggan.

La devozione dei vertici dell'amministrazione democratica alla causa del comunismo mondiale fu dimostrata nel 1946, quando un simposio di propaganda comunista, "The Great Conspiracy Against Russia" (La grande cospirazione contro la Russia), di Seghers e Kahn, fu stampato dalla Steinberg Press di New York. Il senatore Claude Pepper scrisse una brillante introduzione a questo manifesto comunista, Joseph E. Davies e il professor Frederick Schuman scrissero paragrafi di elogio che furono stampati sulle copertine. Molti importanti democratici si unirono alla diffusione di questa propaganda apertamente comunista in tutto il Paese. Per esempio, Woodrow Wilson fu menzionato molto favorevolmente e i suoi messaggi di conforto al regime bolscevico furono ristampati in questo libro, che si appoggiava molto all'International Publishers di New York e alle pubblicazioni di Mosca per la sua documentazione. L'aristocrazia russa, che fu cacciata o uccisa e le cui proprietà furono sequestrate da rivoluzionari fanatici, fu descritta come segue:

> "Ogni volta che gli emigranti bianchi sono andati, hanno fertilizzato il terreno per la controrivoluzione mondiale, il fascismo. Con la disfatta delle Armate Bianche di Kolchak, Yudentich, Wrangel e Semyonov, gli spietati avventurieri, gli aristocratici decadenti, i terroristi professionisti, i soldati banditi, la temuta polizia segreta e tutte le altre forze feudali e antidemocratiche che avevano costituito la Controrivoluzione Bianca si riversarono ora fuori dalla Russia come un torrente fangoso e turbolento. A ovest, a est e a sud, il fiume scorreva portando con sé il sadismo dei generali della Guardia Bianca, le dottrine pogromiste dei Cento Neri, il feroce disprezzo dello zarismo per la democrazia, gli odi oscuri, i pregiudizi e le nevrosi della vecchia Russia imperiale. I Protocolli di Sion, i falsi antisemiti con cui l'Ochrana aveva incitato al massacro degli ebrei e la bibbia con cui i Cento Neri spiegavano tutti i mali del mondo in termini di complotto internazionale ebraico, erano ora diffusi pubblicamente a Londra, Parigi, New York, Buenos Aires, Shanghai e Madrid".

Come al solito, i comunisti denunciano i Protocolli di Sion come un falso, senza entrare nei dettagli, perché ciò potrebbe confermare l'osservazione di Henry Ford secondo cui "I Protocolli di Sion spiegano la storia del ventesimo secolo".

Il libro di Seghers-Kahn, una fantastica compilazione di fatti perversi e finzioni impossibili, sostiene che Trotsky fu assassinato in Messico durante una lite per una fidanzata, che Hitler, Trotsky e il figlio di Trotsky, Leon Sedov, si impegnarono in un oscuro complotto per rovesciare Stalin, che costrinse Stalin a dispensare giustizia nei processi per l'epurazione di Mosca, e che il Comitato per le attività antiamericane della Camera è una banda di fascisti. Come al solito, gli anticomunisti vengono liquidati come antisemiti. Il documento si conclude nel tipico modo del Daily Worker:

> "La prima grande consapevolezza emersa dalla Seconda guerra mondiale fu che l'Armata Rossa sotto il maresciallo Stalin era la più competente e potente forza combattente dalla parte del progresso

mondiale e della democrazia. L'alleanza delle democrazie occidentali con la Russia sovietica aprì la promessa realistica di un nuovo ordine internazionale di pace e sicurezza tra tutti i popoli. Tuttavia, dopo la creazione delle Nazioni Unite, basate sul concetto di completa eliminazione del fascismo, una nuova ondata di propaganda antisovietica minacciò le basi stesse della pace".

Questa è la migliore definizione delle Nazioni Unite, un'organizzazione dedicata all'eliminazione del fascismo. Poiché Seghers e Kahn hanno definito il fascismo come la controrivoluzione bianca, l'unico scopo delle Nazioni Unite è quello di eliminare l'opposizione allo Stato comunista mondiale. La Controrivoluzione Bianca è l'ultimo tentativo della razza bianca di difendersi dai marxisti anti-gentili. Engels ne "L'origine della famiglia" spiegava che i comunisti intendevano distruggere la famiglia gentile.

Questo libro era una lettura obbligata per i lavoratori del governo e ricevette recensioni fantastiche dalla stampa nazionale. Il senatore Pepper fu poi sconfitto per la rielezione al Senato. Non c'erano abbastanza comunisti in Florida.

Uno dei propagandisti più favorevoli ai comunisti cinesi, Edgar Snow, cambiò idea dopo l'inizio della guerra di Corea. Nel Saturday Evening Post del 7 marzo 1952, egli parla del probabile successore di Stalin e decide che sarà Malenkov, perché Malenkov è il protetto dell'ebreo Lazar Kaganovich, commissario dell'industria pesante. Snow spiega il Soviet come segue:

> "Se si considera l'URSS come un monopolio in cui lo Stato possiede ogni ramo della produzione e controlla ogni mercato, il Politburo corrisponde al consiglio di amministrazione di una gigantesca holding. Esso detiene le deleghe di sei milioni di membri del partito, che possono essere considerati i proprietari delle azioni delle organizzazioni sussidiarie. Essi sono, a loro volta, la classe dirigente e amministratrice".

La politica estera degli Stati Uniti nei confronti della Russia negli ultimi cinque anni e, a quanto pare, per la prossima generazione, è stata stabilita da George Kennan, membro di spicco del Council On Foreign Relations e consigliere principale per la politica a lungo termine del Segretario di Stato Dean Acheson, nonché capo del Comitato per la pianificazione della politica a lungo termine del Dipartimento di Stato. Nel numero di luglio 1947 di "Foreign Affairs", Kennan pubblicò anonimamente il "Piano X", che da allora è la nostra politica. I corrispondenti di Washington protestarono molto per il fatto che la nostra politica ufficiale dovesse giungere al pubblico in un modo così approssimativo. L'autore era il nipote e omonimo del famoso agente comunista George Kennan.

Il "Piano X" è la famigerata politica estera "bipartisan" sponsorizzata dal Council On Foreign Relations. È la politica di spendere e regalare le nostre ricchezze nazionali in tutto il mondo finché non saremo in bancarotta e demoralizzati, facile preda della Russia. Non sorprende che sia in linea con la politica ufficiale sovietica, scrive Zacharias in "Dietro le porte chiuse", a pagina 10,

> "Secondo l'autorevole 'Stima della situazione' sovietica,
>
> 1) gli Stati Uniti sperimenteranno una depressione di grandi proporzioni tra il 1954 e il 1956; 2) gli Stati Uniti entreranno in guerra per evitare gli effetti catastrofici della depressione sulla loro economia e sul loro morale. Stalin si aspetta di sferrare un'ultima massiccia controffensiva cumulativa contro un nemico militarmente, moralmente ed economicamente esaurito".

Il programma di Kennan ci sta esaurendo secondo le stime sovietiche. Ci è già costato più di cento miliardi di dollari e abbiamo perso quasi duecentomila ragazzi americani come vittime in Corea, dove la Russia non ha perso un uomo. Ma questa era solo una piccola parte di ciò che i collaborazionisti avevano in mente per noi. Avevano progettato di coinvolgerci in una guerra su larga scala con la Cina comunista, che ci avrebbe dissanguato mentre la Russia si armava per attaccarci. Questo piano è fallito, ma la politica di "contenimento" continua come sempre. Può essere descritto come il Piano Kennan per mandarci in bancarotta e affievolire la nostra forza in una serie di piccole guerre mentre la Russia aspetta il round finale. Kennan ha sostenuto con successo che dobbiamo mantenere eserciti e inviare denaro e rifornimenti a ogni nazione verso la quale la Russia potrebbe muoversi. Il nipote dell'agente comunista George Kennan scrisse nel numero di luglio 1947 di Foreign Affairs,

> "Si vedrà chiaramente che la pressione sovietica contro le istituzioni del mondo occidentale è qualcosa che può essere contenuta con l'applicazione abile e vigorosa della contro-forza in una serie di punti geografici e politici costantemente mutevoli, corrispondenti agli spostamenti e alle manovre della politica sovietica".

Il piano di Kennan rende evidente ciò che da tempo accadeva, ovvero che il nostro Dipartimento di Stato è diventato un ramo del Ministero degli Esteri sovietico. Facciamo affluire le nostre truppe qua e là, ovunque la Russia dia l'impressione di potersi muovere, e concediamo grandi prestiti ai Paesi che temono l'aggressione sovietica. I funzionari del nostro Dipartimento di Stato seguono ciecamente le indicazioni del Politburo. Sarebbe difficile concepire una politica più vergognosa, infida e ridicola.

Il piano di Kennan è particolarmente simpatico al piano caro a Stalin di costruire la Russia all'interno mentre i rivoluzionari promuovono costantemente epidemie in altri Paesi, a piccole spese per l'Unione Sovietica. Non c'è da stupirsi che Kennan sia stato accolto così bene in Russia nel 1952 come ambasciatore degli Stati Uniti.

È interessante che l'articolo di Kennan che espone il "Piano X", nel numero di luglio 1947 di "Foreign Affairs", sia seguito da "Anglo-American Rivalry and Partnership-A Marxist View", di Eugene Varga, il principale economista russo, direttore dell'Institute of World Economics and Politics di Mosca. Quando lasciò il Dipartimento di Stato per scrivere un libro in difesa delle sue politiche filosovietiche, Kennan si recò in un'istituzione simile in America, l'Institute for Advanced Studies di Princeton, dove vengono messi a pascolare intellettuali di alto livello dell'élite internazionale, come Emanuel Goldenweiser del Federal Reserve Board.

Un'altra curiosità sull'articolo di Kennan è fornita dal fatto che l'intera quarta pagina del numero di luglio 1947 di "Foreign Affairs" è una pubblicità a pagamento della casa bancaria Lazard Freres di New York, Londra e Parigi. Conosciuta come la banca di famiglia di Eugene Meyer, Lazard Freres è uno dei principali sostenitori finanziari del Council On Foreign Relations e dei suoi affiliati. È stata a favore dei nazisti, dei comunisti e probabilmente di tutto ciò che ha una qualche possibilità di successo. I politici parlano in generale, ma si occupano di particolarismo, e lo stesso fanno i banchieri internazionali. Ecco perché una banca contribuisce con denaro a un movimento con il quale non è d'accordo.

L'attuale linea del Partito Comunista è la "coesistenza". Non sorprende che George Kennan sia un sostenitore della teoria della coesistenza o che l'ultimo libro di James Paul Warburg si intitoli "How to Co-Exist", Beacon Press 1952. L'idea della coesistenza è nata nel discorso di Joseph Stalin al Congresso sovietico del 17 maggio 1948 ed è stata pubblicata come pamphlet, "For Peaceful Co-Existence", di Joseph Stalin, International Publishers, New York, 1952.

George Kennan, il portavoce del Dipartimento di Stato per il riconoscimento della Cina rossa, la coesistenza, l'equità con la Russia e il contenimento, è probabilmente il leader ideologico dei collaboratori comunisti in America. Nel suo libro "American Diplomacy 1900-1950", un'opera di sbiancamento degli aiuti di Roosevelt a Stalin, che Kennan scrisse nei lussuosi dintorni dell'Institute for Advanced Studies, ha affermato,

> "Le accuse più forti di errori di guerra riguardano le conferenze di Mosca, Teheran e Yalta. La loro importanza è stata notevolmente sopravvalutata. Se non si può dire che le democrazie occidentali abbiano guadagnato molto, sarebbe altrettanto scorretto affermare che abbiano ceduto molto. L'affermazione del potere sovietico in Europa e l'ingresso delle forze sovietiche a Monaco non furono il risultato di quei colloqui, ma delle operazioni militari durante le fasi conclusive della guerra".

Perciò Kennan ignora blandamente il fatto che Roosevelt consegnò la Polonia a Stalin alla Conferenza di Yalta, con Alger Hiss al suo fianco. La propaganda di Kennan sostiene che tutto ciò che la Russia ha ottenuto lo ha ottenuto con operazioni militari, che lo ha conquistato con la forza dei suoi eserciti. Non dice che le forniture Lend-Lease americane le hanno dato il potere di sopraffare le nazioni che ha sottomesso. In ogni caso, Roosevelt valeva per il Politburo più di tutti gli eserciti russi. Il libro di Kennan è tipico di quella poltiglia ben vestita che viene propinata ai nostri studenti universitari come una vera e propria critica della politica estera.

Il Presidente Truman, tuttavia, non ha dovuto dipendere interamente da George Kennan per la sua politica estera. Il progetto preferito di Truman è il suo programma Point Four per lo sviluppo delle aree arretrate del mondo. Il programma Point Four segue esattamente, passo dopo passo, il programma stabilito da Earl Browder, il leader comunista, nel suo libro "Teheran, Our Path in War and Peace", International Publishers, New York, 1945.

A pagina 256 del libro di Zacharias "Dietro le porte chiuse", troviamo che

> George Kennan preparò un rapporto politico pubblicato sotto lo pseudonimo romantico di "X" nel numero di luglio 1947 di "Foreign

Affairs", in mezzo a un'inequivocabile fanfara preordinata da un gruppo di "attivisti diplomatici" del National War College, il nostro istituto geopolitico di massimo livello, e del Dipartimento di Stato. Vi erano sostenuti da spiriti affini, come i fratelli Alsop, i membri del Council On Foreign Relations e i redattori di Time e Life".

Si può capire perché Baruch abbia sempre scelto di tenere conferenze davanti al National War College, che non si rivela spesso come il nostro istituto geopolitico. Il clamore suscitato dal Piano Kennan da parte del Council On Foreign Relations è stato notevole, dal momento che il Council annovera tra i suoi membri gli editori e i direttori del New York Times, del Washington Post, di Newsweek, di Time e di Life.

Il libro di Zacharias "Behind Closed Doors" fornisce altri scorci dell'attività sovietica negli Stati Uniti. A pagina 85 afferma che,

"Bisogna capire che Lomakin era un console ordinario. Alcune informazioni ci hanno portato a credere che Lomakin fosse il capo dei servizi segreti politici russi nell'intero emisfero occidentale. Si teneva lontano dai comunisti americani e dai loro compagni di viaggio. Preferiva la compagnia dei finanzieri di Wall Street, degli industriali di Pittsburgh, Detroit e Cleveland e di altri rappresentanti della nostra grande industria che affollavano i suoi cocktail party nel consolato di New York".

A pagina 216, Zacharias ci dice che

"Nel suo incarico camuffato di inviato dell'Ungheria a Washington, Sik continuava il lavoro iniziato per il Comintern, lo studio della condizione dei negri negli Stati Uniti. La sua carriera è l'esempio dell'infiltrazione pianificata del Cremlino nell'apparato diplomatico dei suoi satelliti".

Eppure Eleanor Roosevelt insiste blandamente che non ci sono spie russe alle Nazioni Unite. Ancora più allarmante è l'aiuto dato a questi agitatori stranieri da uomini del nostro stesso governo. In questa agitazione negra, per esempio, il senatore Herbert Lehman è stato uno degli agitatori più lagnosi per la "home rule" nel Distretto di Columbia, il suffragio per i cittadini che vivono lì. La popolazione negra predominante potrebbe eleggere un sindaco negro per la nostra capitale nazionale. I fondatori della Repubblica americana volevano che la nostra capitale fosse per sempre libera dagli intrighi economici della politica di partito, e istituirono un Comitato congressuale per governarla. Lehman, con l'abile aiuto di George Schuster dell'Hunter

College di New York, ha cercato di cambiare le cose per dare a Washington un governo cittadino corrotto come quello di altre città che hanno una grande popolazione di criminali negri. La questione razziale attira sempre una strana schiera di autopromozione, come ad esempio il capo della National Association for the Advancement of Colored People, Walter White. Walter White, che si dichiara negro, è sposato con una donna bianca. Ciò che ha fatto Walter White è molto più facilmente accertabile di ciò che ha fatto per i negri americani. La sorte dei nostri negri è migliorata di pari passo con l'innalzamento costante e nazionale del nostro tenore di vita nel corso del ventesimo secolo. I Lehman e i White non possono rivendicarne il merito.

CAPITOLO 23

Franklin Roosevelt non visse abbastanza per vedere un crimine peggiore della sua svendita della libera nazione polacca a Yalta, ma questa, l'ultima delle sue infamie, fu presto superata dal sabotaggio del governo nazionalista cinese da parte del gruppo di determinati comunisti che gestivano l'Istituto per le Relazioni con il Pacifico e dai loro collaboratori nel Dipartimento di Stato. Il risultato fu che perdemmo il nostro unico forte alleato in Asia e il comunismo divenne l'ideologia politica predominante di un altro continente.

Alla Conferenza di Yalta, Roosevelt aprì la strada ai comunisti per conquistare la Cina, cedendo alla Russia le ferrovie Dairen e Port Arthur, nonché le ferrovie cinesi orientali e quelle della Manciuria meridionale. Roosevelt consegnò alla Russia anche lo Stato cinese della Manciuria, noto come il Texas della Cina, la sua provincia più ricca, che la Russia aveva cercato di conquistare nella guerra russo-giapponese del 1905. Ora, grazie a una cospirazione, l'ha conquistata senza lottare.

I collaborazionisti comunisti avevano la loro strada nel Pacifico durante la Seconda guerra mondiale. Il generale Stilwell sembrava combattere Chiang Kai-Shek molto più duramente di quanto non facesse con i giapponesi. Ciò potrebbe essere dovuto ai comunisti e ai filocomunisti che componevano il suo staff. In qualità di comandante del Teatro Cina-Birmania-India, Stillwell fu consigliato da Agnes Smedley, una comunista di lungo corso le cui ceneri sono ora sepolte a Peiping; il fratello minore di Dean Acheson, Edward Campion Acheson, laureatosi alla London School of Economics nel 1936. Who's Who In American lo cita come consulente economico dell'Amministrazione Lend-Lease nel 1943, consulente finanziario di Stilwell nel 1944 e dell'Office of Strategic Services nel 1945. Oggi è professore di finanza alla George Washington University; il compagno di viaggio John Paton Davies; il marine filocomunista Evans Carlson, glorificato in un film di Hollywood, "Carlson's Raiders", e Clare Boothe Luce, moglie di Henry

Luce. Nemmeno l'amicizia insolitamente intima tra Madame Chiang Kai-Shek e il Presidente Roosevelt riuscì a riparare il danno fatto a Chiang da questa squadra di Stilwell.

Owen Lattimore faceva parte dell'Office of War Information nell'area del Pacifico durante la guerra e fece in modo che William L. Holland, redattore della rivista "Pacific Affairs" dell'Institute of Pacific Relations, ottenesse un lavoro presso l'OWI a Chungking.

Il generale Stilwell ha registrato il suo odio per Chiang nel suo diario, pubblicato come "The Stilwell Papers", che è stato salutato con gioia dal Daily Worker. Stilwell dirottò enormi scorte di munizioni americane verso l'Armata Rossa del generale Mao e queste, unite alle armi giapponesi catturate e consegnate a Mao dai russi, permisero ai comunisti di scendere in campo contro l'esercito nazionalista di Chiang. Contemporaneamente, i collaboratori comunisti del Dipartimento di Stato, guidati dal generale George C. Marshall, chiusero ogni aiuto a Chiang da parte degli Stati Uniti. Questa incredibile storia di tradimento a Washington è documentata in modo esauriente dalle audizioni del Senato sull'Istituto per le Relazioni con il Pacifico, dal libro di Freda Utley, "The China Story", e dalla denuncia del senatore McCarthy sul generale Marshall, "Retreat from Victory".

I comunisti iniziarono la loro grande opera di propaganda contro Chiang nel 1946, con una manifestazione di tre giorni che iniziò il 18 ottobre 1946 a San Francisco, chiamata "Fuori dalla Cina, America". Presiedeva il generale Evans Carlson, noto simpatizzante comunista dello staff di Stilwell. Paul Robeson era vicepresidente, Gunther Stein, capo di una rete di spie in Giappone, riuscì ad arrivare, Joe Curran, leader del sindacato degli scaricatori di porto, Bartley Crum, l'avvocato di Wall Street dal nome appropriato che cercò di far rivivere il PM come New York Star, con l'assistenza del compagno di viaggio Joseph Barnes, Frederick V. Field, ora in carcere come comunista, il deputato Vito Marcantonio, lo sconfitto Edward G. Robinson, Paulette Goddard e Julius Garfinckel, noto ai bobby-soxers come John Garfield, un attore morto misteriosamente nell'appartamento di una conoscente a New York.

Nel 1947 l'Istituto per le Relazioni con il Pacifico tenne la famosa Conferenza sull'Estremo Oriente, durante la quale furono definiti i piani per eliminare Chiang. Il delegato degli Stati Uniti per questa importante missione era il propagandista comunista James Paul Warburg.

Il senatore McCarthy, a pagina 171 di "Retreat from Victory", afferma che Michael Lee e William Remington del Dipartimento del Commercio hanno sabotato la legge sugli aiuti alla Cina per 125 milioni di dollari nel 1948. Remington è stato poi dimesso, tra le grida della stampa gialla liberale. Lee, capo della Divisione Estremo Oriente del Dipartimento del Commercio, non è stato Lee per molto tempo. Arrivato negli Stati Uniti nel 1932 come Ephraim Zinoye Liberman, il suo passato era così losco che gli ci sono voluti nove anni per ottenere la cittadinanza americana.

Il terreno che Chiang Kai-Shrek aveva perso durante la Seconda guerra mondiale stava rapidamente riconquistando quando il suo più acerrimo nemico a Washington, il generale George C. Marshall, fodero del partito comunista, tagliò gli aiuti dall'America. Freda Utley, in "The China Story", racconta la tragica storia della missione del generale Marshall in Cina nel 1946 per dire a Chiang che l'America era dalla parte dei comunisti cinesi. I missionari che hanno partecipato alle conferenze con Marshall sono tornati a raccontare che "Marshall ha venduto Chiang ai comunisti". La missione Marshall fu il punto di svolta della guerra civile cinese. Dopo che Marshall fu intrattenuto sontuosamente dal comunista Chou En Lai, ora ministro degli Esteri del regime di Mao, e quando Marshall ordinò a Chiang di formare un governo di coalizione con i comunisti, il popolo cinese capì che Chiang era stato tradito dagli Stati Uniti e si rivolse a Mao come nuovo leader. Il Comitato di coordinamento del Dipartimento di Stato, composto da Dean Acheson, John Carter Vincent e Alger Hiss, esultante per il successo della Missione Marshall, raccomandò l'addestramento degli Stati Uniti per le truppe comuniste e ingenti forniture supplementari per l'Armata Rossa, ma questo era troppo ovvio e, dopo che diversi membri del Congresso mostrarono curiosità sulle origini di questo progetto, fu abbandonato.

Freda Utley e il senatore McCarthy identificano la squadra Currie-Hiss-Lattimore come la più potente influenza dietro le quinte che lavora per i comunisti cinesi a Washington, con il generale Marshall come prestanome di questi traditori. Hiss è in prigione, Currie si nasconde in Colombia, Lattimore rischia di finire in carcere per falsa testimonianza davanti alla commissione McCarran e il generale Marshall si è ritirato in disgrazia. Questi erano i collaboratori personali di Franklin Roosevelt.

A pagina 86 di "The China Story", Freda Utley afferma che i membri del Dipartimento di Stato a Chungking nel 1945 erano unanimemente a favore dell'armamento dei comunisti cinesi. Erano John Paton Davies, John Stewart Service e George Atcheson. Aggiunge che

> "In seguito Atcheson cambiò opinione e divenne consigliere politico di MacArthur a Tokyo, ma rimase ucciso in un incidente aereo prima che le sue opinioni potessero influenzare la politica degli Stati Uniti".

Non avrebbe dovuto cambiare le sue opinioni.

Dean Acheson cercava di tenere il passo con gli Hisses e i Curie mettendo i remi in barca a favore dei comunisti cinesi. Il 19 giugno 1946, gli fu chiesto dalla deputata Edith Nourse Rogers se vedeva il pericolo di un futuro attacco contro di noi da parte delle truppe comuniste cinesi che egli desiderava ardentemente addestrare ed equipaggiare. Acheson era semplicemente inorridito dall'idea. "Oh no", esclamò, "possiamo stare certi che i cinesi non lo faranno".

Il 20 marzo 1947, Acheson dichiarò che non c'era il minimo pericolo di una vittoria dei comunisti su Chiang Kai-Shek. Questa testimonianza davanti al Comitato per le Relazioni Estere della Camera contraddiceva assolutamente altre testimonianze sulla situazione cinese. Dopo la disfatta, scrive Zacharias, in "Behind Closed Doors", pagina 288,

> "A Washington non era un segreto che il signor Acheson, sollecitato dagli inglesi, fosse molto desideroso di riconoscere il regime di Mao e che il Libro Bianco fosse stato pubblicato per spianare la strada al riconoscimento".

Il Libro Bianco sulla Cina pubblicato dal Dipartimento di Stato il 5 agosto 194 era un tessuto di bugie così sorprendente che persino il New York Times fu costretto ad ammettere che non era affatto imparziale e che non serviva la verità. Il principale artefice di questo arazzo di falsità fu Philip C. Jessup, presidente del Consiglio americano dell'Istituto per le relazioni con il Pacifico. Jessup aveva una lista così lunga di affiliazioni filocomuniste che non un solo senatore votò per lui quando fu nominato da Truman come nostro delegato alle Nazioni Unite. Truman lo mandò a sostenere Eleanor Roosevelt come delegato supplente degli Stati Unitl al punto focale dell'infezione comunista in America, l'Assemblea Generale delle Nazioni Unite.

Una tardiva denuncia del giro di spie comuniste a Washington è arrivata con la pubblicazione di "Shanghai Conspiracy", del generale Charles Willoughby, Dutton 1952. Willoughby, capo dell'intelligence del generale MacArthur a Tokyo durante il periodo di leadership di quest'ultimo, scrisse del giro di spie Sorge, che operò a Tokyo per tutta la Seconda guerra mondiale. La sua mente era l'ebreo tedesco Gunter Stein, che inviò materiale top-secret a Mosca fino al 1944, quando la polizia giapponese arrestò il suo assistente, Sorge, e lo impiccò. Stein fu prelevato dal Giappone da un sottomarino americano e trasportato in tutta fretta attraverso il Pacifico per partecipare a un'importante conferenza dell'Institute of Pacific Relations a Hot Springs, in Virginia, nel gennaio del 1945. Un affare disperato che decideva il destino dell'Asia, questa conferenza riuniva i principali esperti comunisti sull'Asia ed era chiusa alla stampa. Presiedeva Edward C. Carter, segretario generale dell'IPR. Ha ricevuto da Stalin l'Ordine della Bandiera Rossa del Lavoro.

Il generale Willoughby ci racconta la storia di Agnes Smedley. Il Rapporto Sorge era pronto per essere pubblicato dall'esercito il 15 dicembre 1947. Fu trattenuto dal Dipartimento della Guerra a Washington fino al 20 febbraio 1949. Non appena il Dipartimento della Guerra lo rilasciò, i suoi funzionari iniziarono a negare l'intero rapporto perché identificava come spia comunista una certa Agnes Smedley. Il Segretario dell'Esercito Royall fece una dichiarazione pubblica in cui respingeva l'intero rapporto come l'errore di un piccolo impiegato, sebbene si basasse su anni di lavoro della polizia giapponese e dei nostri corpi di controspionaggio. Agnes Smedley minacciò di ricorrere al generale MacArthur, ma non ci riuscì mai. Aveva persino incaricato l'avvocato preferito dai comunisti, O. John Rogge, di occuparsene, ma non ha mai portato a termine la causa. La stampa gialla e liberale si è scatenata in difesa di Agnes Smedley, la rossa. Harold Ickes scrisse nella sua rubrica sul New Republic che "Miss Smedley è una cittadina americana coraggiosa e intelligente". Ha trascorso tutta la sua vita adulta lavorando per i comunisti. Nel 1943 le fu concessa una vacanza a Yaddo. Yaddo, un favoloso resort creato dal banchiere di Wall Street George Foster Peabody, amministratore delle proprietà Rothschild in Messico, si trova a Saratoga Springs, New York. È una lussuosa casa di riposo gratuito per i vertici degli scrittori e degli artisti comunisti in America, dove possono rilassarsi dalle tensioni dello spionaggio internazionale.

Agnes Smedley, l'intima di Ickes, Wallace, Lattimore, ecc. è fuggita dagli Stati Uniti nel 1950 poco prima di essere convocata a testimoniare davanti a una commissione del Congresso. Si recò a Londra e lì morì improvvisamente in una "casa di cura". Lasciò in eredità le sue ceneri e tutti i suoi beni al generale Chu Teh, leader dell'esercito comunista cinese. Le sue ceneri furono sepolte a Pechino nel maggio 1951, accompagnate dalle ovazioni della stampa comunista di tutto il mondo.

Durante le audizioni del Comitato McCarran, a pagina 1217, 1236 e 1238, è stato evidenziato che la Fondazione Rockefeller e il Fondo Carnegie avevano dato all'Istituto per le Relazioni con il Pacifico più di due milioni di dollari. John D. Rockefeller 3d, Alger Hiss, Frederick V. Field, Owen Lattimore, Edward C. Carter e altri noti americani erano i membri guida dell'Istituto. Dopo la pubblicazione di queste udienze, il figlio di Baruch, Gerard Swope, presidente della International General Electric, scrisse una lettera ai fiduciari dell'Istituto condannando le udienze in quanto parziali e ingiuste. Swope, presidente dei fiduciari dell'Istituto, espresse la sua soddisfazione per il fatto che le grandi società di Wall Street contribuissero ugualmente all'Istituto, nonostante la sua esposizione come facciata comunista.

I comunisti hanno sempre avuto molta pubblicità favorevole negli Stati Uniti. I giornali, le riviste e i libri facevano a gara nel denunciare Chiang e nel lodare il leader agrario Mao Tse Tung. Chiang è stato dipinto come una combinazione di Himmler e Hitler, mentre Mao, che ora è impegnato a uccidere quattro milioni di suoi ex oppositori in Cina, è stato descritto come un innocuo agrario che cercava una soluzione pacifica al problema della terra in Cina.

Il senatore Brewster, nel Congressional Record del 4 giugno 1951, stampò una tabella di decine di libri che mostrava come il New York Times Sunday Book Review e il New York Herald Tribune Book Review, gli unici due giornali settimanali americani di un certo rilievo, fossero controllati dai comunisti. Questa tabella, che copre il periodo 1945-1950, mostra che i libri sulla politica dell'Asia venivano sempre dati ai noti comunisti o ai loro portavoce per essere recensiti. I libri filocomunisti ricevevano recensioni entusiastiche, mentre i libri che non seguivano la linea del Partito venivano attaccati ferocemente. Entrambe le sezioni di recensioni di libri potevano essere considerate come il supplemento letterario del Daily Worker. Uno di questi casi è l'accoglienza riservata a "The Unfinished Revolution in China" di Israel Epstein, Little, Brown Co, 1947. Il libro di Epstein fu recensito in modo entusiastico da Owen Lattimore nella New York Times Book Review del 22 giugno 1947. Elizabeth Bentley ha testimoniato sotto giuramento che Israel Epstein è stato per molti anni un alto funzionario della polizia segreta russa. Ora è il corrispondente del Daily Worker dalla Cina rossa.

Little, Brown Co. pubblicò a tempo di record il libro di Lattimore "Ordeal by Slander" dopo che il senatore McCarthy aveva smascherato Lattimore come agente sovietico. Questa casa editrice sembrava candidarsi alla posizione di editore ufficiale dei comunisti in America, titolo ora detenuto dall'International Publishers di New York. Il capo redattore di Little Brown, Angus Cameron, si è recentemente dimesso in seguito alla pubblicazione del suo passato comunista.

Il libro di Epstein è stato accolto da Samuel Siller sul Daily Worker con la raccomandazione che venga

> "si colloca in cima alla lista degli eccellenti libri sulla Cina di reporter di primo piano come Agnes Smedley, Theodore White e Annalee Jacoby".

Owen Lattimore è stato pubblicamente accusato da Alfred Kohlberg di essere il principale agente sovietico in America, nella speranza che Lattimore facesse causa a Kohlberg, ma Lattimore è scappato dall'accusa.

Un altro esempio è offerto dall'inserimento da parte di Brewster del libro di Gunter Stein, "La sfida della Cina rossa", che Stein scrisse subito dopo essere sbarcato in questo Paese, dopo che lo avevamo salvato dalla polizia giapponese nell'inverno del 1944. Il libro di Stein è stato recensito con grandi complimenti da Nathaniel Peffer sul New York Times Book Review del 28 ottobre 1945, e due settimane prima aveva ricevuto lo stesso trattamento di comprensione da Owen Lattimore sul New York Herald Tribune del 14 ottobre 1945. Gunter Stein era stato corrispondente del Christian Science Monitor in Cina. Questo giornale è diventato meno cristiano e più scientifico nel suo orientamento editoriale sfacciatamente internazionalista (secondo Lenin). Lattimore scrisse del collega agente sovietico Stein in "Pacific Affairs" nel 1939,

> "Gunter Stein è con ogni probabilità il miglior giornalista economico dell'Estremo Oriente".

Questo giornalista economico è fuggito dagli Stati Uniti non appena il Rapporto Sorge è stato pubblicato dall'esercito nel 1949. Nel 1950 è stato arrestato dalla polizia francese come spia comunista e da allora è scomparso.

Whittaker Chambers, nel suo libro autobiografico "Witness", mostra quanto fosse difficile fare carriera nel giornalismo se non si era comunisti. A pagina 498 racconta che i corrispondenti esteri del Time Magazine, John Hersey, Charles C. Wertenbaker, Scott Nearing, Richard Lauterbach e Theodore White, firmarono una circolare che lo denunciava per le sue opinioni editoriali non appena aveva lasciato il Partito Comunista. Questo round robin dichiarava che Chambers non era adatto alla sua posizione editoriale al Time Magazine e doveva essere licenziato.

Scott Nearing è noto per le sue idee comuniste; gli altri sono più intellettuali nel loro collettivismo. Wertenbaker continua il suo buon lavoro per la causa in "The Reporter", una rivista che non smetterà mai di combattere Chiang fino alla sua morte. Questa rivista non può permettersi di essere apertamente comunista oggi, ma è internazionalista nel senso di Lenin. Pubblicò un articolo di Wertenbaker, "The China Lobby", nei numeri del 15th e del 29th aprile 1952, attaccando tutti coloro che avevano criticato i comunisti in Cina. Il 3 gennaio 1950, "The Reporter" dedicò 24 pagine alla sollecitazione del riconoscimento americano della Cina rossa. Il titolo era scritto dal redattore Max Ascoli, che diceva,

> "Nel caso della Cina rossa, i nuovi governanti hanno vinto la loro guerra civile perché hanno un appassionato sostegno popolare e a causa dell'inettitudine dei governanti precedenti, che purtroppo abbiamo aiutato".

Questa nuova aggiunta alla stampa gialla liberale ha molta strada da fare prima di poter eguagliare i leader del settore, The Nation e The New Republic. The Nation è stato finanziato per coprire le sue perdite per molti anni da Maurice Wertheim, socio anziano della Hallgarten Co. di Wall Street, banca originaria di Francoforte, in Germania. Wertheim è stato anche direttore della Theatre Guild, le cui produzioni sembrano essere scritte quasi esclusivamente da marxisti. Il New Republic è diretto da Michael Straight, figlio del socio di J.P. Morgan Willard Straight. La fortuna degli Straight paga questo giornale leninista. Tutti questi fogli seguono un programma coerente di vituperazione quasi folle contro i senatori McCarran e McCarthy. McCarran è un democratico, McCarthy è un repubblicano, ma entrambi sono anticomunisti ed entrambi sono di fede cattolica. Arthur Goldsmith, capo della B'Nai Brith Anti-Defamation League, ha inviato ingenti somme di denaro da New York al Nevada nel vano tentativo di sconfiggere McCarran alle ultime elezioni.

L'attacco alla cosiddetta "Lobby cinese" da parte di The Reporter ha avuto origine da una lettera di May Miller che è stata stampata nel Congressional Record.

May Miller è assistente del segretario organizzativo del Partito Comunista di New York. La lettera, datata 1 marzo 1949, esponeva la linea del Partito Comunista di richiedere coerentemente un'indagine sulla Lobby cinese a Washington.

L'articolo di Wertenbaker sulla Lobby cinese, pubblicato su The Reporter, seguiva questa direttiva comunista.

CAPITOLO 24

L e bugie sono tante, ma la verità è una. Proprio la singolarità della verità a volte fa sì che essa venga schiacciata dal peso dei numeri inviati dai maestri della tecnica della Grande Menzogna, e questo ha causato il nostro coinvolgimento nella guerra di Corea. Stiamo combattendo contro quei comunisti cinesi che Dean Acheson desiderava ardentemente armare e addestrare, e questo è avvenuto grazie alla collaborazione di decine di uomini, ognuno dei quali ha superato cento volte Benedict Arnold. Hanno tradito milioni di uomini e sono costati all'America centinaia di migliaia di vite e miliardi di dollari di nuovo debito.

Nel *Saturday Evening Post* del 10 novembre 1951, Beverly Smith, il suo redattore di Washington, pubblicò una versione ufficiale di propaganda su come siamo entrati nel conflitto coreano. Smith ha lo stesso percorso di studi di Alger Hiss, una laurea alla Johns Hopkins e una laurea in legge alla facoltà di legge di Harvard. Smith ha l'ulteriore vantaggio di essere un borsista Rhodes. Entrò nello studio legale di Wall Street Chadbourne, Hunt, Jaeckel e Brown, rappresentando banchieri internazionali. Smith scopre poi che, oltre che avvocato, è un ottimo scrittore. Divenne corrispondente dall'estero per il New York Herald Tribune, un giornale da tempo noto per il numero di compagni di viaggio comunisti nel suo staff.

Smith racconta che il nostro ambasciatore in Corea durante lo scoppio delle ostilità era John Muccio, nato in Italia e naturalizzato americano dopo aver superato la maturità. Smith racconta che Muccio informò il Dipartimento di Stato della crisi coreana il 24 giugno 1950 e i nostri funzionari si riunirono per discutere la posizione americana. Si trattava di Dean Rusk, Assistente Segretario per gli Affari dell'Estremo Oriente, John Dewey Hickerson, Assistente Segretario per gli Affari delle Nazioni Unite, e Philip C. Jessup, nostro Ambasciatore in carica.

Lo studioso Rhodes Dean Rusk era stato in precedenza responsabile degli affari delle Nazioni Unite. Hickerson era stato membro della famigerata Conferenza di San Francisco del 1945 e faceva parte del comitato consultivo di diritto internazionale della Harvard Law School. Jessup, che aveva accompagnato l'avvocato di Kuhn e Loeb Elihu Root alla Corte dell'Aia nel 1929, era stato segretario generale aggiunto di Lehman all'UNRRA, aveva rappresentato gli Stati Uniti alla Conferenza monetaria di Bretton Woods ed era stato assistente legale di Alger Hiss alla Conferenza delle Nazioni Unite di San Francisco del 1945. Jessup era stato presidente del Consiglio americano e del Consiglio del Pacifico dell'Istituto per le Relazioni con il Pacifico del Fronte Comunista. Il Segretariato internazionale dell'Istituto pubblicò nella primavera del 1950 il libro "Korea Today", di George McCune, che a pagina 180 recita,

> "L'amministrazione civile sovietica rimase sullo sfondo e diede ai coreani la massima esperienza di autogoverno. La maggior parte degli osservatori concorda sul fatto che il sistema sovietico si è adattato abbastanza facilmente alla scena coreana, o almeno che è stato molto più facilmente adottato dai coreani rispetto al sistema occidentale sponsorizzato dal comando americano".

Questo era tipico della propaganda comunista diffusa dall'Istituto, di cui Jessup era l'uomo di facciata. Membro della famiglia milionaria Stotesbury (Stotesbury era socio di J.P. Morgan), Jessup è fratello del banchiere milionario di Wilmington John Jessup, direttore di molte società come la Coca-Cola di Atlanta.

Questo è il gruppo che si è riunito per arginare la crisi coreana. Gli interessi dell'America erano davvero in buone mani. Bastava richiamare Alger Hiss dalla prigione per rendere completa la riunione della confraternita.

Smith racconta che questo gruppo conferì con il Segretario Acheson per telefono. Acheson si era qualificato come Segretario di Stato non solo come rappresentante legale retribuito dei comunisti in America, ma anche per la sua sottomissione ai leader sionisti, risalente alla sua esperienza come assistente legale del giudice Brandeis nei primi anni Venti, quando Brandeis era il leader riconosciuto del sionismo in America.

Il giorno seguente, secondo il resoconto di Smith, arrivò un telegramma da John Foster Dulles, che era tornato a Tokyo dalla Corea pochi giorni prima. Il telegramma diceva,

> "Se sembra che i sudcoreani non siano in grado di respingere l'attacco, allora crediamo che si debba ricorrere alla forza degli Stati Uniti".

Questo telegramma è un motivo sufficiente per perseguire Dulles come criminale di guerra, secondo la legge di Norimberga. Dulles aveva compiuto diverse misteriose missioni in Corea poco prima dello scoppio delle ostilità, tenendo fede alla reputazione di Sullivan e Crowell di promuovere rivoluzioni e guerre.

Smith dice,

> "Il Presidente è atterrato a Washington domenica alle 7.15". Ad accoglierlo c'erano Louis Johnson, allora Segretario alla Difesa, e il Sottosegretario di Stato James Webb".

Louis Johnson, avvocato d'impresa, era presidente della General Dyestuff Corporation, una filiale della General Aniline and Film, la filiale americana della I.G. Farben, rappresentata dallo studio Sullivan and Cromwell di Dulles. Webb, prima di arrivare al Dipartimento di Stato, era stato assistente personale di Thomas A. Morgan della banca internazionale Lehman Brothers, presidente della Sperry Gyroscope e direttore della Vickers.

Quando Truman si riunì con i suoi consiglieri alla Casa Bianca per la cena di quella sera, tra loro c'era il Segretario dell'Aeronautica Thomas K. Finletter, già socio degli avvocati Kuhn, Loeb, Cravath e Henderson. Finletter, membro dell'infida Conferenza di San Francisco nel 1945, era un fiduciario del nido comunista chiamato New School of Social Research di New York, presso il quale Anna M. Rosenberg era stata insegnante. Smith racconta che durante la cena delle otto di quella fatidica domenica sera "la conversazione fu generale e non furono presi appunti". Lo storico è spesso confuso dal fatto che alle conferenze che determinano il futuro del mondo, i delegati non parlano di nulla in particolare, si esprimono con vaghe generalità e non prendono appunti. In realtà, naturalmente, vengono stabilite precise linee d'azione, ma per il loro stesso collo, questi cospiratori non osano permettere a nessuno di scoprire ciò che hanno fatto anche per generazioni dopo l'evento.

Della decisione del presidente Truman di alzare il sipario sul massacro dei ragazzi americani in Corea in questa serata deliziosamente vaga, Smith scrive che

> "Praticamente tutti i principali giornali del Paese hanno approvato, ad eccezione del *Chicago Tribune* e del suo affiliato, il *Washington Times-Herald*".

È un terribile atto d'accusa nei confronti della stampa americana: solo un editore in questo continente ha avuto il coraggio di opporsi al massacro insensato delle nostre giovani generazioni.

I leader del Congresso che affiancarono Truman in questa crisi furono il senatore Scott Lucas, poi sconfitto per la rielezione dall'Illinois a causa degli scandalosi legami tra i gangster di Chicago e la sua organizzazione, e il senatore Millard Tydings, poi sconfitto per la rielezione dal Maryland per aver sbianchettato l'indagine sui comunisti nel Dipartimento di Stato che era stata istigata dal senatore McCarthy. Truman stesso era la creatura del comunista Sidney Hillman e del suo luogotenente Max Lowenthal, che gli procurarono la candidatura alla vicepresidenza a Chicago nel 1944. In qualità di presidente della commissione del Senato che indagava sui contratti di guerra durante la Seconda guerra mondiale, Truman aveva imparato abbastanza sui Rockefeller e sui Rothschild da salire ai vertici. Il suo braccio destro è stato George E. Allen, direttore della General Aniline and Film, della Hugo Stinnes Industries e di una dozzina di altre gigantesche società. Truman nominò Allen presidente della Reconstruction Finance Corporation.

Smith racconta che il giovedì successivo Truman incontrò nuovamente i suoi consiglieri, tra cui John Foster Dulles, appena tornato dalla Corea, W. Averell Harriman, convocato in fretta e furia da Parigi, Stuart Symington e James Lay, capo del Consiglio di Sicurezza Nazionale. Harriman stava allora viaggiando per il mondo accompagnato dall'esperto petrolifero ebreo tedesco Walter Levy. Il socio di Harriman della Brown Brothers Harriman, Robert A. Lovett, è ora Segretario alla Difesa. Il Consiglio di Sicurezza Nazionale di Lay è un'altra di quelle misteriose agenzie governative le cui attività sono una minaccia per ogni americano. Operando nella massima segretezza, illustra il fatto che ogni volta che si parla di sicurezza nel titolo di un'agenzia, si intende la sicurezza dei banchieri internazionali che hanno finanziato e promosso il comunismo mondiale.

Smith conclude trionfalmente:

> "Alle 13:22, quasi esattamente sei giorni dopo l'inizio dei combattimenti, gli ordini erano in arrivo a MacArthur. Eravamo dentro".

In circa 5.000 parole del suo articolo "Perché siamo entrati in guerra in Corea", Beverly Smith sostiene che siamo entrati in guerra per fermare l'aggressione comunista. I funzionari che affiancarono Truman nel prendere questa decisione, tuttavia, erano gli stessi che negli ultimi dieci anni avevano seguito una politica coerente e ben documentata di filocomunismo, tradendo la Cina ai comunisti e sabotando gli aiuti militari alla Corea del Sud. Ciò solleva la questione se il nostro coinvolgimento nella guerra di Corea sia a vantaggio nostro o della Russia. La risposta può essere data dal numero delle nostre vittime e dal fatto che la Russia non ha perso un uomo in Corea.

Che lo scopo principale dell'attuale conduzione della guerra di Corea sia il massacro dei giovani americani è dimostrato dal fermo rifiuto di Truman di inviare in Corea le truppe nazionaliste cinesi presenti a Formosa per combattere le armate comuniste cinesi. Come sottolinea Freda Utley in "The China Story", Truman sta aiutando la propaganda del Partito Comunista secondo cui la guerra di Corea è una guerra di asiatici contro gli invasori bianchi. L'aiuto sembra essere intenzionale.

I servizi giornalistici internazionali sono unanimi nell'identificare i morti americani in Corea con l'ignominioso titolo di "vittime delle Nazioni Unite". Gli Stati Uniti hanno fornito il 96% dei soldati e tutti i rifornimenti alle Nazioni Unite, ma i suoi morti non sono più americani. Walter Trohan, nel Washington Times-Herald del 25 gennaio 1952, scrive dei nostri soldati massacrati, fatti prigionieri dai comunisti e brutalmente massacrati, che

> "Le mani dei prigionieri (nel massacro di Katyn) erano legate con un nodo particolare che diventava più stretto se si dimenavano. Dieci anni dopo, nelle nevi della Corea, le mani degli americani furono legate con lo stesso nodo particolare in un territorio invaso dai sovietici. Gli americani furono ritrovati più tardi, ognuno con una pallottola nel cervello. Furono giustiziati allo stesso modo degli ufficiali polacchi nella foresta di Katyn".

Arthur Bliss Lane, ex ambasciatore degli Stati Uniti in Polonia, ha scritto nel numero di gennaio 1952 della rivista The American Legion che

"Non dimentichiamo che le mani dei nostri ufficiali dell'esercito, dei nostri cappellani militari, dei nostri soldati, quando abbiamo trovato i loro corpi freddi che giacevano nel sangue sul suolo coreano invaso dai comunisti, sono state trovate legate dietro la schiena proprio come le mani degli ufficiali dell'esercito polacco erano state legate a Katyn; legate con lo stesso nodo insidioso che i comunisti hanno usato per gli ufficiali polacchi".

Dietro queste atrocità contro i prigionieri di guerra americani si cela la sinistra figura di Dean Acheson, l'ex rappresentante legale dell'Unione Sovietica e aderente al sionismo che ha mandato i nostri ragazzi a farsi massacrare dai suoi ex datori di lavoro, gli spietati leader sovietici. Acheson e Lattimore avevano manovrato per provocare l'attacco comunista in Corea, assicurando ai comunisti che non avremmo sostenuto il governo Rhee. Nell'agosto del 1949, Lattimore, che non ha mai avuto una posizione ufficiale nel Dipartimento di Stato, ma che sembra aver diretto la nostra politica asiatica per anni, ha redatto un memorandum top secret intitolato "For the Guidance of Ambassador-at-Large Philip C. Jessup", che raccomandava di ritirare tutto il sostegno dalla Corea del Sud e di evacuare le nostre forze dal Giappone. Una delle più importanti influenze dietro le quinte di Washington, persino più importante di Alger Hiss, Lattimore ebbe una conferenza di mezz'ora con Truman prima che Truman partisse per Potsdam il 14 agosto 1945. Il 31 marzo 1950, Truman rese un omaggio entusiasta ad Acheson, Jessup e Lattimore durante una conferenza stampa nel suo alloggio invernale a Key West, in Florida, difendendoli dall'esposizione delle loro affiliazioni comuniste da parte del senatore McCarthy.

Il *Daily Compass* del 17 luglio 1949 riportava una nota che diceva: "La cosa da fare è lasciare che la Corea del Sud cada, ma non far sembrare che l'abbiamo spinta". La nota era firmata O.L., che si è poi rivelato essere Owen Lattimore. Instancabile propagandista comunista, Lattimore scrisse un flusso costante di materiale influente per la rivista dell'Institute of Pacific Relations, "Pacific Affairs". Tipico del suo incrollabile seguire la linea del Partito Comunista è il suo atteggiamento nei confronti dei processi per l'epurazione di Mosca del 1937-38. L'approvazione di questi processi è convincente. L'approvazione di questi processi è una prova convincente della devozione al comunismo, così come l'approvazione del patto di non aggressione russo-tedesco del 1939. Lattimore ha scritto in "Pacific Affairs", settembre 1938, pagine 404-504,

"The American Quarterly on the Soviet Union", pubblicato dall'American-Russian Institute, aprile 1938. Questo promettente trimestrale si è sviluppato dal Bollettino originariamente pubblicato dall'ARI, ed è un segno della sana crescita dell'interesse americano per l'Unione Sovietica. Il primo numero si apre con un articolo di John Hazard, che ha studiato diritto sovietico a Mosca per tre anni, sui cambiamenti e le controversie nella teoria del diritto nel primo Paese che sta cercando di mettere in pratica le teorie di Marx. L'argomento è di grande importanza, perché apre ai non addetti ai lavori la comprensione della filosofia giuridica che guida i processi legali dell'Unione Sovietica. L'articolo è un'ulteriore indicazione del fatto che la serie di processi di Mosca non rappresenta il culmine di un processo di repressione, ma, al contrario, fa parte di un nuovo progresso nella lotta per liberare le potenzialità sociali ed economiche di un'intera nazione e del suo popolo".

John Hazard, il più grande esperto americano di diritto sovietico e membro del Council On Foreign Relations, approvò il processo di Mosca, e il collega Lattimore lo appoggiò. Un altro membro del Consiglio, il Maggiore Generale Lyman Lemnitzer, che gestì i negoziati per la resa della Germania, ammise davanti a una commissione del Senato la sua personale responsabilità nel sabotaggio degli aiuti militari alla Corea del Sud. Era a capo dell'Ufficio per l'assistenza militare estera. Newsweek del 10 luglio 1950 riporta che il senatore Ferguson chiese a Lemnitzer quanti dei 10.230.000 dollari di aiuti autorizzati dal MAP per la Corea del Sud nel luglio 1949 fossero stati consegnati. Lemnitzer ammise a malincuore che duecento dollari di apparecchiature di segnalazione obsolete erano tutti gli aiuti che avevamo inviato alla Corea del Sud.

Nella conduzione di questa guerra, è stato difficile per i sudcoreani capire da che parte stia Washington. La stampa gialla e liberale critica costantemente il "reazionario" Synghman Rhee, che è il capo legale del governo sudcoreano e che il nostro Dipartimento di Stato considera uno sporco fascista. La distruzione dell'esercito di Chiang a Formosa sembra significare per il nostro Dipartimento di Stato più di qualsiasi altra cosa in Asia. William C. Bullitt ha testimoniato davanti al Comitato McCarran, l'8 aprile 1952, che Acheson ordinò alla Settima Flotta della Marina statunitense di pattugliare la costa di Formosa e di impedire alla Marina di Chiang di affondare le navi polacche della Linea Gdynia che passavano per Formosa dirette in Corea del Nord con munizioni per le armate comuniste cinesi. Bullitt testimoniò che l'ordine di Acheson liberò il Terzo e il Quarto Esercito Comunista Cinese per il servizio in Corea e per l'azione contro le truppe americane.

La propaganda di Voice of America contro Rhee divenne così feroce che egli chiuse le operazioni in Corea nel luglio 1952, un grande colpo per i simpatizzanti comunisti della Corea del Sud. L'attacco a Rhee continua da parte del New York Times, del Washington Post, del Christian Science Monitor e dei loro satelliti, che sembrano vedere solo il lato marxista della notizia.

La Sezione Informazione ed Educazione dell'Esercito degli Stati Uniti, da sempre un comodo rifugio per i comunisti e i compagni di viaggio nell'Esercito, ha fornito a 80.000 prigionieri di guerra nordcoreani sull'isola di Koje materiali per la realizzazione di bandiere e insegne comuniste, in modo che potessero esprimersi senza essere frustrati. Le atrocità contro gli elementi anticomunisti nei campi di prigionia nordcoreani fanno luce sulle condizioni dei campi nazisti durante la Seconda guerra mondiale, quando gli spietati capi comunisti all'interno dei campi uccidevano sistematicamente tutti coloro che si opponevano a loro.

L'apice si raggiunse in Corea quando il generale MacArthur, che stava avendo troppo successo nella sua campagna, volle bombardare le centrali elettriche nordcoreane che rendevano possibile lo sforzo bellico dei comunisti. Il Ministro della Difesa britannico, Emmanuel Shinwell, chiese che MacArthur fosse richiamato e Truman fu felice di accontentarlo. Alcuni interessi in Gran Bretagna avevano ottenuto ottimi risultati con le vendite del motore a reazione Nene alla Russia, tanto che i loro jet stavano superando gli altri sui fronti di battaglia coreani. MacArthur sembrava in grado di vincere la guerra, e così Truman lo richiamò a casa e lo privò del comando.

Per una volta, l'eroe della malavita di Kansas City, Harry Truman, aveva oltrepassato i limiti. L'intero Paese fu indignato dall'azione di Truman, anche se le influenze dietro di essa non furono note per alcuni mesi. Il Senato tenne delle audizioni sul ritorno di MacArthur e Marshall, il collaboratore comunista che Truman definì "il più grande americano vivente", venne a testimoniare. Era in pessime condizioni. I commentatori più gentili osservarono che la sua memoria sembrava essersi deteriorata. La sua mente sembrava compromessa e si era ritirato dal servizio pubblico. La sua assistente, Anna Rosenberg, continuò coraggiosamente a lavorare al Dipartimento della Difesa fino a quando

Robert A. Lovett poté essere convocato dagli uffici della Brown Brothers Harriman.

Dopo più di un anno di "negoziati di pace", il massacro dei ragazzi americani in Corea continua, con grande soddisfazione di entrambe le parti. Con la rimozione del generale MacArthur, la guerra potrebbe continuare all'infinito, con il risultato che forse un milione di nostri giovani troverà la sua ultima dimora sul suolo coreano. I negoziatori di pace a volte hanno difficoltà a trovare una scusa per far continuare la guerra, ma al momento in cui scriviamo, la loro ingegnosità è bastata.

Questo massacro di ragazzi americani indebolisce notevolmente il nostro potere di fronte al riarmo russo. È stata avanzata l'idea che, se la nostra politica di uccidere i comunisti è sincera, non è necessario mandare i nostri ragazzi a tremila miglia di distanza per farlo. Alcuni elementi in America sono molto preoccupati per la possibilità che i nostri ragazzi si abituino a uccidere i comunisti e che desiderino continuare questa abitudine una volta tornati in America. Per eludere e rimandare questo problema, il Dipartimento della Difesa ha preparato dei piani per mantenere le attuali truppe in Corea per un numero indefinito di anni, nel caso in cui i negoziatori di pace non riescano a mantenere la guerra in corso.

CAPITOLO 25

U n'economia basata sul barbaro sacrificio della gioventù sull'altare della guerra ha poco da raccomandare alla prosperità. Eppure, sotto il Federal Reserve System, è proprio questa l'economia che abbiamo. Il massacro della gioventù americana è stato giustificato a Wall Street con l'osservazione, spesso pronunciata ma raramente pubblicata, che se non ci fossimo riarmati, la nostra economia sarebbe crollata. Riarmo, ovviamente, significa guerra. Non è mai esistito un esercito che non sia stato usato.

Questa osservazione sul riarmo è un fertilizzante per altre guerre. Abbiamo un sistema monetario che viene gestito a beneficio di pochi banchieri internazionali e dei loro satelliti. Questa è la ragione della Corea. Non si fa alcuno sforzo per stabilire un'economia di pace, perché l'economia di guerra offre molte più attrattive alla banda che gestisce lo spettacolo. Un'economia che avesse come obiettivo la pace non richiederebbe che i nostri giovani vengano massacrati in guerre straniere.

Marriner Eccles, all'epoca governatore del Federal Reserve Board, dichiarò durante le audizioni di Bretton Woods nel maggio 1945 che

"Una moneta internazionale è sinonimo di governo internazionale".

La cosiddetta "moneta internazionale", che in realtà è l'equilibrio di diverse valute nazionali, è la radice dell'attuale crisi monetaria in Europa. Un intero continente è rimasto bloccato nella sua ripresa dalla Seconda Guerra Mondiale perché la struttura monetaria dipende troppo dalla fornitura di dollari dagli Stati Uniti. La Germania occidentale ha compiuto la ripresa più sorprendente perché ha subito meno interferenze da parte dei banchieri che hanno investimenti da proteggere. L'Inghilterra e la Francia sono state frenate dagli "interessi acquisiti" che non hanno saputo adattarsi all'economia del dopoguerra. L'ammiraglio Zacharias, in "Dietro le porte chiuse", dice a pagina 323,

> "La Gran Bretagna deve essere riportata al potere e all'influenza. Dobbiamo concederle almeno 10 miliardi di dollari in contanti senza vincoli".

Per quanto ridicola possa sembrare, questa affermazione è vera, secondo l'attuale struttura monetaria internazionale. La Gran Bretagna è strangolata dalla sua dipendenza dall'offerta di dollari, il che è molto positivo per i banchieri che hanno dollari da vendere alle borse. Perché la Gran Bretagna non può aiutarsi da sola? I banchieri internazionali non glielo permettono. La bava economica sovvenzionata dai banchieri è esemplificata dalla seguente propaganda di una delle loro scrittrici più pagate, Barbara West dell'organo della casa Rothschild "The Economic", di Londra. Il suo libro, "Policy for the West", Norton, 1951, è una difesa della politica di contenimento e sostiene che la difesa dell'Europa occidentale è la difesa della civiltà occidentale. Perché stiamo "contenendo" l'aggressione comunista in Corea? L'autrice consiglia a tutte le nazioni dell'orbita occidentale di ridurre le spese non legate alla difesa. Il reddito nazionale deve essere destinato alla produzione bellica. Questo è lo slogan "guns-instead-of-butter" che fu denunciato a gran voce quando i nazisti lo istigarono in Germania. La produzione bellica ha un margine di profitto più alto rispetto alla produzione civile ed è impossibile produrre in eccesso per il mercato bellico. La mente di Barbara West si rivela nella sua acutezza da materasso con queste parole,

> "Un debito nazionale non è necessariamente inflazionistico. Non comporta un nuovo onere per la comunità, ma una ridistribuzione della ricchezza al suo interno. Un gruppo di persone viene tassato per fornire gli interessi sul debito, un altro gruppo riceve gli interessi".

Questa brillante economista ci dice che il debito non è un nuovo fardello. Evidentemente non ha mai fatto debiti. 150.000.000 di persone sono tassate per fornire gli interessi sul debito, e alcuni membri del Council on Foreign Relations ricevono tali interessi. Questa è redistribuzione della ricchezza con una vendetta. Donald C. Miller, nel suo studio "Taxation, the Public Debt, and Transfer of Income" (Tassazione, debito pubblico e trasferimento di reddito), del 1950, osserva che l'effetto netto dell'aumento della tassazione per il servizio o il ritiro del debito negli Stati Uniti è stato quello di trasferire il reddito da coloro che guadagnavano meno di 5.000 dollari all'anno a un gruppo di reddito più elevato. Si tratta di un prelievo dai poveri per soddisfare i ricchi. Tre quarti del debito nazionale sono di proprietà dei grandi trust, delle banche e delle compagnie di assicurazione, che hanno direttori interconnessi che risalgono alle banche internazionali. Nel maggio 1951, il Tesoro degli Stati Uniti ha comunicato che i contribuenti pagavano cinque miliardi e novecento milioni di dollari all'anno di interessi sul debito nazionale, una media del 2,2%. Qualcuno sta incassando sei miliardi all'anno come profitto per averci trascinato nella Seconda Guerra Mondiale. Non c'è da stupirsi che possano permettersi di finanziare le università per insegnare il loro marchio di economia aurea da Banca Centrale e per pubblicare le sciocchezze della stordita Barbara West. Il suo "Politica per l'Occidente" offre un interessante problema di aritmetica, anche se i suoi editori si sono rifiutati di rispondere alle domande in merito. Scrive,

> "Il reddito personale generale è aumentato da 72 miliardi nel 1939 a 171 miliardi nel 1945. Queste cifre, tra l'altro, non possono essere liquidate come semplice inflazione monetaria. Si verificarono aumenti reali dei consumi. Per esempio, il consumo di generi alimentari in America era undici volte maggiore nel 1950 rispetto al 1939".

Norton and Co. non mi ha inviato statistiche che dimostrino che in America si consumava undici volte di più nel 1950 che nel 1939. Eppure è proprio questo che sostiene. L'autrice indica specificamente che il consumo effettivo di cibo da parte degli americani è aumentato di undici volte, non quello che è stato immagazzinato, regalato ad altri Paesi o bruciato da un'amministrazione benevola per aumentare i prezzi, ma quello che è stato effettivamente digerito dai cittadini americani. Almeno questo ci dà un'idea del valore delle dichiarazioni di Barbara West. Frequente collaboratrice dell'Atlantic Monthly e del *New York Times*, è considerata uno dei commentatori più intellettuali e validi di oggi. E così sia.

Il modo in cui i banchieri spendono milioni per promuovere i loro loschi piani è dimostrato dal Rapporto dei Lobbisti al Congresso, in cui si evince che la filiale del Council On Foreign Relations al 45 East 65th St. New York, l'Associazione Americana per le Nazioni Unite, ha distribuito più di un milione di dollari in contanti a tre misteriosi gruppi di pressione a Washington, 352.000 dollari al Comitato per il Piano Marshall per aiutare la ripresa europea, 353.000 dollari al Comitato sul pericolo attuale, diretto dal cognato del senatore Lehman, Frank Altschul di Lazard Freres, e 353.000 dollari al Comitato per l'Unione Atlantica, un'ulteriore prova che tutte queste organizzazioni internazionaliste derivano dal Council On Foreign Relations, come dimostrano gli intrecci tra le direzioni dei loro comitati esecutivi e il Council.

Il Prof. J.H. Morgan, K.C., nella *Quarterly Review* del gennaio 1939, racconta come i banchieri spendono il loro denaro,

> "Quando una volta chiesi a Lord Haldane perché avesse convinto il suo amico Sir Ernest Cassel a destinare per testamento ingenti somme alla London School of Economics, mi rispose: 'Il nostro obiettivo è fare di questa istituzione un luogo dove far crescere e formare la burocrazia del futuro Stato socialista mondiale'. "

Uno dei suoi laureati era il fratello di Dean Acheson, Edward Campion Acheson, un altro era l'agente comunista Lauchlin Currie. Il genio guida della London School of Economics era il propagandista comunista Harold Laski. L'amministrazione dei fondi era nelle mani di Israel Moses Sieff, presidente della Commissione per la pianificazione politica ed economica in Inghilterra e amministratore delegato dei grandi magazzini Marks and Spencer.

La London School of Economics ricevette più di un milione di dollari in sovvenzioni dalla Rockefeller Foundation in tre anni, dal 1926 al 1929. Le fondazioni fondate da milionari americani si intrecciano nel campo dell'internazionalismo. Per esempio, Julius Rosenwald, il milionario della Sears, Roebuck, era direttore della Fondazione Rockefeller, mentre la sua stessa Fondazione Rosenwald spendeva milioni per promuovere l'agitazione razziale negli Stati Uniti. Dopo aver accumulato trecento milioni di dollari nel settore della vendita per corrispondenza, Rosenwald si dedicò alla propaganda su larga scala, con sovvenzioni all'Università di Chicago e con l'acquisto dell'Enciclopedia Britannica. In seguito creò il Fondo Rosenwald che, come la Fondazione Guggenheim e altre, mise le sue sovvenzioni a disposizione degli intellettuali comunisti per portare avanti il loro lavoro e finanziò le dottrine leniniste-marxiste della rivoluzione mondiale attraverso una costante promozione della guerra di classe, mettendo gruppo contro gruppo. L'abile e incessante sfruttamento dei problemi delle minoranze degli Stati Uniti da parte di queste fondazioni è stato un passo essenziale verso la creazione di un governo comunista in America. Mettendo le minoranze l'una contro l'altra e contro la maggioranza anglosassone che ha costruito la nazione americana, queste fondazioni spendono un miliardo di dollari all'anno per la propaganda, e la maggior parte di questa propaganda è comunista. L'agitazione razziale è diventata una delle professioni più redditizie in

America, poiché queste fondazioni pagano fino a cinquantamila dollari all'anno per un agente esperto. Quando fu arrestato come spia comunista, Alger Hiss era presidente della Carnegie Endowment for International Peace, una posizione comunista di primo piano che pagava 25.000 dollari all'anno e le spese. Sono decine gli incarichi di questo tipo offerti dalle fondazioni ai leader intellettuali del movimento comunista in America.

Attualmente, la propaganda delle fondazioni è dedicata a fomentare la minoranza negra in America, a raccogliere più soldi per lo Stato di Israele e a spingere questo Paese verso la bancarotta attraverso l'aumento della spesa per gli "aiuti esteri", che, ovviamente, vanno tutti nelle tasche dei più abili furfanti dall'altra parte dell'oceano. La proposta di legge sulle pratiche di lavoro eque, che dice al datore di lavoro chi deve assumere, è solo un aspetto della continua guerra di classe portata avanti in America secondo i precetti di Marx e Lenin.

Il senatore McCarthy elencò decine di comunisti di spicco che erano stati finanziati da sovvenzioni liberali della Fondazione Rosenwald e della Fondazione Guggenheim. Le audizioni del Congresso hanno portato alla luce molti altri che sono stati sostenuti per anni nelle loro attività comuniste da borse di studio e donazioni di denaro da parte della Fondazione Carnegie, della Fondazione Rockefeller e di altri. John D. Rockefeller istituì il Consiglio Generale nel 1903. Questo consiglio si è specializzato nella concessione di fondi agli istituti per insegnanti di tutti gli Stati Uniti. Il programma fu avviato solo nel 1915, quando fu affidato ad Abraham Flexner, le cui qualifiche per determinare il futuro dell'istruzione americana consistevano unicamente nel fatto che nel 1913 aveva scritto un libro intitolato "Prostitution in Europe".

Il motto di queste fondazioni è sempre stato: "Milioni per i traditori, ma non un centesimo per i patrioti". Non ho trovato un solo caso in cui una di queste fondazioni abbia speso un centesimo per studi sulla Costituzione degli Stati Uniti o sui principi su cui i nostri antenati hanno fondato la Repubblica americana. Presentano un solido fronte di internazionalisti leninisti mondialisti. Le simpatie morali della Fondazione Rockefeller possono essere dedotte dal fatto che non ha concesso sovvenzioni per scopi religiosi per molti anni, fino al 1947, quando ha dato 100.000 dollari alla chiesa non confessionale dei milionari di New York, la Riverside Church, a New York City. Nel 1949 il Consiglio federale delle Chiese di Cristo ha ricevuto 100.000 dollari dalla Fondazione Rockefeller. Per molti anni questo gruppo è stato considerato un fronte comunista dal Federal Bureau of Investigation. John Foster Dulles era un importante funzionario di questa organizzazione, che nel 1950 cambiò nome in Consiglio Nazionale delle Chiese di Cristo, perché veniva citata così spesso nelle audizioni del Congresso sulle attività comuniste in America. Nel Congressional Record del 17 agosto 1935, a pagina 13053, si legge,

> "Il Consiglio federale delle Chiese di Cristo in America: È una grande organizzazione pacifista radicale. Probabilmente rappresenta venti milioni di protestanti negli Stati Uniti. Tuttavia, la sua leadership consiste in un piccolo gruppo radicale che detta le sue politiche". (Citato dal Rapporto del Dipartimento di Intelligence Navale degli Stati Uniti: 1 aprile 1935)".

Non solo John D. Rockefeller 3d ha contribuito e fatto parte di organizzazioni di facciata comuniste come l'Institute of pacific Relations, ma anche Nelson Rockefeller porta avanti la tradizione familiare di promuovere l'internazionalismo leninista. Elizabeth Bentley ha testimoniato che Nelson Rockefeller assunse Bob Miller, editore della pubblicazione latino-americana notoriamente filocomunista "The Hemisphere", come capo della divisione di ricerca politica per gli Affari Interamericani quando Nelson Rockefeller era a capo di quella divisione del Dipartimento di Stato. Quando lasciò il Dipartimento di Stato, Rockefeller portò con sé la maggior parte del suo staff come personale per la sua International Basic Economy Corporation, una misteriosa società coinvolta nel Programma Truman-Browder Punto Quattro per lo sviluppo delle aree arretrate del mondo.

Il registro annuale dell'Università di Chicago per il 1912-1913, a pagina 4, dice,

> "I soci fondatori nominati nello statuto erano John D. Rockefeller, F. Nelson Blake, Marshall Field, Frederick T. Gates, Francis E. Hinckley e T. W. Goodspeed. In riconoscimento della particolare relazione del signor Rockefeller con l'istituzione (ha messo i soldi; EM), il Consiglio di Amministrazione ha stabilito che sui sigilli e sulla carta intestata e in tutte le pubblicazioni ufficiali si legga "L'Università di Chicago, fondata da John D. Rockefeller"".

Questa università, creazione personale di Rockefeller, che era la creazione di Jacob Schiff, è stata per molti anni un punto focale dell'infezione comunista d'America. Dalle sue aule sono usciti molti dei più devoti rivoluzionari che sposano il rovesciamento violento del governo americano, e i suoi professori di economia sono stati particolarmente utili nel promuovere l'internazionalismo, poiché l'economia è la principale arma marxista. La rivista Fortune dell'aprile 1947, a pagina 2, riportava che

> "Una Commissione sulla libertà di stampa è stata finanziata con 200.000 dollari da Time, Inc. e 15.000 dollari da Encyclopaedia Britannica Inc. La Commissione, nominata dal Cancelliere Robert M. Hutchins dell'Università di Chicago, era composta da tredici americani di alto livello intellettuale".

L'Encyclopaedia Britannica è di proprietà del senatore William Benton, così come la sua filiale Encyclopaedia Britannica Films, che collabora con il Twentieth Century Fund, fondato dal filocomunista Edward Filene, nella distribuzione di film sull'educazione sessuale nelle scuole americane. Benton, Hutchins, Henry Luce e Paul Hoffman compongono un direttorio interconnesso che controlla gran parte della nostra stampa e del nostro sistema educativo. Tutti e quattro fanno parte del consiglio di amministrazione dell'Encyclopaedia Britannica Inc. e del Comitato per lo Sviluppo Economico, Luce e Hoffman sono direttori di Time Inc., Benton e Hutchins sono nel consiglio di amministrazione dell'Università di Chicago e Hoffman e Hutchins controllano la Fondazione Ford.

La Commissione sulla libertà di stampa ha speso centinaia di migliaia di dollari prima di riferire che c'era troppa libertà di stampa, che era quello che i suoi sponsor volevano sentire. La Commissione ha proposto una serie di modi per imbavagliare indirettamente una stampa troppo critica, molti dei quali Eleanor Roosevelt ha cercato di imporre all'America attraverso le Nazioni Unite, con l'abile assistenza del professor Zechariah Chafee, Jr. È improbabile che queste raccomandazioni entrino in vigore fino a quando le Nazioni Unite non aumenteranno considerevolmente il loro controllo sugli affari interni dei Paesi membri.

Current Biography, volume del 1945, parla di William Benton,

> "Benton divenne presidente del consiglio di amministrazione delle società inglesi e canadesi della Britannica (dopo che Julius Rosenwald gliele aveva trasferite). L'unico cambiamento di rilievo annunciato in quell'occasione fu che il corpo docente dell'Università di Chicago sarebbe diventato il consulente ufficiale delle pubblicazioni, supervisionando le continue revisioni a cui è sottoposta la serie di libri. Per assicurare un'estrema vigilanza nella lettura per la revisione, la Britannica Co. istituì borse di studio

presso l'Università di Chicago, per effettuare la lettura preliminare e formulare raccomandazioni ai membri della facoltà, che raccomandano la revisione da parte di esperti. Del gruppo, oltre a Benton, che determinò le politiche del progetto Britannica, facevano parte Robert Hutchins, Henry Luce, presidente di Time, Inc. e Paul Hoffman della Studebaker Corporation".

L'opera di riferimento standard in tutte le istituzioni scolastiche americane, l'Enciclopedia Britannica, dal 1938 è stata sottoposta a revisione in un focolaio di rivoluzionari comunisti, l'Università di Chicago, la cui facoltà ha fornito l'attuale delegato comunista della Polonia alle Nazioni Unite, Oscar Lange. Whittaker Chamber, in una dichiarazione già citata, ha sottolineato che la maggior parte dello staff di corrispondenti esteri del Time era composto da comunisti, e questo non era casuale.

Il Time Magazine fu fondato nel 1923 da Henry Luce e Briton Hadden. Bennett Cerf, nella sua rubrica "Trade Winds", sulla Saturday Review of Literature del 25 giugno 1949, scrisse,

> "Quando si laurearono a Yale, Luce e Hadden fecero stampare il Time così bene che un numero del giugno 1949 non si discosta più del 10% dal primo prospetto del 1922. Mentre raccoglievano i fondi necessari per far nascere la rivista, Hadden accettò un lavoro temporaneo sotto la guida del grande maestro Herbert Bayard Swope al New York World; Luce intanto faceva esperienza al Chicago News, sotto l'occhio attento di Ben Hecht".

A pagina 1574 del New York Co-Partnership Directory, 1923, E. L. Polk Co. i direttori della Time, Inc. sono elencati come Briton Hadden, presidente, Henry Luce, segretario, William T. Hincks, Harry P. Davison Jr., William V. Griffin e William Hale Harkness, con una capitalizzazione di 150.000 dollari. Time, Inc. si proponeva come portavoce dei maggiori interessi di Wall Street. Il nonno di Haden era presidente della Brooklyn Savings Bank, Harry P. Davison Jr. era socio della J.P. Morgan Co., Harkness era membro della ricca famiglia della Standard Oil e William V. Griffin era direttore della Bank of Manhattan, controllata dalla famiglia Warburg.

Wolcott Gibbs, nel New Yorker Magazine, 28 novembre 1935, pagina 21, nomina le persone che hanno messo il capitale iniziale per Time, Inc. come segue: Harry P. Davison Jr. della J.P. Morgan Co. $4000; Mrs. David S. Ingalls, sorella di William Hale Harkness, $10.000; William Hale Harkness, loro compagno di studi a Yale, $5000; sua madre, Mrs. W. H. Harkness, 20.000 dollari; e altre somme da Dwight Morrow, socio di J.P. Morgan, E. Roland Harriman, fratello di W. Averell Harriman, socio di Brown Brothers Harriman e finanziatore e direttore della rivista Newsweek, e William V. Griffin. La fortuna di Harkness proveniva dalla Standard Oil Corporation di Rockefeller. Così, fin dall'inizio, il Time fu il portavoce della Standard Oil, di J.P. Morgan, di Kuhn, Loeb e Griffin e della Bank of Manhattan. Inutile dire che Luce e molti dei suoi redattori sono membri di spicco del Council On Foreign Relations.

Nel 1923, Henry Luce fu anche direttore della Saturday Review of Literature, finanziata da Thomas Lamont della J.P. Morgan Co. per controllare la vendita dei libri attraverso recensioni favorevoli o sfavorevoli. La Saturday Review è stata famosa per la sua schietta difesa di persone coinvolte in attività comuniste, in particolare Owen Lattimore. Time Magazine lottò per cinque anni senza registrare profitti, un tributo al genio dei suoi fondatori, ma, con queste enormi fortune alle spalle, Luce non poteva andare in rovina. Nel 1929, un anno disastroso per la maggior parte degli americani, Time registrò il suo primo profitto. L'azienda è cresciuta costantemente, mentre i suoi predecessori, come World's Work, North American Review e Literary Digest, cadevano in disgrazia. Il fallimento del Literary Digest nel 1936 lasciò a Luce un campo quasi libero. Nella relazione annuale del 1936 di Time, Inc. Luce afferma che la società possiede 2.700.000 dollari in titoli di Stato e 3.000.000 dollari in azioni di altre società.

A pagina 1210 del Poor's Directory of Directors del 1952 sono elencati i direttori di Time, Inc. che pubblica Time, Life, Fortune e Architectural Forum:

Presidente del Consiglio di Amministrazione, Maurice T. Moore, sposato con Elizabeth Luce e socio dello studio legale Cravath, Swaine e Moore, avvocati di Kuhn, Loeb Co. (ex Cravath e Henderson). Moore è stato assistente speciale di Paul Hoffman all'ECA nel 1948;

William V. Griffin, vicepresidente; direttore della Yale Publishing Co., della Bank of Manhattan, della Continental Oil, della Manati Sugar, Inc. e di molte altre società. In precedenza è stato direttore, insieme ad Albert Strauss, della J. and W. Seligman Co. della Compania Cubana, della Cuba Railroad e delle Consolidated Railways of Cuba.

Artemus L. Gates, presidente della Union Pacific Railroad, una delle più grandi strade controllate dalla Kuhn, Loeb Co.; Roy Larsen, presidente della Time, Inc.; Henry Luce, caporedattore; Samuel W. Meek Jr., vicepresidente della J. Walter Thompson, la più grande agenzia pubblicitaria di New York; Charles Stillman, che era a capo della missione tecnica dell'ECA in Cina nel 1948, e direttore dell'Associazione di politica estera di sinistra con John D. Rockefeller 3d.

L'ultimo dei direttori del Time è Paul Hoffman, cofondatore con William Benton del Committee for Economic Development, direttore della Federal Reserve Bank di Chicago, della United Airlines e in precedenza direttore della Marine Midland Trust. È stato nominato presidente della Studebaker dalla Lehman Brothers, poi è diventato capo dell'ECA, quindi direttore della Ford Foundation e infine capo del movimento Citizens for Eisenhower.

Come Assistente Segretario di Stato, William Benton ereditò l'Office of War Information di James Paul Warburg, che trasformò in Voice of America. Il suo partner pubblicitario, il governatore Chester Bowles del Connecticut, nominò Benton senatore degli Stati Uniti del Connecticut, in uno degli affari politici più odiosi della storia di quello Stato.

Benton e Hoffman fondarono nel 1942 il Committee for Economic Development, un'agenzia di pianificazione economica di alto livello che esercita la voce dominante nella nostra economia del dopoguerra. È un libro a sé stante.

Time, Inc. ha aumentato costantemente la sua influenza politica a partire dalla Seconda Guerra Mondiale. Ha pagato per la presentazione televisiva della "Crociata in Europa" del generale Eisenhower, che ha favorito la candidatura di Eisenhower alla presidenza, e ha pagato anche per la presentazione televisiva delle audizioni sulla criminalità al Senato per promuovere il senatore Estes Kefauer, portavoce dell'Unione Atlantica, per la presidenza.

Hoffman e Hutchins ereditarono insieme la Fondazione Ford, mezzo miliardo di dollari con l'unico scopo di promuovere il governo mondiale. Robert Hutchins scrisse un pamphlet intitolato "La bomba atomica e l'educazione", pubblicato dal National Peace Council di Londra nel 1947, in cui affermava, a pagina 5,

> "Credo nel governo mondiale. Penso che dobbiamo averlo e averlo presto... Uno Stato mondiale richiede una comunità mondiale, una comunità mondiale richiede una rivoluzione mondiale".

Nella Fondazione Ford, Hutchins dispone di 500 milioni di dollari, ciò di cui i rivoluzionari hanno sempre bisogno: il denaro. Fortune Magazine, dicembre 1951, pagine 116-117, descrive la Fondazione Ford come dotata di un patrimonio di 493 milioni di dollari, per lo più azioni Ford di classe A senza diritto di voto, con una liquidità di 68,8 milioni di dollari. Paul Hoffman è il direttore principale, i quattro direttori delle politiche e della pianificazione sono Robert Hutchins, Chester C. Davis, che considerava questa posizione così importante da dimettersi dalla presidenza della Federal Reserve Bank di St. Louis per assumerla, R. Rowan Gaither, presidente della Rand Corporation, e Milton Katz, ex ambasciatore europeo per il Piano Marshall mentre le spedizioni erano dirette in Russia. I fondi di lavoro per il 1951 erano un fondo di 7 milioni di dollari per l'avanzamento dell'istruzione, sotto la guida del dottor Clarence Faust, professore all'Università di Chicago dal 1930 al 1947, il cui presidente è Frank Abrams, presidente della Standard Oil del New Jersey; un fondo di 3 milioni di dollari per l'educazione degli adulti, il cui presidente è C. Scott Fletcher, già presidente della Hobby. Scott Fletcher, già assistente di Hoffman alla Studebaker e direttore del Field Development del Committee for Economic Development dal 1943 al 1946; il presidente di questo fondo è Alexander Fraser, già presidente della Shell Oil; e un Fondo per l'Europa dell'Est, originariamente chiamato Fondo per la Russia Libera, con l'attuale ambasciatore in Russia George Kennan come presidente, destinato ad aiutare gli esuli russi ad adattarsi alla vita americana; 200.000 dollari concessi a istituzioni non identificate in questo campo.

Questa era la Fondazione Ford nel 1951. La Fondazione è stata più reticente sulle sue attività nel 1952. Hoffman si dimise per dedicare tutto il suo tempo ad assicurare la presidenza all'amico di Stalin, il generale Eisenhower, e Robert Hutchins si occupò dei 500 milioni di dollari. Se un solo dollaro di questo fondo verrà mai speso per qualche scopo utile e patriottico, sarà solo dopo che il rivoluzionario mondiale Hutchins e la sua banda di pazzi e mondialisti, nutrita di Adler, si saranno spostati in campi più fertili.

CAPITOLO 26

I l giudice Simon Rifkind, aiutante di Eisenhower in tempo di guerra, scrisse nel Bollettino informativo del Congresso ebraico mondiale del 1946-1947, vol. 2, pagina 20,

> "Il problema ebraico non è solo un problema europeo, ma un problema mondiale".

Adolf Hitler disse la stessa cosa. La creazione di un focolare nazionale ebraico in Palestina è stata ottenuta con la Prima guerra mondiale. L'istituzione dello Stato di Israele è stato il risultato principale della Seconda guerra mondiale. Dobbiamo chiederci chi beneficerebbe della Terza guerra mondiale?

Non appena gli ebrei entrarono in Palestina dopo la Prima Guerra Mondiale, iniziarono una campagna sistematica contro gli indigeni, che culminò con la cacciata di 600.000 arabi per farli morire di fame nel deserto mentre gli ebrei prendevano le loro case, sotto l'autorità delle Nazioni Unite. Un esempio di come gli ebrei abbiano condotto una guerra contro gli arabi per trent'anni è offerto da questa citazione tratta dal Bollettino sionista del 4 febbraio 1920,

> "Il giornale arabo Beit El Mekdas è stato soppresso. Il governo ha emesso la seguente circolare: "Ho l'ordine di informarvi che la diffusione dei seguenti giornali è proibita e tutte le copie trovate saranno confiscate e distrutte. Al Ordun, Hermion, Al Hamara, Al Mufid Suria al Judida, Istikal al Arabi. Anche le citazioni dei suddetti giornali locali sono severamente vietate, in quanto le notizie contenute nei giornali citati sono inesatte".

Gli ebrei avevano vinto la loro prima battaglia, la soppressione dei giornali arabi. Dal 1920, è stata ascoltata solo una parte della storia. Il background filosofico della Commissione per la libertà di stampa è rivelato da questo capitolo della storia, ovvero la soppressione di tutte le critiche sulla base dell'"inesattezza". I giornali soppressi non possono essere citati o diffusi. Negli Stati Uniti, una guerra simile è stata condotta per anni per sopprimere alcuni giornali patriottici, una feroce campagna di terrorismo e di intimidazione nei confronti degli stampatori. Il giornale di Conde McGinley, "Common Sense", pubblicato a Union, nel New Jersey, è un giornale cristiano-americano che ha suscitato l'odio della Anti-Defamation League. Otto tipografie successive hanno dovuto rinunciare a stampare "Common Sense", e alla fine ha dovuto farlo stampare in Florida. Altri piccoli settimanali, che colmano l'enorme vuoto di notizie soppresse dai servizi giornalistici internazionali, hanno avuto esperienze simili.

Sebbene i Protocolli di Sion siano oggi denunciati come un libello e un falso, non molto tempo fa erano accettati dagli ebrei come loro piano d'azione. Herman Bernstein, in The American Hebrew del 25 giugno 1920, scrive che i Protocolli di Sion sono l'eredità del grande leader sionista Theodore Herzl. Bernstein ci dice che i Protocolli di Sion sono il programma consegnato da Herzl ai delegati del Primo Congresso Mondiale Sionista a Basilea, in Svizzera, nel 1897.

Sionismo e comunismo progredirono fianco a fianco dal 1900 al 1950. Jewish Voice, numero di marzo aprile 1941, critica la condanna di Earl Browder con l'accusa di frode di passaporto come segue:

> "Il leader dell'unico partito che si è battuto per la messa al bando dell'antisemitismo nel mondo - il Partito Comunista - è Earl Browder, il più grande amico del popolo ebraico negli Stati Uniti. L'incarcerazione di Earl Browder è un colpo diretto contro gli interessi del popolo ebraico. La difesa del Partito Comunista, il movimento per la liberazione di Browder e Weiner, è una necessità vitale per ogni ebreo. La difesa del Partito Comunista è la prima linea di difesa per ogni ebreo".

Nello stesso numero, a pagina 24, si legge,

> "L'unica via d'uscita per le masse ebraiche nei Paesi capitalisti è la via socialista: il sostegno alle politiche di pace dell'Unione Sovietica e la lotta contro gli oppressori imperialisti in patria".

La Voce Ebraica del maggio 1941 dice

> "Gli ebrei negli Stati Uniti sono stati i più attivi nell'organizzazione del movimento sindacale e dell'organizzazione progressista. Nonostante gli sforzi della leadership socialdemocratica reazionaria e riformista, gli ebrei hanno marciato insieme ai loro fratelli e sorelle comunisti e militanti".

Il numero di maggio 1941 di Jewish Voice contiene anche un articolo di Rose Wortis, "Il lavoro è in marcia", che dice

> "Noi comunisti abbiamo una responsabilità particolare. È compito del Partito e dei suoi membri trarre le lezioni dei movimenti di sciopero per i lavoratori di tutte le industrie. È nostro compito mostrare ai lavoratori che le politiche militanti di John L. Lewis e dei progressisti del movimento sindacale porteranno alla vittoria dei lavoratori. Una particolare responsabilità ricade su di noi, comunisti ebrei, che lavoriamo nei sindacati sotto il controllo socialdemocratico".

Centinaia di citazioni simili sono disponibili in pubblicazioni ebraiche e marxiste. Le cito per dare un quadro politico dello Stato di Israele, che è noto come nazione socialista. L'ammiraglio Zacharias, in "Dietro le porte chiuse", a pagina 137, afferma che

> "Alla Conferenza mondiale del lavoro di Londra, il delegato sovietico annunciò che il suo governo si proponeva di sostenere il progetto di uno Stato ebraico; il 26 novembre 1945, l'URSS fece una proposta formale affinché i Cinque Grandi gettassero le basi per tale Stato. Alla fine del 1946, la politica per la Palestina era già fissata nella mente di Stalin e discussa dal Politburo. Questa fu la decisione che, una volta presa, cambiò il corso della storia ebraica. Russia e forse della storia anglo-americana".

Non è stato reso noto che la proposta di istituire lo Stato di Israele è arrivata dalla Russia. In realtà si tratta di uno Stato di polizia marxista, modellato sul modello del suo sponsor, la Russia comunista. Uno Stato di polizia è l'unico tipo di governo che gli ebrei vogliono, l'unico a cui possono obbedire. A pagina 134, Zacharias dice

> "Attualmente i partiti comunisti possono funzionare apertamente solo in Israele, tra tutti i Paesi del Medio Oriente".

Quando gli ebrei, sostenuti dalle Nazioni Unite, iniziarono la loro guerra per cacciare gli arabi, al Cairo fu formata una Lega Araba di nazioni musulmane e fu inviato un esercito egiziano per combattere gli ebrei. Questo esercito fu sabotato in patria da agenti di acquisto che inviarono armi di qualità inferiore o non ne inviarono affatto, e l'esercito egiziano fu sconfitto. Gli scandali che causarono questa sconfitta fecero cadere il governo di re Farouk, che abdicò. La condotta ebraica della guerra fu accompagnata da alcune delle peggiori atrocità della storia moderna. Uno dei volumi più scioccanti mai pubblicati è la storia di quella lotta, "La Rivolta", scritta dal leader dei terroristi ebrei, Menahem Begin. Pagina dopo pagina, il suo gruppo, l'Irgun Zvai Leumi, ha bombardato l'Hotel King David di Gerusalemme il 22 luglio 1946, uccidendo o ferendo duecento civili. Per costringere gli ufficiali britannici in Palestina ad accettare le sue richieste, Begin racconta di aver catturato soldati britannici e di averli torturati e uccisi (a volte li accecava e li rimandava indietro come avvertimento, altre volte li impiccava). Una simile crudeltà non si registrava dai tempi delle guerre indiane americane. A pagina 274, Begin dice che egli

> "Pubblicato un comunicato che annuncia l'istituzione di corti marziali da campo collegate a ogni unità dell'Irgun. Se le truppe nemiche dovessero cadere nelle nostre mani, sarebbero passibili di morte".

A pagina 314 di "The Revolt" distribuito in America dalla Jewish Book Guil Begin dice

> "Ho conosciuto Quentin Reynolds dopo la conquista di Jaffa. Era un vecchio amico della lotta clandestina".

Reynolds, anch'egli ammiratore di Stalin, è ora redattore di United Nations World.

I terroristi dell'Irgun ottennero la loro vittoria il 14 maggio 1948, quando fu proclamato lo Stato di Israele. Begin racconta di aver parlato alla stazione radio dell'Irgun a Tel Aviv: "Una fase della battaglia per la libertà è finita, ma solo una fase".

Dello Stato di Israele, nato dal marxismo e alimentato dai terroristi, il presidente Truman disse a un pubblico sionista,

> "Le 18.12 di venerdì 14 maggio 1948, quando ho riconosciuto Israele, è stato il momento più orgoglioso della mia vita". Anche la conquista della presidenza degli Stati Uniti non ha avuto lo stesso significato del riconoscimento di Israele.

La stampa americana non fece parola delle atrocità dell'Irgun. Il Washington Post di Eugene Meyer si distinse per il suo silenzio sulle atrocità dell'Irgun. Nella *rivista Fortune* del dicembre 1944, a pagina 132, troviamo che

> "Alla Casa Bianca il Washington Post è uno dei sei giornali con cui il Presidente apre la sua giornata. Egli presta particolare attenzione alle pagine editoriali del Post. A Washington è diffusa l'impressione

che il Presidente Roosevelt si senta abbastanza vicino a Eugene Meyer da telefonargli e chiedergli assistenza editoriale su misure care alla Casa Bianca. In alcune occasioni, il Dipartimento di Stato ha rimandato i giornalisti agli editoriali del Post per avere un'illuminazione".

La maggior parte delle nefandezze dei terroristi attese che Begin se ne vantasse per renderle note al mondo, ma di un'atrocità dovette dare notizia persino il Washington Post. Si tratta dell'assassinio del mediatore delle Nazioni Unite, il conte Folke Bernadotte, avvenuto in Israele nel 1948 ad opera di terroristi ebrei che non furono mai puniti. Si supponeva che fosse stato ucciso perché era stato lento a cedere ad alcune delle oltraggiose richieste ebraiche. In realtà, Bernadotte era stato designato per l'assassinio perché, nell'inverno del 1944, era stato l'intermediario del governo hitleriano quando i leader sovietici avevano inviato messaggi di pace ai nazisti nel tentativo di ottenere una pace separata che avrebbe dato loro tutta l'Europa centrale. Con l'imminente crollo della Germania, la Russia ritirò l'offerta, ma da allora il Politburo era diventato sempre più nervoso per la possibilità che Bernadotte rivelasse questi negoziati e, quando si recò nella zona di guerra della Palestina, fu assalito e assassinato. Fu sostituito dal negro Ralph Bunche.

L'ex propagandista comunista James McDonald fu premiato con la nomina a primo ambasciatore degli Stati Uniti in Israele. In "My Mission in Israel", Simon and Schuster, New York, 1951, McDonald scrive,

"Il motivo per cui il dottor Weizmann si trovava in Svizzera e non ancora nello Stato ebraico era che il governo israeliano non era disposto a fornire da 400 a 800 uomini per proteggere il dottor Weizmann dall'assassinio di terroristi ebrei".

Donald scrive anche che

"Abbiamo ricevuto una piacevole visita da parte dell'indiscutibile Will Bill Donovan, famoso per l'Ufficio dei Servizi Strategici in tempo di guerra. Non ha rivelato la sua missione, ma mi ha fatto domande più approfondite di quanto ci si potesse aspettare da un visitatore privato. Risposi con franchezza, perché presumevo che fosse ancora vicino alle autorità di Washington". A pagina 263, dice

"Uno dei miei preferiti tra i funzionari del Ministero degli Esteri israeliano era Reuven Shiloah. Addestrato dagli inglesi e attivo sotto di loro come ufficio di intelligence, Shiloah organizzò l'eccellente servizio di intelligence dell'Haganah (la metropolitana ebraica). Durante la Seconda guerra mondiale si guadagnò la fiducia e l'affetto dei leader alleati con cui lavorò in Europa e in Medio Oriente. Il generale Donovan mi disse, quattro anni dopo la guerra, che considerava Shiloah uno dei suoi più abili aiutanti e un amico fidato".

Menahem Begin racconta ne "La Rivolta" che il suo Irgun ha sempre ricevuto tutti gli ultimi comunicati degli inglesi contemporaneamente alle truppe britanniche, così come le loro istruzioni segrete. Nel giugno del 1951 si verificò uno scandalo nella Central Intelligence Agency di Washington, quando si scoprì che due funzionari inviavano a Israele informazioni segrete sulla forza delle truppe arabe. Lo scandalo fu subito messo a tacere.

McDonald dice a pagina 175 di "La mia missione in Israele",

"L'unico massacro ebraico della guerra fu l'incursione dell'Irgun a Deir Yassin, il 9 aprile 1948, in cui il villaggio di Raba fu distrutto insieme ai suoi abitanti, donne e bambini".

A pagina 190, McDonald scrive che

"La settimana prima di incontrare il cardinale ho pranzato con due dei suoi monsignori, uno dei quali si è detto molto preoccupato perché Israele aveva iniziato a consegnare le proprietà della Chiesa russa ai proprietari controllati dai sovietici".

Ai missionari cristiani è stato dato il cartello "not-wanted" in Israele.

Con la creazione dello Stato di Israele, il suo governo è stato impostato come uno Stato socialista con sindacati controllati dal governo, fattorie collettive e terre di proprietà nazionale, tutti principi marxisti. La maggior parte dei funzionari di governo erano ebrei russi, come Eliezer Kaplan di Minsk, Russia, che è vice primo ministro, e Golda Myerson. McDonald dice a pagina 268,

"Come molti dei suoi colleghi israeliani, Golda Myerson, Ministro del Lavoro, era nata in Russia. Da adolescente era diventata un'ardente socialista e sionista, ed era attiva nel Poale Zion Labor Party". Yarmolinsky ci dice che il Poale Zion era il partito comunista ebraico.

"Il Fondo Nazionale Ebraico", di Adolf Bohn, pubblicato dal Jewish Colonial Trust, Londra, 1932, dice,

> "La terra acquisita dal Fondo Nazionale Ebraico non può essere venduta né ipotecata e rimane per sempre proprietà del popolo ebraico".

Questa è la proprietà comunitaria perpetua della terra, il punto uno del Manifesto comunista.

Che gli interessi dei Rothschild in Palestina non siano caritatevoli è stato rivelato da Henry H. Klein, un coraggioso avvocato ebreo di New York, che per anni ha scritto sul Mar Morto, che contiene letteralmente trilioni di dollari di ricchezze minerarie, controllate dai Rothschild. La biografia "Edmond de Rothschild", di Isaac Naiditch, pubblicata dall'Organizzazione Sionista d'America, nel 1945, dice a pagina 68,

> Il barone Edmond de Rothschild ascoltò con attenzione e poi mi disse: "La concessione del potassio del Mar Morto dell'ingegner Novomevsky potrebbe essere una delle cose più vantaggiose per la Palestina. È possibile che l'impresa porti grandi dividendi. Questo deve avvenire attraverso la nostra banca".

Moshe Novomevsky è ora a capo della Palestine Potash, Ltd., che raccoglie enormi profitti mentre Israele chiede l'elemosina a tutto il mondo, e ha costretto la Germania a pagarle più di un miliardo di dollari per "rivendicazioni" di ebrei inesistenti. Le continue richieste di sempre più miliardi per lo Stato di Israele incontrano sempre una risposta comprensiva da parte della nostra Amministrazione democratica. La missione interna sionista alla Casa Bianca dà priorità a queste richieste e il senatore Herbert Lehman è direttore della Palestine Economic Corporation. Dean Acheson e W. Averell Harriman si contendono le esigenze di Israele. La fortuna di Harriman può essere fatta risalire a Jacob Schiff, principe in Israele, mentre Acheson ha iniziato la sua carriera come assistente legale del leader sionista Justice Brandeis. Boris Smolar, in California Jewish Voice, 21 marzo 1952, ha dichiarato,

> "La leadership ufficiale sionista in questo Paese è convinta che il Presidente Truman e il Dipartimento di Stato sosterranno sinceramente il massimo degli aiuti finanziari statunitensi per Israele quest'anno".

Harriman, a capo dell'Agenzia per la Sicurezza reciproca, invia ingenti somme di denaro a Israele. Franklin D. Roosevelt Jr. implora dollari per Israele e si augura di diventare un giorno presidente.

Il 18 maggio 1952 il *New York Times* pubblicò un articolo sui debiti di Israele, con la nota che il Congresso aveva appena autorizzato altri 65 milioni di dollari,

> "I funzionari americani ritengono che con una maggiore lungimiranza le autorità finanziarie israeliane potrebbero evitare le crisi che si ripetono ogni sei mesi. A questo Israele risponde che la natura della maggior parte delle entrate dello Stato, contributi e vendita di obbligazioni, è tale da rendere impossibile un bilancio accurato".

Lo Stato di Israele esiste non per la produzione di beni o per la pratica del commercio, ma dipende per le sue entrate nazionali dai contributi e dalla vendita di obbligazioni che fanno da carta da parati. Di conseguenza, il contribuente americano è costretto a versare miliardi di dollari nel deserto della Palestina, che l'amministrazione comunista degli ebrei russi non è riuscita a trasformare in un paradiso. Eppure non c'è una sola espressione di gratitudine da parte di Israele per questi doni. Piuttosto, ci sono stridenti denunce dell'America da parte di Meier Wilner, un deputato del Parlamento israeliano che, secondo un dispaccio dell'AP del 6 marzo 1949, avrebbe detto

> "Nessuno in Israele alzerà la mano contro l'Armata Rossa se e quando il mondo precipiterà di nuovo in guerra".

Il fatto che gli ebrei non possano fidarsi l'uno dell'altro nel maneggiare il proprio denaro è stato illustrato graficamente in un dispaccio dell'Associated Press relativo al movimento dei rifornimenti in combattimento. Quando siamo arrivati all'aeroporto di Mosca siamo stati accolti con gli onori del caso dalle truppe sovietiche e portati direttamente alla nostra ambasciata, dove avremmo soggiornato durante la nostra visita come ospiti dell'ambasciatore W. Averell Harriman. Sono certo che l'invito del generale Eisenhower era stato programmato per consentirgli di assistere alla parata sportiva annuale. È stato in occasione di questa rassegna che il Generalissimo Stalin ha invitato Eisenhower a stare con lui sulla cima della tomba di Lenin al passaggio della rassegna... Il calore con cui Eisenhower è stato accolto ovunque è stato incoraggiante, in particolare allo stadio, dove il pubblico ha tributato un'ovazione sia a lui che al maresciallo Zhuvok. Abbiamo cenato al Cremlino in occasione di una cena di Stato organizzata in onore di Eisenhower dal Generalissimo Stalin, durante la quale Molotov ha fatto da toastmaster... È stata una serata piacevole che sembrava riflettere il desiderio del governo sovietico di portare un sincero rispetto a Eisenhower... Al nostro arrivo a Berlino, Eisenhower e io abbiamo convenuto di aver apprezzato il nostro viaggio e di aver trovato un amico sincero nel maresciallo Zhukov".

Il problema spesso discusso del successore di Stalin come leader del movimento comunista mondiale si è sempre basato sulla collocazione di funzionari comunisti accanto a Stalin sulla Tomba di Lenin, per cui il posto di Eisenhower accanto a Stalin durante la parata sportiva annuale è sembrato molto strano. Lo stesso Eisenhower si vanta di essere l'unico straniero a cui sia mai stato permesso di stare sulla tomba di Lenin.

Il libro di Clay contiene altri elementi interessanti, una foto a pagina 62 che mostra Clay e Dubinsky che si sorridono l'un l'altro, e una nota che Dubinsky ha avuto la sua parte nella gestione della Germania postbellica. La didascalia dice: "Clay conferiva spesso con i leader sindacali americani". Il sionista polacco Dubinsky è un tipo di cui gli americani non hanno ancora imparato a diffidare. Clay ha costruito i sindacati in Germania, né altri precetti marxisti sono stati ignorati da questo generale americano. A pagina 294 ci dice che

> "Il governo militare americano istituì nella Zona degli Stati Uniti una Banca Centrale, paragonabile alla nostra Federal Reserve Bank, una Banca Centrale Statale".

Questo è il punto 5 del Manifesto Comunista.

[Mancano diverse pagine del manoscritto originale. Nota dell'editore].

Eppure l'United Nations World, diretto dall'ammiratore di Stalin, Quentin Reynolds, nel numero di novembre 1949 pubblica un articolo di Ellsworth Raymond, "Come i russi hanno ottenuto la bomba", che non menziona lo spionaggio, ma sostiene sfacciatamente che la superiore abilità degli scienziati sovietici ha sviluppato l'energia atomica molto più rapidamente di quanto si pensasse. Le tasse americane pagano questa propaganda comunista che viene diffusa nelle nostre scuole.

Tuttavia, lo spionaggio atomico aveva l'approvazione dei più alti funzionari del governo degli Stati Uniti. Un uomo che non fosse comunista non poteva aspettarsi di fare molta strada nel Progetto Manhattan. L'autorità per proteggere le spie comuniste e aiutarle a ottenere ciò che volevano proveniva dalla Casa Bianca. Il maggiore George Racey Jordan era l'ex spedizioniere del Lend-Lease a Great Falls, nel Montana, da dove il materiale ad alta priorità veniva trasportato in Russia dall'aeronautica statunitense in un periodo in cui le nostre truppe venivano rifornite con navi lente. Il maggiore Jordan apparve al telegiornale di Fulton Lewis e davanti a una commissione d'inchiesta della Camera, con l'informazione che il più stretto consigliere di Roosevelt, Harry Hopkins, gli aveva telefonato a Great Falls per accelerare le spedizioni di forniture atomiche alla Russia. Il 25 ottobre 1951, davanti alla National Society of New England Women, presso il Waldorf-Astoria Hotel, ripercorre la sua esperienza:

> Nel 1943 e nel 1944, quando stavo accelerando le spedizioni verso la Russia, non avevo idea di a cosa servisse l'"Uranio 92" quando trovai un memorandum al riguardo in una delle centinaia di valigie in pelle verniciata che venivano trasportate in Russia a flusso continuo. Le parole "Progetto ingegneristico Manhattan-Oak Ridge" non significavano nulla per me quando le ho trovate su una cianografia. Solo perché si trovavano in una cartella insieme a una lettera su carta intestata della Casa Bianca firmata da Harry Hopkins, la mia curiosità si è risvegliata a tal punto che ho copiato queste parole nel mio diario, insieme alla frase della lettera che recitava "è stato un inferno portarle via a Groves". (Il generale Leslie Groves, responsabile del Progetto Manhattan)".

Quando il Maggiore Jordan rifiutò di dare una priorità speciale a un carico di uranio perché non lo riteneva meritevole, racconta che "il Col. Potivok telefonò a Washington, si rivolse a me e disse: 'Il signor Hopkins vuole parlarle'. Harry Hopkins mi chiese di mettere questo carico speciale di sostanze chimiche atomiche sul prossimo aereo per Mosca. Seguii le sue istruzioni, perché lui, in quanto presidente del Comitato per il Protocollo russo del Presidente sul Lend-Lease, era il mio capo".

Quando il maggiore Jordan si oppose al fatto che un carico di filmati dei nostri impianti industriali, approvato dal Dipartimento di Stato, venisse trasportato in Russia, segnalò la questione al Corpo di controspionaggio dell'esercito. Il CIC cercò di impedirlo, ma l'azione fu bloccata e la questione fu messa a tacere da W. Averell Harriman. Il maggiore Jordan fu inaspettatamente mandato in pensione e fu sostituito a Great Falls dal tenente Walewski Lashinski. Quando Jordan raccontò questa storia alla radio, Drew Pearson fece in modo che il suo famigerato assistente comunista, David Karr, noto anche come David Katz, ispezionasse il curriculum dell'esercito di Jordan e cercasse in tutti i modi di diffamare Jordan, senza successo. Jordan fu persino definito "antisemita", sebbene non avesse mai menzionato alcuna razza nelle sue denunce.

I coniugi Rosenberg, piccola coppia condannata a morte per il loro ruolo nello spionaggio della bomba atomica, sono ancora vivi.[4] Un'altra spia, David Greenglass, è stata difesa dall'avvocato preferito dai comunisti, O. John Rogge. Tuttavia, come ricorda l'ammiraglio Zacharias, nessuna spia atomica sovietica di primo piano è stata ancora arrestata.

Il Comitato congiunto del Congresso sull'energia atomica era guidato dal defunto senatore Brien McMahon del Connecticut. Senatore alle prime armi, gli fu immediatamente affidata la presidenza di una delle più importanti commissioni del Senato. Il suo partner legale, l'ex tenente William R. Pearl, è stato identificato come uno dei torturatori che hanno estratto confessioni sorprendenti dai prigionieri di guerra tedeschi a Norimberga.

Walter Isard, nel Quarterly Journal of Economics del febbraio 1948, scrive che il costo dell'elettricità è andato continuamente diminuendo, tanto che oggi costa la metà di quanto costava nel 1900. Afferma che se l'energia atomica può generare elettricità a un costo dimezzato rispetto a quello attuale, non avrà un impatto sostanziale sulla nostra economia. Se l'utilizzo dell'energia atomica può indurre un abbassamento generale dei costi dell'energia, è logico aspettarsi un aumento dell'applicazione dell'energia e del tasso di produzione per lavoratore. Isard non parla dell'effetto che questo avrebbe sugli attuali proprietari di energia elettrica se non riuscissero a controllare l'energia atomica. Se Victor Emanuel della Standard Gas & Electric Corporation, che fattura un miliardo di dollari, i soci della J. and W. Seligman Co. che controllano la Electric Bond and Share, che fattura un miliardo di dollari, e i Lehman e Schoellkopf che possiedono i vasti impianti di

---

[4] L'allusione è stata cancellata nel manoscritto originale, ma le note scritte sono illeggibili. L'autore lascia intendere che la coppia era in realtà illesa e che è sparita in modo simile a Epstein... [N.d.T.].

produzione di energia elettrica alle cascate del Niagara, lasciassero cadere l'energia atomica nelle mani dei gentili, sarebbero rovinati. Ecco perché hanno mantenuto il controllo del progetto atomico, ed ecco perché la Russia ha ottenuto la bomba. Una volta reso pubblico in America che la Russia aveva una bomba atomica, avremmo dovuto ignorare lo sviluppo degli usi in tempo di pace dell'energia atomica e dedicarla interamente alla guerra. Samuel Schurr scrisse nell'annuale American Economic Review del 1947,

> "Sulla base dei costi comparativi della produzione di elettricità da fonti atomiche e non atomiche, sembra possibile che i combustibili atomici possano sostituire presto le fonti di energia esistenti in alcune parti del mondo. Se dovesse verificarsi una corsa agli armamenti a livello internazionale, l'energia atomica risulterebbe, se mai, un sottoprodotto della produzione di esplosivi atomici".

Mentre il nostro programma atomico è dedicato alla guerra, i miliardi di dollari di azioni di società elettriche possedute dagli Emanuels, dai Lehman e dagli Schoellkopf sono al sicuro. Il fatto che il consulente economico della Lehman Corporation, il dottor Alexander Sachs, sia la figura più importante nello sviluppo dell'atomo indica che, qualunque sia il corso del programma atomico, i Lehman ne trarranno beneficio.

CAPITOLO 27

Il materialismo è la religione della società moderna. L'Età della Macchina, con il suo enorme aumento della prosperità materiale di tutte le classi e la moltiplicazione della quantità di beni, servizi e denaro a disposizione di tutte le persone, ha offuscato i valori spirituali, perché questa ricchezza materiale non è stata ottenuta grazie a un rituale che richiede la gratitudine a un dio. Di conseguenza, il cristianesimo, con il suo credo di base di negazione dell'io e le sue sfumature storiche di ascetismo, in particolare la sua enfasi sul superamento dei valori materiali da parte dei valori spirituali, ha avuto difficoltà a offrire una risposta adeguata alla nuova società. Il comunismo, invece, si afferma con coraggio come filosofia del materialismo e promette di distribuire a tutto il popolo il grande aumento dei beni materiali. Gli scritti di Marx e di Lenin predicano un sedicente "materialismo scientifico" che presume con disinvoltura di assicurare un'assoluta uguaglianza di distribuzione, insieme alla loro dottrina dell'ateismo che è essa stessa una religione che mira direttamente alla sconfitta del suo più importante rivale, il cristianesimo. Questa equa distribuzione manca in Russia e nei suoi satelliti per due motivi. In primo luogo, lo Stato socialista è inefficiente, né sono stati proposti metodi validi per correggere le sue carenze nella produzione e nella distribuzione. In secondo luogo, i comunisti sono fondamentalmente disonesti. Non hanno alcuna intenzione di effettuare una distribuzione equa, che è la pubblicità per assicurarsi il sostegno dei popoli moderni e materialisti. Il comunismo intende in realtà eliminare la classe media conservatrice e creare una società a due classi, una classe di lavoratori agricoli e industriali schiavizzati e un'élite intellettuale che governa con poteri dispotici. Questa è la posta in gioco per la quale Alger Hiss ha giocato e perso in America.

Nel suo attacco al cristianesimo, il comunismo ha sottilmente abbandonato l'attacco ateo diretto con cui ha aperto la sua campagna alla fine del XIX secolo, e sta annoiando dall'interno della chiesa stessa.

Il nichilismo dell'ateismo franco dei primi intellettuali comunisti è stato sostituito da un nuovo "universalismo" nel XX secolo. Il nichilismo proclamava la sua fede in nulla, mentre l'"universalismo" proclama la sua fede in tutto, che tutti i credi sono ugualmente attraenti, ugualmente validi e, per deduzione logica, ugualmente privi di valore. La posizione dominante del cristianesimo nelle religioni delle nazioni occidentali è stata notevolmente indebolita dall'infiltrazione degli "universalisti", dalla formazione di gruppi che pretendono di essere portavoce del cristianesimo e che sono decisamente filocomunisti, in particolare il Consiglio federale delle Chiese di Cristo, uno dei punti focali dell'infezione "universalista". La Conferenza nazionale dei cristiani e degli ebrei è un'altra roccaforte degli "universalisti".

L'aumento della ricchezza materiale ha comportato alcuni cambiamenti nel nostro atteggiamento verso il diritto di proprietà. La vecchia e statica considerazione della proprietà era un elemento importante della società gentile che Marx ed Engels si proponevano di rovesciare. Il principale attacco del comunismo alla proprietà avviene attraverso il potere sovrano di tassare. La tassazione è sempre stata necessaria per raccogliere fondi per la gestione degli affari del governo e l'eccessiva tassazione era solo una prova di avidità da parte dei leader del governo. Nell'economia comunista, invece, l'eccessiva tassazione, come l'attuale esorbitante imposta sul reddito e la tassa di successione negli Stati Uniti, sono tasse punitive, destinate a distruggere i cittadini che hanno fortune e possedimenti. L'imposta sul reddito non è necessaria per il funzionamento del governo degli Stati Uniti. Persino i consiglieri economici di Truman ammettono che se si prendesse tutto il reddito di alcuni gruppi, non si raccoglierebbe abbastanza denaro extra per occuparsi della contabilità necessaria.

Viviamo in un'epoca di inflazione, inflazione di beni, di denaro e di popolazioni. Grazie ai progressi della scienza medica e all'aumento delle scorte alimentari, la popolazione mondiale è raddoppiata regolarmente negli ultimi cento anni. Il massacro di dodici milioni di persone nella Prima Guerra Mondiale e il massacro di venti milioni di persone nella Seconda Guerra Mondiale non hanno prodotto una riduzione apprezzabile di nessun gruppo di popolazione. Nonostante lo spegnimento di cinquecentomila vite a Hiroshima e Nagasaki con due bombe atomiche, la popolazione giapponese è aumentata così tanto sotto l'occupazione americana che si trova ad affrontare una crisi economica. La soluzione più ovvia ai problemi demografici dell'Asia è armare il Giappone e lasciare che attacchi la Cina comunista. Chi sopravvive a questo conflitto potrebbe poi passare all'India. Questa è stata la risposta alle eccedenze di popolazione da Gengis Khan a oggi. Il problema è che la guerra moderna uccide le generazioni più produttive, lasciando che gli zoppi e gli anziani siano accuditi da una generazione più giovane, fortemente impoverita. Nei secoli passati, la guerra serviva a far crescere la razza uccidendo i più lenti e i più deboli, ma la guerra moderna annienta con noncuranza proprio il grimaldello della popolazione, gli adolescenti tra la fine dell'adolescenza e i vent'anni. La guerra moderna è una guerra contro i giovani.

Per tracciare la pressione causata da questi aumenti di popolazione, i tedeschi svilupparono lo studio della geopolitica. Da questo studio nacque il piano tedesco per il Drang Nach Osten fur Lebensraum, la spinta verso est alla ricerca di spazio vitale per il popolo tedesco, nel tentativo di assicurarsi l'heartland eurasiatico, la ricca sezione agricola chiamata "granaio d'Europa". Hitler annunciò l'intenzione di attaccare la Russia per assicurarsi questo settore per anni, la guerra che progettò di fare e che fece. La sua dichiarazione di guerra all'Inghilterra e alla Francia fu un tentativo di proteggere le sue retrovie dai simpatizzanti comunisti di quelle nazioni. Quando gli agenti comunisti con Roosevelt ci hanno ingannato per farci entrare in guerra (e Pearl Harbor fu solo una parte minore di questo evento), Hitler sapeva di aver perso la sua guerra. L'unica cosa che poteva salvarlo sarebbe stata un'arma di terrore, e non riuscì a mettere in produzione di massa le bombe V in tempo per impedire l'invasione alleata dell'Europa per salvare i comunisti.

I traditori comunisti della cerchia ristretta di Roosevelt e del Dipartimento di Stato lo convinsero a cedere l'Heartland eurasiatico alla Russia alle Conferenze di Teheran e Yalta. Eppure George Kennan può scrivere senza tema di smentita che a Yalta non abbiamo ceduto nulla. Abbiamo ceduto solo due continenti, Europa e Asia. Non è molto per un giorno di lavoro.

Questi stessi traditori continuano a dirigere la nostra politica estera. Il Council On Foreign Relations ha migliorato la sua posizione costringendo entrambi i principali partiti politici ad adottare apertamente una politica estera identica, "la politica estera bipartisan", mentre due membri del Council, Dwight Eisenhower e Adlai Stevenson, correvano l'uno contro l'altro alle elezioni presidenziali del 1952.

La politica "bipartisan" propone di difendere l'Europa, anche se il nostro stesso Stato Maggiore e Winston Churchill avvertono che non possiamo trattenere i russi per più di sessanta giorni, George Sokolsky scrive che dal 1945 abbiamo versato in Europa più di cento miliardi di dollari dal Tesoro americano, e ogni dollaro è stato sprecato.

Un fattore che riduce il dono dell'Eurasia ai comunisti da parte di Roosevelt è il passaggio dall'Europa al centro del potere mondiale. Quel centro sono ora gli Stati Uniti. I comunisti di Washington sperano di spostarlo a Mosca, il che può essere fatto con il nostro coinvolgimento in una terza guerra mondiale. È previsto che perderemo quella guerra, con il sabotaggio del nostro sforzo bellico e con una resa anticipata e traditrice a Stalin. Il risultato sarà che gli Stati Uniti diventeranno una provincia dello Stato socialista mondiale, gestita dalla stessa vecchia banda internazionale, con la sede centrale che probabilmente rimarrà a New York o sarà trasferita a Tel Aviv. I grandi trust americani verrebbero nazionalizzati e gestiti dalle stesse persone, proprio come avviene ora. I membri del Consiglio per le Relazioni Estere, i nostri principali banchieri e avvocati internazionali, non sarebbero costretti a passare attraverso la fastidiosa farsa di eleggere dei tirapiedi per gestire il Paese come facciata per loro. I membri del Consiglio deterrebbero un potere più evidente e assoluto in America.

Ci sono due esempi che giustificano questa previsione. Prima della Prima Guerra Mondiale, la Germania era una delle grandi nazioni del mondo, con una cultura e un'industria seconde a nessuno. Quando nel 1918 si arrese improvvisamente agli Alleati, i suoi banchieri e industriali non persero nulla. Abbiamo anche l'esempio della Russia e della rivoluzione comunista. Quando la polvere si depositò, il monopolio nazionale dello zucchero del barone Guinzberg divenne il Soviet Sugar Trust, sotto la direzione del commissario Guinzberg, e così fu per altri interessi.

La terza guerra mondiale non è probabile per diversi anni. La quinta colonna comunista non è abbastanza forte da sabotare il nostro sforzo bellico e l'America non è ancora stata indebolita a sufficienza dalle politiche stabilite dal Council On Foreign Relations per essere battuta dalla Russia. Il Consiglio sta dirigendo il dissanguamento dell'America attraverso la politica di contenimento e di "arresto dell'aggressione comunista" attraverso l'uccisione della popolazione cinese in eccesso. Gli aiuti all'Europa e il massacro dei ragazzi americani in Asia non sono decisioni avventate. Il loro scopo è quello di esaurire la nostra forza lavoro e le nostre risorse finanziarie, di provocare una depressione economica e di decimare le nostre giovani generazioni fino a quando non saremo in grado di opporre una seria resistenza alle armate russe.

L'addestramento militare universale è uno degli obiettivi più urgenti dei cospiratori. Abbiamo la signora Anna Rosenberg che scrive per noi le leggi sulla coscrizione. I nostri antenati sono venuti in America per sfuggire alla coscrizione forzata e alle tasse esorbitanti. La banda uscì allo scoperto senza maschere il 4 marzo 1952, quando il Washington Post di Eugene Meyer pubblicò un annuncio politico a tutta pagina, pagato dal Comitato Nazionale di Emergenza dell'Associazione dei Campi di Addestramento Militare degli Stati Uniti. Il titolo era "L'America ha bisogno di un addestramento militare universale ora" e dodici uomini fornivano argomentazioni a favore. Il presidente di questo gruppo era Julius Ochs Adler, editore del New York Times. Altri nomi presenti nella lista erano Paul Hoffman, il generale Dwight Eisenhower, il generale George C. Marshall e il rabbino Rosenblum del Temple Israel di New York. Questo gruppo intende fare di ogni ragazzo americano un cadavere in uniforme.

L'invio di ragazzi americani su navi-bestiame verso le fosse di macellazione della Corea è una violazione del principio fondamentale della geopolitica, la dottrina della solidarietà emisferica. Questa dottrina mappa la strategia politica a lungo termine in termini di continenti, non di nazioni. Il Giappone ha utilizzato questa teoria per sviluppare la sua "Sfera di co-prosperità della Grande Asia Orientale" che l'ha portato in guerra con gli Stati Uniti, perché noi proteggevamo gli investimenti della Standard Oil in Cina e nel Sud-Est asiatico.

Che la Gran Bretagna riconosca la dottrina della solidarietà emisferica lo dimostra il fatto che nel 1952 ha abbandonato tutti i suoi investimenti in Cina. Entro pochi anni, l'Asia sarà sotto il controllo di un'unica potenza, il comunismo, perché non c'è alternativa. È opinione comune che Chester Bowles sia stato inviato come ambasciatore degli Stati Uniti in India con una missione simile al famoso viaggio del generale Marshall in Cina, per dare al popolo di quella nazione la prova che il nostro governo è filocomunista.

Robert Strausz-Hupe, che adattò le teorie geopolitiche per gli americani, scrisse in "The Balance of Tomorrow", Putnam, 1945, pag. 89,

"Il Giappone è diventato un Paese di guerra grazie all'apprendimento delle tecniche dell'industria occidentale. Tra una miriade di fattori imponderabili ne emerge solo uno quasi certo: l'introduzione delle tecniche occidentali renderà la manodopera asiatica efficace (in una guerra contro la razza bianca) entro due o tre decenni".

Questo è il programma stabilito da Earl Browder del Partito Comunista e portato avanti dal programma Point Four del Presidente Truman, per addestrare, armare ed equipaggiare le razze dell'Asia e dell'Africa per un gigantesco assalto contro la razza ariana, in adempimento del comando di Marx ed Engels di spazzare via la società gentile.

Se il nostro National War College fosse interessato a difendere gli Stati Uniti, non sprecheremmo miliardi di dollari e vite americane in Asia o in Europa; armeremmo il Canada, il Messico e il Sud America. Il programma di aiuti all'estero è un'amara barzelletta.

Se il Council On Foreign Relations dovesse perdere il controllo sull'America, come si svilupperebbero la nostra politica finanziaria e la nostra politica estera? La risposta si trova nelle forze che stanno lottando per il potere e nelle tendenze future della nostra economia. Le due forze che lottano per il potere su scala mondiale sono il sionismo e il comunismo mondiale. Esse collaborano per distruggere religioni e nazioni, perché ogni nazione distrutta le aiuta a raggiungere il loro obiettivo. Il sionismo, il sogno della razza ebraica, si basa sulla concezione veterotestamentaria degli ebrei come popolo eletto da Dio, che governerà il mondo. Il comunismo si basa sul progetto di una società a due classi di schiavi e padroni. Tuttavia, né il comunismo né il sionismo sembrano in grado di consolidare le loro conquiste, ottenute con il tradimento e la cospirazione. Purtroppo, come hanno scoperto a Mosca e a Tel Aviv, i cospiratori non sono buoni amministratori. Stalin ha dovuto liquidare l'intera fazione che ha portato alla Rivoluzione russa del 1917, e Israele dovrà spingere i suoi funzionari ebrei russi nel Mar Morto prima di poter sperare di rimettersi in piedi. Nel 1940, la Russia soffriva di un tale indurimento delle arterie economiche che Hitler la conquistò quasi in poche settimane. Israele, ovviamente, esiste grazie ai contributi e alla vendita di obbligazioni molto dubbie. Quando hanno cacciato i 600.000 arabi, non è rimasto nessuno a fare il lavoro o a pagare le tasse, distruggendo di fatto l'economia della vecchia Palestina per gli anni a venire.

La futura economia americana riconoscerà che la rivoluzione industriale è finita. Essa ha raggiunto la sua logica conclusione con lo sviluppo dell'energia atomica. Ciò significa che l'investimento di capitali deve prendere una nuova piega. I prossimi decenni dovrebbero vedere l'abolizione delle borse valori e la fine del metodo a lungo termine di finanziamento delle industrie e delle opere pubbliche attraverso la vendita di obbligazioni. Questa pratica finanziaria è stata il seme della maggior parte delle malefatte del XX secolo. Sebbene questo metodo sia servito a finanziare lo sviluppo dell'industria pesante e del moderno Stato centralizzato, è stato utilizzato dai banchieri internazionali per esercitare più potere di quanto sia mai stato detenuto da qualsiasi uomo, in modo da poter precipitare panico monetario, guerre e depressioni per ottenere i loro profitti. Con o senza la terza guerra mondiale, le borse e i finanziamenti obbligazionari a lungo termine scompariranno nel XX secolo.

Per quanto riguarda le forze del sionismo e del comunismo, ognuna di esse contiene la propria distruzione. Sono come cani rabbiosi che possono causare grandi sofferenze, ma saranno distrutti. L'America ha una Costituzione che protegge i nostri cittadini da questi gruppi. Dobbiamo solo essere all'altezza dell'eredità politica che i fondatori della Repubblica americana ci hanno lasciato in eredità, e l'America continuerà a essere la speranza del mondo.

Altri titoli

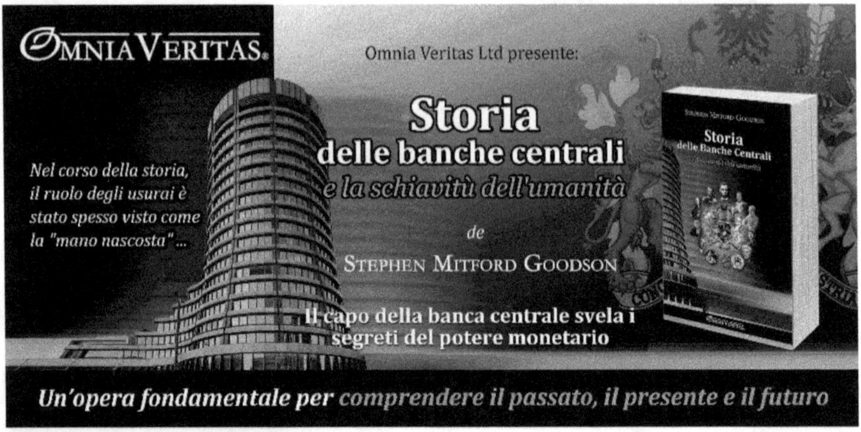

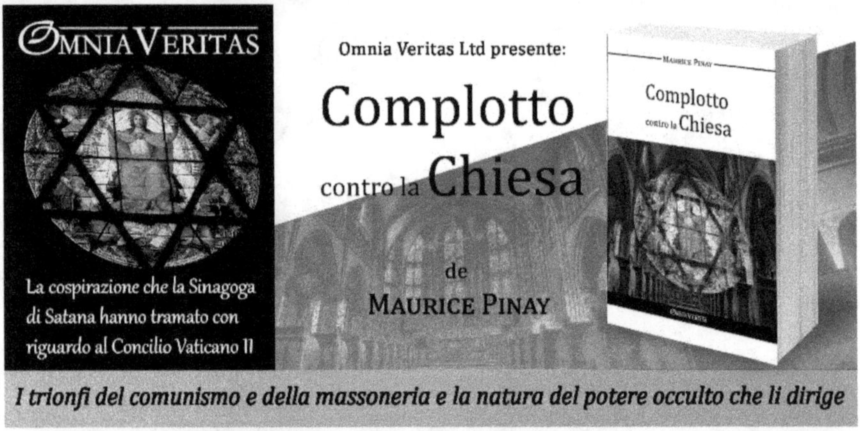

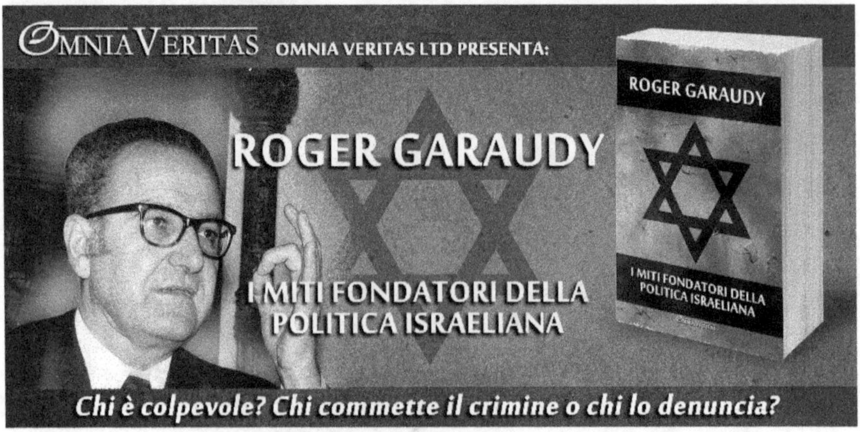

OMNIA VERITAS
Omnia Veritas Ltd presenta:
HERVÉ RYSSEN
IL FANATISMO EBRAICO
La conseguente dissoluzione dell'identità nazionale li protegge da un possibile contraccolpo nazionalista contro il potere acquisito, soprattutto nella finanza, nella politica e nel sistema dei media.
Il popolo ebraico promuove un progetto per l'intera umanità...

OMNIA VERITAS
Omnia Veritas Ltd presente:
HERVÉ RYSSEN
I MILIARDI DI ISRAELE
Da tempo immemorabile, diffusi in tutti i Paesi, sono rinomati per il loro coinvolgimento nel commercio internazionale. Per secoli sono stati anche maestri di banche e speculazioni.
Gli ebrei hanno un rapporto molto particolare con il denaro...

OMNIA VERITAS
Omnia Veritas Ltd presenta:
HERVÉ RYSSEN
La mafia ebraica, tuttavia, è senza dubbio la più potente del mondo. E anche la più pericolosa. Alcuni giornalisti troppo curiosi sono già stati uccisi.
La Mafia Ebraica
Predatori internazionali
La "mafia ebraica", quella, non esiste; i media occidentali non ne parlano...

www.ingramcontent.com/pod-product-compliance
Lightning Source LLC
Chambersburg PA
CBHW071624270326
41928CB00010B/1769